DESTINOS
Cruzados

• VOLUME 1 •

Editora Appris Ltda.
1.ª Edição - Copyright© 2024 da autora
Direitos de Edição Reservados à Editora Appris Ltda.

Nenhuma parte desta obra poderá ser utilizada indevidamente, sem estar de acordo com a Lei nº 9.610/98. Se incorreções forem encontradas, serão de exclusiva responsabilidade de seus organizadores. Foi realizado o Depósito Legal na Fundação Biblioteca Nacional, de acordo com as Leis nos 10.994, de 14/12/2004, e 12.192, de 14/01/2010.

Catalogação na Fonte
Elaborado por: Dayanne Leal Souza
Bibliotecária CRB 9/2162

C246d
2024
	Caporasso, Rose
	    Destinos cruzados – volume 1 / Rose Caporasso. – 1. ed. – Curitiba: Appris, 2024.
	    503 p. : il. ; 23 cm.
	
	    ISBN 978-65-250-6250-1
	
	    1. Literatura brasileira - Romance. 2. Família. 3. Amor. I. Caporasso, Rose. II. Título.
	
	    CDD – B869.93

Editora e Livraria Appris Ltda.
Av. Manoel Ribas, 2265 – Mercês
Curitiba/PR – CEP: 80810-002
Tel. (41) 3156 - 4731
www.editoraappris.com.br

Printed in Brazil
Impresso no Brasil

Rose Caporasso

DESTINOS
Cruzados

· VOLUME I ·

Curitiba, PR
2024

FICHA TÉCNICA

EDITORIAL	Augusto Coelho
	Sara C. de Andrade Coelho
COMITÊ EDITORIAL	Marli Caetano
	Andréa Barbosa Gouveia (UFPR)
	Edmeire C. Pereira (UFPR)
	Iraneide da Silva (UFC)
	Jacques de Lima Ferreira (UP)
SUPERVISORA EDITORIAL	Renata C. Lopes
REVISÃO	Bruna Fernanda Martins
	Stephanie Ferreira Lima
DIAGRAMAÇÃO	Amélia Lopes
CAPA	Carlos Pereira
REVISÃO DE PROVA	Sabrina Costa

Amor, amor, quando nos atinge, bem que se pode dizer:
"Adeus prudência".
(La Fontaine)

Dedico este livro à minha mãe, Rosina Caporasso de Souza (*in memoriam*), minha maior incentivadora, e à minha prima Marise do Rocio Bortolin.

AGRADECIMENTO

A minha maior incentivadora, minha mãezinha querida (*in memoriam*)., que em 2007 colocou à minha frente um caderno universitário, um lápis e uma borracha e disse: " Tá. Escreva ". É a ela a quem dedico o livro.

Também agradeço, aos meus familiares e amigos que se dispuseram carinhosamente em dar sugestões e consultorias, que muito engrandeceram a história deste livro.

Ao Gilberto, meu amado companheiro de vida, minhas filhas Renata e Fabia que sempre me incentivaram a continuar escrevendo e a tirar o sonho de publicar um livro do papel.

Gostaria de agradecer também à minha irmã Rosane Maria e a minha prima Marise Bortolin (*in memoriam*), que com suas observações e sugestões enriqueceram meus personagens.

Agradeço a paciência e disponibilidade dos queridos amigos Rogério Luz Coelho Neto que é médico, e Marcello Groppa que é advogado, por não medirem esforços em me dar consultoria sobre aspectos relacionados com suas profissões.

Aos primos, primas e amigas, que também sempre me incentivaram perguntando sobre o livro.

À querida amiga Sonia Castañeda que reside em Nova Iorque e também contribuiu com informações sobre a cultura americana e a cidade de Nova Iorque.

Obrigada, meus queridos. Sem vocês eu não teria conseguido.

Amo vocês!

Um agradecimento especial à Marli, editora chefe, que, se não fosse por ela, eu não teria conseguido. Marli foi a primeira a acreditar em mim como escritora, e sou eternamente grata.

Agradeço a todos que me assessoraram com informações jurídicas, médicas e com dados sobre Nova Iorque. Para mim, vocês foram importantíssimos, principalmente o Dr. Rogerio Coelho.

Esta história é pura ficção.

Personagens, nomes, locais e os eventos retratados são produtos da imaginação da autora. Qualquer semelhança com a realidade é mera coincidência.

SUMÁRIO

CAPÍTULO 1
COMO COMEÇOU... 13

CAPÍTULO 2
DESEJO PROIBIDO... 35

CAPÍTULO 3
DANDO VOZ À ATRAÇÃO... 61

CAPÍTULO 4
ENTRE A RAZÃO E O CORAÇÃO... 80

CAPÍTULO 5
CAINDO NA REAL... 107

CAPÍTULO 6
A DESILUSÃO... 117

CAPÍTULO 7
LONGE DA FELICIDADE... 130

CAPÍTULO 8
DIFÍCIL DECISÃO... 145

CAPÍTULO 9
CORAÇÃO ATORMENTADO... 157

CAPÍTULO 10
O COMEÇO DO FIM... 166

CAPÍTULO 11
EM BUSCA DA FELICIDADE... 180

CAPÍTULO 12
REENCONTRO INESPERADO... 194

CAPÍTULO 13
FUTURO INCERTO... 237

CAPÍTULO 14
A GRANDE DECISÃO... 271

CAPÍTULO 15
DESTINO CRUEL... 291

CAPÍTULO 16
A DESCOBERTA DO AMOR... 352

CAPÍTULO 17
O PECADO DE KATE... 403

CAPÍTULO 18
REPENSANDO A VIDA... 443

Capítulo 1

Como começou...

Carlo

Exausto e suado, Carlo parou na calçada em frente à sua casa, após sua habitual corrida noturna.

Curvando-se, apoiou as mãos nos joelhos. Ofegante, inspirou e expirou.

Olhando no relógio, viu que exagerara no tempo. Só podia estar morto de cansado.

O dia fora muito estressante no tribunal. Nem a corrida o ajudou a se sentir melhor como esperava, espantando a preocupação que há tempos o deixava tenso a ponto de não o deixar dormir tranquilo.

Endireitando-se, alongou braços e pernas, tirou a camiseta e enxugou o suor que escorria pelo rosto, tal como uma bica.

Lentamente encaminhou-se pela entrada lateral que levava à piscina nos fundos da bela casa de dois andares, cujo desenho moderno e arrojado a fazia sobressair-se das demais casas do condomínio.

Apaixonara-se por ela à primeira vista e a comprara um mês antes da sua mudança de Boston para NY, há seis anos.

O fato de ficar próximo da casa da mãe foi preponderante na sua decisão, apesar dos protestos de Kate. Ela não queria sair de Boston, onde tinha sua vida social bem definida junto da mãe. Depois, foi contra a compra da casa, porque preferia morar na cobertura próxima ao Central Park, a qual pertencia a seu pai e que seria um presente para eles.

Mas ele procurou dar importância às necessidades do filho, uma vez que Luigi precisava de espaço para gastar suas energias, pois na época tinha 8 anos.

Chegando à piscina, sentou-se na espreguiçadeira, tirou o tênis e as meias. Levantando-se, tirou a calça do agasalho, ficando apenas com a sunga que usava sempre por baixo do agasalho, facilitando o seu banho de piscina após a corrida. Passou rapidamente pela ducha e atirou-se na água.

Nadou bastante, percorrendo todo o trajeto de ida e volta cinco vezes. Quando sentiu o seu limite de cansaço, puxou para si o colchão flutuante, sempre ali, esticou-se nele, colocando as mãos entrelaçadas na barriga, e fechou os olhos.

Suspirou, sentindo-se agora relaxado e revigorado. Começou a repassar seu dia estafante no Tribunal.

De acordo com o telefonema do capitão Carmone da Divisão de Narcóticos, Mendonza estaria para receber um grande carregamento de heroína vindo da América do Sul. Segundo o agente infiltrado na organização de Mendonza, esse seria o maior carregamento e, em pouco tempo, bilhões estariam na conta do traficante, nas Ilhas Caimã.

O traficante estava com os dias contados. O inquérito corria dentro do esperado, e Carlo aguardava ansiosamente para oferecer a denúncia e então começar o processo judicial que fatalmente o levaria a julgamento e consequentemente à sua condenação.

Estava difícil conseguir as provas contra ele, pois o traficante era liso como um sabonete. Cabia ao agente infiltrado consegui-las.

O traficante era perverso com as pessoas que se recusavam a dar-lhe cobertura. Já havia destruído residências e lojas, torturado e assassinado famílias inteiras, sem dó e nem piedade. Era uma questão de honra colocar o facínora na prisão.

Carlo contava com a ajuda de Klaus, seu investigador particular durão, que, após se aposentar do serviço secreto do governo americano, resolveu abraçar a área da investigação particular e abrir uma empresa de segurança e resgates. Depois, aceitou trabalhar com Carlo como seu guarda-costas e investigador particular, além da participação do FBI. Faziam investigações paralelas às do gabinete de Carlo.

Há anos tentavam prendê-lo, mas o traficante sempre tinha um álibi o que frustrava o FBI.

Havia indícios de que um grande político estava envolvido com o traficante. Era questão de tempo para chegar até o nome do tal político corrupto.

Isso, somado a algumas sentenças tumultuadas e questionadas pelos advogados de defesa, prorrogações, reuniões com sua jovem equipe de assistentes e investigadores que trabalhavam para ele além de Klaus, tornava os dias exaustivos. Além da reunião tensa com o Hayes.

Em virtude do alto prestígio e da determinação com que se dispunha a fazer justiça a quem quer que seja, haviam cogitado lançar seu nome como possível candidato ao Senado.

Ele ficara lisonjeado com o convite e até se empolgara num primeiro momento com a possibilidade de servir, de uma forma mais atuante, ao país que o acolhera. Mas logo caiu em si, pois de maneira alguma estava disposto a trocar o seu modo de vida e principalmente perder a privacidade que ele tanto prezava. Afinal, não era tão ambicioso a ponto de entrar para a política. Seu compromisso era ser o melhor promotor que pudesse, colocando os elementos nocivos à sociedade na cadeia.

Colocou os braços atrás da cabeça e sorriu ao lembrar-se das expressões frustradas dos dois políticos quando recusou categoricamente e pediu com a maior sutileza e calma possível que esquecessem tal ideia.

Não comentou e nem comentaria tal assunto com Kate. Seria um inferno se ela soubesse, pois sabia da ambição da esposa quanto a isso.

Apesar de relacionar-se bem com alguns políticos, Carlo evitava tomar partido o mais que podia, pois, quanto mais neutro ficasse melhor seria.

Só esperava que a esposa do senador, Mary Hayes, não contasse para Kate, uma vez que era cliente da boutique da esposa.

Dio Santo. Ela não lhe daria sossego, pensou mordendo os lábios inferiores.

Mas outro fato recente o estava preocupando. Há dias, vinha sentindo algo estranho, cada vez que pegava seu carro no estacionamento do tribunal para ir embora.

Uma sensação que o deixava arrepiado, era como se alguém o estivesse observando. Horas atrás, ao abrir seu carro, sentiu os pelos da nuca se eriçarem em alerta e ele não estava gostando nada disso. Falaria com Klaus a esse respeito no dia seguinte, tão logo chegasse ao tribunal.

— Ei, promotor, vai dormir aí?

Carlo assustou-se com a voz do filho, pois estava tão absorto que não o ouvira chegar.

Abrindo os olhos, olhou para o filho e sorriu. Ficou analisando-o por uns instantes.

Luigi, já perdera o seu jeito moleque. Notou naquele momento que ele estava quase tão alto como ele e seus músculos já começavam a se definir, pela prática dos esportes. Aparentava mais idade do que seus 14 anos.

— *Ciao, caro*. Estava tão perdido em meus pensamentos que não vi a hora passar. — respondeu, saindo do colchão e dando um rápido mergulho.

— Que horas são? — perguntou apoiando as palmas das mãos na borda da piscina para, num impulso ágil, sair da água.

— Já passa um pouco da meia-noite. — respondeu o garoto, entregando a toalha para o pai. — Quando fui fechar minha janela, vi você deitado aí e tão quieto que pensei que estava dormindo. — explicou Luigi. — *Mamma* já está dormindo há horas. Chegou num mau-humor... — continuou com um sorrisinho debochado. — Comeu as "folhas" dela, tomou uma aspirina e trancou-se no quarto. Mal falou comigo.

Carlo riu com a observação do filho sobre as saladas de Kate.

— Ainda bem que fiquei por aqui. — disse Carlo aliviado e piscando para o filho. — Aliás, ultimamente, mau humor é o estado normal de sua mãe. — observou com deboche, também.

Carlo enxugou vigorosamente o corpo e os cabelos.

Com naturalidade, sem qualquer inibição, tirou a sunga molhada e enrolou a toalha nos quadris. Juntou sua calça de agasalho e a camiseta, enquanto Luigi pegava o tênis e as meias do pai, e então os dois percorreram o caminho que ligava a piscina à casa. Após deixar as roupas na lavanderia, entraram na cozinha.

Abrindo uma garrafa de vinho, fez sinal para Luigi pegar duas taças. Colocou o vinho na sua e um suco de laranja para o filho.

Sentiu o aroma e deu um gole, assentindo.

— Delícia! — exclamou estalando a língua.

— Esse é da adega do *nonno*? — perguntou o jovem, apontando para a garrafa que o pai abrira.

— *Si*. — respondeu Carlo encostando-se ao balcão. — Uma das safras mais antigas do *nonno*.

— Vai dormir ou ainda vai trabalhar? — perguntou o garoto, dando mais um gole no seu suco.

— Após o banho, vou dar uma olhada na minha agenda para amanhã. Vou aproveitar que estou revigorado, após os exercícios. — respondeu-lhe o pai.

Terminando o seu suco, Luigi levou a taça até a pia, enxaguou-a e colocou na máquina de lavar.

Aproximando-se, deu um beijo no pai, como de costume.

— *Buonanotte, papà!*

— *Buonanotte, caro!*

Carlo sorveu lentamente o restante do seu vinho, só depois de alguns minutos colocou a taça na máquina de lavar e dirigiu-se ao seu quarto. Abriu a porta cuidadosamente e entrou. Estava na penumbra, pois Kate deixara a lâmpada de leitura acesa, para ele apagar. Silenciosamente, pegou a calça de seu pijama e passou ao lado da grande e luxuosa cama de casal. Deu uma rápida olhada na esposa que dormia profundamente.

O perfume Chanel preferido de Kate lhe entrou pelas narinas. Ele não suportava o perfume da esposa, mas Kate sempre tivera gostos extravagantes, tanto para perfumes como para joias. Herdara muitos hábitos da mãe e, infelizmente, a arrogância e o esnobismo também. Muitas vezes lamentava essa parte da personalidade de sua esposa que ela escondera muito bem, quando se conheceram.

Entrando no banheiro, fechou a porta e ligou o chuveiro. Após um rápido banho, enxugou-se e colocou a calça do pijama e o roupão.

Olhou-se no espelho, passou as mãos nos cabelos grisalhos, tirando o excesso de água e penteou-os rapidamente, com os dedos. Escovou os dentes e dirigiu-se ao seu escritório, situado no canto esquerdo da edificação, onde a claridade da rua entrava pelos vidros da grande janela, que ficava atrás de sua imensa mesa de mogno.

Acendeu a luz e deu um suspiro. Da janela, podia ver o movimento de alguns moradores do condomínio chegando em casa. Como já era tarde, fechou as cortinas. Ali era o seu refúgio, o seu santuário. Era onde podia pensar com tranquilidade, tomar muitas decisões importantes e, muitas vezes, fugir do mau humor de Kate. Nessas ocasiões, jogava-se no sofá e até dormira ali, muitas noites, quando o clima entre eles ficava tenso demais, o que ultimamente acontecia com muita frequência. Estava impossível manter um diálogo com a esposa, sem que houvesse uma discussão, pois ela criticava tudo que ele fazia. Preferia muitas vezes permanecer quieto, por causa de Luigi e de sua *mamma*, e tentava a todo custo esconder a frustração e o descontentamento com seu casamento. Sentia cada vez mais que a sintonia entre eles estava acabando.

Procurava então a companhia do filho. Eram muito unidos e companheiros. Alguns assuntos preferia discutir com o filho, que era muito maduro para seus 14 anos.

Aproximando-se da mesa, abriu sua mala executiva, tirou algumas pastas e sua agenda eletrônica.

Tirou também o celular que usava apenas para atender assuntos do tribunal e checou as ligações. Observou que o senador Hayes ligara três vezes. Sorriu.

Deixou-o ao lado do computador e inclinando-se pegou seu paletó que estava no espaldar da cadeira de couro e tirou do seu bolso interno o seu celular particular, cujo número somente a família e seus velhos amigos, Kevin, Arold, Percy e Arthur, tinham.

Tinham todos se formado juntos em Direito e todos estavam bem-sucedidos na carreira jurídica, com exceção de Arthur, que, após formar-se em Direito e Publicidade, optou pela segunda profissão, na qual era muito bem-sucedido, sendo o publicitário mais premiado do país. E era também o único solteiro, além de ser o mais novo, apesar dos 40 anos. Solteirão convicto, era alérgico a relacionamentos longos.

Colocando o celular ao lado do outro, sentou-se e ligou o computador. Assustou-se com o chamado de um dos celulares.

Viu que era o pessoal. Abrindo um sorriso, atendeu já sabendo quem era.

— *Ciao, mamma!* — falou alegremente, recostando-se na cadeira numa posição muito relaxada.

— *Ciao*. Como está, *figlio mio?* — perguntou a mãe do outro lado.

— Estou bem, *mamma*. Acordada até essa hora, dona Carmela?

— Não veio me dar um beijo... — queixou-se ela.

— Perdoe-me, *mamma*, mas hoje cheguei muito tarde. Trouxe muito trabalho para casa. — desculpou-se.

— *Figlio*, você está trabalhando demais, tenho notado. *Ricordi tuo padre!* — advertiu a mãe, lembrando-o da vida estressante do marido.

— Calma, dona Carmela! — procurou tranquilizá-la. — Não é toda noite que faço isso.

— *Bene.* — respondeu a mãe preocupada — *Domani?*

— Certo, *mamma*. Amanhã. *Buonanotte!*

— *Buonanotte, caro mio!* — ela respondeu suavemente.

Desligando o celular fitou o vazio por uns instantes.

Ele e os irmãos não podiam pensar como teriam sido suas vidas sem a presença constante de sua mãe, sempre tratando os filhos como se todos fossem crianças. Ainda hoje os repreendia quando necessário e com muita severidade. Ela era a verdadeira pilastra da família, após a morte do pai deles.

Tinha um profundo amor e respeito pela mãe, que tudo fizera para continuar com os negócios da família, depois da morte do pai.

Em princípio, levou adiante os negócios da família ela mesma, mas, depois de uns tempos, quando a artrite começou a incomodá-la, resolveu aposentar-se. Reuniu a família e delegou responsabilidades a todos os filhos.

Atualmente, todos os restaurantes da rede "Martinelli's" eram administrados pelos irmãos e suas famílias, ficando a parte jurídica sob sua responsabilidade. Conforme a vontade do patriarca, os restaurantes seriam administrados pelos filhos. Os restaurantes eram muito bem-conceituados pela boa comida e pelas instalações modernas e sofisticadas.

Retornando a leitura das informações que recebera dos seus investigadores, foi interrompido mais uma vez pelo toque do mesmo celular.

Olhando o visor, viu que era Kevin, seu amigo irlandês, que se formara com ele.

— Você não dorme, *caro*? — perguntou em tom de brincadeira, ao atender.

— Amigo, como eu te conheço bem, sei que está no seu escritório trabalhando no processo do tal traficante, enquanto a família dorme, acertei? — respondeu o irlandês no mesmo tom caçoísta.

— Ainda me conhece, *caro*! — respondeu o promotor dando uma boa risada. — Algum problema? — perguntou curioso.

— Só quero lembrá-lo do nosso encontro anual da turma de 96, dia 20 de abril, em Houston. — Já agendou, não? — perguntou Kevin, com uma leve suspeita de que o amigo esquecera.

— *Dio mio!* — exclamou Carlo confirmando-lhe as suspeitas. — Esqueci-me de agendar, mas não se preocupe que estarei lá. — tranquilizou-o.

— OK. Dia 19 de abril, sairemos no voo das vinte e três horas. Dessa vez, ficaremos uma semana, pois haverá muitas atividades, para um verdadeiro relax. — explicou Kevin empolgado. — Reservamos o mesmo hotel e o terceiro andar todo para nós. Como você é o único da turma que conhece bem Roy Velmont, dividirá o quarto com ele. Algum problema?

— De modo algum. Faz um tempo que não falo com Roy. Poderemos pôr os assuntos em dia.

— Ótimo. Eu ficarei com Arthur e Arold com Percy. As atividades começarão dia 20 de abril às 8 da manhã e vão até às 20 horas. Nosso velho e querido professor Yves será o coordenador e um dos palestrantes.

— O velho Yves! Será bom revê-lo!

— À noite poderemos nos divertir, após o jantar.

— Hum... será muito relaxante. — respondeu Carlo.

Será num bom momento de dar um tempo na relação com Kate, pensou.

— E a família como vai? — perguntou gentilmente.

— Muito bem, meus filhos estão indo bem no colegial e minha Maureen cada vez mais linda!

Às vezes, Carlo tinha inveja do relacionamento de Kevin com sua bela esposa. Continuavam apaixonados, desde quando se casaram.

— Luigi deve estar um rapagão, não?

— Sim, com 14 anos. Luigi é um bom garoto e um grande companheiro. — falou Carlo orgulhoso. — *Mamma* teimosa como sempre. — continuou. — E Kate... — Carlo levou uns segundos para falar e deu um longo suspiro. — Bem... Kate também está muito bem, quando não está infernizando a minha vida com seus ciúmes doentios.

Kevin percebeu um tom de frustração na voz do amigo, mas não disse nada. Sabia como o amigo sofria com as cenas de ciúmes da esposa, pois já haviam conversado sobre isso. Por essa razão, sabia também que o casamento deles não andava muito bem.

Resolveu abreviar a conversa, terminando-a.

— Nos encontraremos no aeroporto dia 19 às 23 horas. Boa noite, italiano. — despediu-se Kevin.

— *Arrivederci*, meu amigo!

Desligando o celular, retornou à sua leitura. Ao esticar-se para alcançar os seus óculos de leitura, seus olhos pousaram no porta-retratos, onde uma linda garotinha de cachos dourados estava com os bracinhos agarrados em seu pescoço enquanto ele dava-lhe um beijo nas bochechas vermelhinhas, sob o olhar embevecido de uma jovem Giorgia.

Susan, Cachinhos dourados, a garotinha que vivia atrás dele e que ele adorava. Sorriu com saudades daquele tempo, em que tinha a idade de Luigi. Como estaria ela? Se não estivesse errado, ela estaria hoje com 25 anos. Uma mulher! Carlo assustou-se ao se dar conta dos anos. A última vez que a viu ela era pequenina.

Se a encontrasse agora, não a reconheceria. Mas tinha certeza de que se tornara uma linda mulher. Contemplou ainda por alguns instantes a foto e colocou os óculos. Gostava daquela foto, pois lhe trazia lembranças de uma época muito feliz.

Com um longo suspiro, recomeçou pela terceira vez a ler os papéis que tinha em mãos.

Tempos depois, olhou no seu relógio de mesa e assustou-se com a hora. Já passava das 3 horas da manhã. Espreguiçou-se longamente, desligou o computador, guardou as pastas e os celulares. Retirando os óculos, passou as mãos nos olhos cansados.

Pouco depois, já estava deitado em sua cama, verificando se havia ligado o despertador do rádio relógio que sua *mamma* lhe dera no aniversário. Kate implicava, pois achava melhor o alarme do celular.

Puxou as cobertas e fechou os olhos. *Dio*, o dia fora extenuante.

Susan

Deitada na espreguiçadeira ao lado da piscina coberta, Susan fechou o livro que estava lendo, esticou o corpo, num gostoso alongamento, e deu um longo suspiro. Sorriu quando ouviu a voz de Gigliola Cinquetti cantando **Dio come ti amo**, vindo da casa vizinha. Quando vinha para casa, sempre ouvia músicas italianas, pois sua vizinha *mamm*a Carmela era natural da Itália. Como sabia que a idosa estava viajando, com certeza era sua governanta quem estava ouvindo.

Olhando ao redor, percebeu que a árvore bem no fundo da casa já estava com os galhos preenchidos de folhas que balançavam suavemente, respondendo à voz do vento. O ar de Nova Iorque já estava com cheirinho de primavera. Nesse dia, estava aproveitando um pouco o sol que deixava o dia bem agradável, atípico para essa época do ano.

Sabia que suas férias estavam chegando ao fim e logo teria que voltar à Paris para concluir o curso de Arquitetura, juntamente com sua amiga Sarah.

Estava aproveitando cada minuto dessa folga para curtir sua família, principalmente, trocar ideias e dialogar com sua mãe. Adorava quando ela chegava do consultório e vinha sentar-se ao seu lado para o habitual bate-papo. Ela e a mãe sempre tiveram uma relação aberta e franca. Susan não lhe escondia nada. Sorriu ao recordar-se da expressão assustada da mãe, quando anos atrás, ela pediu-lhe uma orientação sobre anticoncepcionais. Mesmo sendo ginecologista e estar acostumada com isso, ela ficou olhando-a, em silêncio por alguns segundos, com os olhos arregalados. Nessa época, Susan estava iniciando um relacionamento com o belo Pierre em Paris. Não durou muito, mas ao menos foi divertido e prazeroso enquanto durou. Foi com Pierre que iniciou sua vida sexual. Ele era um homem muito sexy, bonitão, divertido e fora um excelente professor na arte de fazer amor. Se ele não fosse tão volúvel, ainda estariam juntos. Pierre era um homem de muitas mulheres e ela queria ser a única na vida dele. Mesmo assim, ficaram bons amigos, sem culpas ou mágoas. De repente, prestou atenção na música que agora tocava na casa vizinha. Era *Ti voglio tanto bene*, a música que Carlo, o filho caçula de *mamma* Carmela, cantava sempre para ela, quando a levava para passear no parque infantil do condomínio. Nessa época, ela tinha quatro para cinco anos.

Sempre que a ouvia, lembrava-se dele e da sua alegre família, cuja matriarca, Carmela, era muito amiga de seus pais. Deu-se conta de que fazia anos que não o encontrava. Para ser mais exata, desde quando ele partira para a universidade, quando ela era apenas uma garotinha. Tinha muita curiosidade em saber como estaria ele agora aos 41 anos. Soubera por sua mãe que ele e *mamma* Carmela estavam em Milão.

Segundo sua mãe, ele se transformara num belo homem e, quando jovem, era muito assediado pelas garotas.

Louisie contava que os filhos de Carmela eram chamados "Os belos Martinelli". Altos, morenos, másculos de olhos azuis e pele bronzeada, que deixavam as jovens daquela época malucas para chamar-lhes a atenção. A marca registrada dos filhos de Carmela eram os lindos e profundos olhos azuis, iguais aos dela e de seu finado Paolo.

Nesse momento, ouviu o som dos saltos dos sapatos de sua mãe entrando em casa.

Nem ouvira o barulho do carro entrar na garagem, tão absorta estava em seus pensamentos.

Subiu o encosto da cadeira e aguardou a mãe, colocando o livro no chão ao lado da sua cadeira.

Tempos depois, Louise foi ao encontro da filha com duas xícaras de café. Parou no meio do caminho ao ver a filha, que estava de costas para ela, em pé arrumando a parte de baixo do seu biquíni branco.

Como toda mãe coruja, Louise observou a filha, Susan era alta, de louros cabelos longos e cacheados, numa tonalidade que chamava a atenção por sua luminosidade à luz do sol. Seu rosto era perfeito, de sobrancelhas bem delineadas, cílios longos e curvos que emolduravam seus grandes e brilhantes olhos verdes. A boca chamava a atenção por seus lábios polpudos e os dentes perfeitos, os quais contribuíam no lindo sorriso que lhe iluminava o rosto.

Sua garotinha se transformara numa linda mulher. Orgulhosamente sorrindo, recomeçou a andar ao encontro da filha.

Susan estava sentando novamente quando viu a mãe chegar. Notou que, sob a camiseta larga, ela vestira um maiô verde, a cor preferida das duas. Aos 56 anos, sua mãe era uma mulher ativa e que gostava de cuidar da sua saúde, tinha um corpo muito bonito, resultado de suas horas de natação e esteira.

— Sem açúcar, como você gosta. — disse a mãe, ao entregar-lhe a xícara e se sentando ao seu lado.

— Obrigada, mãe. Te adoro. — respondeu, inclinando-se e beijando-a carinhosamente no rosto.

— Eu também. — respondeu sorrindo. — E então, querida, está conseguindo relaxar? — perguntou-lhe, tomando um gole de seu café. — Você chegou tão estressada, antes da viagem ao Caribe, que até me assustei.

— Deu para notar, é? Mas, agora, estou relaxada, novinha em folha! Mesmo naquele paraíso, no Caribe com a turma, eu não havia conseguido relaxar totalmente. O curso de Arquitetura foi muito estafante.

— Você é muito transparente, minha filha. — observou Louise. — Você estava até com olheiras...

— O curso ultimamente estava muito estressante com a apresentação das teses. Acredita que Sarah até foi parar até na enfermaria? — contou a jovem, lembrando-se da crise de choro que a amiga teve, numa avaliação importante.

— Por falar em Sarah, ela veio para casa também? Não apareceu por aqui...

— Ela pegou um voo, antes do meu. Precisou ficar no hospital com a mãe, que operou o joelho. Ficará com a mãe, até a avó chegar para ficar com ela, até sair do hospital e começar a fisioterapia.

— Gosto de Sarah. — enfatizou Louisie. — É uma boa moça, educada e gentil.

Susan achou o momento certo para falar sobre a decisão delas de trabalhar em São Francisco.

— Mãe, o que você acha de eu ir exercer minha profissão em São Francisco? — perguntou cautelosamente, observando a reação da mãe.

Louise tomou o restante de seu café e olhou para a filha, demonstrando claramente a sua surpresa.

— São Francisco? Por que São Francisco?

— Porque o primo de Sarah que reside lá tem um escritório de arquitetura e nos convidou para trabalhar com ele. Ele está com muitos projetos e precisa de mais arquitetos para dar conta deles. E mais, nos convidou para sermos suas sócias, no futuro.

Louisie apenas ficou olhando para a filha, parecendo ainda absorver a notícia.

— Você lembra-se de Justin? — continuou a jovem. — Ele estava no meu aniversário, quando você foi me visitar em Paris, dois anos atrás.

Louise franziu o cenho por alguns segundos.

— Ah, aquele lindo e charmoso rapaz, que me abraçava o tempo todo e me chamava de *"Honey"* e se dizia apaixonado por mim? — Lembrou a mãe rindo muito da brincadeira do rapaz.

Susan também riu, pois Justin era mesmo muito divertido.

— Você sabe que ele é...

— Gay? — completou a mãe, assentindo. — Ele me contou e falou muito do seu namorado, um chef de cozinha, não é? — Gostei muito dele. É inteligente e gentil.

— Então, o que acha? Eu e Sarah adoramos a ideia, pois o escritório dele já é bastante conhecido lá.

Louise ficou em silêncio por alguns minutos. Deu um longo suspiro e olhou para a filha, com uma expressão tristonha.

— Não vou negar que eu e seu pai gostaríamos que ficasse por aqui. Sofremos tanto com sua ausência durante esses anos todos que ficou longe de nós. Mas, se for para vê-la feliz e realizada, teremos que concordar. — falou com resignação.

— À noite, falarei com papai. Espero que ele não fique magoado.

A última coisa que queria era magoar os pais, mas Susan tinha a certeza de que eles a entenderiam.

— Seu irmão fez muito barulho hoje? Ele e Luigi juntos... — Louise mudou de assunto, lembrando do filho caçula que era muito irrequieto e que ficava ainda mais quando estava em companhia de Luigi, o filho de Carlo.

A jovem negou com um leve balançar da cabeça e falou:

— Pude ler tranquilamente e até tirar um cochilo.

— Eles são muito travessos juntos... — Louise alegou, enquanto tomava o restante do seu café.

— Isso porque são saudáveis. — retrucou Susan. — Ontem, eu me diverti com eles, na piscina. Luigi é um garoto muito educado e inteligente, além de ser muito bonito. Aliás, ele e Matt logo estarão arrasando corações. — concluiu sorrindo orgulhosa dos dois garotos.

— Luigi herdou não apenas os traços físicos do pai, como também sua simplicidade, gentileza e amabilidade. É um menino muito doce. — comentou Louise.

— Queria tanto rever Carlo... — mencionou a jovem em tom melancólico. — Queria ver como ficou mais velho... Afinal, eu era muito criança quando o vi pela última vez. — lembrou com saudades.

A mãe apenas anuiu.

— Ele sempre pergunta por você. Quer saber como você está indo na universidade, se já está namorando, se ainda tem os cachinhos dourados. — finalizou Louise, rindo.

Susan sorriu, ao lembrar-se do apelido que ele lhe dera e de como ele gostava de puxar-lhe os cabelos. Dizia que era para alisar os cachos.

— "Cachinhos dourados". Nunca esqueci o apelido, assim como me lembro da música que ele cantava para mim.

— *"Ti voglio tanto bene"?* — lembrou Louise. – Às vezes, ele a escuta nos fins de semana, quando trás trabalho para casa.

— Há poucos minutos a governanta de *mamma* estava ouvindo-a. — disse Susan assentindo, com expressão nostálgica.

— Mãe, me fale sobre ele.

Louise a olhou com surpresa.

— O que quer saber dele?

— Ah... como está, se é feliz, se continua com a mania de correr à noite...

— Bem, ele continua a correr todas as noites e depois escuto as braçadas dele na piscina. Mesmo no inverno, ele mantém o hábito, quando puxa a cobertura da piscina e a aquece.

Aos sábados, joga tênis com o irmão Lorenzo e, muitas vezes, convidam seu pai. No domingo, vai até o Clube dos Magistrados praticar golfe com seus amigos. Mantém um físico de atleta, é bonito, carismático e muito charmoso com aqueles lindos olhos azuis e seus cabelos agora grisalhos... É um pai maravilhoso, muito ligado a Luigi. Ele o leva em todas as suas atividades de final de semana. E, religiosamente, aos domingos vai jantar com Carmela, juntamente com Lorenzo.

— Ele está grisalho? Como assim? Lorenzo é mais velho e está com os mesmos cabelos escuros de outrora. — questionou a jovem.

Louise riu.

— Nem Carmela sabe o porquê. Todos os outros possuem cabelos escuros, com exceção de Aldo que é calvo.

— Deve estar bem interessante... — comentou a jovem.

— Sim. Está muito charmoso.

— A senhora acha que ele é feliz? — tornou a perguntar Susan.

A mãe pensou antes de responder.

— Acho que sim. Ele é muito bem-sucedido profissionalmente. Porém ficou muito reservado, muito sério... Nem parece aquele rapaz alegre, brincalhão... Mas continua com aquele charme típico dos irmãos Martinelli. — concluiu.

Susan tentou visualizar a imagem que a mãe fez do amigo e, quando o fez, gostou do que visualizou.

Katherine, a linda e fria esposa de Carlo, durante o tempo em que estava na casa dos pais, juntara-se a ela e sua mãe, uma única vez, quando fora chamar Luigi para sair com ela. Uma conversa rápida e impessoal.

Susan não sabia o porquê, mas a simpatia que ela procurava demonstrar não a convencia. Talvez porque os sorrisos nunca chegavam aos olhos. Muitas vezes, até deixava transparecer uma arrogância e esnobismo, que sua mãe dizia fazer parte do seu perfil.

Mas, por mais que tentasse, não conseguia se sentir à vontade na presença da esposa de seu amigo. Mas tinha que reconhecer que ela era muito bonita, sempre elegante, penteada e maquiada, como se estivesse saído de uma revista de moda.

Kate era proprietária de uma sofisticadíssima boutique na 5.ª Avenida frequentada por mulheres da alta sociedade local.

Em certos momentos, Susan se perguntava se seria só impressão ou Kate realmente a tratava com certa reserva, como se não simpatizasse muito com ela.

Louise, como convivia muito com Carmela, sabia de tudo que acontecia. Ela comentara sobre os jantares refinados, regados a champanhe e vinhos finos para amigos do casal e para as amigas clientes de Kate.

— É de uma sofisticação que você não tem ideia, minha filha. — dissera sua mãe. — No inverno, se alguém avisasse o Green Peace, todas as convidadas de Kate seriam hostilizadas e agredidas pelo uso extravagante de peles. — confidenciou com ironia. — De tanto Luigi pedir, ela agora não tem usado.

— Carlo ficou esnobe como Kate? — perguntou Susan, com receio da resposta da mãe.

— De maneira alguma! — protestou Louise veementemente. — Naturalmente, ele tem que viver de acordo com o cargo importante que ocupa. Porém, dos filhos de Carmela é o mais reservado, conforme lhe disse, mas sempre um cavalheiro.

— Acho que todo juiz é sério e reservado, e um promotor mais ainda, não? — defendeu Susan.

— Concordo, mas, na maioria, eles são reservados e formais somente quando estão em seu ambiente de trabalho. E Carlo era um rapaz tão alegre e comunicativo... — lembrou a mãe.

As duas ficaram em silêncio e pensativas.

— Ele e Kate se dão bem? — perguntou Susan, de repente, com curiosidade.

— Aparentemente, sim. Carlo é muito calmo e evita discutir com ela. — respondeu-lhe a mãe. — Carmela me contou que, quando ela começa a gritar, ele convida Luigi e vão para a casa dela ou vão dar uma volta de bicicleta pelo condomínio. Quase não se escuta a voz dele, a não ser quando está brincando com o filho. Ele prefere sair da linha de fogo do que ficar nela, entende?

Susan fez que sim para a mãe e ambas ficaram, novamente, por alguns minutos.

Ao devolver a sua xícara para a bandeja, a jovem notou que a mãe estava mordendo o polegar, olhando para um ponto indefinido.

— Dona Louiseee... Hellooo... — chamou, estalando os dedos na frente da mãe. — Onde está você?

A mãe assustou-se, pois estava com seus pensamentos muito longe. Olhou para a filha e meneou a cabeça lentamente, com um sorriso meio torto.

— Desculpe, querida... Estava aqui pensando em Carlo e de como ele era, quando adolescente. Você sabe que, às vezes, não consigo entender, como ele pôde se interessar por uma mulher como Kate? Percebe-se que não existe aquela afinidade que normalmente se vê num casal, como os irmãos dele e suas esposas ou como eu e seu pai, por exemplo.

— Sabe, Katherine é tão... tão...

— Tão...? — insistiu Susan, curiosa.

Louise inclinou-se para a filha e sussurrou:

— Tão esnobe, tão superficial, tão fútil!

— Ufa, que alívio! — exclamou a jovem. — Pensei que era implicância da minha parte, mas você a vê como eu a vejo. Katherine é linda, tem um corpo maravilhoso e se veste com uma elegância sem igual, mas é só.

— Certamente ela frequenta as melhores clínicas de estética e os melhores spas. Sua dieta é muito rígida e adora comer "somente folhas", como disse Luigi para seu irmão, dias atrás. — completou espirituosa.

— Mas sabemos que beleza exterior não vale tanto como a interior. Acho que ela deve ser muito boa de cama! — disparou maldosamente.

— Mamãe! — gritou Susan, sem conter a gargalhada. — Que maldade, dona Louise! — repreendeu a jovem, surpresa com a observação da mãe, sempre tão discreta.

— Ah, tenho quase certeza, e levando em conta o sangue italiano de Carlo... — continuou a mãe maliciosamente. — Virilidade é o que não falta aos belos filhos de Carmela. O mais surpreendente é que, apesar disso, somente Cristiano seguiu a tradição da família italiana numerosa... A maioria deles tem no máximo dois filhos. E Aldo é o único que não tem filhos, porque infelizmente Loretta, sua esposa, teve que extrair o útero, após aquele acidente, quando jovem.

— Eu sinto muito por eles, pois *mamma* Carmela sempre fala do amor e carinho que eles têm pelos sobrinhos. — disse Susan, sentindo compaixão pelo casal.

— E tenho plena convicção de que Carlo tem apenas um filho, porque Kate não quis engravidar mais. Sabemos o quanto ele também adora crianças. E você sabe que Kate casou grávida, não sabe?

Susan assentiu com leve movimento de cabeça.

— Sim. *Mamma* Carmela contou-me há muito tempo que Carlo casou antes de terminar o curso de Direito, por causa disso. Kate já estava grávida de dois meses. — confidenciou a jovem.

— Aldo, talvez por ser o irmão mais velho, ficou muito bravo com Carlo e nunca escondeu sua opinião sobre a cunhada. Ele sempre a achou mimada, manipuladora e egoísta.

— Mãe, ele era apaixonado por ela. — retrucou Susan.

— Porém, aposto que, se dependesse dele, não teria casado tão cedo, principalmente antes de formar-se. — replicou a mãe. — Foi o pai dela, com sua influência, que conseguiu o primeiro emprego dele, colocando-o num dos maiores e mais respeitados escritórios jurídicos de Boston. E Carmela uma vez me disse que o sonho dele naquela época era abrir seu próprio escritório jurídico aqui em Nova Iorque, além de sonhar com a Promotoria Pública.

Susan imaginou Carlo mais jovem, recém-formado e sentiu muita pena dele, se casando tão jovem, além de ter que abrir mão de seus sonhos.

— Quando *mamma* Carmela volta? — perguntou, tentando mudar de assunto.

— Não sei ao certo. Se bem me recordo, Carmela comentou que talvez ficasse até o final de maio. Carlo acompanhou-a e depois ia para Roma. Com certeza, Carlo vai buscá-la, pois não quer que ela viaje sozinha com seu problema de artrite.

— A relação entre eles sempre foi muito especial. Adoro vê-los juntos. — a médica comentou, lembrando do carinho entre Carlo e sua mãe. Tinha alguma coisa de muito especial nos abraços, nos beijos na testa, no modo de falarem um com o outro...

Carmela tinha seis filhos, Aldo, o mais velho, Piero e Lorenzo, que eram gêmeos, Cristiano e os caçulas, Carlo e Giorgia, que também eram gêmeos.

— Ela trata todos os filhos... — continuou Louisie... — da mesma maneira carinhosa, mas é mais fácil, para nós de fora, perceber que Carlo e Giorgia, talvez por serem os caçulas, são mais paparicados... — continuou Louise. — Lorenzo inclusive brinca com a mãe por ela chamar Giorgia e Carlo de *bambini*. Quando não está avolumado de audiências e processos, muitas noites, após sua corrida e seu banho de piscina, ele vai até a casa da mãe e ficam horas conversando na varanda. Muitas vezes ouço a gargalhada gostosa deles. Dá para perceber que quando está sozinho com a mãe ele se solta.

— *Mamma* Carmela me contou numa das vezes que estive aqui de férias que Katherine quase não participa dos almoços ou jantares da família. — lembrou Susan.

Louise assentiu.

— Verdade. Outro dia, eu estava descansando após umas braçadas na piscina, quando ouvi Kate reclamando dessa viagem de Carlo com a mãe para a sua governanta. Disse com azedume que ele sempre arranja um pretexto para não comparecer a um evento importante, que ele arranjou essa viagem com a mãe dele para não comparecer num jantar que iria acontecer naquele dia. Ela é por demais possessiva em relação a ele. — concluiu Louise.

— Então dá para entender essa reserva que ela tem comigo. Não sei se a senhora percebeu, mas ela é muito evasiva comigo. Cada vez que eu pergunto dele, ela desconversa e percebo uma certa irritação nela. Parece ser ciúmes.

A mãe olhou-a muito séria, analisando a questão por minutos.

— Pode ser, minha querida. — respondeu. — Ela sempre soube da relação de vocês. E Matt comentou uma vez que Carlo tem sobre a mesa do escritório aquela foto que seu pai tirou de vocês dois, um pouco antes dele partir. Lembra?

— Não acredito, mãe, que ele ainda guarda essa foto! — exclamou Susan, surpresa e emocionada. — Eu também a conservo na minha mesa de cabeceira! Que saudades daquele tempo, mãe.

Louise riu.

— Precisa ver a cara dela, quando ele faz questão de conversar comigo e seu pai, quando nos encontramos pela manhã, e pergunta sobre você.

Susan levantou-se e esticou-se toda.

— Será que ela não se dá conta de que a última vez que nos vimos foi há anos, quando eu era uma garotinha e ele um adolescente? Ele deve lembrar-se de mim como eu lembro-me dele. Só temos aquela foto como lembrança!

— Certamente, mas, lembre-se, ele não a viu, mas ela sim.

Cada vez que você vem, ele está viajando. Pensa que ela não percebeu o quanto você cresceu e transformou-se numa linda mulher? Para uma mulher ciumenta, só pensar que o marido tem uma ligação afetiva com uma jovem linda já é o bastante. Ela sabe que o carinho entre vocês era muito forte para acabar e que agora ele abraçaria e beijaria uma mulher e não uma menininha de quatro anos. — acrescentou Louise.

Susan riu muito. De repente, lembrou-se de algo.

— Ele viu alguma foto minha recente? — perguntou curiosa.

A mãe pensou por uns instantes e respondeu:

— Creio que não. As fotos que você envia para nós seu pai as coloca num porta-retratos e leva para o seu consultório. E algumas estão em nosso quarto, na cômoda. E Carmela tem no console da lareira, somente fotos dos netos e dos filhos. A única que ela tem é aquela em que você, Carlo e Giorgia estão na piscina, quando tentavam ensinar você a nadar.

— Aquele dia foi muito engraçado. Papai me disse uma vez que eles adoravam me ensinar a nadar.

— E agora, que tal um mergulho? — sugeriu Susan, levantando-se.

Louise também se levantou, tirou sua camiseta e juntas se jogaram na água, mergulhando e fazendo o trajeto todo da piscina. Ainda submersas, ouviram o barulho de alguém se jogando na água. Ao mesmo tempo, as duas subiram à tona e tirando os cabelos colados ao rosto, viram Edward começando a dar as suas braçadas e parando perto das duas. Passou as mãos nos cabelos, tirando-os do rosto e sorriu para elas.

— Como passaram o dia, minhas meninas? Perguntou, dando um beijo no rosto da filha e abraçando a mulher, beijou-a nos lábios, com carinho.

— Tomamos um café e conversamos bastante. — respondeu a esposa. — E o seu dia como foi? Está com um aspecto cansado. — percebeu ela.

— Realmente, hoje foi muito estressante. Meu Deus, como aquelas crianças estavam alvoroçadas. — reclamou o pediatra. — Só estavam comportadas aquelas que estavam com febre.

— Acho que você está é ficando um velho ranzinza, papai. — ironizou Susan.

O pai deu-lhe uma rasteira, fazendo-a cair para trás e afundá-la. Era uma brincadeira que sempre faziam um com o outro.

— Quem disse que estou velho? — perguntou, não a deixando subir à tona.

Lutando com o braço forte do pai, Susan conseguiu emergir, tossindo e dando risada.

Aproximando-se mais uma vez da esposa, Ed a abraçou e a olhou com cara de apaixonado.

— Amor, eu estou ficando velho? — perguntou-lhe dando-lhe um beijo cinematográfico, divertindo a filha que assistia à brincadeira, enquanto passava a mão pelos cabelos molhados.

Louise empurrou-o, com as duas mãos, rindo bastante.

— Ed, há ocasiões em que você realmente se comporta como um idoso de 80 anos. — respondeu-lhe e caiu na risada ao ver a careta ofendida que ele fez.

Ed gargalhou e jogou-lhe água com as mãos.

— Não parece que você está tão estressado assim. — reclamou a esposa.

— Só foi olhar para as duas mulheres da minha vida e o estresse sumiu. — respondeu o médico, com ar galanteador.

— E eu hoje atendi cinco parturientes de "primeira viagem" no consultório e fui à maternidade três vezes para atender uma delas. Sendo que as três vezes eram alarme falso. Era um jovem casal peruano que não possuem ninguém da família aqui. Estavam apavorados e mesmo assim não fiquei estressada. — comentou a médica.

— Okay. Entendi, meninas. Tenho que ter paciência! Prometo! — respondeu o médico beijando os dedos cruzados. — Mas eu fiquei tão apavorado assim, quando nossas crianças nasceram? — perguntou muito sério e enlaçando a esposa pela cintura.

— Com Susan, você estava calmo, pois nos preparamos bem psicologicamente. Mas, quanto à gravidez de Matt, você ficou tenso os nove meses e durante o parto. Lembro que você foi motivo de piada entre toda a equipe do centro cirúrgico. — lembrou a esposa, caçoísta.

— Fui tão cômico assim? — a preocupação no rosto dele era evidente.

Louise assentiu.

Ainda lembrava-se do escândalo que ele fizera, quando o obstetra disse que talvez não precisasse de uma cesariana. Ele achava que ela não teria forças para um parto normal.

— Mas a explicação estava no fato de que Matt nos surpreendeu. Você fez o teste de gravidez três vezes, lembra? E o seu parto foi de risco, por ser uma parturiente de 40 anos e com sua pressão arterial instável. — defendeu-se.

— Realmente, Matt foi uma grata surpresa, mas confesso que eu também estava apavorada. — confessou com um arremedo de sorriso.

Louise abraçou e beijou o marido. Ficaram alguns minutos abraçados, lembrando daquele momento difícil e feliz, quando pegaram Matt no colo, saudável com seus quase quatro quilos.

— Então, que tal nadarmos um pouco mais? — sugeriu a médica. — Logo tenho que preparar o jantar.

Rindo, os três apostaram para ver quem era melhor no nado borboleta.

Horas depois, os três saíram da água. Cada um com sua toalha, enxugando-se e conversando alegremente.

Durante o jantar, como sempre a conversa girou sobre vários assuntos.

Apoiando o rosto numa das mãos, Susan olhou para sua família com um olhar repleto de amor. Era muito sortuda por ter uma família tão unida e amorosa.

— Você viaja quando, maninha? — perguntou Mathew de repente.

— Irei na segunda-feira no voo das oito horas. Por que, meu querido? — respondeu olhando para o irmão.

— Só para saber. Já estou começando a sentir saudades! — respondeu o garoto, dando de ombros.

A jovem percebeu que seus pais também estavam sentindo a mesma coisa.

Com olhos rasos d'água fitou os pais, que sorriram tristemente.

— Logo estaremos nos vendo com mais regularidade... — consolou-os. Voltando para Paris, terminamos o curso e a formatura será em meados de março. Final de março já estaremos em São Francisco.

Os dias passaram rapidamente, mas ao menos seu pai a havia apoiado quanto à ida para São Francisco trabalhar com o primo de Sarah. Regressaria a Paris mais tranquila e motivada.

Capítulo 2

Desejo proibido...

Eram quase 5h30 da manhã, quando acordou com o calor do corpo de Kate, seus braços e pernas sensualmente enroscado nele. Sabia o que ela queria, mas estava tão irritado com ela ultimamente que nem mesmo suas mais provocativas carícias despertaram sua libido. Ainda lembrava a discussão que tiveram no dia anterior por causa de seu ciúme doentio. Fingindo dormir profundamente, ignorou-a.

Ela resmungou e se afastou. De costas para ela, abriu os olhos e ficou aliviado por ela afastar-se. *Dio...* Deveríamos conversar e tentar ao máximo salvarmos o que ainda restava desse casamento, ao menos por Luigi, pensou tristemente. Mas, cada vez mais, ficava difícil aguentar o ciúme doentio da esposa.

Não conseguiu mais pegar no sono. Quando o despertador tocou, afastou as cobertas e saiu rapidamente da cama, antes que Kate o procurasse novamente. Ela sempre gostara de fazer amor pela manhã e ele não estava a fim.

Foi para o banheiro e estava fazendo a barba, quando ela entrou. Olhou-o pelo espelho, usando seu matinal olhar lânguido.

— *Buongiorno...* — disse ela abraçando-o por trás passando as mãos em seu abdômen, num claro apelo sexual. — Posso tomar banho com você? — perguntou ronronando como uma gata.

— *Buongiorno, cara* — respondeu continuando a se barbear. — Não posso atrasar-me. Tenho uma reunião com a minha equipe, com a equipe do capitão Carmone e os detetives do FBI, logo mais às oito horas! — acrescentou, tentando esquivar-se.

Ela afastou-se para cuidar da sua higiene, observando-o terminar o seu barbear.

Ligando o chuveiro, tirou a calça do seu pijama e não deixou de notar o olhar guloso dela. Então, rapidamente entrou no box.

Tal como esperava, ela entrou no box com ele, e começou a se esfregar nele sedutoramente. Tirou o sabonete das mãos dele, beijou-o nos lábios e puxou-o para si.

— Huum... você continua muito gostoso, italiano. — disse ela antes de outro beijo do qual ele não conseguiu escapar.

A luxúria falou mais alto, e sua libido saiu da inércia prolongada, acordando ferozmente. Encostou-a contra a parede ladrilhada e possuiu-a com a raiva acumulada nos dias de abstinência, surpreendendo-a. Fora um sexo selvagem! E ela gostara.

Trouxe-a para debaixo da água, beijou-a na testa e continuou seu banho. Ela encostou-se à parede do box, acompanhando seu banho completamente saciada.

— Uau... depois desse bom dia que me deu... meu dia será fabuloso. Fazia tempo que eu não tinha um orgasmo tão rápido assim. — concluiu ela.

Ouvindo o comentário da esposa sentiu o velho orgulho masculino sobre a seu desempenho de minutos atrás.

Se havia um lugar em que ele e Kate se entendiam muito bem era na cama. Já no primeiro encontro deles, anos atrás, ela seduziu-o de uma maneira que só poderiam acabar numa cama. Ela era insaciável, a ponto de ele chegar muitas vezes exausto nas aulas. Com o tempo, sua fome sexual foi diminuindo.

Ela andava tão irascível que estava difícil aguentar.

Já estava elegantemente vestido num terno escuro e gravata de seda vermelha e branca, quando a esposa saiu do banheiro enrolada numa toalha e entrou no seu closet.

— Hoje devem chegar as roupas da próxima estação, de Milão. — disse ela, procurando a roupa que pretendia usar naquele dia.

— Então hoje vai ter muito trabalho. — observou ele, enquanto ajustava mais uma vez o nó da sua gravata. Colocou o Rolex, presente de Kate quando ainda eram namorados, guardou a carteira e o celular no bolso interno do paletó. Despediu-se dela com um rápido beijo nos lábios e saiu do quarto rapidamente.

— Hoje você levará Luigi para a escola. — falou antes de fechar a porta do quarto.

Na cozinha, sentou-se à bancada de mármore preto, onde sua caneca preferida já estava posta para o café, graças aos cuidados da governanta Marien, e serviu-se rapidamente do seu habitual café preto puro.

— Bom dia, *papà*! — cumprimentou Luigi entrando na cozinha com sua mochila. Beijou o pai, antes de sentar-se.

— *Buongiorno, caro*! — respondeu Carlo olhando para o seu Rolex, novamente. — Hoje sua mãe vai levá-lo. Estou muito atrasado. — anunciou fitando o filho com uma careta. — Desculpe.

Luigi serviu-se de cereais com leite e assentiu.

— Okay, sem problemas, *papà*! Perdeu a hora? — Perguntou, pegando uma banana para cortá-la sobre os cereais.

Carlo sorriu.

— Não, foi sua *mamma* quem me atrasou... — disse piscando.

Entendendo, o garoto riu maliciosamente.

— Foi deitar muito tarde ontem? — perguntou Luigi.

— Já eram três horas da madrugada. Tive que atender a ligação da sua *nonna* e depois a de Kevin. Dia 19 de abril, estarei voando para Houston. O nosso encontro anual de turma de 96. — falou, olhando para o filho. — Dessa vez ficaremos lá, por uma semana. — anunciou Carlo, levantando-se e dando o último gole de café.

O perfume de Kate anunciou sua chegada antes mesmo dela aparecer à porta.

— Uma semana, onde? — perguntou ela, pegando o final da conversa.

— O encontro anual de turma do papà. — respondeu o filho.

— Uma semana?! — questionou Kate, com expressão de desagrado.

— Sim. Estarei embarcando dia 19 de abril às 23 horas para Houston. — explicou.

— Uma semana? — repetiu a socialite, parecendo não ter entendido. — Sempre foram quatro dias. Por que uma semana?

— Haverá mais atividades dessa vez. O professor Yves é quem vai coordenar. — explicou o promotor, não conseguindo esconder a irritação.

Katherine reforçou a expressão de desagrado ao sentar.

— Não sei por que até hoje vocês não incluem as esposas. — reclamou.

— Kate, será apenas para os homens, como sempre. As poucas mulheres da nossa turma fazem o encontro delas separadamente. Se fizéssemos juntos, certamente, incluiríamos as esposas.

Ela torceu a boca.

— Imaginem 35 homens desacompanhados! — continuou a reclamar. — Olhe lá, *signore* Carlo! Não vá dar uma de solteiro lá, hein? — pediu ela com desconfiança.

Com a expressão severa e meneando a cabeça, Carlo pegou sua pasta executiva, consultou mais uma vez o seu relógio e depois olhou para o filho, que deu de ombros e piscou-lhe com ar divertido.

— Carlo, está ouvindo? Se ousar... — ela bradou, ao vê-lo se encaminhar para a porta. Ele parou, voltou-se e fitou-a com os olhos azuis faiscando de raiva.

— *Mamma mia*, Kate! — gritou impaciente. — Eu, alguma vez, lhe dei motivos para não confiar em mim? — perguntou.

— Certo, mas sempre há uma primeira vez. — retrucou a esposa.

— Eu sempre estou com Kevin, Arold, Percy e Arthur, sabe bem disso. São todos casados e também respeitam suas esposas.

— Sim, eu sei, mas Arthur continua solteiro, não? Aquele não pode ver mulher!

— Arthur sempre sai sozinho, quando alguma mulher lhe interessa. Além de que, como você mesmo disse, ele é solteiro. Não tem compromisso com ninguém. E nunca nos influenciou em nada.

Irritada, ela jogou a colher dentro da tigela de cereais e ficou olhando-o com cara feia.

Carlo deu um longo suspiro e olhou desanimado para a esposa.

— Sabe isso já está me cansando. — falou num tom baixo de voz. — Todo ano é a mesma coisa. Já confirmei a minha presença. *Finito!* — dizendo isso ele foi até a porta. — Vai até ser bom ficar um pouco longe dessas suas sandices. — gritou antes de fechar a porta ao sair.

— Ele pensa que me engana. — resmungou, comendo com raiva seus cereais.

Minutos depois, ouviu-se o barulho do motor Mercedes saindo da garagem.

— Ainda acha que é sandice da minha parte. Imagine se não vão aprontar alguma. Você vai ver! — falou raivosamente, apontando a colher para o filho...

Luigi revirou os olhos para a mãe.

— *Mamma*, você está sendo muito injusta. Escute o que vou lhe dizer: você fala tanto em traição do *papà* que qualquer dia ele vai te trair de verdade, para te dar razão! — repreendeu o filho, entre sério e brincalhão.

Katherine olhou assustada para o filho.

— Ele não é louco! — exclamou furiosamente.

Luigi deu de ombros e intimamente se divertia com a cara apavorada da mãe. Sabia que ela tinha medo de que isso acontecesse.

Dali em diante, ela terminou o seu café, em completo silêncio e muito pensativa.

No trajeto para o tribunal, Carlo ainda estava irritado pela suposição infundada da esposa. Ela sempre o tirava do sério com suas crises de ciúme. Não mudara nada em 14 anos de casamento.

Muitas vezes desmarcou encontros com os amigos por causa das suas crises de choro, no início do casamento, motivadas pelo ciúme excessivo...

Nos jantares que ela costumava oferecer, era só vê-lo conversando com a esposa de algum amigo ou mesmo com algumas de suas próprias amigas que ela se aproximava e inventava qualquer desculpa para tirá-lo dali. Às vezes, tão indiscretamente que tornava a situação constrangedora, para ele e para os convidados.

Nunca lhe fora infiel, por isso ficava zangado, quando ela tinha essas crises de ciúme. Ultimamente, percebia que seu desejo por ela havia arrefecido. Precisava de um incentivo muito erótico da parte dela para deixá-lo excitado, como horas atrás, no chuveiro. Não estava gostando do ressentimento que estava tomando conta de seu coração. Isso não era bom. Mas sentia que já estava no seu limite.

Ele estava cansado de seu comportamento possessivo, intransigente, mimado, arrogante e esnobe. Aliás, tão esnobe quanto Nadine, sua sogra. Estava se esforçando ao máximo para tentar resgatar aquela cumplicidade dos primeiros anos de casamento. Muitas vezes dormia no sofá do escritório de casa.

Ao perceber que já estava próximo do Tribunal, bloqueou seus pensamentos. Cuidadosamente entrou no estacionamento e, após deixar o carro, sentiu o cabelo da nuca se arrepiar, como vinha acontecendo há dias. A mesma sensação de que alguém o estava observando deixou seus sentidos em alerta.

Minutos depois já estava em seu gabinete, com seus assistentes e os agentes do FBI que trabalhavam juntos no caso de Rick Mendonza.

Antes de reunir-se a eles, teve uma conversa com Klaus seu guarda-costas e investigador particular.

Começo de abril...

Susan acordou muito disposta. Levantando-se foi abrir sua janela e inspirou o ar gostoso de primavera em São Francisco.

Alegremente preparou seu café da manhã e depois foi tomar o seu banho, para mais um dia de trabalho.

O escritório estava indo muito bem. Ela, Sarah, Justin e mais dois estagiários estavam se entendendo muito bem e o trabalho em equipe fluía sem problema algum. Sempre estavam em sintonia na elaboração de projetos e estavam conseguindo bons clientes.

Conseguira comprar o seu apartamento na Lombard Street, seu adorável Smart, e podia se dar ao luxo de comprar suas roupas nas melhores e refinadas lojas da cidade. Susan gostava de vestir-se com elegância.

Como o escritório ficava próximo do seu apartamento, ela dispensava o uso do carro.

Minutos depois, abria a porta de vidro do escritório.

— Bom dia, meus queridos! — cumprimentou alegremente seus amigos.

— Bom dia! — responderam todos do mesmo modo alegre.

Quando percebeu a presença de Bill, o namorado de Justin, foi até ele e abraçou-o carinhosamente.

— Como vai você, meu querido? Que agradável surpresa vê-lo aqui! — falou após dar-lhe um beijo no rosto.

Bill pegou-a pela mão e fez com que desse uma voltinha.

— Garota, você está maravilhosa! Se não amasse o meu Justin, juro que pegaria você para mim. — falou com o humor que lhe era característico.

— Essa roupa caiu muito bem em você! Combinou com seus lindos olhos verdes. — apreciou o rapaz com verdadeira admiração.

— Você realmente está elegantíssima, amiga. — disse Sarah, admirando a figura da amiga. — Parece até que tem um encontro...

Susan riu e piscou para a amiga.

— Vou almoçar com Nicholas. Logo ele estará voltando para a Grécia. — anunciou alegremente.

Ouviu muitos comentários de aprovação. Todos sabiam que Nicholas há meses queria um relacionamento sério com ela.

Ela se sentia à vontade de falar sobre essa parte da sua vida com os colegas de trabalho. Era um ambiente leve e delicioso de se trabalhar.

— Nicholas Antoniukus, aquele grego lindo maravilhoso? — gritou Justin, juntando as mãos e arregalando os olhos, ignorando a cara de desaprovação do namorado. — Então...

— Nem se animem. — cortou ela. — Ele já sabe que será só um almoço entre amigos. Ele logo vai voltar para a Grécia e um envolvimento mais sério entre nós não ia ter continuidade, pois eu não quero ir embora daqui e ele não pode ficar aqui, uma vez que é o presidente executivo da empresa da família em Atenas. — explicou aos amigos.

— Você tem ideia da fortuna que tem esse homem? — perguntou Justin, com expressão incrédula.

— Sim. Tenho. Mas isso é irrelevante! — respondeu. — Confesso que foi difícil resistir ao charme dele. Ele é muito sedutor e persistente. Ele bem que tentou, mas... — confidenciou.

— Não acredito que conseguiu resistir. — Justin retrucou, com seu jeito espalhafatosamente divertido.

— Foi difícil, mas consegui! — respondeu ela, orgulhosa de sua atitude. — Acho que eu preciso ter algo mais que a atração sexual para ir para a cama com alguém. Tem que haver química e uma conexão emocional mais profunda.

— Ok, pessoal. — interrompeu Justin batendo palmas, como era seu costume para chamar a atenção para o trabalho.

Susan guardou a bolsa no armário e se sentou à sua mesa.

Sarah aproximou-se e entregou um envelope para a amiga.

Susan ficou olhando para a amiga, sem entender. Pegou o envelope e olhou de novo para a amiga.

— O que é isso? — por fim, perguntou intrigada.

— Justin lhe explicará. -- respondeu Sarah.

— Você duas estão intimadas a irem a esse seminário em Houston. — justificou Justin, chegando perto das duas jovens. Vai ser muito importante para nós.

Susan abriu o envelope, contendo um prospecto do curso e as reservas de avião e hotel.

— Sustentabilidade... — disse com um grande sorriso de aprovação. — Que ótima oportunidade Justin! Arquitetura Sustentável é muito importante. — Susan ficou muito entusiasmada com a possibilidade de participar do seminário.

— Já fiz as inscrições há uns dois meses, para garantir. Vão sair daqui, no voo das 8 horas da manhã, dia 19 de abril. — ratificou o arquiteto esfregando as mãos e sorrindo para as duas.

— Nós daremos conta por aqui, enquanto vocês estiverem ausentes. Não se preocupem.

— Ok, chefe! — respondeu Sarah para o primo. — Quem sabe o homem da minha vida não estará lá? — disse ela para a amiga. — Pensou nisso? — perguntou a amiga, com um olhar sonhador.

Susan sacudiu a cabeça.

— É melhor não criar expectativas, Sarah! Você não quer mais decepções, quer?

— Mas tenho o direito de sonhar, não? — indagou a ruiva, piscando para a amiga.

O encontro...

O dia amanhecera frio e nublado no dia do embarque para Houston.

As duas jovens, elegantemente vestidas, se despediram de Justin, que as levou ao aeroporto.

— Comportem-se, meninas! Não façam nada que eu não faria. — gritou ele, fazendo as duas jovens rirem e mandarem beijos a ele, antes delas desaparecerem no portão de embarque.

Ainda riam quando se sentaram em suas poltronas. Durante o voo, conversaram sobre o curso que iriam fazer, sobre os projetos no escritório e deram uma cochilada. Quatro horas depois de um voo tranquilo, estavam aterrissando em Houston.

Tão logo chegaram no hotel, se acomodaram na suíte reservada para elas. Cansadas, resolveram pedir o almoço no quarto, depois resolveram dormir um pouco. Deram um passeio pelas redondezas do hotel e chegaram na hora do jantar.

Após o jantar ficaram um pouco no saguão e logo subiram, pois precisavam acordar cedo no dia seguinte. Justin as alertara que o café da manhã era muito disputado, por isso precisavam descer mais cedo para o local do café. Tiveram sorte ao ver que tinha poucas pessoas e puderam então tomar o café sossegadas. Uma hora depois já estavam sentadas assistindo à abertura do seminário de sustentabilidade.

O primeiro dia fora muito dinâmico e elas gostaram bastante. Às 19 horas, já se encontravam na suíte do hotel, se preparando para sair. Abriam a porta, quando o celular de Sara tocou. Ela fez um sinal para que Susan fosse à frente. Depois de ver quem era, sussurrou que era Justin.

Sentada numa das poltronas do saguão do hotel, enquanto aguardava Sarah. Susan tinha uma visão privilegiada de toda a entrada do hotel e da área dos elevadores.

Olhou o relógio e achou que Sarah estava demorando demais. Pegou a revista do suporte ao lado, para folheá-la enquanto a amiga não descia.

Ouvindo o barulho característico do elevador, ela levantou os olhos, torcendo para que fosse Sarah.

Mas foram cinco lindos homens que saíram, conversando e rindo de alguma coisa engraçada.

Todos elegantemente vestidos em seus ternos de corte perfeito emanavam poder e sucesso. Era evidente a amizade entre eles.

Altos e másculos chamavam a atenção das mulheres que se encontravam no saguão e, com certeza, em todos os lugares que estivessem.

Com exceção de um loiro, os demais tinham cabelos negros. Havia um que se destacava dos demais, por sua altura, postura elegante, sofisticada até e cabelos grisalhos tal como o ator George Clooney.

E foi o que mais lhe chamou a atenção. Muito charmoso, com um sorriso maravilhoso, era de tirar o fôlego. Seu rosto era perfeitamente simétrico. A pele muito bronzeada tipicamente latina, as sobrancelhas negras e os cílios longos ressaltavam os olhos claros, que pareciam serem azuis. Era ele quem estava falando agora, gesticulando muito e ela pode notar a sua boca... Ah, que boca, meu Deus, disse a si mesma. Os lábios eram grossos e muito sensuais. Tinha quase certeza de que ali havia sangue italiano, pois, além da compleição, falava muito com as mãos. Lembrou-se dos filhos de *mamma* Carmela, quando tentavam explicar alguma coisa. Usavam mais as mãos do que as palavras.

A figura alta, morena e máscula daquele homem, realçada pelo terno escuro de corte impecável e a gravata de seda num azul-claro, atiçou sua libido, surpreendendo-a, pois, desde Pierre, nunca sentira algo semelhante ao ver um homem pela primeira vez. Ele era um homem deslumbrante. Hipnotizada pelo magnetismo dele, ela não conseguia desviar os olhos.

Os cabelos grisalhos ao invés de envelhecê-lo lhe davam um charme irresistível.

Escondida atrás da revista continuou a observá-lo, enquanto o quinteto vinha se aproximando da porta, totalmente alheios, principalmente ele, do escrutínio de Susan.

Agora podia apreciar mais suas feições, lindamente esculpidas, o formato do nariz, denunciava realmente sua ascendência italiana.

Na calçada, continuaram a conversar com o mesmo entusiasmo, um deles dando sonoras gargalhadas. O loiro e ele ficaram mais no seu campo de visão, e ela percebeu que ambos tinham olhos azuis.

Com as mãos nos bolsos, totalmente relaxado, ele estava ouvindo o que o loiro falava.

Um novo arrepio lhe percorreu o corpo, ao ouvir a sua voz, grave e profunda, quando respondeu ao loiro e riu.

Gostou do som de sua risada. Ele era verdadeiramente maravilhoso!

Tirando as mãos dos bolsos, ele levantou a mão esquerda para conferir o nó da sua gravata. E foi então que ela notou a larga aliança no seu dedo anular. Só podia ser casado, um homem daqueles. A sensação que sentiu foi como se tivessem jogado um balde de água fria em sua cabeça.

Abaixando os olhos para a revista, mordeu os lábios totalmente frustrada. Olhando com mais atenção notou que todos tinham aliança, com exceção do loiro.

Não queria olhar para ele, mas foi impossível não fazê-lo, tal o magnetismo dele.

Uma van encostou-se ao meio fio e abriu a porta para eles entrarem e logo saiu rapidamente, deixando Susan com o coração totalmente descompassado. Descaradamente imaginou-o nu. A imagem que teve foi suficiente, para sentir calor.

— Uau! — exclamou baixinho para si e rindo dela mesma. — Que imaginação...

Nem percebeu a aproximação de Sarah, que a olhava com uma da sobrancelha arqueada.

— Impressão minha ou estava falando sozinha? — perguntou curiosa pelo intenso rubor no rosto da amiga...

— Não... Não é nada. — respondeu evasiva.

Susan sorriu encabulada, para a amiga, como se esta pudesse ler a sua mente.

— A... Apenas admirando o que é bonito. — respondeu levantando-se e pegando a bolsa.

— Desculpe a demora, mas Justin queria saber se tínhamos chegado bem e se estávamos bem instaladas. E Justin, no telefone, você sabe como é...

Susan assentiu.

— Vamos pegar um Uber ou vamos a pé? — perguntou.

— Um Uber acho melhor, pois parece que vai chover. — respondeu-lhe a amiga.

— Você aproveitou perguntar sobre o restaurante que ele nos indicou?

Sarah mostrou-lhe um pedaço de papel.

— Tudo anotado, amiga. — respondeu. — Primeiro vamos conhecer um pouco mais o centro de Houston e depois vamos jantar. Que tal?

Em comum acordo, elas logo conseguiram um Uber para levá-las até o centro da bela Houston.

Enquanto Sarah entabulou uma conversa com o simpático motorista, Susan preferiu ficar quieta envolta em seus pensamentos. "Que ironia... Tanto tempo sem me interessar por alguém e agora eis que aparece um homem totalmente fora do seu alcance, lindo de morrer."

A imagem daquele homem fascinante não lhe saía da cabeça. E tinha certeza de que o encontraria de novo ali no hotel.

Quando retornaram mais tarde ao hotel, o saguão estava repleto de homens lindos, elegantemente vestidos em seus ternos de corte perfeito. Dezenas deles, todos emanando poder e sucesso.

— Uau! — exclamou Sarah, apertando o braço de Susan. — O que é isso aí? Amiga, isso é testosterona pura!

Susan assentiu e riu, da cara de espanto da amiga.

Em grupos alguns iam entrando nos elevadores e outros se dirigindo ao bar do hotel. Com o coração disparado, Susan percorreu os olhos, procurando o belo homem de cabelos grisalhos. Ele não estava ali.

Frustrada aguardou Sarah pedir o cartão-chave da suíte delas.

— Alguma convenção de executivos? — perguntou Sarah, muito curiosa, ao recepcionista.

— Estão aqui para comemorar o aniversário da formatura deles. Há anos eles reservam todo o terceiro andar. — respondeu o rapaz, gentilmente entregando o cartão-chave à Sarah.

— Uau! — exclamou novamente a jovem ruiva, aturdida.

— Susan você está muito cansada? — perguntou ela.

— Mais ou menos... Por quê?

Sarah sorriu com um olhar maroto.

— Que tal irmos tomar um drink antes de dormir? — perguntou indicando com um movimento de cabeça a porta do bar do hotel.

Susan riu.

— Ah, Sarah...

— Por favor? — pediu a jovem ruiva.

Susan balançou a cabeça e riu.

— Está bem, não quero ser desmancha prazeres de ninguém. Mas não ficaremos muito tempo, okay?

Sarah abraçou a amiga efusivamente.

— Obrigada, Su.

De braços dados as duas amigas se dirigiram a porta do bar do hotel.

Ao entrarem perceberam que as mesas estavam todas tomadas e somente os bancos altos do bar é que estavam livres.

Se acomodaram em dois deles e fizeram um sinal ao barman que logo veio atendê-las.

— O que desejam, senhorita? — perguntou ele gentilmente.

— Vamos de vinho branco? — sugeriu Sarah.

Susan fez que sim com a cabeça e as duas se viraram para darem uma olhada nas mesas, totalmente tomadas.

Susan vasculhou, mas não encontrou o homem lindo que vira no saguão.

O barman colocou as taças em frente a elas, que agradeceram.

Deram um primeiro gole, degustando o sabor do vinho.

Ficaram conversando sobre as atividades do dia seguinte, até que Sarah foi à toalete, deixando-a sozinha por algum tempo.

Carlo e os amigos desceram da van que os tinha levado ao restaurante onde tinham jantado.

Chegando próximos à recepção, pediram as chaves das suítes. Carlo pediu a chave reserva para ele, pois Roy seu companheiro de quarto já havia subido. Olhando para o relógio, viu que ainda eram 22 horas e um minuto. Luigi havia lhe mandado uma mensagem dizendo que ligaria para ele às 23 horas, para pedir-lhe algo. *O que seria?*

— Vou ficar mais um pouco por aqui, pois Luigi vai me ligar às 23 horas. — anunciou Carlo, colocando a chave no bolso do paletó. — Se subir posso pegar no sono.

Os amigos anuíram, deram boa noite e se dirigiram à área dos elevadores.

Carlo foi até a grande porta do hotel, deu uma olhada e voltou com as mãos nos bolsos. Viu algumas pessoas se dirigindo para o bar do hotel e então decidiu tomar um drinque antes de dormir, enquanto esperava o telefonema do filho.

Ao entrar procurando uma mesa, percebeu que havia apenas dois bancos disponíveis no bar. Ao se aproximar, viu que havia uma bolsa feminina em um dos bancos, antes de se sentar no que estava livre perguntou gentilmente para a mulher loira que estava ao lado.

— Com licença, esse assento está ocupado?

Ao virar-se para respondê-lo enquanto sorvia lentamente a sua bebida, ele a viu arregalar os olhos e se engasgar com o líquido que jorrou de seus lábios, fazendo-a tossir, deixando-a vermelha como um tomate. Ela sinalizou com a cabeça que o assento estava livre e começou a procurar o lenço que sempre tinha na bolsa, mas não o encontrava.

Carlo gentilmente tirou um lenço do bolso do paletó e estendeu a ela, percebendo o quanto ela estava envergonhada. Ela continuou a procurar na bolsa não notando que ele lhe oferecia o lenço, ele então insistiu estendendo o braço com o lenço mais à sua frente. Ela, ao perceber a mão dele à sua frente, encabulada aceitou o lenço.

Enquanto ela se recompunha, Carlo conseguiu observar seus traços delicados. Ela era linda. Os cabelos loiros, presos num coque solto acima da cabeça soltavam alguns cachos, que denunciavam um cabelo cacheado. Os olhos de um verde-claro lembravam as águas calmas de um oceano e eram sombreados por cílios longos e curvos naturalmente. Ela usava pouca maquiagem o que lhe acentuava a beleza fresca e jovial. Conforme ela se movia, ele conseguiu sentir a fragrância amadeirada com toque de limão siciliano de seu perfume, que lhe pareceu familiar. Como ela ainda tossia, pediu licença para tocá-la.

— Minha mãe sempre fazia isso, quando nós nos engasgávamos. — explicou ele, gentilmente dando-lhe tapinhas nas costas.

Ela fez que sim com a cabeça e continuou a tossir, até que pôr fim a tosse foi cedendo. Quando ela se sentiu bem, se endireitou e após enxugar os lábios, tentou sorrir-lhe.

E então, ele se viu fascinado pelas covinhas que se formaram no lindo rosto de pele acetinada.

— Tudo bem? — perguntou ele com certa preocupação.

— S... Sim, obrigada. — respondeu-lhe mais vermelha ainda.

— Desculpe-me... — disse ela constrangida ao mostrar-lhe o lenço sujo de batom.

— Desculpar, por quê? É só lavar, certo? — respondeu ele tentando pegar o lenço.

— Não. Vou mandar para a lavanderia do hotel, para lhe entregar limpo. Isso é o justo. — insistiu ela.

Num descuido dela, ele pegou o lenço surpreendendo-a.

Ele riu da cara atônita dela.

— Desculpe o modo como peguei, mas eu nunca a deixaria fazer isso. Eu tenho mais na mala. — continuou ele, guardando-o rapidamente no bolso do paletó.

Ela sorriu, encantando-o e agradeceu.

Nesse ínterim, o barman aproximou-se para perguntar a Carlo o que ele queria.

— O que está tomando? — perguntou ele sorrindo.

— Vinho branco.

— Um vinho branco, por favor. — decidiu ele, pedindo ao barman.

Quando ele trouxe a taça para Carlo, este a levantou num brinde silencioso que ela acompanhou.

— Então, o que faz em Houston? — perguntou ele, baixando a taça e fitando-a intensamente. — *Olhos lindos, sorriso lindo... Simplesmente maravilhosa.*

— Estou participando de um seminário de sustentabilidade na arquitetura.

— É arquiteta? — sondou ele.

— Sim. E você?

Ele tomou mais um gole sem deixar de fitá-la.

— Eu e o grupo com que eu vim estamos comemorando o aniversário da nossa formatura de Direito em Harvard. Nos formamos em 96 e, desde 97, fazemos esse encontro aqui, com várias atividades.

— Por que aqui? — perguntou ela, curiosa.

— O filho do proprietário desse hotel foi nosso colega. — respondeu ele.

— Ah, que ótimo. Tratamento VIP então?

— Sim, pode-se dizer que sim. Desculpe a intromissão, mas notei a bolsa no banco ao seu lado, você está acompanhada?

— Sim, a bolsa é da minha amiga... Ela deve estar voltando em alguns minutos. Tenho a sorte de poder trabalhar com a minha melhor amiga.

— Sim, concordo. Sou uma pessoa que valoriza muito a amizade.

Ela ia falar alguma coisa, quando o toque do celular dele se fez ouvir interrompendo a conversa. Rapidamente ele tirou o aparelho do bolso interno do paletó, viu o nome do filho no visor e lentamente foi se levantando do banco.

— Com licença. É meu filho. Preciso atender.

— Ah, sim. Claro, fique à vontade.

Ao afastar-se para atender o filho, viu uma jovem ruiva se aproximando da loira, pegando a bolsa e se sentando no banco.

Deve ser a amiga dela, pensou clicando no ícone "atender" na tela do celular.

Enquanto falava com Luigi, seus olhos vez e outra se voltavam para a jovem loira com quem tinha acabado de conversar.

Que perfume envolvente! Que sorriso cativante e aquelas covinhas...

Distraído, virou-se mais uma vez e, ao direcionar o olhar para ela, a viu acenando em despedida. Estavam as duas, ela e a amiga, saindo do bar.

Ele retribuiu o aceno e acompanhou-a com o olhar até ela desaparecer pela porta.

Puxa, não sei o nome dela. E continuou a conversa com o filho.

Susan ainda sentia os efeitos que aquele homem causou nela, as pernas ainda bambas e o corpo quente, quando virou a cabeça e viu Sarah sentando-se ao seu lado no bar.

— Por que demorou tanto, Sarah?

— Tive uma surpresa... A sorte é que tinha absorventes na toalete. — respondeu a amiga. — Achei que só precisaria amanhã, mas...

— Aah... Mas já está tudo certo então?

— Sim. Mas agora me diga quem era aquele homem lindo que estava conversando com você e foi atender o celular? — perguntou Sarah.

— Não sei quem é. Só sei que está com o grupo de advogados sobre o qual o recepcionista nos falou, que um de seus amigos é filho do dono deste hotel e tem um filho, que foi quem ligou para ele quando você chegou.

— Pena que demorei na toalete, pois assim também o conheceria. Será que ele não tem um amigo para mim? — perguntou Sara brincando. — De qualquer modo, preciso ir para o quarto tomar um analgésico. Vamos?

— Sim. Estou cansada. Vamos.

Desceram do banco e antes de se afastarem, Susan acenou para o grisalho desconcertante que acabara de conhecer.

Fui me engasgar justo com esse homem na minha frente! Que vergonha! Mas também que homem mais lindo... Que pena que é casado.

Teve vontade de virar-se antes de atravessar a porta, mas achou melhor não o fazer.

Em silêncio, as duas se dirigiram aos elevadores. Entrando no elevador vazio, Sarah ainda estava empolgada.

— Eu falei brincando, mas todos aqueles homens lindos estão no andar abaixo do nosso.

Susan apenas balançou a cabeça rindo da cara da amiga e lembrou-se do belo quinteto da manhã e do grisalho do bar.

— Pela faixa etária, minha amiga, são homens muito bem-sucedidos e com certeza todos comprometidos como o grisalho do bar. — respondeu.

— Ah, mas com certeza existem alguns avulsos para nós! — retrucou Sarah espirituosa.

— Sarah, sabia que eu admiro esse seu otimismo?

Tão logo o elevador parou e abriu as portas, Susan saiu por primeiro e se dirigiu à porta da suíte, abrindo-a.

— Ufa, que cansaço! — exclamou Sarah, jogando o sapato longe.

— Vamos nos acomodar logo, que amanhã o dia vai ser cheio. — respondeu Susan, entrando no banheiro. — E vamos descer mais cedo, para pegarmos o salão de café mais tranquilo. — gritou dentro do banheiro.

A atração

Sentado à mesa, junto à parede e perto da porta de entrada do restaurante do hotel, Carlo tomava seu café e lia o New York Times. Ao virar a folha do jornal, aproveitou para dar um gole no seu café expresso e dar uma olhada no recinto animado. Riu quando notou a mesa do bufete muito disputada. Olhou para o relógio e franziu a testa.

— *Madonna...* — suspirou. Já fazia mais de quinze minutos que descera e seus amigos ainda não haviam descido para o café.

Como chegara cedo, ele pudera se servir com tranquilidade, pois o salão ainda estava vazio.

Dobrando o jornal, apoiou os cotovelos na mesa segurando a xícara de café e com diversão imaginou a cara de Kate, se o visse, colocando os cotovelos na mesa... Ela sempre fora uma defensora do manual de etiqueta.

Distraído, observava as pessoas que ainda se acotovelavam na mesa do bufete. "Ainda bem que eu não estou lá", pensou aliviado.

De repente seus olhos se detiveram na figura de uma mulher que estava de costas, se esticando para alcançar algo, na mesa.

Seus olhos a percorreram lentamente da cabeça aos pés, deliciando-se com o que via. O tailleur branco com uma saia justa lhe acentuava as curvas generosas dos quadris e o bronzeado das belas pernas, realçadas pelos sapatos de salto alto. Reparou na luminosidade dos cabelos loiros, longos e cacheados, que pareciam sedosos e macios, quando ela, num gesto espontâneo, jogou-os para trás, com um gracioso movimento de cabeça.

Fixou o olhar nas lindas panturrilhas e surpreendeu-se com o comichão que sentiu na virilha. *Mamma mia, que corpo...*, pensou admirado. O balanço de seus quadris levemente arredondados produzia um movimento delicado, espontaneamente provocante, quando caminhava.

Quando ela voltou-se para ir à sua mesa, seu olhar a acompanhou e foi quando percebeu a jovem ruiva ao seu lado.

Então, sentiu o sangue esquentar em suas veias: era a jovem loira que conhecera no bar na noite passada. Ela se sobressaia, dentre todas as mulheres presentes, com sua elegância, graça e beleza.

Um calor erótico tomou-lhe o corpo com uma força incontrolável. Sentiu-se desconfortável, com sua inesperada reação, *"Dio mio"*. *O que é isso?*, perguntou-se perturbado. Afinal, sempre olhara e admirara mulheres bonitas, porém nunca se sentira tão perturbado por nenhuma delas.

Quando tornou a olhá-la, ela acabava de colocar o seu prato sobre a mesa e graciosamente empurrou com as mãos os lindos cabelos para as costas.

Disse alguma coisa para a amiga ruiva que já estava sentada e, ao puxar sua cadeira, a bolsa que estava pendurada no encosto acabou indo para o chão. Com classe, ela agachou-se e apanhou-a, mas não conseguiu evitar que a saia subisse um pouco mais e deixasse à mostra a beleza de suas coxas bronzeadas, em contraste com o traje branco.

Carlo adorou aquela visão. E seu corpo também. *Maledizione!* (maldição)

Pensou na esposa e riu intimamente ao imaginar o escândalo que ela faria, se o visse admirando aquela mulher em especial. Nesse caso, ela teria toda razão em sentir ciúmes. Esse sim seria um motivo para escândalo, pensou rindo. Afinal, só por experimentar o desejo por outra mulher, ele sentia que estava traindo a esposa. Nem em pensamento, ele havia traído Kate. Nunca em todos aqueles anos.

Desviou os olhos, bem a tempo de ver os amigos chegando. O italiano suspirou aliviado, pois, assim, desviaria a atenção daquela tentação de branco. Sua consciência clamava por bom senso e o bom senso mandava que parasse de olhar para onde ela estava.

Os quatro amigos o cumprimentaram olhando com desânimo para a mesa do bufete.

Carlo, apenas deu de ombros e sorriu.

— O que aconteceu com vocês? — perguntou olhando para os amigos e para o seu relógio. — Nós combinamos às sete horas e já são sete horas e quarenta. Já estou acabando meu café. E pela cara de Arthur, já sei quem foi o culpado pelo atraso. O que foi desta vez? — perguntou olhando o publicitário, que era conhecido por seus atrasos e pelo motivo deles.

O publicitário deu apenas um sorrisinho amarelo.

— Nosso amigo esqueceu-se de ligar o alarme do relógio. — respondeu Kevin, olhando ironicamente para o amigo loiro, do qual era o companheiro de quarto. — Confiei nele. E como sempre demorou a arrumar as loiras madeixas. — concluiu.

— E nós tivemos problemas com o chuveiro. — explicou Percy, companheiro de quarto de Arold. — Tivemos que aguardar o pessoal da manutenção.

Puxando as cadeiras, os quatro se acomodaram, aguardando o bufete ficar mais tranquilo. Enquanto isso a conversa girou sobre as atividades do dia.

Mesmo participando da conversa com os amigos, Carlo não conseguia desviar os olhos da jovem vestida de branco, que conversava animadamente com a outra ocupante da mesa. Era como se houvesse um fio magnético puxando seu olhar para onde ela estava. Ela realmente o encantara.

Minutos depois os amigos se levantaram e foram até o bufete. Voltaram cada um com sua xícara de café e sentaram-se todos.

Arthur se sentou ao seu lado, encostado na parede e os demais sentados em frente a eles.

Enquanto devoravam o café da manhã, falavam agora sobre a movimentação da Bolsa de Nova Iorque. De repente, Arthur arregalou os olhos azuis olhando por sobre os ombros dos amigos que estavam sentados em sua frente...

— Amigos, sei que são apaixonados por suas mulheres, mas olhem aquelas duas belezas que estão se preparando para sair. A loura é maravilhosa e a ruivinha... é deliciosa. Do tipo mignon como eu gosto! — disse Arthur boquiaberto colocando sua xícara na mesa, chamando a atenção de todos. Estava encantado com a pequena ruiva.

Carlo, sem deixar de tomar seu gole de café, também lhes acompanhou o olhar. Sentiu seu sangue ferver ao ver a jovem de branco e sua amiga ruiva de frente para ele e Arthur se aproximando da porta, ao lado da mesa deles.

Pode, então, ver-lhe as feições.

"Belíssima!", admirou em silêncio. Ela era perfeita! Sentia-se como se estivesse caindo num redemoinho sem fim, tal a profundidade de suas sensações. Ela tinha o tipo de corpo que merece ser tocado... Acariciado com leveza e atenção... Ela irradiava uma luz própria com aquela roupa branca, contrastando com a pele bronzeada. Seus lábios chamavam a atenção por serem bem desenhados, polpudos e convidativos para deliciosas mordidas. Ao se imaginar fazendo isso, seu corpo se agitou por inteiro. Era irresistível.

Ela tinha uma postura de quem sabia o que queria da vida e parecia segura de si. Quanto mais ela se aproximava, mais o sangue do italiano fervia, encantando-o por completo. Notou que ela parecia muito mais jovem do que na noite anterior. *Como é linda!*

Mesmo sabendo que era uma atração proibida, seus olhos pousaram no decote v do seu tailleur, onde o vale profundo demonstrava o quanto seus seios eram firmes e voluptuosos.

Bem próximas da porta, as duas jovens estavam rindo. O lindo sorriso da jovem de branco ficou mais largo quando seus olhos encontraram os de Carlo e naturalmente ela o reconheceu, pois levantou a mão e fez um breve aceno. Sua amiga também o reconheceu e também acenou levemente.

Carlo percebeu prazerosamente quando um leve rubor espalhou-se no rosto lindo. Seus olhos verdes, de uma luminosidade incrível, se prenderam aos dele, deixando-o com a respiração suspensa. Ele então respondeu ao aceno, encarando-a. Lentamente, sem deixar de observá-la, ele foi abaixando sua xícara que levara à boca para tomar um gole de café, totalmente desconcertado e fascinado. Ela o fitou mais uma vez, antes de cruzar a porta.

De repente, deu-se conta de que os amigos silenciaram e presenciaram aquela troca de olhares, sentindo-se constrangido com isso. Terminou de tomar o seu café, tentando parecer indiferente. Mas era tarde demais. Seus amigos o encaravam com sorrisos maliciosos.

— Ora, ora, ora... — falou Kevin sorrindo. — Que olhar hein, meu amigo? — comentou, deixando-o mais constrangido ainda.

— E elas lhe acenaram. — comentou Arthur muito astuto. — De onde as conhece? Quem são? Eu quero que me apresente a ruivinha linda. — exclamou Arthur, encantado com a ruiva mignon, fazendo os amigos rirem.

— Conheci-as por acaso ontem no bar do hotel. Sentei ao lado da loira, conversamos rapidamente, mas não deu tempo de nos apresentarmos. Luigi ligou logo quando a ruiva ia juntar-se a nós e, quando terminei a ligação, elas já tinham ido embora. Então não sei nada sobre elas, a não ser que são arquitetas e que estão participando de um seminário de Sustentabilidade na Arquitetura. — respondeu Carlo com ênfase.

— Que pena... — murmurou Arthur realmente decepcionado. — Preciso conhecer aquela ruivinha...

Os amigos riram.

Carlo procurou mudar de assunto, por isso recomeçou a discussão sobre o pregão da Bolsa de NY, o que acabou desviando a atenção do seu "delito".

Com o coração acelerado e as pernas bambas, Susan ainda tentava se recuperar do impacto daqueles olhos incrivelmente azuis fitando-a intensamente até a saída do restaurante do hotel. Ele era fascinante, a profundidade daquele olhar provocou-lhe tremores pelo corpo. Ele era muito mais bonito de perto e seus lindos olhos azuis muito sedutores. Levando em conta as linhas dos olhos e da boca sensual, além dos cabelos grisalhos, deduzira que ele já tinha passado dos 40 anos. O traje informal com jeans e camisa branca, cujas mangas enroladas deixavam à mostra os braços morenos, cobertos de pelos, exalava uma masculinidade magnética.

Alheia aos pensamentos e emoções da amiga, Sarah enganchou-lhe um dos braços.

— O cara de cabelos grisalhos que ontem estava no bar parecia querer te engolir... Você viu aquilo? Que olhar! — sussurrou com os olhos arregalados. — E aquele deus Loiro quase derreteu meu corpo, com seu olhar "*caliente.*" — observou divertidamente.

— Verdade. — admitiu Susan procurando esconder da amiga e talvez de si mesmo o quanto aquele olhar a abalara.

Rapidamente, foi para o elevador, levando a amiga consigo. Estavam atrasadas para o seminário.

Durante todo o dia, sua atenção se desviava do palestrante, e o olhar do belo desconhecido invadia-lhe os pensamentos. Estava se sentindo como uma adolescente diante de sua primeira paixão. Ela assustadoramente descobriu o desejo formigando seu corpo.

Pegando a folha que escrevia, começou a abanar-se. *Meu Deus, era só o que faltava eu estar aqui desejando um homem comprometido.*

E assim, passou o dia, numa inquietação total.

À noite, ambas dividiam o grande espelho do banheiro para maquiarem-se.

O recepcionista lhes indicara o nome de um famoso restaurante, com boate, e as duas resolveram ir. Sarah já havia terminado a sua maquiagem e agora passava apenas o pó, para tirar um pouco o brilho do rosto.

— O que estará fazendo nesse momento o deus Loiro? — perguntou ela à Susan com um sorriso maroto.

— Quem sabe, no banheiro fazendo o que ninguém pode fazer por ele... — respondeu Susan jocosamente.

As duas caíram na gargalhada ao imaginar o lindo loiro sentado no vaso sanitário.

Sarah não parava de falar no que acontecera no salão de café pela manhã, o que estava deixando Susan nervosa. A verdade é que sentia um calor espalhar-se pelo corpo todo, ao lembrar-se da troca de olhares que tivera com o desconhecido grisalho e das expressões maliciosas de seus amigos, que acompanharam tudo. A jovem sentiu-se envergonhada, só em lembrar.

Passou o lápis de olhos sob os cílios inferiores e esfumou com os dedos, depois fez o mesmo com uma sombra que acentuava a cor e a luminosidade de seus olhos verdes. Finalizou com a máscara de cílios e foi para o quarto terminar de vestir-se. A amiga já havia colocado um vestido verde-escuro de seda, saia rodada, curto e tomara que caia. Olhava-se com atenção no espelho.

— Como estou amiga? — perguntou dando um rodopio.

Susan estudou-a com calma.

— Você está linda! — respondeu.

Fazendo uma careta discordando Sarah sentou-se na cama para colocar as sandálias de salto pretas com detalhe em strass.

Susan vestiu um vestido lilás, frente única, valorizando suas belas costas, seu colo e os seios fartos e firmes. A saia era plissada e seu comprimento ia até um pouco acima dos joelhos, o que tornava suas pernas mais longas. Vestiu uma sandália na cor prata, de saltos altos, deixando-a ainda mais alta. Por último, passou um brilho nos lábios e vaporizou em seus pulsos, colo e orelhas, o seu inseparável Dolce & Gabbana Red.

Pegaram um agasalho, pois sabiam que à noite esfriava um pouco, e desceram para o saguão, onde pediram um Uber. Meia hora depois, já estavam descendo em frente ao restaurante, que estava cheio. Era um lugar sofisticado e aconchegante. Havia muitos casais de diferentes idades, as mulheres estavam muito bem-vestidas, a maioria dos homens vestiam ternos e alguns em trajes casuais à moda texana.

O *host* veio ao encontro delas, com um sorriso simpático.

— Boa noite, senhoritas, alguém as espera ou reservaram uma mesa? — perguntou gentilmente.

Sarah usou seu sorriso sedutor e olhou para o homem com uma expressão de pesar.

— Infelizmente, não tivemos tempo para isso. — explicou.

Ele então percorreu os olhos em todo o salão e as olhou em dúvida.

— A única mesa vaga do mezanino acabou de ser ocupada, mas temos aquela, ao lado do bar. — disse indicando com as mãos. — Vocês se importariam de ficar ali?

As duas olharam para a mesa e se entreolharam rapidamente.

— De modo algum! — respondeu Susan.

Gentilmente, ele fez um sinal para que elas o acompanhassem e lá puxou a cadeira para cada uma delas se sentarem.

— Essa mesa geralmente é reservada para os músicos da banda, mas, quando precisamos, eles não se importam em nos ceder.

Elas agradeceram e viram o Maitre se aproximando com dois cardápios, entregando um para cada.

— Com licença, sou o Richard, o maitre. Esta é a nossa carta de vinhos e este o nosso cardápio. Vou providenciar um garçom para atendê-las enquanto vocês escolhem o que vão beber.

Em poucos minutos, um garçom veio até elas, se apresentou para poder anotar seus pedidos.

— As senhoritas já escolheram? — perguntou sem disfarçar a admiração pelas duas moças.

— Sim, por favor, nós queremos beber um vinho, qual o melhor da região de Napa que você tem? — indagou Susan.

O garçom gentilmente apontou na carta de vinhos duas opções. Susan escolheu um vinho tinto enquanto Sarah escolhia o prato para o jantar. Após se decidirem, o garçom assentiu e, com uma leve mesura, afastou-se.

Como se ambas tivessem combinado, apoiaram os cotovelos sobre a mesa e descansaram o queixo nas mãos, deixando o olhar percorrer o ambiente.

— Esse lugar realmente é muito bem frequentado, tal como o recepcionista do hotel nos disse.

De onde estavam, podiam ter uma visão global do salão, do bar e do mezanino.

Os homens que estavam sentados na mesa ao lado não escondiam o interesse e admiração pelas duas amigas. Susan notou, mas tímida, não retribuiu os olhares.

— Não acredito! — exclamou Sarah, assustando Susan, que a olhou surpresa.

Discretamente a ruiva sinalizou com um movimento de cabeça o mezanino, mostrando-lhe a mesa quase em frente à delas, à direita.

O coração de Susan disparou. Não precisava nem olhar para saber do que a amiga estava falando. Mesmo assim não se conteve e num movimento sutil, olhou para onde Sarah indicou. O calor alastrou-se novamente por seu corpo, deixando-a num estado de extrema excitação ao localizar os cinco belos amigos e principalmente o grisalho que naquele momento gargalhava ao mesmo tempo que levava a taça de vinho aos lábios. Ele e o loiro estavam quase de frente para elas, o que indicava que fatalmente mais cedo ou mais tarde as descobririam.

— Susan, não é incrível a coincidência? — perguntou Sarah, totalmente animada. — O meu loiro e o seu grisalho! — exclamou com os olhos brilhantes de ansiedade.

— Sarah, por Deus, ele é casado, assim como os demais. Apenas o loiro não possui aliança, o que não quer dizer que não seja comprometido! — retrucou Susan, jogando um balde de água fria no entusiasmo da amiga.

A ruiva fez uma careta e olhou desolada para Susan.

— Ah, mas olhar não é pecado! Eu adoraria dançar com aquele "viking". — falou sonhadoramente.

A amiga era muito impulsiva e por isso sempre se decepcionava em seus relacionamentos. Ela se doava tanto, sem pensar em nada, e quando acabavam ela desmoronava emocionalmente. Foram muitas as vezes que ela enxugara as lágrimas da amiga, desde quando estudavam em Paris.

— Querida, não crie expectativas com o loiro ou qualquer outro que esteja neste recinto. Nós logo vamos embora e eles também, ou ficam aqui, ou vão para suas cidades.

Se você olhar com mais atenção, verá que a maioria é de pessoas que não residem aqui, só pela maneira de falar ou vestir-se.

Sarah percorreu os olhos lentamente pelas mesas e seus ocupantes, concordando com a observação da amiga.

Susan sentiu-se culpada pela expressão desanimada de Sarah, antes tão vibrante.

De repente, uma ideia surgiu em sua cabeça.

— Vamos combinar uma coisa? — disse, tomando as mãos da amiga entre as suas. — Se alguém se aproximar de nós para conversar ou dançar, vamos viver apenas o momento. Vamos inventar uma brincadeira: nós não diremos nossos nomes verdadeiros, nem de onde somos. E pediremos o mesmo a eles. Assim, não nos expomos e não criamos expectativas.

— Certo! Então vamos fazer essa brincadeira que você criou. — disse Sarah rindo alegremente.

Assentindo, Susan também riu.

— E você não dirá nada sobre mim e nem eu direi nada sobre você a qualquer um que nos perguntar, certo? Vamos apenas nos divertir, com alguma sensatez!

Sarah começou as gostar da ideia da amiga.

— Acho que vai ser divertido!

Ficaram em silêncio, enquanto eram servidas pelo garçom.

Como se estivesse sendo guiado por uma força maior, seu olhar se ergueu para o mezanino. O alvo do seu interesse estava agora em pé, afastado um pouco da mesa, falando ao celular. Mesmo com uma das mãos ocupadas segurando o celular, ele não parava de gesticular com a outra ao falar.

Susan não conseguia despregar os olhos dele.

Ele desligou o celular e voltou para a mesa. Ao puxar a cadeira para sentar-se, ele ficou observando o movimento no salão. Sentiu seu pulso acelerar, quando de repente viu que os olhos dele pousaram na mesa delas com surpresa. Ela mesmo encabulada não conseguiu desviar o olhar. Ficaram se encarando, como se ambos estivessem hipnotizados. Os sons de talheres, o piano suave, o tilintarem de copos, as conversas paralelas deixaram de existir. Eram somente os dois ali naquele momento.

Capítulo 3

Dando voz à atração...

Desligando o celular, após falar com o filho, Carlo guardou o aparelho no bolso interno do paletó e lentamente voltou para a mesa, passando os olhos na pista de dança.

E então ele a viu.

Seu corpo sentiu o impacto diante daquela visão exuberante. Ela estava linda e muito sexy, naquele vestido lilás, frente única, que deixava seus ombros e costas desnudas, o que a favorecia em tudo. Seus lindos cabelos cacheados emolduravam o rosto de traços simétricos e harmônicos. A sua pele parecia ser macia, sedosa, e Carlo se imaginou passando a mão sobre aqueles braços e ombros lindamente bronzeados.

De repente, seus olhares se encontraram e o italiano sentiu-se totalmente perdido, preso naquele olhar. *Onde está o meu habitual domínio sobre o meu corpo?*

Ele não estava conseguindo controlá-lo nesse momento.

Dio, como é bella! Era uma sensação totalmente desconhecida e apavorante para ele, pois em todos esses anos de casamento ele nunca deixara de olhar para as mulheres bonitas, mas nunca desejara nenhuma delas. Estava tenso, não conseguindo conter o volume de sensações que percorreu seu corpo, sentindo-se dominado por um insensato anseio sexual. Impressionante. Algo muito forte estava acontecendo entre eles, desde que se viram no bar do hotel. Os olhares que trocavam eram intensos, formavam uma conexão magnética entre eles, surpreendendo-o.

Ele a viu desviar o olhar para prestar atenção ao que a amiga dizia. O calor que sentia era tão forte que sua camisa começou a ficar molhada sob o paletó. Sentiu gotículas de suor em sua testa. Tirou o lenço do bolso e enxugou-as.

Tomou um gole de água, torcendo para que seus amigos não notassem o seu desconforto.

Nem fez questão de chamar a atenção de Arthur para a ruivinha que ria nesse momento de algo engraçado entre elas. Assim, evitaria novos comentários maliciosos de seus amigos, como os daquela manhã. Sabia que não estava sendo honesto com a esposa, mesmo que as coisas entre eles não estivessem tão bem ultimamente. Aquele desejo absurdo estava totalmente contra seus princípios, mas impossível de lutar contra.

Tentou prestar atenção na conversa à mesa e ficou aliviado com a chegada do jantar, pois assim pode desviar um pouco sua atenção da "feiticeira" de olhos verdes.

Em determinado momento, olhou para baixo e viu-a sorrindo para a amiga. Suas lindas covinhas e seu sorriso eram encantadores. Sentiu algo familiar naquilo, mas não sabia o que, pois nunca a vira na vida.

— Que tal, após o jantar, fecharmos a noite na boate do restaurante? — sugeriu Arthur. — Podemos tomar um drink e nos distrair um pouco. A banda é muito boa, pois já a ouvi.

Todos concordaram com a ideia.

Carlo notou quando Arthur descobriu as duas jovens só pelo seu olhar surpreso.

Voltou-se para eles, com um sorriso satisfeito.

— Vejam só que agradável surpresa... As duas garotas lindas do hotel, jantando ali. — fez um sinal discreto, com o queixo.

Carlo acompanhou o olhar de todos.

— São duas jovens realmente muito lindas! — observou Percy.

— A ruivinha está uma delícia com aquele vestido verde! — observou Arthur, encantado, olhando intensamente para a pequena ruiva.

— Pobre Chapeuzinho Ruivo. O velho lobo pronto para atacar. — provocou Arold piscando para os amigos.

Todos riram.

Quieto, Carlo sorvia lentamente sua bebida, evitando olhar para a mesa abaixo. Ele tinha que resistir e evitar que seus amigos percebessem aquele insano interesse na jovem loira.

Ao ouvir o gemido de Arthur, Carlo não resistiu e olhou para baixo.

— Meu Deus! Os caras da mesa ao lado estão comendo-as com os olhos. — observou o publicitário. — Elas são simplesmente encantadoras. — concluiu.

Além deles, vários outros olhares masculinos acompanharam as jovens que estavam se retirando do restaurante.

O leve balançar daqueles quadris provocantes e daquelas pernas maravilhosas faziam Carlo pensar em coisas impróprias. O decote do vestido atrás ia até a cintura, era um verdadeiro deleite aos seus olhos.

Aquela explosão de emoções o surpreendera.

Carlo detestava surpresas em sua vida controlada e organizada, por isso sempre procurava evitá-las ao máximo.

Terminando o jantar, ele e os amigos se dirigiram à boate no subsolo do restaurante. Ao chegarem, ficaram parados por um momento à porta, até que seus olhos se acostumassem com a penumbra e pudessem avistar uma mesa livre. O local estava totalmente tomado por casais e jovens. Notou que outros colegas da turma além deles também estavam se divertindo, dançando ou sentados a uma mesa, tomando seus drinques e conversando animadamente. A maioria deles era casada, mas havia alguns divorciados e solteirões convictos como Arthur.

A pista estava lotada por casais que dançavam soltos, ao som de músicas dos Rolling Stones, executados pela banda local e seus cantores. Carlo fechou os olhos por uns momentos, para amenizar o desconforto que a luz giratória lhe causava.

Um jovem garçom aproximou-se deles e, apenas com um sinal, fez com que eles o seguissem a uma mesa, quase próxima da pista de dança.

— Por favor, a mesa da esquerda. A da direita já está ocupada. — disse o garçom.

Eles agradeceram e, após se acomodarem, pediram uma garrafa de uísque e um balde de gelo.

Os cinco amigos puseram-se a observar a pista de dança, silenciosamente, enquanto aguardavam a bebida.

Ao mesmo tempo, o olhar de todos encontrou as duas jovens dançando na pista.

— Ora, ora se não é a ruivinha de novo... — observou Arthur muito contente e com o olhar fixo na pequena figura de vestido verde, que dava seus giros graciosos com seu parceiro de dança. E mais adiante, Carlo conseguiu avistar a encantadora figura de vestido lilás. Seus olhos estudaram o rapaz que a acompanhava, observou que ele estava dizendo-lhe algo ao ouvido com um sorriso sedutor.

Em dado momento, o jovem a puxou para mais perto e Carlo sentiu certa satisfação quando ela empurrou-o discretamente. Abrindo o paletó, recostou-se na cadeira sem conseguir desviar os olhos da jovem.

Ele só desviou o olhar, quando o garçom trouxe as bebidas, serviu-os e retirou-se.

Percy levantou seu copo, propondo um brinde, seguido pelos amigos, num tilintar de copos.

Quando olhou novamente para a pista, as duas jovens escoltadas gentilmente pelos seus acompanhantes voltavam à mesa delas, que por coincidência era ao lado da deles. As duas não conseguiram esconder a surpresa ao vê-los ali.

Timidamente, a ruivinha sorriu para Arthur. Ele correspondeu sem esconder a admiração por ela.

A jovem loura, quando o viu, sorriu-lhe timidamente, cumprimentando-o com um leve balançar de cabeça.

O impacto foi fulminante.

Ela era um convite ao pecado e, ao desejá-la, ele já estava pecando. Pensando nisso, olhou para o fundo do seu copo, rodeando-o com a mão, a fim de misturar a bebida com o gelo. Estava agindo como um adolescente às voltas com seus hormônios e não como um homem de 41 anos.

Tentou pensar em Kate, mas sentiu dificuldade. Em sua mente só existia um rosto jovem de lindos olhos verdes. *Madonna mia*, estava perdido.

Ao perceber que ele estava olhando-a, ela rapidamente desviou olhar.

Os olhos dela pareciam penetrar-lhe a alma, enviando-lhe mensagens que ele sentiu medo em decifrar.

— Com licença, meus amigos. Agora vou sentir o calor daquela ruivinha encantadora... — disse Arthur levantando-se e surpreendendo os amigos que o acompanharam com os olhos, quando se dirigiu à mesa das jovens convidando a ruivinha para dançar, que recebeu o convite toda sorridente.

— O *velho lobo* entrou em ação. — comentou Kevin, dando uma risadinha. Todos ali, sabiam o quanto o amigo era um *bon vivant* e vivia rodeado de lindas mulheres.

Susan ficou sozinha na mesa e, quando Carlo a fitou, ela timidamente baixou o olhar e meio desconcertada levantou-se e dirigiu-se à toalete. Ele a seguiu com o olhar até vê-la sumir, assustou-se ao perceber que Kevin estava falando com ele. O amigo o olhava com surpresa.

— Perdão? — perguntou, tentando disfarçar.

— Você comentou algo que vai seguir daqui para Miami. É isso?... — repetiu o amigo, com um olhar intrigado. Carlo assentiu.

— Sim. Precisarei ir até Miami, resolver um problema jurídico para minha irmã Gioia. Vou sair daqui um dia após o término do encontro.

Kevin assentiu rindo e olhando para Susan que voltava da toalete.

— Realmente, ela é linda! — observou o amigo, dando uma piscadela marota.

Carlo sorriu para o amigo e observou-a caminhando, resplandecente em sua graça e elegância, chamando a atenção da maioria dos homens que ali estavam.

Ela olhava para a pista de dança enquanto sentava-se. Seu rosto estava ruborizado, encantando-o. Ele estava cada vez mais fascinado pela jovem.

Carlo então sorriu-lhe e levantou o copo num brinde silencioso. Timidamente ela respondeu-lhe apenas com um sorriso.

Ah, aquele sorriso...

Susan retribuiu o sorriso devastador de Carlo. A jovem ficou hipnotizada pelos lábios sensuais e sentiu uma vontade imensa de experimentá-los sobre os seus. Ela passou a língua nos lábios, com o propósito de diminuir o formigamento, a secura repentina que se apoderara deles. Notou que ele acompanhara seu gesto, com um brilho em seu olhar profundo, que a deixou trêmula e com um calor por todo o corpo.

Susan não acreditava que estava sentindo aquilo por um estranho que conversara rapidamente apenas uma vez e comprometido. Internamente ela lutava contra aquela atração proibida, mas não estava sendo fácil.

Tomou o restante de sua água e procurou com os olhos sua amiga e o louro.

Avistou-os, dançando e conversando alegremente, demonstrando que estavam se entendendo. Ela queria muito que sua amiga encontrasse alguém que a valorizasse em todos os sentidos e esperava que, ao menos, o louro fosse realmente solteiro.

Sentia que o seu vizinho de mesa continuava a observá-la furtivamente.

Vagou os olhos pelo ambiente lotado, observando a complexidade na maneira de vestir-se das pessoas que ali estavam. Percebeu o objeto de seu desejo recostado, displicentemente no encosto da cadeira com um dos braços estendido sobre a mesa, olhando pensativamente para o fundo do copo que segurava.

De repente, em segundos, estavam se fitando novamente como se ambos fossem arrastados por um fio invisível, um ao encontro do outro inevitavelmente.

Ela tentava ignorá-lo, mas estava se sentindo refém daquele carisma masculino e poderoso.

Distraída, com seus pensamentos e emoções, não percebeu a chegada de Sarah e seu acompanhante louro, que, gentilmente, puxou a cadeira para a amiga sentar-se, com um caloroso sorriso.

Olhando para a amiga, viu que estava muito corada e com os olhos brilhantes.

Tomando quase um copo de água, Sarah inclinou-se para ela sussurrando.

— Susan, ele é tudo que sonhei e um pouquinho mais. — disse baixinho.

— Você não se esqueceu do nosso trato, não é? — perguntou preocupada. Com essa atração absurda pelo homem grisalho, o trato era mais do que necessário para não se expor.

— Ele tentou de várias maneiras sutilmente saber meu nome. Achou graça, quando eu não quis lhe dizer, e quase me disse o dele. Eu o impedi a tempo. — respondeu Sarah. — Ele disse que era bobagem aquilo, mas no fim acabou respeitando minha vontade. Então me perguntou como nós seriamos apresentados e eu sugeri *Ruiva* e *Louro*. — explicou a amiga. — Ele riu, mas acabou aceitando. — Só abrimos exceção sobre a nossa idade e profissão. — continuou Sarah. — Ele tem 40 anos e é publicitário. Soube que os cinco se formaram em 96 e são amigos desde aquela época. Com exceção dele, todos são advogados, casados e com filhos adolescentes. Ele estudou Direito com eles e paralelamente estudou Publicidade, optando por trabalhar nessa área. Fazem esse encontro de turma, todos os anos. O encontro deles termina um dia antes do nosso.

— Ficha completa, é, amiga? — Susan falou divertida com o entusiasmo de Sarah.

— Ele vai me dar o número do seu celular, antes de ir embora.

— Você vai dar o número do seu? — perguntou Susan assustada.

A amiga negou com a cabeça, olhando sorridente para a mesa vizinha.

Disfarçadamente, Susan olhou também e ficou surpresa ao não encontrar o bonitão grisalho. Não notou quando ele saiu da mesa.

Correu os olhos pela pista de dança para ver se ele estava dançando. *Será que fora embora? Talvez fosse melhor assim,* pensou entre aliviada e decepcionada.

Sorriu intimamente ao perceber que Sarah e o publicitário trocavam os mesmos olhares ardentes como ela e o elegante homem grisalho.

Dirigindo o olhar para a porta de entrada, seu coração acelerou. Ele estava acabando de falar ao celular, pois o viu desligando. Ficou observando-o caminhar por entre as pessoas, tentando desviar as que se aglomeravam pelo caminho com charme e elegância. Seus olhos se deleitavam com aquele corpo atlético, ombros largos, pernas grossas e longas. Era bem proporcionado de músculos, na medida certa, sem exageros. Seu paletó aberto lhe dava a noção de um tórax esculpido. Tentou afastar os olhos, porém foi impossível. Viu quando ele distraído guardou o celular no bolso interno do paletó.

Levantando os olhos, viu-o muito próximo voltando a sentar-se em sua cadeira. E então ele fitou-a com um sorriso que a deixou sem fôlego.

Susan sentiu em seus olhos uma mistura de desejo, admiração e intimidade, fazendo seu sangue entrar em ebulição. *"Loucura, meu Deus, que loucura..."*, repetia ela silenciosamente.

Já sentado, Carlo aceitou o uísque que o "Louro" lhe oferecia e bebeu um gole, aprovando e agradecendo.

Com um suspiro, Susan decidiu que evitaria ao máximo olhar para ele, pois temia estar se expondo demais. Não tinha cabimento ela se deixar levar por aquele desejo insano.

Ficou aliviada, quando um rapaz alto veio convidá-la para dançar. Pelo sotaque, sabia que era texano.

A música era um balado country, bem ao estilo Kenny Rogers, cantada por um dos cantores da banda.

Gentilmente, o rapaz conduziu-a até o centro da pista. Susan concentrou-se na música e deixou-se levar.

Carlo seguiu com o olhar a bela jovem e seu par.

Apavorado, sentiu que seu costumeiro equilíbrio estava em perigo, pois sentiu uma vontade insana de tirá-la dos braços do seu parceiro de dança e puxá-la para si para poder acariciar aquele corpo escultural, sentir a maciez da sua pele, enroscar os dedos naqueles cachos sedosos...

Caspita! Estou delirando!, foi seu grito interior, antes de levantar-se com rapidez suficiente para quase derrubar a cadeira, assustando seus companheiros de mesa.

— O que foi? — perguntou Kevin, com os olhos arregalados de surpresa.

O italiano sentiu-se corar pelo seu impulso. Empurrou lentamente a cadeira para debaixo da mesa e ficou atrás dela, tentando disfarçar seu nervosismo. Tinha que ficar por uns minutos ali, até sentir-se voltar ao normal.

— Nada. — respondeu evitando olhar para a pista de dança e tomando um gole da sua bebida. — Já volto! — disse colocando o copo sobre a mesa e indo à toalete.

Ao chegar, abriu a porta e agradeceu aos céus ao ver que não havia ninguém ali. Precisava ficar sozinho e encontrar seu ponto de equilíbrio. Aquela *ragazza* o estava pondo fora dos eixos.

Na toalete, Carlo lutou contra os sentimentos que o atordoavam. Como se permitira sentir-se estimulado por aquela jovem?

Tentou localizar em sua memória algum momento em que se sentira assim tão atraído por uma mulher.

Nem quando tinha 18 anos. Era como se estivesse enfeitiçado, sem vontade própria, sem ânimo para reagir a esses sentimentos atípicos.

Desde que vira a jovem pela primeira vez no bar do hotel, estava vivendo um inferno de sensações proibidas, sem saber onde isso ia levá-lo. A gama de sentimentos que tomavam conta do seu corpo era atordoante.

Abriu a torneira e jogou um pouco de água no rosto e na cabeça. Segurando as bordas da pia, pendeu a cabeça para baixo, a água escorrendo no rosto e molhando sua gravata e a frente da camisa. Deu um longo suspiro e meneou a cabeça. Fechando os olhos, tentou trazer a imagem de Kate, mas, de novo, o que viu foi o rosto da jovem e seus grandes olhos verdes.

— *Dio Santo,* me ajude! — exclamou, fechando os olhos e passando as mãos pelos cabelos.

Endireitando-se, examinou-se no reflexo do espelho. A água escorria lentamente pelo seu rosto. *"Carlo Martinelli, controle-se",* pensou, ainda se olhando.

Puxando duas folhas de toalhas de papel, enxugou o rosto. Bateu rapidamente as mãos nos cabelos para tirar o excesso de água e com outra toalha de papel tentou enxugá-los. Penteou-os e resolveu tirar a gravata e guardá-la no bolso do paletó. Jogando as folhas amassadas no lixo, virou-se e apoiou-se na pia novamente. Ao ver um secador preso na parede ao lado do espelho, pegou-o e secou a frente da sua camisa.

Enquanto secava, lembrou do que Arthur dissera sobre as duas moças, após dançar com a ruivinha.

"Ela não quis revelar o seu nome e nem da cidade delas. As duas resolveram fazer mistério quanto a isso. Só sei que estudaram e trabalham juntas. São arquitetas e ambas com 26 anos. Foi um pacto que as duas amigas fizeram de não falarem nada sobre si e nem querer saber nada de ninguém. Inclusive me impediu que eu dissesse o meu nome. Desconversou, quando perguntei o motivo do tal pacto e daí não insisti.

Vou dar o número do meu celular para ela, antes de ir embora e vou deixá-la decidir se quer me ligar para continuarmos o que começamos aqui. Porque eu acho que quero".

Novamente Carlo se voltou a se olhar no espelho, penteando mais uma vez o cabelo.

— *Ela é uma ragazza!* — disse como um aviso ao seu reflexo.

Voltando para a mesa, viu que todos estavam preocupados com sua demora, perguntando se estava tudo bem. Agradeceu a preocupação e sentou-se.

Sentindo falta de Arthur, olhou para a pista de dança e viu-o com a ruivinha. Próximo a eles, a *"ragazza"* ainda dançava com seu par. No momento estavam rindo como velhos amigos.

Quando sentiu que seus pensamentos estavam indo para um caminho proibido, Carlo agarrou-se ao assunto dos amigos para se livrar desses pensamentos.

Minutos depois, Kevin, Arold e Percy se levantaram, dizendo que estavam voltando para o hotel. O italiano ficou indeciso se os acompanharia ou não.

De repente, sentiu vontade de ficar.

Os amigos se despediram e então se viu sozinho à mesa, uma vez que Arthur estava dançando. Esticou as longas pernas e colocou as mãos nos bolsos da calça. Enquanto a olhava dançar com o jovem alto, tomou a decisão de tirá-la para dançar.

A urgência de ter aquele corpo junto a si era grande demais, para ser ignorada. Queria senti-la, tocá-la... *Isso bastaria, e que Dio o ajudasse...*

Arthur voltou à mesa, após ajudar sua ruiva, com a cadeira.

— Onde foram os camaradas? — perguntou com curiosidade ao ver o italiano sozinho. — Você resolveu ficar para cuidar de mim? — perguntou rindo.

— Oh, sim... — respondeu irônico. — Como se você precisasse disso...

Carlo explicou que os amigos resolveram voltar ao hotel. O publicitário se sentou ao seu lado e colocou gelo no copo, tomando o restante de sua bebida.

Carlo olhou-o com um sorriso malicioso.

— Está gostando da garota ruiva, não? — perguntou.

Arthur riu e olhou carinhosamente para a moça, sem responder ao amigo. Nem precisava, pois sabia que o amigo o conhecia muito bem.

— Ela é inteligente, meiga, carinhosa, divertida e muito feminina. — descreveu Arthur. — Qualidades que eu prezo muito numa mulher.

— Pelo jeito, o "solteirão convicto" está com os dias contados... — disse Carlo divertido.

Logo percebeu que sua "tentação de olhos verdes" estava voltando à mesa também. O jovem texano gentilmente ajudou-a a sentar-se e despediu-se. Quando a viu sorrindo para a amiga, notou as lindas covinhas que se formaram naquela face de seda. Ficou fascinado com elas, aliás, sempre gostara de covinhas.

Ficaram conversando uma meia hora sem deixarem de olhar para as jovens de vez enquanto. Carlo o fazia disfarçadamente, é claro.

Arthur pediu licença e, chegando à mesa vizinha, tomou a mão da ruivinha e puxou-a, com um largo sorriso. A jovem se surpreendeu, mas prontamente levantou-se e acompanhou-o para o terraço que havia adiante.

Carlo e a jovem loira ficaram sozinhos em suas mesas e a eletricidade estava latente na troca de olhares.

Ela, graciosamente, apoiou o queixo nas mãos e correu os olhos pelo recinto. E presos na magia que os prendia, se olhavam de vez em quando.

De repente, ambos esqueceram que não estavam sozinhos naquele lugar, totalmente envolvidos pela atração e desejo mútuo.

O italiano fitou-a intensamente, detendo seus olhos nos lindos seios. Percebeu que ela ficou constrangida e cruzou os braços rapidamente. Porém, seus olhos muito alertas captaram a projeção dos mamilos sob o tecido fino do vestido. Aquilo incendiou seu corpo todo, pois só ratificou que ela sentia o mesmo que ele.

Tentou distrair-se olhando para o terraço e sorriu ao ver o amigo e a ruivinha beijando-se com ferocidade. Fez um gesto sutil com a cabeça para que ela também olhasse o que estava vendo.

Seguindo seu olhar, ela também viu a troca de carinho entre a amiga e o louro. Ela voltou-se e deu-lhe um sorriso cúmplice.

A tensão entre os dois tornava-se cada vez mais insustentável e ele lutava contra a vontade imensa de tocá-la.

Deveria tirá-la para dançar? Seria justo com ela?

Abaixou o olhar e meneou a cabeça para si mesmo, como se quisesse negar a decisão que estava tomando naquele momento.

As emoções o deixavam perdido e confuso. Chegou à conclusão de que não estava conseguindo lidar com aquela situação.

Ela sorriu-lhe novamente, um tanto tímida e algo de familiar naquele sorriso chamou sua atenção por uns segundos, intrigando-o.

Percebeu que Arthur e a ruivinha estavam se dirigindo à pista de dança de mãos dadas.

Após mais alguns minutos de uma batalha interior, com sua consciência, sentiu-se derrotado e não resistiu ao apelo do seu próprio corpo e daqueles olhos verdes. Meneando a cabeça e dessa vez mandando a prudência para o inferno, num impulso levantou-se fechando o paletó. Quase riu ao perceber que ela arregalou os olhos ao vê-lo dirigindo-se a ela. Percebendo o pânico naquele olhar, Carlo quase recuou, mas preferiu seguir seu primeiro impulso e estendeu-lhe a mão, num convite silencioso para dançar.

Ela olhou para sua mão, olhou para ele e, então, um tanto hesitante, levantou-se e estendeu-lhe a mão.

O italiano percebeu o tremor em suas mãos macias. Parecia uma gatinha assustada, e isso o deixou com um sentimento de culpa.

Gentilmente, conduziu-a para o centro da pista de dança. Lá, ela colocou sua mão esquerda nos ombros largos e estendeu-lhe a mão direita, que ele aprisionou suavemente.

Finalmente, estava realizando seu desejo, desde que a vira, que era tocá-la e senti-la.

Contendo sua excitação, ele enlaçou-a pela cintura e atraiu-a para si, sentindo o calor de seu corpo, o aroma de seu perfume que estava deixando-o louco.

Inclinando-se para trás para olhá-la, estreitou o olhar e perguntou com a voz rouca.

— Dolce & Gabbana?

Ela apenas olhou para ele, piscando.

— Desculpe? — perguntou sem entender.

Sorrindo, ele apertou sua mão.

— Seu perfume... — repetiu ele

— Ah, sim — respondeu. — Como sabe? É o perfume de sua esposa? — perguntou risonha, mas com o intuito de lembrá-lo que era casado e ele entendeu o recado.

Devia sentir-se encabulado por ela lembrar-lhe que era casado, porém sua sinceridade e espontaneidade o encantaram. Seu sorriso era lindo, formando aquelas covinhas, que a deixavam encantadora.

— Não. — respondeu rindo. — Minha esposa usa Chanel n.º 5, aliás, toma banho com ele. — acrescentou rindo. — Na verdade, eu sei que é o Dolce & Gabbana, porque uma das minhas sobrinhas o usa e me pede de presente de Natal, todos os anos. — respondeu ele sorrindo.

Ela apenas sorriu, afirmando com um movimento da cabeça.

Puxou-a novamente para junto de si, de modo que pudesse senti-la por inteiro. Fechou os olhos, inebriado com a gostosa sensação. A vontade de apertá-la fortemente era muito grande. Só não o fez por medo de assustá-la. Trouxe a mão de ambos para o seu peitoral. Ele sentiu certa resistência por parte dela e sentiu o tremor que tomou conta do corpo macio. Ela estava nervosa e ele sentiu-a arrepiar-se e depois relaxar, para então, entregaram-se ao ritmo romântico de *Impossible Dream* que o vocalista da banda interpretava.

Apesar de alta, ela não passava de seus ombros.

Apoiou o queixo no topo da cabeça dela e aspirou o delicioso perfume de seus cabelos cacheados. Podia sentir a textura e controlou-se para não enroscar seus dedos entre aqueles cachos macios. Imaginou-os acariciando seu peito nu e por todo seu corpo.

Sentiu-se retesar todo.

Como se tivesse vontade própria, a palma de sua mão deslizou mais abaixo das costas nuas, sentindo a maciez da pele. Carlo sentiu que ela prendeu a respiração, como se tivesse levado um jato de água gelada na pele quente e ele gostou daquilo.

Carlo tremia tamanho era o seu esforço para conter a incômoda excitação e a vontade de beijar aquele pescoço delgado.

Aquele vestido lilás sugeria volúpia e o decote nas costas fazia-o pensar em coisas proibidas.

O italiano tinha plena consciência de que estava cometendo um erro, mas não conseguia resistir ao calor, à sensação excitante de ter aquele corpo macio colado ao seu.

Nem nos primeiros dias de namoro com Kate, ele sentira uma excitação assim que o deixasse tão dolorido e tão fora de si. O que essa jovem feiticeira tinha que ele nem mesmo se reconhecia, com seus experientes quase 42 anos?

O domínio daquela jovem mulher sobre seu corpo era incrível.

Impossible Dream. Ironicamente, o nome da música tinha tudo a ver com o que ambos estavam sentindo.

De repente, deu-se conta de que sua consciência estava imune ao significado do que era certo e do que era errado e isso o preocupou. Tudo contra tudo em que acreditava.

Quando ela levantou um pouco mais o braço para alcançar-lhe melhor os ombros, os pensamentos se evaporaram e então se concentrou na dança e no corpo quente que tinha colado ao seu, seguindo o ritmo lento da melodia interpretada pelo cantor da banda.

O sangue em suas veias entrou em ebulição e sua masculinidade mais uma vez manifestou-se, fazendo-o sufocar um gemido.

Sabia que ela sentira sua excitação, pois a sentiu arquejar inteiramente trêmula.

Ela levantou a cabeça e fitou-o nos olhos, um pouco assustada. E ele viu no seu olhar as mesmas emoções. Sorriu-lhe com ternura, com uma vontade imensa de beijar aqueles lábios tentadores, a poucos milímetros de distância dos seus.

Corando, ela abaixou a cabeça e a deitou em seus ombros.

"*Dio...*" Carlo estava sentindo seu controle enfraquecer, cada vez mais.

Resolveu entabular uma conversa, a fim de driblar as emoções conflitantes.

— Sobre o pacto que você e sua amiga fizeram. Ele observou-lhe o olhar intrigado. — Meu amigo contou sobre isso. Então não posso saber o seu nome? Onde mora?

Ela deu uma risadinha e meneou a cabeça.

— Creio que será melhor assim. — disse afastando-se para olhá-lo.

— Melhor para quem? — questionou-a.

— Para todos nós. — respondeu a jovem sem hesitar.

Ele apenas assentiu, concordando.

— Então, como vamos nos chamar? — perguntou ele com curiosidade.

— Bem, que tal você achar um nome para mim e eu achar um para você? — sugeriu ela.

Ele confirmou com a cabeça e ficando quieto por alguns segundos, com o cenho franzido, demonstrando que estava pensando. Em seguida, sorriu.

— Huum... que tal *"bambina"*? — respondeu, acentuando bastante a pronúncia italiana.

O riso dela foi uma música aos seus ouvidos.

— Eu sabia que você tinha algo a ver com a Itália! — exclamou ela alegremente.

Ele soergueu uma das sobrancelhas surpreso e intrigado.

— E como chegou a essa conclusão? — perguntou muito curioso.

— Fácil... — começou ela. — Você fala muito com as mãos, além do seu biotipo... — concluiu, um tanto inibida. — Convivi com uma família italiana durante toda a minha vida, que são nossos vizinhos em... — ela arregalou os olhos ao perceber que quase falara o nome da cidade onde morava.

Carlo riu.

— Você é muito observadora. — respondeu ele. — *Si*, sou italiano nascido em Milão e cheguei aqui na América bem criança. — explicou. — Então, *"bambina"*? — provocou. — Gostou do nome que lhe dei?

— Gostei. — respondeu ela assentindo com a cabeça. — Então eu vou chamá-lo de "italiano", tudo bem?

Olhando-a com um sorriso bem-humorado, concordou com um movimento de cabeça.

— *Bene!* — exclamou.

Rindo, os dois se aproximaram novamente, para acompanhar a música.

Susan sentia-se totalmente perdida, envolta cada vez mais num redemoinho de emoções e sensações totalmente novas para ela. Estava fascinada pela personalidade marcante daquele homem maravilhoso. O som da sua voz grave e profundamente sensual fazia-a pensar em coisas proibidas.

Faltou-lhe ar, quando sentiu junto a si aquele corpo perfeito, másculo, firme, sensual e excitado. Muito excitado.

Não tinha dúvidas de que ele praticava esportes, pois era fácil perceber que ele não tinha nenhum excesso de gordura no corpo.

Cada vez que ele a puxava para junto dele, seu sangue fervia pelo corpo inteiro, principalmente em suas partes íntimas, quando sentia o volume daquela masculinidade excitada contra suas coxas. Sabia ser errado, mas era maravilhoso saber que exercia tal poder sobre ele.

Mesmo assim, fechando os olhos, ela apavorou-se com o que estava sentindo por aquele belo desconhecido.

Sentiu um arrepio ao sentir o calor de sua respiração em seu ouvido e o perfume de sua loção pós-barba insinuante demais aos seus sentidos.

A voz do cantor embalava a cadência dos passos lentos e sensuais que davam, fazendo-os realmente *sonhar com o impossível.*

Ele afastou-se um pouco e em resposta ela levantou a cabeça, encontrando seus olhos azuis, fitando-a com intensidade.

Incapaz de sustentá-los, ela desviou o olhar para a gravata dele.

Sentiu os dedos dele pressionando-a gentilmente e as mãos foram descendo pelas costas com uma ousadia que a assustou, deixando-a com a pernas bambas. Sentiu arrepios, ao sentir sua respiração ofegante.

De repente, a imagem da mãe veio à mente de Susan, como se estivesse recriminando-a e involuntariamente, retraiu-se.

Ele sentiu, pois se afastou e fitou-a, com expressão inquiridora.

Sorrindo encabulada, ela lhe sustentou o olhar.

— Eu acho que... Devemos... Voltar à mesa... — sugeriu ela, timidamente.

Ele continuou a fitá-la intensamente, como se não estivesse entendendo o que ela dizia.

— Mas...

— Por favor... — insistiu ela com um olhar de súplica interrompendo-o.

Ela estava se sentindo mal, com os seus sentimentos em relação a ele. Não estavam agindo com coerência.

Dando de ombros, ele afastou-se e gentilmente, conduziu-a de volta à mesa, com a mão em seu cotovelo.

Ajudou-a a sentar-se, inclinou-se, e sussurrou-lhe ao ouvido.

— Espero não ter feito nada que a ofendesse... — sua expressão era de preocupação e frustração.

Ela olhou-o e negou com a cabeça.

— De maneira alguma. — respondeu, incomodada ao notar seu pesar. — Por favor, nem pense nisso. É que... é que... eu acho que...

Incapaz de se expressar ela calou-se e olhou-o num pedido de desculpas silencioso.

Ficaram se olhando, sem saber o que dizer. Ele pegou-lhe uma das mãos, beijando-a gentil e suavemente.

— *Grazie!* — agradeceu e afastou-se para a mesa ao lado.

Ele permaneceu em pé, olhando para a pista de dança.

Desconfortável com sua atitude, Susan notou quando ele fez um sinal discreto naquela direção e ela tinha a certeza de que era para o amigo loiro.

Olhando-a mais uma vez, sorriu-lhe e fez um movimento suave com a cabeça como despedida e encaminhou-se para a saída, com a sua elegância natural. Ela acompanhou-o com o olhar, até que ele desaparecesse pela porta. Ele estava indo embora. Sentia-se frustrada, envergonhada e cansada.

Olhou a pista à procura de Sarah e o Louro, rezando para que a amiga sentisse vontade de ir embora.

Ela chamou o garçom e pediu a conta, pagando-a em seguida. Meia hora depois, suas preces foram ouvidas. Sarah estava voltando para a mesa.

— Amiga, você se importaria se fossemos juntos no táxi dele? — perguntou olhando para o Louro, toda sorrisos.

— De maneira alguma. — respondeu levantando-se.

Sutilmente, ele chamou o garçom, que prontamente aproximou-se. Ao se prontificar para pagar a conta da mesa que ocupara com os amigos, soube que ela já estava paga pelo cavalheiro que saíra há pouco.

Arthur sorriu e agradeceu, conduzindo as duas jovens gentilmente para a porta de saída.

Ao saírem na calçada, já eram quase uma hora da manhã e uma leve brisa os envolveu. Um táxi apareceu e logo depois chegavam ao hotel. Subiram no mesmo elevador.

Chegando no seu andar, o publicitário despediu-se com um sorriso cativante e uma piscada para Sarah, puxando-lhe carinhosamente o nariz, causando intenso rubor à ruivinha.

— Obrigado pela noite! — ele disse antes de sair do elevador, se dirigindo à ruiva, que apenas sorriu timidamente.

Quando a porta fechou, a ruivinha olhou para a amiga, com um lindo sorriso de felicidade.

— Susan, ele é maravilhoso! — disse a ruiva sonhadoramente, logo ao entrar na suíte delas.

— Bem, o que posso dizer, depois daquele beijo arrebatador que presenciamos horas atrás?

Sarah arregalou os olhos azuis.

— Presenciamos? — perguntou timidamente.

— Eu, o italiano e o pessoal que estava naquele terraço. — respondeu, divertindo-se com a cara de pesar da amiga.

— Oh... Eu estava tão empolgada que nem me dei conta do local... — desculpou-se sorrindo envergonhada.

— Só peço uma coisa, vá com calma minha amiga! — observou Susan.

A jovem ruiva assentiu.

— Não se preocupe. Estou bem atenta desta vez. — retrucou Sarah...

Após um banho relaxante, em minutos, estavam deitadas. Sarah apagou a lâmpada da mesa de cabeceira e logo adormeceu.

Susan ficou acordada por horas, se virando na cama, inquieta e com os pensamentos no italiano. Seu corpo ainda sentia os efeitos do contato com o corpo dele. Podia sentir seu perfume, seu calor, seu suave toque nas costas. Seu coração estava acelerado.

Virando-se na cama, ela empurrou os lençóis. Sentia muito calor, devido à excitação ao lembrar-se da força que fez, tentando resistir ao ímpeto de se atirar nos braços daquele homem irresistível e assim poder saciar o desejo que a consumia naqueles braços fortes.

Susan sentia o fogo do desejo se espalhar por todas as partes de seu corpo, intumescendo-lhe os seios e deixando a garganta seca, ao imaginar aquele corpo másculo e perfeito completamente nu sobre o dela. Ele era maravilhoso, porém um fruto proibido.

Na manhã seguinte, quando o alarme do celular tocou, Susan deu um pulo na cama e, abrindo os olhos aos poucos, sentiu-os como se tivessem areia neles. Esfregou as mãos neles e suspirou. Dormira muito pouco. Olhando para a cama de Sarah, viu-a se espreguiçando e pelo sorriso sonhador deduziu que ao menos sua amiga tivera um sono reparador.

Levantaram-se quase juntas e logo estavam saindo da suíte para alcançar o elevador. Susan vestia calças brancas e uma blusa amarela, moldando-lhe os seios e a cintura fina. Mesmo sendo primavera, o dia prometia ser muito quente.

Sarah vestia um vestido de alças, azul-claro, com estampas de flores em branco e amarelo. Ambas estavam com os longos cabelos presos num rabo-de-cavalo, pois era mais prático assim.

Quando o elevador parou no terceiro andar, a pulsação de Susan acelerou, quando, ao abrir as portas do elevador, os cinco amigos entraram. Ao vê-las, pararam de conversar e sorriram, inclusive "ele".

As duas jovens, que ficaram encostadas ao fundo do elevador, retribuíram o sorriso.

— Bom dia, belas senhoritas! — cumprimentou Arthur, em nome de todos. — Dormiram bem? — perguntou ele, gentilmente.

— Muito bem, obrigada! — respondeu Sarah alegremente. Susan evitou ao máximo olhar na direção do italiano, mas, pelo canto dos olhos, sabia que ele estava com as mãos nos bolsos, encostado ao lado do painel do elevador, avaliando-a furtivamente dos pés à cabeça. Sentiu o rosto queimar.

Eles continuaram a conversar entre si e logo o elevador parou no térreo e, como gentis cavalheiros, todos se afastaram para que as duas amigas saíssem por primeiro.

Entraram juntos no salão de café e procuraram lugar para se sentarem. Eles ficaram no mesmo lugar do dia anterior e elas ficaram mais à esquerda da mesa deles.

Durante todo o tempo do café matinal, Susan percebeu que ele desviava seu olhar toda vez que ela o olhava. Sentia-se desconfortável.

Eles saíram por primeiro e viu quando o louro bonitão fez um sinal para Sarah.

Susan olhou para a amiga, interrogativamente.

— Vamos nos encontrar para um drinque, num dos bares do hotel, após as atividades. — explicou ela, com um sorriso muito feliz.

À noite, após mais um dia de seminário, Sarah ficou no saguão esperando pelo loiro e Susan subiu rapidamente para a suíte, querendo evitar um encontro com o italiano.

Sentia-se triste e frustrada. Pegou o celular e ligou para casa. Precisava ouvir a voz da mãe. Quem sabe ela se acalmaria. Quando Sarah chegou ainda não pegara no sono, mas fingiu estar dormindo, pois, caso contrário, a amiga falaria até o dia clarear e ela estava muito cansada, devido à noite insone.

Capítulo 4

Entre a razão e o coração...

Carlo sentia-se tenso e exausto. Seu corpo ansiando por algo impossível.

Procurando desviar seus pensamentos pecaminosos com a jovem loura, ligou para casa. Falou primeiro com Luigi e depois com a esposa, que cobrava sua volta imediata para casa. Queria que ele estivesse presente no jantar que seus pais dariam ao senador Hayes e aos executivos do Thompson Boston Bank, que pertencia ao seu sogro.

Ao desligar, suspirou aliviado e irritado. Aliviado porque fugiria do tal jantar e irritado pela insistência de Kate quanto a isso. Ele sabia muito bem quais eram as intenções dela e de seus pais, quanto a esse jantar para o senador. Ainda *sonhavam* em fazê-lo mudar de ideia quanto a disputar uma vaga no congresso.

Ele iria a Miami atender a um pedido da irmã, para resolver uma rescisão de contrato de serviço no restaurante.

Ela sabia que isso era parte do seu trabalho com os negócios da família, mas seu egoísmo fazia-a esquecer disso.

Guardando o celular, suspirou longamente e, sentando-se na cama, tirou os sapatos e as meias e esticou-se, com as mãos sob a cabeça, olhando para o teto. Saboreou o silêncio, pois Roy, seu companheiro de quarto, voltou mais cedo para Denver, e o silêncio era bem-vindo.

Tinha o quarto todo para si.

Fechou os olhos e de imediato a figura exuberante da *bambina* tomou forma em seus pensamentos. De calças brancas e com aquela blusa amarela colante, estava simplesmente deliciosa. Como era *linda*. Era provocante sem ter noção disso.

Só em lembrar-se daquelas curvas tentadoras, sua masculinidade respondeu de imediato. *Dio, como eu a quero!*

Levantando-se num pulo, tirou a roupa e foi para o banheiro.

Abrindo a torneira da água fria, entrou debaixo do chuveiro, deixando a água gelada lhe esfriar a cabeça e diminuir sua excitação exagerada.

Após o banho, deitou-se e achou que ia dormir, mas a lembrança daquele corpo tentador junto ao seu enquanto dançavam tirava-lhe o sono. A tensão sexual tomou conta de seu corpo todo, impedindo-o de descansar.

Ficou rolando na cama durante horas, ansiando por aquela tentação loura de olhos verdes.

Procurou imagens da mãe, da esposa e do filho para desviar seus pensamentos, mas tudo em vão. Ele estava totalmente perdido de desejo.

De nada adiantava apelar para a sua consciência, pois a necessidade de seu corpo falava mais alto que a razão. Estava carente de carinho e de sexo, dada a situação atual do seu casamento.

Seria muito penoso conter seus instintos no restante daquela semana, portanto evitaria ao máximo colocar os olhos nela.

E conseguiu seu intento, trocando os horários das refeições e de pegar o elevador junto com os amigos.

Sempre arranjava um motivo para não descerem juntos ao saguão do hotel.

Se seus amigos tinham percebido sua manobra, não comentaram nada.

No último dia do encontro, saíram para almoçar fora do hotel, como despedida. Ele era o único que não ia para casa, portanto ainda ficaria aquela noite no hotel.

Após o encerramento das atividades daquele último dia, Carlo despediu-se de seus amigos, no saguão antes da van chegar para levá-los ao aeroporto.

Ficou na porta do hotel, apreciando a noite, quando ouviu vozes femininas muito familiares. Voltou-se para a área da recepção e viu as duas amigas se abraçando e bagagens de viagem junto a elas. Ficou esperando para ver qual delas ia viajar. Não tentou decifrar o que sentiu, ao ver que era a ruiva quem ia embora.

Voltou-se e permaneceu na porta. Um táxi encostou e logo a ruiva saiu, com um funcionário ajudando-a com a bagagem. Ao reconhecê-lo, ela despediu-se com um sorriso, o qual ele retribuiu com um aceno.

Esperou que a outra jovem viesse até a porta, mas o táxi partiu e ela não apareceu ao seu lado. Tornou a olhar para trás e viu-a conversando com um dos recepcionistas.

Não conseguiu deixar de admirar suas pernas esguias e torneadas, que naquele momento estavam à mostra, devido ao leve vestido curto que usava.

Então ela também ficara sozinha, pensou com uma satisfação perversa e incontida.

Foi quando se deu conta quanto ao perigo que ambos estariam expostos, ao ficarem sozinhos em suas suítes naquela noite. Seria hipócrita de sua parte negar a satisfação de seus instintos quanto a essa expectativa. Ficou mais uns minutos por ali, despedindo-se dos outros companheiros que iam saindo em grupos.

O celular tocou e, ao ver que era Cristiano, franziu o cenho, pois dificilmente ele lhe ligava.

Dias atrás Lorenzo ligara para lhe pedir um favor. Pensando que algo acontecera com a família do irmão, atendeu rapidamente. Ficou aliviado, quando ele lhe pedira para agilizar Giórgia com as compras.

Era Giórgia quem fazia a maioria das compras de talheres de prata e copos de cristal, para os restaurantes da rede, pois ela achara um fornecedor excelente em Miami.

Após falar com o irmão, desligou o celular e se dirigiu a um dos elevadores.

Ainda não sabia o que ia fazer mais tarde, mas resolveu ir até a suíte para tomar um banho relaxante, sem pressa, sem horário a cumprir.

Trocou o terno por uma roupa mais confortável. Sendo assim, optou por jeans preto e uma camisa polo azul-claro. Aproveitou para guardar algumas coisas na mala, pois seu voo era muito cedo no dia seguinte...

Enquanto isso, no andar de cima, Susan saiu do chuveiro, enxugou-se lentamente e vestiu o roupão do hotel.

Não sabia o que fazer, nessa última noite sem a presença da amiga. Pena Sarah ter que ir antes, atendendo ao chamado da mãe para ajudá-la a tomar conta da avó que sofrera uma cirurgia de emergência. Lembrou que a mãe da amiga estava se recuperando da cirurgia do joelho, quando saíram de Nova Iorque. E que a avó estava cuidando da filha, mãe de Sarah, enquanto estava em Houston.

Enquanto fazia horas para descer ao restaurante, ela resolveu começar a arrumar a mala.

Após arrumar as roupas e sapatos, deixou apenas os objetos de higiene e roupas que iria usar no jantar e a do dia seguinte, para o encerramento do seminário.

Correu os olhos pela suíte e convenceu-se de que não se esquecera de nada. Voltando ao quarto de dormir, começou a se vestir, para descer. Escolhera um vestido de seda, verde-escuro de alças finas, com um detalhe verde-claro na altura do busto, que dispensava o uso de sutiã, pois tinha bojo. Maquiou-se levemente e colocou as sandálias de tiras de saltos altos.

Pegando o celular, colocou-o na bolsa e saiu, cumprimentando o jovem casal que ocupava a suíte ao lado da sua.

Entrando no elevador, olhou as horas no visor do celular. Iria chegar cedo ao restaurante. O hotel ficara com o terceiro andar totalmente vazio, pois seus ocupantes estavam indo embora. O belo italiano, com certeza, também se fora.

Ela não sabia se ficava alegre ou triste com isso, mas soltou um longo suspiro. Nunca esqueceria aquele homem. Decidiu jantar no restaurante do hotel, por praticidade, uma vez que estava sozinha.

Olhando para seus pés distraidamente, nem percebeu que o elevador havia parado no terceiro andar. Foi o aroma familiar da loção pós-barba que fez com que ela levantasse os olhos e deparasse com faiscantes olhos azuis percorrendo-a dos pés à cabeça, fazendo-a corar.

Sorrindo alegremente, ele apertou o botão do térreo, sem deixar de olhá-la.

— *Buonanotte, "bambina"!* — disse com aquela voz sensual.

— Boa noite. Pensei que já tinha ido embora. — disse ela, sem deixar de notar a elegância casual dele.

— Amanhã, vou direto para Miami. — respondeu recostando-se na parede do elevador à direita de onde ela se encontrava. — Vi sua amiga indo embora. Não é amanhã que termina o seminário de vocês?

Ela confirmou com um leve movimento de cabeça.

— Problemas de saúde na família obrigaram-na ir mais cedo!

— Nada sério, suponho? — perguntou gentilmente.

— Sua avó sofreu uma cirurgia de emergência, mas está tudo bem.

Ele assentiu e ficaram em silêncio por uns momentos, apenas se entreolhando, até chegarem ao saguão. Ele afastou-se para ela passar, e o aroma que exalava dele fez com que seu corpo se arrepiasse e seu coração disparasse.

— Vai jantar no hotel? — perguntou ele, acompanhando-a.

Ela confirmou com leve movimento da cabeça.

— Achei melhor, já que estou sozinha.

— Se aceitar jantar comigo, faremos companhia um ao outro. Que tal? Aceita?

Ela foi obrigada a erguer a cabeça para responder-lhe, uma vez que ele era muito alto.

Como ele era lindo, sexy, elegante e cheiroso!

Susan sentia as pernas bambas e o rosto quente, ao senti-lo tão próximo. Seu coração batia tão forte que talvez ele estivesse ouvindo-o. Ela hesitou em responder. Algo lhe dizia para não aceitar, mas não resistiu.

— Sim. — respondeu num murmúrio. — Seria ótimo.

— Então vamos... — Carlo não escondeu a satisfação que sentiu. Iria jantar com ela. Sozinhos!

Ele então a conduziu para o restaurante do hotel, onde o maitre arranjou-lhes uma mesa e em seguida chamou o garçom de bebidas.

De comum acordo, optaram por um Chardonnay e passaram a examinar o cardápio.

Ele, como bom italiano, pediu uma massa e ela optou por uma *César Salad*. Ao entregar o cardápio para o garçom, reparou o olhar dele surpreso.

— Só salada? — perguntou sorrindo.

— Para mim, é o bastante por hoje. Abusei um pouco no almoço.

Ele fez um rápido exame em seu corpo.

— Está fazendo regime? — perguntou ele, com um olhar avaliador.

Ela negou, sorrindo.

— Nunca tive problemas com a balança, mas à noite eu como muito pouco! — explicou.

O garçom aproximou-se e despejou um pouco de vinho na taça de Carlo, que elegantemente seguiu o ritual do aroma e sabor, antes de tomá-lo.

Ele esperou o garçom servir a jovem, para levantar a taça, a fim de um brinde. Surpresa ela levantou a taça e, sem deixar de fitá-lo, a encostou na dele.

— Então... *Salute*! — disse ele quase num sussurro, deixando-a toda arrepiada.

Enquanto aguardavam o jantar, ele reclinou-se na cadeira, observando-a atentamente. Ela sentiu-se hipnotizada pelo charme e carisma de seu sorriso. Sentiu o sangue subir ao seu rosto. Aquele escrutínio e o silêncio estavam deixando-a mais nervosa.

Sentindo-se constrangida, abaixou as pálpebras.

Ele se encantou quando o rosto dela corou. Seus dedos ansiavam por tocar aquela pele aveludada.

— Você é linda. E fica encantadora, quando fica corada. — disse ele com voz aveludada.

Ela levantou os olhos e sorriu-lhe, timidamente.

Ele pegou a taça novamente e olhou-a por cima dela.

— *Cara,* não me olhe assim... — pediu ele num murmúrio. — Você acaba com o meu controle e me faz esquecer o que é certo e o que é errado.

— E isso é *errado*... — retrucou Susan, sentindo a tensão entre os dois chegando ao limite, e não sabia o que fazer. Os olhos dele, fitando seus lábios insistentemente, estavam causando-lhe arrepios. Colocando os braços sobre a mesa e entrelaçando os dedos, ele inclinou-se, para olhá-la mais de perto.

— Sei que é errado, mas não podemos fingir que não está acontecendo nada entre nós. — disse ele num sussurro. — É inegável a atração mútua, e eu não estou conseguindo lidar com isso e acho que você também não... — disse ele.

Ela assentiu e recostou-se na cadeira, tentando impor certa distância entre eles. Estava surpreendida com a coragem dele em confessar sua fraqueza em relação à atração que sentiam um pelo outro.

— Não importa o que estamos sentindo... Sabemos que isso é loucura! — respondeu-lhe com firmeza. — E errado. Muito errado!

— Meu corpo acha que não. — respondeu ele, sem deixar de fitá-la.

— Como assim? — perguntou intrigada.

Ele não respondeu, apenas continuou olhando-a intensamente.

Quando ela finalmente entendeu o que ele quis dizer, sentiu o rosto pegar fogo.

— Oh. — murmurou encabulada. — Você é terrível!

Ele riu gostosamente e meneou a cabeça.

— Desculpe, *cara*, se a constrangi. Não resisti provocá-la só para vê-la vermelhinha.

— Não achei graça. — disse ela rindo.

— Ok, não tem graça mesmo, pois não posso satisfazer meu corpo. — explicou ele, sério.

— Por favor... Para com essa brincadeira. — pediu ela, cada vez mais encabulada.

Ele piscou-lhe e sorriu-lhe entre um gole de vinho e outro.

— Está bem. Oh, aí vem o nosso jantar. — anunciou ele ao ver dois garçons aproximar-se com o jantar deles.

A jovem ficou aliviada. Estava ficando assustada com o rumo da conversa. Precisava desviar o assunto de qualquer maneira.

— Você tem filhos? — perguntou de maneira abrupta enquanto colocava o guardanapo no colo...

Ele não escondeu a surpresa pela pergunta dela. Tomou mais um gole de vinho e então lhe respondeu sem titubear.

— Tenho. Um só. Um filho maravilhoso. — completou com orgulho incontido.

Susan quase perguntou se a esposa dele teria problemas de engravidar, mas preferiu conter a curiosidade, uma vez que a pergunta seria pessoal demais...

— Que idade tem seu filho? — perguntou.

Ele derramou mais um pouco de vinho na taça dela, antes de responder-lhe.

— Quatorze anos.

A jovem riu.

— Então tem a mesma idade do meu irmão. — disse ela, tentando continuar a conversa inofensiva. — Ele veio quando meus pais nem esperavam mais. Foi uma surpresa para todos nós. — completou alegremente.

— E você e seu irmão adolescente se dão bem? A diferença é grande, não?

— São 12 anos, mas ele é um garoto muito especial. Nosso relacionamento é maravilhoso. Sinto muita falta dele, pois moro em outro estado.

Ele ia perguntar-lhe onde morava sua família, quando lembrou que não deveria perguntar.

— De acordo com a sua amiga que encantou meu amigo, vocês são arquitetas e trabalham juntas...

— Exato. E sei que você é advogado, como os outros seus amigos, com exceção do seu amigo louro.

— Atualmente ocupo o cargo de promotor público em... — ele parou, ao vê-la fazer sinal de silêncio, colocando o dedo indicador, verticalmente nos lábios. — Quase falei... — disse meneando a cabeça e sorrindo.

Enquanto jantavam a conversa girou em assuntos diversos. Continuaram a beber o vinho, e a tensão sexual entre eles estava lá, ambos estavam conscientes disso, a cada sorriso, a cada gesto, a cada olhar que trocavam.

Seus olhares continuavam conectados, e o turbilhão de desejos explícitos neles apenas ratificava que nenhum dos dois conseguiria resistir por muito mais tempo. A batalha entre o certo e o errado estava ficando cada vez mais difícil para eles.

Antes do jantar terminar, já haviam tomado duas garrafas de Chardonnay. Ele estava encantado com suas faces rosadas e o brilho dos lindos olhos verdes.

— Você parece um tomatinho! — observou ele, carinhosamente.

— Creio que tomei vinho demais. — respondeu-lhe, colocando as mãos no rosto quente e ruborizado.

— Está linda! — admirou-a com um olhar tão ardente que a deixou sem fôlego.

Ela riu, balançando a cabeça.

Enquanto tomavam o café, por cima de suas xícaras, seus olhares não se desprendiam um do outro. Carlo estava excitado e sabia que ela também, ao perceber suas pupilas dilatadas.

Ambos estavam tensos e ansiosos, após terminarem o café.

— No subsolo há uma boate e o rapaz da recepção disse que hoje tem um cantor muito bom. Vamos conferir? — convidou ele, sem tirar os olhos dela.

Susan pensou no quanto seria perigoso aceitar o convite. A ideia de ter seu corpo colado ao dele causou-lhe um arrepio e uma excitação além do insuportável. Seu corpo queria mais uma vez sentir o calor do corpo másculo junto ao seu.

Ele aguardava pacientemente sua resposta, sem pressioná-la, porém sem deixar de fitá-la.

Susan encarou-o durante alguns instantes, avaliando se deveria dizer sim ou não. O perigo brilhava nos olhos dele.

— Não sei se seria uma boa ideia... — respondeu, hesitante.

Os olhares se encontraram, durante um longo tempo, revelando emoções e sentimentos que estavam prestes a transbordar.

— Por quê? — perguntou ele suavemente.

— Ambos sabemos o porquê... — disse ela, fitando-o timidamente.

— *Bambina*, é a nossa última noite aqui e, com certeza, não iremos nos encontrar mais, a partir de amanhã, uma vez que não sabemos nada um do outro. Então... por que não curtimos essa noite, nos divertindo, dançando, já que estamos sozinhos?

Ela riu.

— Você é muito persuasivo, sabia? Mas preciso dormir cedo, pois tenho que acordar cedo para terminar de arrumar a mala, antes de descer para o encerramento do seminário, está bem assim? — disse, acabando por aceitar o convite.

— Ok. Também tenho que levantar cedo. Meu voo sai às oito horas. — respondeu ele, começando a se levantar.

Atrás dela, gentilmente puxou-lhe a cadeira, para que assim ela pudesse se levantar. Num descuido, perdeu o equilíbrio e encostou-se naquele tórax largo e rijo. Para não perder o equilíbrio também, ele envolveu a cintura dela com os braços.

Se ele quisesse, poderia abaixar a cabeça e pousar os lábios entre o pescoço e os ombros dela.

Uma forte corrente elétrica os envolveu. Rapidamente ela afastou-se e agradeceu envergonhada.

Ao tomarem o elevador para descerem à boate, ele permaneceu muito perto dela com a mão levemente pousada em suas costas. Susan pensou que seu coração ia saltar pela boca ao sentir o calor que emanava daquele corpo másculo e o perfume embriagador de sua loção pós-barba.

Ao chegarem na boate, ele ainda permanecia às suas costas. Se inclinasse o corpo para trás, se encostaria novamente em seu peito.

Surpreendendo-a, ele pegou em sua mão e levou-a até a pista de dança. Quando pensou em recuar, ele a puxou intimamente junto a si deixando-a muito consciente daquela masculinidade toda.

O aroma gostoso de sua pele a envolveu e ela se mostrou assustada quando uma forte excitação percorreu-a. Sentiu a boca seca e as pernas bambas, quando ele apertou-a contra si amparando o queixo em sua cabeça.

Conforme se moviam ao dançar, com o roçar de seus corpos, ela percebia o quanto ele estava excitado, e a respiração de ambos se aceleraram...

Quando a música mudou de ritmo, ele abaixou a cabeça e fitou-a intensa e ardentemente. Ela lhe sustentou o olhar, e lentamente o olhar dele foi descendo para os lábios dela, que, ao sentir o formigamento, passou a língua instintivamente neles. Ele fechou os olhos e puxou-a ainda mais contra si fazendo-a ofegar.

Susan sentiu seu corpo pegando fogo, sua feminilidade pulsando, totalmente úmida e fazendo-a perceber que também queria aquele homem.

Dançaram sem parar por meia hora, se deliciando com o calor de seus corpos, até que ele olhou-a fazendo-a ofegar.

— *Madonna*, você me enlouquece... — sussurrou ao seu ouvido com a pulsação acelerada. — Quero você! E sei que você também me quer. Vamos sair daqui! — exclamou ele, numa urgência total, tomando sua mão e guiando-a para a porta de saída e depois para o elevador.

A expectativa do que poderia acontecer entre eles deixava-os excitados e ansiosos.

Eles se desejavam de forma irracional, louca e apaixonante.

Enquanto esperavam o elevador, ele a estudava, sem largar a sua mão. Ela era linda, fascinante e, só de olhá-la, a vontade de possuí-la só aumentava, queria perder-se nela, perder-se de prazer, perder o foco de tudo, voltar seus pensamentos exclusivamente sobre seu corpo curvilíneo.

O elevador chegou e as portas se abriram. No interior do elevador, o espelho refletia suas imagens, numa mistura de excitação e desejo mútuo.

Entraram no elevador, ansiosos, tensos e cientes do perigo de suas emoções prestes a explodir.

Ela entrou primeiro e esperou ele entrar, para então apertar o botão do painel que mostrava os números dos andares. Ela ficou com o dedo parado no ar, enquanto olhava para ele, interrogativamente.

— Para a sua suíte. — disse ele, entendendo sua pergunta muda. Ela hesitou por uns segundos, antes de apertar o número do seu andar.

Carlo sabia que a emoção de ambos era a mesma. A tensão sexual entre eles era indescritível, e os olhos dela refletiam o medo, que ele também sentia, mas escondia muito bem.

Susan nunca esteve tão nervosa. Nunca estivera numa situação dessas.

— Você está tão quieta... — observou ele.

Ela sorriu timidamente.

— Estou pensando... — respondeu-lhe.

— No quê?

Olhou para ele da mesma forma como olhava para seu pai, quando criança, depois de ter feito alguma coisa que não deveria ter feito. Ela estava trêmula.

— Que estou para cometer um grande erro...

— Você quer dizer nós dois, certo?

Ela piscou os olhos, abrindo aquele sorriso adorável.

Não resistindo, ele passou um dos dedos em sua face corada, traçando a curva suave. Seus dedos chegaram ao queixo, saboreando a pele macia.

— Você me fascina, me encanta. — murmurou ele, olhando-a nos olhos.

O olhar ardente dele, se fixou no dela, igualmente cheios de paixão.

Enquanto a fitava, ele até podia sentir como seria deslizar para dentro de seu calor, beijar seu pescoço quando ela inclinasse a cabeça para trás, numa doce entrega, lhe absorver os gemidos de prazer e ouvir a suave voz gritar o seu nome no momento do êxtase final.

Assustou-se com o desenrolar de seus pensamentos eróticos. *Caspita, ele nem sabia o nome dela...*

— Você fica linda vermelha como um tomatinho. — comentou, olhando-a ternamente.

Colocou as mãos nos bolsos e, com um olhar cheio de promessas, percorreu o seu corpo, lentamente. Ela estava lindíssima, com as faces rosadas e os olhos verdes muito brilhantes. Percebeu que aqueles maravilhosos olhos verdes, além de demonstrarem desejo, demonstravam ainda, muito medo. Por mais incrível que fosse, ele também sentia medo. Sabia que estava cometendo o maior erro da sua vida, mas estava cada vez mais difícil resistir a ela.

Lentamente, ainda com as mãos nos bolsos, sem deixar de fitá-la, aproximou-se, os corpos quase se tocando. Ela levantou os olhos e então ele sentiu-se perdido. Gentilmente, colocou um punhado de cachos dourados, para trás da delicada orelha e sentiu de novo algo de familiar nesse gesto. Porém estava tão excitado que nem quis pensar o porquê disso.

Dio Santo, me perdoe.

Ao chegarem ao andar de Susan, ela correu para sua suíte com o cartão-chave na mão.

Ele se se encostou à parede, ao lado da porta, aguardando e observando-a, deixando-a mais nervosa.

Era uma chave eletrônica, que passou três vezes sem sucesso. Calmamente, ele pousou sua mão na dela.

— Posso tentar? — perguntou enfático.

Trêmula, ela entregou-lhe a chave e depois de um movimento rápido, a luz verde apareceu e ela abriu a maçaneta, entrando no quarto, seguida por ele.

Deixando sua pequena bolsa na mesa de entrada, ela passou a mão pela tampa de vidro e arrumou um pouco o vaso com um belíssimo arranjo de rosas vermelhas, de cabos longos. Ela estava sem saber o que fazer. Nunca ficara numa situação assim.

Após ter fechado a porta, ele permaneceu ali, encostado nela, observando-a e louco para beijá-la e abraçá-la.

Fora homem de uma mulher só, por quase 15 anos. Ultimamente, um homem carente, num casamento morno, do qual estava louco para sair dele se pudesse, pois Kate era possessiva, obsessiva e esnobe.

Ficaram se olhando em silêncio.

— Não tenho ideia do que deveria fazer... Olha... — começou ela, encarando-o, com aqueles imensos e lindos olhos verdes. — Quer um drinque? Água? — perguntou, demonstrando o quanto estava ansiosa.

O sorriso dele ficou mais malicioso, ao responder com uma pergunta.

— Posso escolher?

— Claro. Fique à vontade.

Tão logo falou, arrependeu-se.

— Eu prefiro "você". Pura e nua. — disse ele com um sorriso malicioso.

Um intenso rubor coloriu suas faces, encantando-o mais ainda.

Lentamente ele aproximou-se, e a cada passo que ele dava, ela sentia seu pulso acelerar.

Parando a poucos centímetros à sua frente, com as intenções claramente estampadas nos olhos, a reação no corpo de Susan foi imediata.

Esticando a mão, ele acariciou seu braço nu com um dos dedos, deixando-a ofegante.

— Nervosa?

Ela apenas assentiu. Não conseguia falar, tal a emoção diante da expectativa do que estava prestes a acontecer naquele quarto.

— Não fique nervosa. — pediu ele, agarrando a sua mão, entrelaçando seus dedos. Era como dar uma tábua de salvação, um apoio em meio a uma tempestade de paixão e volúpia.

— Falar é fácil... — sussurrou ela.

— Quer que eu vá embora? Se você preferir...

Criando coragem, ela deu um passo curto e agarrou sua camisa, com a mão que estava livre.

— Não. Não quero que...

Não resistindo mais, numa explosão carnal, ele colou seus lábios nos dela, impedindo que continuasse a dizer qualquer coisa.

Entre seus lábios ele murmurou:

— *Dio*, como queria fazer isso, desde que a vi naquele café da manhã. Você é muito doce... *bambina mia*.

Voltando beijá-la, Carlo levantou uma das mãos e seus dedos acariciaram os lindos cabelos cacheados, depois foi descendo pelo pescoço delgado, sentindo-a tremer e ofegar. Com o dorso da mão, acariciou a curva de um dos seios generosos e ouviu-a murmurar algo ininteligível. Ele afastou-se um pouco e viu que ela tinha fechado os olhos e que, ao abri-los lentamente, deixou evidente a luta interna que ela travava contra si e aquela atração louca entre eles. Os dois sabiam que estavam prestes a cometer um grande erro e isso lhes pesou na consciência.

— Meu Deus... — ela murmurou, ao sentir que ele a encostava na parede mais próxima e levantando-a pelas nádegas.

Ele deixou-a sem ar ao mover o corpo eroticamente sobre o dela.
— Isso... é... uma... loucura... — disse ela entre um gemido e outro.
— Sim. Mas não podemos evitar...
Ela estremeceu.

Pousando as mãos no peito dele, ela fechou os olhos e ele aproveitou para um beijo rápido nas pálpebras. Atirando a cabeça para trás, ambos se fitavam ardentemente. As promessas estavam lá. Mais fortes, mais ardentes. Cientes do erro, o desejo foi mais forte.

Com seus corações acelerados e ofegantes, se beijaram novamente, as línguas, numa dança erótica, enlouquecendo-os.

Carlo sentiu-se mais vivo do que nunca com aquele beijo. Fazia tempos que não beijava alguém com essa impetuosidade. Anos.

E à medida que o beijo se intensificava, as carícias se tornaram cada vez mais ousadas e urgentes, levando-os ao desespero da paixão.

Naquele momento, Carlo entendeu o verdadeiro significado da expressão "perder o controle". Ele beijou seu pescoço, mordiscou o lóbulo de sua orelha e foi descendo até chegar ao vale dos seios, cujos bicos estavam intumescidos de desejo. O toque dos lábios dele deixou-a em brasas.

Ardendo de desejo, ela enlaçou-lhe o pescoço e retribuiu a paixão do beijo, com suspiros e gemidos, derretendo-se naqueles braços fortes que a apertavam contra aquele corpo viril. Guiada pela sua libido, beijou-lhe o queixo e o pedaço do peito exposto pela abertura da camisa polo. Ele não conseguiu evitar um doloroso gemido de paixão, que o levou a apertá-la mais ao corpo rígido. O desejo era tão arrebatador que chegou a assustá-lo.

— *Dio*, como quero você... — sussurrou, sem afastar os lábios. — Está sentindo isso? — perguntou se esfregando a ela, em movimentos sensuais, para que ela o sentisse. — Estou a ponto de explodir. — disse gemendo.

Ela retesou-se de repente, pois um resquício de sanidade tomara um canto de sua mente.

— Não... não! Temos que...
— Quer que eu pare, *bambina*? — indagou ele num gemido.

Ela não respondeu e baixou o olhar. Ele levou a mão dela aos lábios sensualmente e depois a espalmou sobre seu coração. O coração dele batia tão desenfreado quanto ao dela.

— Você está tornando tudo mais difícil... — queixou-se ela, tentando puxar a mão. Ele deixou-a puxar.

— *Cara*, meu corpo clama pelo seu, desde que a vi pela primeira vez, naquela manhã. Desde então, não consigo tirá-la dos meus pensamentos. Mas eu não farei nada que não queira, *certo?* — disse ele, beijando-a com carinho, na ponta do nariz. — Se quiser que eu vá embora, eu irei e entenderei.

Ele ia falar mais alguma coisa, mas parou ao ver os lindos olhos marejados de lágrimas. Suas faces estavam muito vermelhas. Carinhosamente ele enxugou com o polegar, uma lágrima solitária que escorria pela linda face.

— Você sabe que estamos cometendo um grande erro e um grande pecado, não sabe? — disse ela. — Estou indo contra meus princípios e você também não está sendo leal à sua esposa. — ela insistiu, tentando fazê-los voltar à realidade.

Carlo sentiu-se culpado e ficou calado por uns instantes, olhando-a firmemente, absorvendo o que ela dissera e dando-lhe tempo. Sabia que ela tinha razão, mas não queria pensar nisso agora. Ele colocou o rosto dela entre suas mãos e ergueu-o de maneira suave, fazendo-a fitá-lo diretamente nos olhos.

— *Bambina*, sei que é errado, que não deveríamos... Sei que não temos um futuro juntos, mas é como se uma força estivesse nos empurrando um para o outro... Eu não estou conseguindo me controlar. — a voz dele era um sussurro acariciante.

Ele deu um longo suspiro e ficou olhando-a em silêncio por uns minutos. Acariciando os lábios dela com os polegares, ele fitou-a intensamente.

Ela sorriu com tristeza nos lindos olhos.

— Isso não é real. É o efeito do vinho. Acho que exageramos um pouco. — insistiu ela.

— Não, *bambina*, isso é o efeito da atração e do clamor de nossos corpos. É real. — ele retrucou vendo o tremor em seus lábios.

Delicadamente, com lentidão, ele beijou-a. Ao afastar-se, ficou olhando-a como que hipnotizado.

Enfim, deu-lhe um beijo na testa e começou a se afastar, se dirigindo para a porta com um sorriso triste.

Incapaz de resistir, ela segurou sua mão. Ele voltou-se e se aproximou dela novamente, em silêncio. Deixou-a decidir o que faria. Em silêncio também, ela deixou que seus dedos percorressem a curva do queixo, tocassem de leve as pequenas rugas que circundavam os olhos azuis e, após uns segundos de hesitação, ela entrelaçou os dedos em seus cabelos e em seguida o puxou para si, ávida para entregar-se a ele de corpo e alma. *Que Deus me perdoe, mas eu também o quero,* pensou ela.

Era sua rendição final e Carlo se alegrou com aquilo.

Com um gemido, ele beijou-a com frenesi. Era como estar no paraíso.

Ela jogou a cabeça para trás e moldou ainda mais o seu corpo macio ao dele, insinuando-se sensualmente contra o seu sexo teso de desejo, num convite explícito que o deixou em fogo.

Sua reação tão apaixonada e ardente o surpreendeu. Ela era intensa, feminina e apaixonada.

Ele entrelaçou seus dedos nos dela, levantou-lhe os braços acima da cabeça e apertou-a mais contra a parede, sem deixar de beijá-la.

Os lábios dela eram macios, suaves e doces. Sua língua acariciava seus lábios e enroscava-se na dele, num toque tão erótico que os deixou sem ar.

Na penumbra e no silêncio do aposento só se ouviam os gemidos abafados e a respiração ofegantes dos dois, perdidos naquele redemoinho de emoções. Desnorteados, iniciaram um caminho proibido e sem volta.

— Ah, *bambina*... — sussurrou ele, acariciando seus seios, por cima do tecido. Apertou-a mais contra a parede, insinuando-se entre as coxas dela sensualmente.

Ao senti-lo, ela soltou um gemido e ele também. Segurando a mão dela, gentilmente levou-a para o centro de sua masculinidade excitada, fazendo com que ela o acariciasse intimamente. Aquilo acabou por deixá-la totalmente entregue.

Ele gemeu ante o afago. Não sentia esse tipo de carícia há muito tempo.

— Sinta o quanto te quero. — murmurou ele, muito ofegante. Ela estremeceu.

A urgência do desejo mútuo era cada vez maior.

Susan, em toda sua vida, nunca se sentiu assim, doendo de desejo além do insuportável. Ela sentia os lábios dele se moverem para a área sensível e quente de sua garganta.

— *Cara,* como sonhei com isso... — ele murmurava, acariciando-a ao longo da coluna, buscando novamente seu pescoço com a língua, deixando sua pele em brasa, com o calor da sua respiração ofegante.

Tomada pelo desejo louco, ela queria tocá-lo, sentir cada músculo dele. Com dedos trêmulos, puxou a camisa dele, para fora da calça e levantou-a para poder sentir a textura dos pelos naquele torso bronzeado, cujo aroma era inebriante. A perfeição daquele corpo másculo era estimulante demais.

Ao sentir suas carícias no peito e costas, ele afastou-se o necessário, para puxar a camisa pela cabeça e jogá-la no chão, num convite explícito para que ela o acariciasse com mais liberdade.

A paixão explodiu entre eles, em milhares de faíscas, fazendo com que o princípio da razão e o medo desaparecessem por completo. Nada mais importava. Só eles e o que sentiam um pelo outro. A cada toque, a cada beijo seu naquele peito, ela ouvia seus gemidos e sentia cada vez mais a rigidez de sua masculinidade roçando-lhe o centro do seu sexo.

Ele era tão viril, tão maravilhoso... Suas mãos a acariciavam freneticamente.

Enquanto um dos braços dele a mantinham com firmeza contra ele, a outra mão acariciava a extensão de sua coxa, deixando-a em fogo.

Completamente tomada pelo desespero da excitação, ela nem sentira que ele havia subido a barra do seu vestido até a cintura e deslizava a mão entre suas coxas, enlouquecendo-a de prazer quando tocou seu sexo sobre a renda da calcinha. Agora ele cobria a linha do seu pescoço e dos ombros com beijos rápidos, pequenos e molhados.

Sem parar de beijá-la, levantou uma de suas pernas até a sua cintura e acariciou-a, mais intimamente com o contorno elevado de sua masculinidade dolorosamente rígida. Afastou as alças do vestido, expondo os seios firmes, prontos para serem acariciados com a sua língua. Uma onda de calor subiu por todo o corpo trêmulo dela, antecipando o toque das mãos dele.

Ela pensou que fosse morrer de prazer, quando enfim sentiu-o tomar seus seios com as mãos e com a boca.

Ele a fez tremer de paixão e desejo.

— Você é tão sedosa, como imaginei... — sussurrou-lhe.— E está me levando a loucura, *bambina.* — reclamou ele ofegante ao extremo.

Na urgência de retribuir-lhe o prazer, desafivelou seu cinto e abriu o zíper da calça, dando espaço para que sua mão o acariciasse intimamente, fazendo-o gemer.

— Não estou aguentando mais... — disse ele, trêmulo e com a respiração acelerada. — Por favor... Vamos para o quarto ou eu a possuo aqui mesmo. — disse levantando-a nos fortes braços.

Sem tirar os lábios um do outro, caminharam tropegamente, ambos tirando os sapatos sem saber como, até o quarto, onde caíram na cama rolando desesperados e colados um ao outro, ansiando pela união de seus corpos.

Ambos estremeciam com as carícias cada vez mais íntimas, mais desesperadas.

Ele ajudou-a tirar o vestido e, levantando-se rapidamente, despiu-se totalmente, libertando seu sexo excitadíssimo da calça jeans que estava deixando-o desconfortável, desde quando estavam dançando.

Só de calcinha, a jovem sentiu sua excitação aumentar, quando viu aquele corpo admirável totalmente nu.

Apoiando-se nos cotovelos e sem tirar os olhos dela, ele lentamente abaixou a cabeça, começando a beijar e sugar os deliciosos mamilos túrgidos, numa doce tortura.

— Você é tão linda, tão doce, tão macia... — sussurrava-lhe, entre uma carícia e outra.

Beijou-a com volúpia, voltando aos seus lábios úmidos. Observando seu rosto afogueado e seus olhos enevoados pela paixão, tirou-lhe a calcinha e, então, lentamente seu corpo foi baixando até cobrir o dela, unindo o calor de seus corpos, deixando-os sem fôlego. Com uma das mãos, ele acariciava os seios perfeitos enquanto dava suaves mordidas nos lóbulos das orelhas femininas. Enquanto isso, a outra mão acariciava a parte interna de suas coxas, fazendo-a erguer os quadris e afastar as pernas, num convite explícito e desesperado. Virando-se de costas sobre o colchão, ele puxou-a sobre seu corpo, beijando-a e correndo as mãos pelos seus cabelos, seu pescoço e pelas suas nádegas, apertando-as eroticamente, fazendo seus sexos ficarem em fogo, numa fricção enlouquecedora.

Em retribuição, ela deixou-o fora de si, com pequenos beijos, por toda extensão do corpo atlético e rijo, acariciando os pelos macios do tórax. Ele inclinou a cabeça para trás, gemeu alto e rolou com ela, ficando por cima novamente do corpo macio. Sentiu que ela estava ansiosa para que ele a possuísse logo.

Esticando-se, ele acendeu a lâmpada de cabeceira e devorou-a com os olhos, lhe acariciando os cabelos cacheados com muita ternura.

Ele beijava-lhe a fronte, as pálpebras, os lábios carnudos e rosados, os lóbulos da orelha, numa lentidão erótica e insuportável. Ele recomeçou a lhe percorrer o corpo com aqueles lábios quentes, úmidos e sedutores, descendo até o ventre e as coxas, tornando a subir até os seios. Ele a explorava suavemente, lentamente, ora mordiscando-a, ora sugando ou lambendo um mamilo de cada vez, fazendo-a se retorcer desesperada sob o corpo forte. Carlo percebia que ela estava próxima do clímax.

Gentilmente, abriu-lhe as pernas, penetrando os longos e experientes dedos, em sua ardente feminilidade. E foi a gota d'água.

Uma onda indescritível de prazer foi tomando conta de seu corpo, numa convulsão, fazendo-a perder-se num clímax fora do comum, sob o olhar fascinado dele.

Ele então se ergueu, novamente apoiando-se num cotovelo, beijando-a suavemente nos lábios, sorvendo as lágrimas do alívio sexual e puxando a ponta do lençol, gentilmente lhe enxugou o suor da linda face, afogueada pelas emoções do clímax.

— Abra os olhos, *bambina*. — pediu baixinho.

Lentamente ela abriu os olhos e mergulhou naqueles lindos olhos azuis que a fitavam com carinho e desejo. Desejo por ela!

Susan sentia-se plena e não pode evitar uma onda de satisfação e prazer, por ser alvo de tamanha admiração e desejo. Afinal, ele era um homem maduro, muito mais experiente sexualmente que ela.

Extasiada, ela tornou a fechar os olhos.

— Não, não feche os olhos, *bambina*. — tornou a pedir ele, num sussurro. Ela obedeceu-o relutante.

Lentamente, ele recomeçou com as carícias e beijos ardentes até levá-la novamente ao mais alto grau de excitação em tão pouco tempo.

Insinuando-se entre suas pernas, ela sentiu o sexo dele invadindo o seu lentamente, quando repentinamente ele soltou um palavrão em italiano, recuando. Ofegante e trêmulo pela força em conter-se, ele encostou a testa na dela, deixando-a surpresa.

— O... o que foi? — perguntou-lhe, pensando que tinha feito alguma coisa que o desagradou.

— *Scusa, bambina...* Estou tão fora de forma, que esqueci o preservativo. — falou rindo de sua própria frustração. — Você está tomando pílula?

Ela assentiu.

— Sim. — respondeu ela timidamente.

— Mas é melhor não corrermos o risco. — acrescentou ele sem esconder o esforço enorme que fazia para se conter.

— Bem, então isso será fácil de resolver... — sussurrou ela acariciando o rosto bonito. — No banheiro tem alguns na caixa de produtos de higiene, oferecidos pelo hotel.

Ela sorriu ao ver o alívio nos olhos azuis.

Levantando-se agilmente se dirigiu ao banheiro. Susan sorriu maliciosamente, deliciando-se com o belo traseiro firme.

— Uau! — sussurrou ela.

Em minutos, ele retornou com o preservativo colocado e mais alguns numa das mãos. Sorrindo, apreciou o quanto ele era realmente avantajado. Sorrindo ele subiu à cama novamente, posicionando-se novamente sobre ela, beijando-lhe a testa, atrás das orelhas, mordiscou os lóbulos delas e por fim beijou-a com voluptuosidade nos lábios, numa dança erótica de línguas, levando-os a uma nova e galopante excitação.

Vagarosamente foi descendo com os lábios úmidos até alcançar-lhe os seios e sugá-los com ardor.

Enquanto fazia isso, afastava suas pernas gentilmente e acomodava-se entre elas.

Entrelaçando suas mãos grandes e macias nas dela, levantou-lhe os braços ao lado de sua cabeça, apertando-lhe os dedos. Olhando-a com paixão, deleitou-se com os mamilos totalmente expostos oferecendo-se a ele, facilitando suas carícias com os lábios.

Infiltrando seus dedos nos cabelos grisalhos, ela puxou-o para si, oferecendo-lhe os lábios, os quais ele capturou num beijo selvagem, arrancando-lhe gemidos. Susan sentia sua excitação chegando ao auge novamente e levantou os quadris, num apelo desesperado para que ele a possuísse logo.

— Por favor... — pediu ela no auge da excitação.

— Sim... *cara*... sim. — sussurrou ele ofegante, demonstrando que também estava no limite da sua resistência.

Ela respondeu-lhe com um levantar de cabeça e beijos suaves nos ombros.

Erguendo o tronco, fitando-a intensamente, começou a invadir sua feminilidade, lenta e eroticamente.

Susan recebeu-o sem fôlego, com a cabeça inclinada para trás soltando um gemido, fazendo-o beijá-la novamente, com ardor.

Seu corpo tremia e pulsava, quando ele iniciou a dança do amor, lentamente a princípio e depois com a rapidez deliciosa que prenuncia a chegada do clímax.

Ela queria gritar, extravasar seu prazer, implorar para que aquele momento incrível não terminasse nunca.

— *Dio*, isso está gostoso demais... — sussurrou-lhe ao ouvido. Ele não acreditava que estava dentro dela, dentro daquele corpo delicioso. Sentia-se vivo. Vivo!

E então, olho no olho, no mesmo ritmo alucinado encaminhando-se ao ápice do prazer, entre sussurros e gemidos, sentiram a chegada do clímax total, pleno, indescritível, em que não havia tempo e espaço. Em que a razão tinha ido para o espaço! Não tinha certo ou errado.

Eram somente eles e a delícia do clímax chegando às alturas.

Sem forças, Carlo soltou seu peso no corpo de Susan aninhando-se no colo perfumado, enquanto ela lhe acariciava a cabeça grisalha molhada de suor.

— Você é deliciosa, *bambina*... — disse baixinho, após beijar-lhe os lábios ternamente. — Foi maravilhosa! Há tempos não me sentia... tão... tão pleno assim!

Segundos depois, ambos foram se soltando, trêmulos, suados, exaustos e saciados, enlevados pelo momento mágico da satisfação mútua de um ato de amor. Ficaram abraçados, quietos, pele contra pele, coração contra coração, conscientes de que o que acabaram de vivenciar ali fora muito mais do que sexo. Ela beijou-o no pescoço e no ombro delicadamente e ele beijou suas pálpebras e testa carinhosamente.

— Tudo bem? — perguntou ele com ternura. Ela assentiu com um sorriso.

Com um suspiro, ele rolou para o lado e segurou sua mão, entrelaçando-lhe os dedos.

Ficaram em silêncio por vários minutos e de repente ambos começaram a tomar consciência da extensão do que acabaram de fazer. Ela sentiu que ele a olhava e então virou o rosto para encará-lo também.

Susan sabia que não conseguiria esconder o medo e a culpa. Ela sempre fora transparente. Sabia disso desde sempre...

A realidade tomou conta da sua consciência. Pressentindo seus pensamentos, ele puxou-a suavemente para si, abraçando-a, fazendo-a chorar de emoção.

Virando-se de lado, apoiando o cotovelo no colchão, ele segurou-lhe o rosto com uma das mãos, num gesto de pura ternura, obrigando-a a fitar-lhe nos olhos.

— *Bambina*, não pense... — pediu baixinho. — Apenas sinta. Sinta nossos corações acelerados. Foi um momento só nosso, maravilhoso, do qual não esqueceremos nunca! — concluiu, dando um beijo suave em cada lado de sua face. Passou as mãos pelos seus cabelos lentamente, tirando os fios que colavam em seu rosto molhado.

— *Perdonami*, mas não posso arrepender-me da coisa mais maravilhosa que me aconteceu nos últimos tempos. — confessou ele.

— Meu Deus, que loucura! — exclamou ela cobrindo o rosto com as pequenas mãos. Gentilmente ele puxou-as e beijou-lhe os dedos, um a um ternamente.

— Olha... — começou ele, como se fosse falar com uma criança. — Aconteceu. Simplesmente, aconteceu! Por mais que achemos que foi um erro...

— Foi... um erro. Um grande erro. — interrompendo-o, com a culpa brilhando no olhar.

— Nós demos vazão ao que sentíamos um pelo outro. Foi a força do desejo, *bambina*. Se nós dois queríamos e sentimos isso, não existe motivo para nos negar o momento maravilhoso que vivemos. E, por favor, não se culpe! — pediu com fervor, ao perceber a imensa culpa e tristeza nos lindos olhos verdes. — Se existe um culpado aqui, sou eu! — exclamou nitidamente preocupado com os sentimentos dela.

Ela rapidamente o impediu de falar, colocando o dedo indicador em seus lábios.

— Não! Você não forçou nada! — retrucou ela com veemência. — Eu sabia o que estava fazendo, portanto, se você se culpa, sou tão culpada quanto você...

Ele tocou-a no rosto e sussurrou...

— Como você é linda, generosa... *Scusa*, mas foi difícil resistir a você. Pagarei meus pecados depois, pois agora só quero amar você.

A cabeça dele começou a se inclinar em direção a dela até os lábios de ambos se tocarem. A intensidade daquele contato foi abrasador e novamente acendeu o fogo da paixão. O desejo que sentiam um pelo outro era forte demais para resistirem. Passando os braços por seus ombros, seus corpos ficaram totalmente unidos e ela soube o momento em que ele sentiu os seus mamilos se intumescerem junto ao tórax encoberto por pelos macios, pois rapidamente ele deixou seus lábios para beijar-lhe os mamilos empinados.

Ela suspirou e passou as mãos pelo corpo dele, dessa vez sem timidez alguma.

Seus dedos suaves o conduziram a uma viagem de sensualidade e erotismo, a tal ponto que ela se surpreendeu com os gemidos dele.

Ao sentir os bicos intumescidos daqueles seios maravilhosos, Carlo viu-se consumido pelo desejo louco de possuí-la de novo. Queria mostrar-lhe com os lábios e mãos o quanto ele a desejava.

Abaixou a cabeça e lambeu o bico dos seios, sem pressa, preparando-a para recebê-lo novamente. Sob o calor do seu corpo, ela começou a contorcer-se e sentiu-o cada vez mais rijo. Voltando aos seus lábios, beijou-a com sofreguidão, sendo retribuído com a mesma intensidade.

Afastando os lábios, ele ficou a olhá-la com ardor, totalmente embevecido pela beleza dela. Ela lhe dera um prazer infinito.

Abaixando a cabeça, ele deu uma suave cheirada em seu delgado pescoço.

A pele dela tinha um aroma cálido e suave. Olhando-a, sentiu-se afogar naqueles profundos olhos verdes, escurecidos pelo desejo.

Tomou-lhe os lábios novamente, num beijo arrebatador.

Excitados na mesma intensidade, seus corpos se uniram, tornando-se um só. Dessa vez, fizeram amor de maneira lenta, suave, deleitando-se com o prazer que um dava ao outro com toques, beijos molhados e muita ternura.

Então juntos trilharam pelos caminhos da paixão, até a consumação plena do ato do amor!

Como na primeira vez, o clímax foi incrível e simultâneo, deixando-os esgotados, a ponto de levá-los a um cochilo. Depois conversaram mais um pouco e fizeram amor de novo, de novo e de novo.

Ora era um sexo lento e apaixonado, ora era um sexo selvagem, sem limites.

Porém, mesmo no calor da paixão, eles sabiam que, ao amanhecer, tudo isso iria acabar para sempre. Seria um sonho a ser guardado eternamente, como algo muito precioso. Era um momento único em suas vidas.

Depois de mais uma explosão final, simultânea e plena, beijaram-se com carinho e, enfim saciados, adormeceram, para acordarem horas depois, um procurando o outro com avidez. Pareciam ser feitos sob medida um para o outro, diante de total sintonia.

Após mais um êxtase concomitante, ficaram abraçados até que os compassos de seus corações voltassem ao normal, trocando pequenos e ternos beijos. De repente, ele riu. Intrigada, ela afastou a cabeça de modo que pudesse olhá-lo diretamente nos olhos.

— Por que está rindo? — perguntou ela curiosa.

Ele deu-lhe um beijinho no nariz antes de responder.

— De mim. — respondeu simplesmente.

Ela ficou a olhá-lo, sem entender.

Ele saiu de cima dela e ficou de lado apoiando a cabeça na palma da mão, enquanto brincava com os mamilos dela, fazendo círculos neles, numa carícia lenta e sensual.

— Nunca imaginei que com meus quase 42 anos estaria usando um quinto preservativo numa mesma noite. — comentou ele divertindo-se com sua proeza.

— E se não parar com isso, daqui a pouco estará usando o sexto. — advertiu ela, lhe afastando a mão dos seios.

Ele riu deliciado com a brincadeira dela.

— *Bambina*, estou exausto, porém pleno. — disse ele, beijando seu rosto. — Nunca senti tanto prazer em minha vida. — confessou entre um beijinho e outro.

Ela olhou incrédula para ele...

Ele acariciou o rosto dela com uma mão, afastando os cachos dourados que ainda estavam úmidos, sem deixar de olhá-la.

— Você me deu uma das noites mais fantástica da minha vida, *bambina*. *Grazie* por esse momento que vivenciamos aqui. — agradeceu ele beijando-a suavemente.

Ela apenas sorriu e fechou os olhos.

— Acho que agora devemos dormir um pouco, pois temos compromissos pela manhã. — disse ele puxando o lençol que estava no chão para cobri-los.

Deu-lhe um longo beijo e puxando-a para si, aninhou-se atrás dela, numa deliciosa "conchinha".

Exaustos e saciados, por fim se entregaram ao sono profundo.

Antes do amanhecer, deliciados pelo calor de seus corpos juntinhos e famintos de desejo, fizeram amor mais uma vez, intensamente.

Como sabiam que seria a única vez que estariam juntos, prolongaram ao máximo suas carícias, tornando cada toque cada momento inesquecível para ambos.

Após o clímax, ele sentiu o rosto dela molhado, quando foi beijá-la. Carinhosamente ele secou suas lágrimas com os lábios.

— Por que está chorando, *bambina*? — perguntou com preocupação. — Porque usamos o sexto preservativo? — provocou malicioso.

Ela meneou a cabeça com um sorriso tão meigo que o deixou com desejo de possuí-la de novo.

— Não... é... que foi maravilhoso. Nunca esquecerei como você também me fez feliz nesta noite. — respondeu ela num sussurro que o emocionou.

Carlo apertou sua mão com suavidade.

— Para mim, também, esta noite foi maravilhosa e inesquecível!! Com você sinto que renasci. — retorquiu sorrindo-lhe ternamente. — Agora vamos tentar dormir mais um pouco, *cara mia*. Tenho que sair logo mais, para ir até a minha suíte. Meu voo sai às 8 horas.

Por mais que ela tentasse disfarçar, Carlo viu a tristeza sombrear os lindos olhos verdes e sentiu um aperto no coração. Ele também sentia o mesmo.

Enterneceu-se com o beijo suave que ela depositou em seu ombro, antes de adormecer. Ele ficou velando o seu sono, pois não conseguiu dormir. Estudou a expressão calma e suave dela, enquanto dormia, tornando-a mais linda. Ela era incrível, doando-se de uma maneira generosa e sedutora. Sentia-se feliz por ter feito amor com ela, mesmo que isso lhe pesasse na consciência. Afinal, traíra Kate e traíra seus princípios. Mas foi impossível resistir à tamanha doçura. Se pudesse ficaria com ela em seus braços até... Surpreso com seus pensamentos meneou a cabeça e deitou-se tentando dormir o pouco que faltava para amanhecer de vez.

Quando o alarme de seu relógio na mesa de cabeceira tocou, ele ainda estava acordado, mas assustou-se mesmo assim. Aquietou-se ao ver que ela não acordara... Era melhor sair antes que ela acordasse, pois sabia que a despedida seria difícil para os dois e ele se atrasaria. Ele empurrou o lençol vagarosamente e, apoiado num dos cotovelos, contemplou-a mais uma vez demoradamente, gravando em sua retina aqueles traços suaves e belos do rosto jovem. Observou-lhe os longos cílios virados, os lábios carnudos, inchados devido aos muitos beijos loucos que trocaram, e o nariz arrebitado. Ela era meiga, bela, encantadora e lhe proporcionara uma das melhores noites da sua vida. Carlo suspirou profundamente e fechou os olhos por uns segundos, relembrando os momentos de paixão.

Sua vontade era ficar ali, acordar e fazer amor durante todo o dia.

Dio tenho que ir, pensou levantando-se com cuidado e olhando-a uma última vez. Tirou-lhe um cacho que cobria sua boca com as pontas dos dedos e puxou o lençol para cobrir-lhe os seios, pois só de olhá-los sentia vontade de deitar-se novamente. Pegou o relógio na mesa de cabeceira, colocou-o novamente no pulso, juntou as roupas que estavam no chão do quarto e foi vestir-se na sala de estar onde estava sua camisa. A grande janela já recebia a claridade do amanhecer.

Certificando-se de que não esquecera nada, olhando ao redor, seus olhos pousaram no imenso vaso com rosas vermelhas que ornava a mesa de vidro, logo na entrada. Aproximando-se, retirou um lindo botão e pegou o bloco de recados, com o logotipo do hotel, e a caneta que estavam ao lado do telefone na mesa lateral do grande sofá.

Escreveu algumas palavras, arrancou a folha e voltou ao quarto onde a bela jovem dormia placidamente.

Cuidadosamente, colocou o papel e a rosa sobre o travesseiro que ocupara até algumas horas atrás.

Silenciosamente, saiu para o corredor e chamou o elevador. Em minutos, chegava à sua suíte, completamente relaxado pela noite que vivera.

Ouviu o característico som de louças e talheres, no salão de café, com o pessoal se movimentando para deixar tudo pronto para os hóspedes.

Enquanto tomava seu banho, imagens da noite de amor que passara ao lado da bela *bambina* não lhe saíam do pensamento. Ela fora carinhosa, ardente e espontânea... Sentindo-se excitado novamente, fechou a torneira de água quente e abriu a de água fria, para acalmar seu corpo.

Enquanto se enxugava minutos depois, ligou para a copa, pedindo o café da manhã no quarto e o jornal do dia.

Quando se sentou para tomar o café, já estava pronto e sua bagagem perto da porta.

Horas depois, já estava sentado em sua poltrona, no avião que ia para Miami. Sentia-se revigorado, plenamente relaxado e ao mesmo tempo culpado. Fora uma noite inesquecível, e estava consciente de que fora desleal à Kate e aos seus princípios. Horas depois, pegava sua bagagem na esteira e saiu para o saguão do aeroporto, onde logo avistou sua irmã Giórgia e suas sobrinhas, Antonella e Bianca, que o esperavam.

As sobrinhas correram ao seu encontro logo que o viram. Carlo colocou o carrinho de bagagens de lado e abriu os braços para recebê-las carinhosamente. Enquanto recebia o carinho das sobrinhas, sua irmã aproximou-se sorridente.

— *Ciao, caro.* — cumprimentou-o alegremente. — Está com uma cara tão boa, tão relaxada... — observou ela, com sua percepção sempre aguçada de irmã gêmea.

Ele apenas sorriu, lembrando da noite maravilhosa que tivera e abraçou a irmã ternamente.

— *Ciao!* Que saudades, *cara mia*!

Com uma das sobrinhas empurrando o carrinho de bagagem, a outra enganchada num dos braços, ele abraçou a irmã pelos ombros, e dirigiram-se à saída, conversando alegremente. Carlo realmente estava se sentindo muito bem. Como nunca se sentira, nos últimos anos. Revigorado, relaxado, feliz!

Capítulo 5

Caindo na real...

Susan foi abrindo os olhos aos poucos. Sentia-se diferente, dolorida, cansada, mas muito feliz. Foi a mais incrível experiência sexual que tivera até então.

As lembranças foram surgindo lentamente e ela sorriu. Ele era simplesmente maravilhoso. Lembrava-se de cada detalhe daquele corpo atlético e bronzeado. Parecia incrível que o tivera em seus braços e corou ao lembrar-se das muitas carícias ousadas que trocaram. Depois que rompera com Pierre, seu ex-namorado francês, ela tivera poucas experiências sexuais com apenas dois namorados, porém nenhuma delas nem mesmo com o charmoso e experiente francês, foram tão incríveis como essa que teve com o belo italiano. De olhos fechados, esticou o braço para acariciar o travesseiro ao seu lado, que sabia estar vazio. Abriu os olhos ao sentir seus dedos tocarem em algo como um papel sobre o travesseiro. Virando a cabeça, viu o papel enrolado no cabo da linda rosa vermelha. Pegou-os e lentamente tirou o papel e desenrolou-o. Tal como supôs, era um bilhete.

Seu coração acelerou fortemente ao abraçar o travesseiro e sentir o perfume dele que ficara impregnado no tecido. Fechou os olhos sonhadoramente. Então, aspirou o perfume da rosa e leu o bilhete.

Grazie, bambina, pela noite incrível!
Você foi magnífica.
Cuide-se e seja feliz!
Ciao, bella mia!
C.

Ela sorriu feliz e beijou o bilhete.

"C"... Ficou curiosa quanto ao nome dele. Será que ele realmente se lembraria dela?

Ela tinha plena certeza de que nunca o esqueceria, assim como tinha certeza de que ele nunca seria seu! Ao pensar nisso, sentiu um aperto no coração.

Estaria ela apaixonada por ele? Não, não e não! Susan não devia pensar mais nele. Devia expulsá-lo de seus pensamentos, por mais difícil que fosse.

Olhou as horas e saiu da cama com rapidez e foi para o banheiro. No espelho não se reconheceu. As feições eram as mesmas, com os cabelos louros e cacheados, os olhos verdes, o corpo esguio. Mas por dentro estava completamente diferente.

Ela sabia que sua vida jamais seria a mesma, depois da noite passada.

Sentia em seu corpo o cheiro da pele dele. Uma sensação de dor a invadiu. Fechando os olhos, o evocou, lembrando-se de cada contorno, cada músculo que acarinhara e a tempestade daqueles olhos azuis, quando chegara ao clímax. Mordendo os lábios, Susan abriu a torneira, deixou a água correr pelo corpo cansado, enquanto seu pensamento voltava para as carícias que recebera daquelas mãos delgadas e lisas. Susan estremeceu. Sentia o sangue pulsar nas veias. Sacudindo a cabeça, ela tentou apagar as imagens e se ensaboou com firmeza. *Quem sabe, se tirasse o cheiro dele de sua pele, talvez fosse mais fácil tirá-lo dos pensamentos.*

Ele era apenas um belo homem, de sangue quente, apaixonante, porém um homem desconhecido que ela nunca mais veria!

Deus do céu, ela fora para a cama com um desconhecido e casado. Isso ia tão contra os seus princípios... Bem, aconteceu...

Ao passar a esponja nos seios, notou as marcas deixadas pelas carícias dele. Rapidamente olhou para as coxas e viu também que estavam levemente arroxeadas. Ela sempre tivera a pele muito sensível. No mínimo aperto ou batida já arroxeava.

Em menos de meia hora, estava pronta para começar o dia. Desceu para tomar o café e foi para assistir ao encerramento do seminário, que se prolongou até às dezoito horas.

Subiu rapidamente para a suíte, para vestir algo mais confortável para a viagem e fechar as malas. Seu voo estava marcado para às 22 horas.

Tentou ler um pouco, durante a viagem, mas estava tão exausta que acabou adormecendo. O senhor que estava sentado ao seu lado precisou acordá-la para que ela ajustasse seu cinto de segurança para a aterrissagem. *"Deus, que cansaço",* pensou enquanto arrumava o cinto. Sorrindo para o gentil idoso, agradeceu. Eram quatro e meia da madrugada, quando pegou sua bagagem na esteira e pegou um táxi.

Horas depois, já estava em seu apartamento. Após uma rápida ducha, jogou-se na cama, cansada, ansiosa e preocupada com a sensação de vazio que crescia em seu peito. Custou a pegar no sono, mas conseguiu acordar mais animada.

Tomou seu banho matinal, arrumou sua pasta de trabalho e preparou seu café da manhã. Pegou sua xícara e foi até o pequeno terraço que ficava na parte de trás do apartamento.

A manhã estava um pouco fria e a neblina ainda não se dispersara totalmente, mas o ruído peculiar de uma manhã normal de uma cidade grande já se fazia ouvir. Chegava até ela o ruído dos Cable Cars, algumas buzinas e algumas sirenes.

Enquanto caminhava para o ponto do Cable Car, pensava na noite maravilhosa de Houston. Irritada consigo mesma, fechou os olhos rapidamente e abriu-os para atravessar a rua.

Prometera a si mesma que não pensaria mais nele. Entretanto, sabia que não conseguiria cumprir sua promessa. Ele estava impregnado em seu corpo e em sua alma. Frustrada, deu um longo suspiro. Apressou o passo, quando viu que estava atrasada.

Tempos depois, já estava em frente ao edifício de escritórios onde ficava o de Justin.

Pegou o elevador e desceu no andar do escritório, em menos de dois minutos...

Abriu a porta de vidro, entrou e gritou alegremente:

— Bom dia!

Justin e seu namorado Bill se viraram para olhá-la.

— Ora, ora, que alegria é essa? Esperava uma carinha cansada, de mau humor, por ter de voltar a trabalhar. — disse Justin aproximando-se dela e abraçando-a carinhosamente.

Susan retribuiu o abraço dele e depois abraçou Bill, que também se aproximara.

— Realmente estou cansada, mas de mau humor nem pensar. — respondeu ela suavemente.

— Huumm... aconteceu alguma coisa por lá? — perguntou Bill, maliciosamente olhando-a. Susan ficou irritada consigo, ao sentir-se corar, com a insinuação do amigo. *Bill era por demais, perspicaz, droga!*

Ele notou o rubor e não perdeu tempo.

— Queridinha, diante dessas lindas faces rosadas, tenho certeza de que algo de muito bom aconteceu... Por acaso, encontrou alguém que mexeu com você? — perguntou o chef de cozinha, divertindo-se com o constrangimento dela. — Vamos lá garota, estamos ouvindo...

— Bill, pare com isso. — pediu desesperada em desmentir a suposição do chefe de cozinha. — Não aconteceu nada! Nada que me faça pensar em futuro! — exclamou exasperada.

Justin olhou-a em silêncio e sutilmente fez um sinal para o namorado ficar quieto.

— Está certo, querida, acreditamos. Não precisa ficar irritada. — disse ele, abraçando-a pelos ombros.

Susan sabia que eles não acreditaram, mas resolveu ficar quieta, pois sabia que seria pior consertar.

Resolveu mudar de assunto.

— E Sarah? Deu notícias de sua avó? — perguntou com preocupação. Justin também era neto da idosa.

— Ela voltará dentro de dois dias. Vovó já está se recuperando bem e vai sair do hospital amanhã.

— Então, gostaram do seminário? — perguntou Justin mudando de assunto e curioso.

— Muito. Trouxemos importantes informações. — respondeu ela, abrindo sua pasta, para tirar as apostilas e entregar a ele. — Houston é uma cidade fantástica. Eu estive lá quando era adolescente, com meus pais, quando foram participar de um congresso. O hotel foi excelente, enfim, deu tudo certo e... — de repente a imagem de profundos olhos azuis surgiu com muita clareza em sua mente, fazendo-a esquecer-se do que estava falando.

Os dois homens a olhavam interrogativamente. Susan não sabia o que fazer, pois ficara completamente sem ação, e olhava-os com os olhos arregalados. Pigarreou, como se estivesse com problema na garganta.

— Hã... o... o restaurante que você nos indicou, é tudo aquilo que você nos disse. Dançamos e comemos muito bem. — terminou, aliviada por voltar a ter o controle sobre sua mente, quando os outros funcionários do escritório entraram conversando animadamente e cumprimentando a todos.

— Ótimo, então vamos trabalhar. Bill, hora de você ir para o seu trabalho também. — falou Justin ao namorado, beijando-o e empurrando-o para a porta. Rindo, o chef de cozinha se despediu e retirou-se.

Encaminhando-se à sua mesa de trabalho, Susan rezava, para que aqueles olhos azuis parassem de atormentá-la, pois precisava trabalhar.

Postado à janela de seu gabinete, Carlo não enxergava nada do que passava lá fora, imerso em seus pensamentos.

Com as mãos nos bolsos, pensava nos dias que sucederam sua volta para casa, após Houston e Miami.

Ele veio determinado a tentar salvar seu casamento, após muito pensar, nas noites que passara longe de casa. Afinal, eram quase 15 anos de casamento. E agora, com sua consciência pesada pela traição, ele chegara à conclusão que deveria tentar salvar o que restava do seu casamento e esperava que Kate o ajudasse nisso.

Devia isso ao seu filho e à sua mãe, pois, quanto a ele, há tempos sentia-se cada vez mais longe de Kate.

No dia em que voltara para casa, ela o esperava na cama, apoiada nos travesseiros com um livro na mão. Repleto de boa vontade, deixou a bagagem no chão e aproximou-se para dar-lhe um beijo, mas ela o repeliu, virando o rosto e com os olhos brilhantes de raiva. Antigamente, quando namoravam, ele a achava linda quando se enfurecia, mas, agora, ele a achava irritante.

— *Ciao, cara*, como estão as coisas por aqui? — perguntou, ignorando seu gesto agressivo.

Ela deixou o livro de lado e levantou-se rapidamente

— Como se você se importasse com as "coisas" daqui... — resmungou olhando-o com fúria mal contida. — Se realmente se importasse, viria logo para casa, sem falar que você não estava presente no jantar que papai ofereceu ao senador Hayes. Teria deixado mais cedo aquele "tal encontro de ex-universitários" que acho sem propósito e não iria passear em Miami. Por que demorou tanto em Miami?

Irritando-se, mas procurando manter a calma, Carlo tirou a gravata e o paletó, jogando-os de qualquer jeito sobre a poltrona de leitura, sem responder. Estava tirando a camisa, quando ela puxou-a com raiva.

— Não tem nada para dizer? — perguntou com a voz alterada. — Evidente que não! Você faz tudo para me irritar!

Ignorando-a, ele continuou a tirar a roupa calmamente, o que a deixou ainda mais possessa.

— Carlo, estou falando com você! Odeio quando você faz isso! — berrou um tanto descontrolada, pegando seu braço, o qual ele puxou com irritação.

Finalmente olhou-a com os olhos azuis, brilhando de raiva.

— Enquanto não abaixar o tom da sua voz, me recuso a dar uma palavra com você! — disse entre os dentes e afastando-a com uma calma que não sentia.

Ela ficou vermelha de raiva.

— Era preciso ficar tanto tempo em Miami? — como se não o tivesse escutado, irada, ela o seguiu até o banheiro. Ele então despiu-se completamente e tentou fechar a porta, mas ela impediu-o, com os braços. — Enquanto não me responder, não o deixarei em paz. — teimou ela.

— *Madonna,* Kate! Não era essa a recepção que eu esperava, após ficar duas semanas longe de casa. — falou ele, olhando-a muito irritado, antes de entrar no box e abrir a torneira do chuveiro.

— Ah... Você ainda queria que eu o recebesse aos beijos e abraços? Você mesmo disse, foram duas semanas longe de casa, fazendo sei lá o que, nessa viagem. Duas semanas fora de casa, Carlo!

— Kate, liguei para casa umas três vezes, e você bem sabe que o encontro anual é sagrado para mim e meus amigos. Não vou deixar de comparecer, só para deixá-la feliz. Ponto final! E quanto à minha ida a Miami, foi para atender um pedido da *mamma,* pois Giorgia estava com alguns problemas jurídicos pendentes, no restaurante. Você sabe também que eu sou responsável pela parte jurídica dos nossos restaurantes e que isso não se resolve da noite para o dia.

— Mas não...

Interrompendo-a, ele por fim conseguiu fechar a porta e trancá-la. Meneou a cabeça, ao ouvir os xingamentos nada elegantes da esposa. *Dio mio!*

Após o banho, pensou que ia finalmente descansar, mas quando retornou ao quarto, Kate ainda quis continuar a discutir. Determinado a ter um sono tranquilo, porque precisava de verdade descansar, pegou seu travesseiro e um cobertor e rumou para o seu escritório, deixando-a sozinha com sua histeria. Passando pela porta do quarto do filho, silenciosamente, abriu-a, se aproximou da cama. Ele dormia placidamente. *Sentira saudades de seu filho!*

Beijou-o ternamente na testa e se dirigiu ao seu escritório.

Entrando lá, fechou a porta à chave e arrumou o grande sofá para acomodar-se. Ultimamente, era seu refúgio. Estava muito cansado e irritado. Foi fechar as cortinas e, ao voltar, seu olhar recaiu sobre a foto em que ele estava com a irmã e a pequena Susan. Aproximou-se e pegou o porta-retrato. Balançou a cabeça com um sorriso. *"Pequena Susan?" Ela deve ser agora, uma linda garota,* pensou ele prendendo o olhar nos grandes olhos verdes da garotinha. E de imediato, a imagem de outros olhos verdes idênticos ao da foto tomou conta de sua mente. Olhos que escureciam à medida que a excitação ia crescendo naquele corpo delicioso. Carlo fechou os olhos e pode ver claramente cada curva daquele corpo perfeito, cada caricia que fez nele, fazendo-a gemer de paixão. Ele estremeceu e colocou o porta-retratos no lugar. *Não devia pensar nela*. Mas seu corpo ainda clamava por suas caricias e por aqueles lábios voluptuosos que o enlouqueceram sobre aqueles lençóis.

Eu prometi a mim mesmo esquecê-la, pensou, passando a mão pelo rosto. *Devia esquecer o seu perfume sensual e os dedos suaves percorrendo seu corpo nu, tocando-o intimamente.*

Carlo sentiu sua excitação dando sinal. Se não conseguisse tirá-la da cabeça, enlouqueceria.

Deitando-se, ele deu um murro no travesseiro, como se isso fizesse aqueles pensamentos impróprios se evaporarem no ar.

Ah... Sua consciência. Não pode deixar de se sentir culpado, quando Kate acusou-o em certo momento da discussão da certeza de que ele não pensara nela um momento sequer. *Dio Santo, se ela soubesse...*

Na manhã seguinte, seu encontro com o filho fora como sempre, cheio de carinho e companheirismo. Sentira muita falta dele. Tomaram o café da manhã juntos e, depois, Carlo deixou-o na escola junto com Mathew, antes de ir para o tribunal. Falara com a mãe por telefone e prometera jantar com ela naquela noite.

Com um longo suspiro, Carlo deixou os pensamentos de lado e saiu da janela. Precisava voltar ao trabalho, mas, antes, precisava de um pouco de cafeína. Foi até a cafeteira e serviu-se de uma xícara de café, forte e sem açúcar, bem a seu gosto.

Ao reunir-se com a equipe que o ajudava a encontrar provas contra Mendonza, tivera ótimas notícias. O facínora aos poucos ia abaixando a guarda para o agente infiltrado, que se tornara bem próximo do traficante. Muito em breve, teriam mais provas concretas contra ele e sua organização.

Klaus continuara investigando com seu pessoal suas suspeitas do estacionamento.

Após tomar seu café, chamou Brian, seu jovem assistente de promotoria, para conversarem sobre o próximo julgamento que teriam dali a alguns dias e chamou também Krista a jovem advogada recém-chegada há três meses e que agora trabalhava com eles no gabinete. Carlo estava muito satisfeito com o trabalho da jovem e já conseguia vislumbrar ali uma excelente promotora, dentro de alguns anos. Ficaram debatendo até o final do expediente.

À noite, foi para a casa da mãe, após o banho, conforme prometera. Abraçou-a carinhosamente e, durante o jantar, ele colocou-a a par dos problemas resolvidos em Miami e que Gioia e a família estavam bem, mandando-lhe lembranças.

Ficaram conversando e tomando o café, na varanda.

Já passava de zero hora, quando se despediu da mãe.

Carlo pensava com certo alívio que, apesar da idade, sua mãe estava muito disposta, mesmo com os problemas da artrite.

Ao entrar no quarto, Kate estava passando seu habitual hidratante nas pernas. Ficou aliviado por Kate estar calma e receptiva.

Surpreendentemente, quando se deitaram, ela conseguiu deixá-lo excitado e acabaram fazendo amor.

Carlo esforçou-se ao máximo para dar prazer à esposa. Após o amor, ela aconchegou-se aos seus braços como sempre fazia. Ele beijou o topo de sua cabeça com carinho e abraçou-a, sentindo um grande remorso por tê-la traído. Prometeu dar tudo de si para viver bem com Kate dali em diante. Tentaria ser mais paciente com seus rompantes.

E foi o que fez durante o mês que passou. No início do verão, em junho levou-a para Veneza. Divertiram-se muito e acabaram se entendendo quase como antigamente. E teria sido perfeito, se Kate não tivesse uma crise de ciúmes, numa das noites, num restaurante. Justamente no penúltimo dia em Veneza, cismara que a jovem recepcionista estava flertando com ele. Constrangido, Carlo pagara a conta e a levara rapidamente para o hotel. Discutiram e ela ficou sem falar com ele durante todo o dia seguinte. Ao voltarem para casa, a rotina voltou e as discussões também. Certa noite, ao retornar da boutique, Kate estava muito alegre e ansiosa. Ele tinha acabado de sair do banho, após sua caminhada e natação noturna, e ia rever alguns processos no silêncio do seu escritório.

Ela beijou-o nos lábios e abraçou-o, mantendo-o preso em seus braços.

— *Amore*, hoje eu e mamãe encontramos a esposa do juiz Hayes no restaurante que estávamos almoçando. Como não podia deixar de ser, falamos sobre a sua candidatura ao congresso. Disse que o senador ainda não desistiu de tentá-lo, conforme deixou claro no jantar, na casa de meus pais. Ela disse que ele espera que eu o convença. Vai aceitar, não é, *amore*? — disse ela olhando-o sedutoramente, como sempre fazia, quando queria alguma coisa dele.

Carlo tentou controlar a irritação, com o assunto.

Desprendendo-se vagarosamente de seus braços, suspirou e olhou-a bem nos olhos, com firmeza.

— Cara, ele já fez o convite diversas vezes, mas eu não aceitei e não aceitarei, independentemente da pressão que seja feita, por parte do senador e por parte de seus pais, hai capito? Eu prezo muito minha privacidade. Assunto encerrado!

Ela fitava-o incrédula.

— Carlo, eu não acredito que você nem ao menos vai pensar no assunto! Você tem ideia do quanto seria importante para nós? O quanto seria bom para os negócios do papai? Para sua família?

— Kate, eu não quero nenhum poder e não concordo de que seria bom para todos nós. Nós perderíamos a nossa privacidade, que tanto preservo e prezo. — respondeu ele, muito sério. — E depois, seu pai já tem poder e dinheiro suficiente, sem precisar do cargo que eu teria. — continuou ele.

Ela meneava a cabeça, sem acreditar.

— E eu não quis acreditar na minha mãe... — disse ela, não escondendo a decepção.

Ele olhou-a interrogativamente, franzindo o cenho.

— Sim. E o que Nadine disse?

Carlo sabia que sua sogra não perdia oportunidade para alfinetá-lo.

— Ela disse que você não tem ambição nenhuma e que não iria aceitar, porque você se contenta em ser um simples promotor público.

Ele riu.

— Acertou! Sua mãe me conhece muito bem. Eu amo minha profissão, você sabe disso, mesmo eu sendo *"um simples promotor"*. Eu não me sinto bem com holofotes sobre mim, como Nadine e você. Por isso odeio redes sociais. Sempre fiquei longe disso. — acrescentou irritado.

Sem mais demora, vestiu uma camiseta e um velho moletom e saiu do quarto ignorando os protestos da esposa sobre ele deixá-la falando sozinha.

Ao chegar no seu escritório, deu um suspiro de alívio e se sentou em sua cadeira de couro atrás da escrivaninha. Com os cotovelos apoiados na mesa, esfregou as mãos no rosto. *Mio Signore! Está ficando cada vez mais difícil.*

Recostou-se na cadeira e apoiando os cotovelos em cada braço da cadeira, entrelaçou os dedos da mão e fechou os olhos. O rosto de traços perfeitos e os maravilhosos olhos verdes que surgiram em sua mente foram como um bálsamo para seu humor. *Ela era suave, doce...*

Pensar nela era reconfortante depois de uma discussão com a mulher, pensou com um sorriso. Sentia saudades daquele olhar ardente, do calor de suas mãos... Do seu perfume. *Ah, bambina, bambina, bella mia... Está difícil tirá-la do pensamento,* sussurrou frustrado.

Arranjando forças para desviar seus pensamentos, endireitou-se e abriu seu laptop para rever o processo que estava trabalhando.

Capítulo 6

A desilusão...

Estavam já em final de julho, mas a temperatura estava um pouco fria, devido ao vento. Nem parecia verão. Mas São Francisco era assim mesmo.

O último raio de sol chegava até a pequena cozinha, onde Susan e Sarah degustavam uma taça de vinho e se deliciavam com uma grande pizza napolitana.

Era uma tarde de sábado, na qual ambas procuravam relaxar e descansar, uma vez que a última semana havia sido estressante no escritório.

Trabalharam dia e noite, num grande projeto, para entregarem no prazo estipulado pelo cliente.

— Hum, essa pizza está uma delícia... — disse Susan, comendo mais um pedaço.

Sarah simplesmente anuiu, enquanto acabava de mastigar o pedaço que colocara na boca.

— Você vai para casa nesse final de semana? — perguntou Sarah, após um gole de vinho. — Você comentou qualquer coisa nesse sentido.

— Sim. — confirmou Susan. — Vou aproveitar para curtir um pouco do verão de Nova Iorque. E depois creio que ficará mais difícil sair daqui, uma vez que temos quatro projetos grandes para entregar antes do Natal.

— Eu também irei. Poderemos comprar passagens no mesmo horário, que tal?

Susan deu mais uma mordida em sua fatia de pizza e apenas confirmou com um balançar da cabeça.

Sarah pegou um guardanapo e passou pelos lábios, fitando Susan insistentemente, deixando-a intrigada e perguntar, com os olhos arregalados.

— O que foi? Estou com molho no rosto? — perguntou com divertimento.

A ruiva sorriu e negou com a cabeça.

— Amiga, sinto que me esconde alguma coisa. — falou, sem desviar olhar.

— O que a faz pensar que lhe escondo algo?

— Você está... está diferente desde que voltamos. Até os meninos notaram. Bill acha que você encontrou alguém especial em Houston.

Sentindo um calor revelador no rosto, Susan abaixou o olhar e limpou os lábios lentamente, dando tempo para achar uma resposta conveniente à amiga curiosa.

— Bobagem! Não encontrei ninguém, você sabe disso. E estou diferente como?

Sarah ergueu os ombros e colocando os braços na mesa, entrelaçou os dedos e inclinou-se mais para frente, a fim de olhar a amiga mais de perto.

— Sei lá... Você parece às vezes estar com a cabeça em outro lugar... Olhar distante, melancólico, um pouco triste, enfim, você não parece a mesma que foi comigo para Houston. Sei que você não arranjou ninguém, pois estava junto, mas... sei também que um certo cavalheiro de cabelos grisalhos, ficou "babando" por você e vice-versa. — concluiu, com humor nos olhos azuis.

— Que ridículo! Sarah, você sabe que ele é casado, por favor! — retrucou com veemência.

— Ora, quando saí para o aeroporto ele estava na porta e sei que ele não viajou aquela noite, com os demais, porque o Loiro contou-me. — Vamos, amiga, o que aconteceu lá? — insistiu a ruiva.

Corando, Susan ficou olhando para a amiga, em silêncio. Levantou-se rapidamente da mesa e levou o prato e os talheres para a pia, ficando de costas para a amiga.

— Sarah, quer parar com isso? — disse irritada. — Essa conversa não tem cabimento. — recompondo-se, virou para a amiga e apoiou-se na pia. — Já disse que não houve nada! Claro que nos encontramos no elevador, nos falamos, mas... foi só.

Sarah levantou-se também com o prato e os talheres, e um sorriso cínico que irritou a amiga, mais ainda. Susan fechou a cara.

— Ok, não vou mais pressioná-la. Quando quiser me contar, estarei aqui.

Com um longo suspiro e cruzando os braços, Susan lançou à amiga um olhar fulminante.

Sorrindo e ignorando a cara feia da amiga, Sarah puxou-a para a sala, onde cada uma ocupou uma poltrona.

— Hei... eu sou sua amiga e sabe que pode confiar em mim, sabe disso não? — falou dando uma tapinha na mão da amiga emburrada.

Susan deu mais um suspiro e encarou a amiga, tentando sorrir.

— Está bem, eu sei que posso confiar em você. Mas não tenho nada a lhe contar.

Susan teve vontade de bater na amiga, ao ver o olhar que ela lhe lançou. Aqueles olhos azuis olhavam para ela em total descrédito. Resolveu ficar quieta, esperando que o assunto morresse ali.

Já era difícil sentir-se culpada, porque, durante todo esse tempo, não conseguiu apagar as lembranças daquela noite. Não conseguia tirar da cabeça, aqueles fantásticos olhos azuis olhando-a com tanto desejo. Não conseguia esquecer-se das carícias, dos toques que a enlouqueceram e do calor do corpo másculo. Lembrava da suavidade dos pelos daquele tórax atlético que massageara seus seios sensualmente. Susan sentiu o sangue pulsar em todo seu corpo, excitando-a de uma maneira que nunca imaginou ficar por alguém que nunca mais veria na vida. *Será que ele pensava nela também?*

Toda a noite rolava na cama, atormentada pela culpa da traição dos dois para com a esposa dele. Nunca se perdoaria por isso. Sentia-se uma vulgar pecadora e isso doía em seu coração, pois, apesar disso tudo, sentia falta daquele homem. Começava a pensar que nunca o esqueceria. Sentia-se frustrada, incompleta, numa melancolia estressante. Procurara esconder ao máximo seus sentimentos, fingindo uma alegria que não tinha. Não foram poucas as vezes que sentira sobre si os olhares do pessoal do escritório, principalmente de Justin no decorrer dos dias...

Ainda bem que não comentaram nada, a não ser Sarah, quando estavam sozinhas.

Assustou-se, quando sentiu a mão da amiga, sacudindo seu braço.

— Ei! Você está bem? — perguntou a ruiva, com expressão preocupada.

Susan sacudiu a cabeça afirmativamente.

— Desculpe? Estava pensando nas saudades que sinto de casa. — ao menos, não estava mentindo completamente. — O que disse? — perguntou, pois realmente não escutara a amiga.

— Eu queria saber a sua opinião sobre, se devo ou não ligar para o Loiro. Não quis ligar logo que cheguei, pois senti medo.

— Medo do quê? A ideia de dar o número do celular foi dele, não foi? Então...

— Quais são as minhas chances, quando ele tem mulheres lindas e sofisticadas a seus pés?

— Sarah, pela primeira vez, você não agiu por impulso. Fez be em dar um tempo. Mas, mesmo que ele tenha essas mulheres a seus pés, quem garante que ele não prefira uma pequena e linda ruivinha? — Susan estava feliz pela cautela da amiga, pois sua impulsividade já lhe causara muitos dissabores.

— Mas será que depois de todo esse tempo ele vai lembrar-se de mim?

— Você só saberá disso, se ligar, ok? — Susan viu a incerteza e o receio nos olhos da amiga.

— Vou ligar amanhã após o almoço. Depois te conto no que deu.

Susan tomou a mão da amiga entre as suas.

— Espero que dê certo para você, minha querida. Pelo que observei, ele ficou muito interessado em você. Mas tenha cuidado, por favor. Vá com cautela.

Sarah sorriu, não escondendo a felicidade.

— Mesmo? — perguntou com a insegurança estampada nos olhos brilhantes.

— Pode ter certeza, minha amiga! Vá em frente, porém...

— Cautela, não é mesmo? Não se preocupe, pois aprendi a lição.

Horas depois, deitada no escuro, Susan sentiu as lágrimas aflorarem em seus olhos. Com raiva de si mesma, limpou a lágrima que escorrera de um dos olhos. Não ia sentir pena de si mesma, não! Ela estava consciente do que iria acontecer no momento em que atravessaram a porta de sua suíte. Nunca deveriam ter sucumbido ao desejo. Ela lutaria para esquecê-lo, como tinha certeza de que ele faria o mesmo, ao voltar para sua cidade. Ele tinha a família dele e ela tinha a liberdade de conhecer e se relacionar com alguém tão livre quanto ela.

Virando de bruços, abraçou o travesseiro e tentou espantar a tristeza.

Aceitaria o convite de Nicholas para jantar e, se ele insistisse no velho plano de sedução, então ela se deixaria seduzir. Talvez assim, deixaria de pensar no italiano. Tinha que esquecê-lo a todo custo. Torcia para que ao menos Sarah tivesse sorte com o Loiro, mas não podia deixar de sentir uma pontinha de inveja.

Por que, entre tantos homens charmosos que apareceram em minha vida, fui me interessar por um que não posso ter?

Abraçou seu travesseiro com mais força, o que a levou lembrar que fizera a mesma coisa na manhã após a noite mais fantástica de sua vida. Só que, naquela vez, o cheiro dele estava impregnado na fronha. Suspirou longamente, sentindo muitas saudades daquela noite. Era muito tarde quando conseguiu pegar no sono.

Pensou que estava sonhando, mas o som continuava insistente. Sonolenta, levantou a cabeça e se deu conta de que era o seu celular que tocava. Puxou o travesseiro e cobriu a cabeça, como se isso fizesse o aparelho calar. Como não conseguira, viu-se obrigada a estender a mão e alcançar o aparelho. Vou matar quem estiver do outro lado da linha,

pensou irritada.

— Alô e até logo! — falou com raiva. E ia desligar, quando escutou o grito de Sarah do outro lado da linha.

— Não desligue. Sou eu! — disse a ruiva quase gritando.

Susan percebeu a euforia na voz da amiga.

— Sarah, você esqueceu que são nove horas de um domingo? Domingo, esqueceu? — perguntou, também elevando o tom de voz.

— Ah... amiga, estou tão feliz que não consegui esperar para te contar.

— Já sei, conseguiu falar com o Loiro! — disse Susan, suavizando o tom de voz, diante da alegria da amiga.

— Arthur. O nome dele é Arthur, Susan! Ele demorou tanto para atender que achei que ele tinha me dado o número errado. Quando ia desligar ele atendeu, com aquela voz sexy um tanto sonolenta. Ele me disse depois que estava em Sidney.

— E você o acordou? Não se lembrou do fuso horário, dona Sarah? — disse em tom de sermão.

Sarah riu.

— Parece que o acordei sim, mas atendeu-me muito educado. — respondeu Sarah, ignorando o sermão da amiga. — Ele perguntou quem era e quando lhe disse que era a Ruiva de Houston, ele riu, dizendo que estava sonhando. Depois com uma voz mais desperta, disse que já tinha perdido as esperanças. Achava que eu o havia esquecido.

Conversamos bastante e marcamos de nos encontrar daqui umas duas semanas, quando ele voltar de Sidney. Mas combinamos também de nos falar por telefone, enquanto ele estiver fora do país. Ele virá até aqui. Não é maravilhoso?

— Claro, minha querida. Estou torcendo por vocês. Mas me prometa que não falará nada sobre mim, ok?

— Prometo, se é isso que você quer. Desculpe mais uma vez por acordá-la. Agora vá dormir, amiga. À tarde irei até aí para conversarmos.

Desligando o telefone, Susan jogou-se sobre o travesseiro com os olhos fechados.

Estava muito feliz pela amiga. Sarah merecia, após tantas decepções.

Nova Iorque amanhecera castigada por um vento cortante, faltando poucos dias para o término do verão.

Ainda bem que o expediente chegara ao fim. Carlo nem acreditava que estava dentro da sua Mercedes a caminho de casa. O dia fora muito estafante

— *Madonna mia*, que dia! — resmungou antes de colocar a chave na ignição.

Antes de sair do estacionamento, deu uma parada e retirou a gravata, desabotoando o primeiro botão de sua camisa. Estava tão cansado que até a gravata o incomodava.

Lentamente saiu do estacionamento. Fazia alguns dias que não tinha aquela sensação de que o estavam espreitando.

Preciso relaxar, pensou enquanto contornava o quarteirão para pegar o habitual caminho de casa.

O final de semana estava próximo e nada melhor do que aproveitá-lo em Palm Beach. Era final de verão, uma época tranquila para descansar lá. Há uns dois ou três verões que não passavam uma temporada no balneário. Kate sempre tinha uma desculpa para não ir. Dessa vez, estava determinado a ir de qualquer jeito, nem que fosse só com Luigi... Ele e os irmãos, antes de se casarem, passavam muitos verões ali. Era o refúgio da mãe, sempre que se sentia estressada, nos tempos em que comandava a rede de restaurantes...

E agora era ele quem precisava de um lugar tranquilo para descansar. Precisava de uns dias longe da correria de Nova Iorque, pois andava exausto, irritado e impaciente. Estava dormindo muito mal nas últimas semanas. Kate andava mal-humorada desde o dia em que soube da sua negativa à proposta do senador Hayes, para ingressá-lo na política. Como previra, ela não o deixara em paz, desde que soube.

Carlo deu um longo suspiro e passou uma das mãos no rosto.

Quantas vezes no último mês pensava na *bambina* e em tudo que compartilharam naquela noite. Quantas vezes ele acordava excitado como um adolescente, o coração acelerando, o sangue fervendo nas veias?

Desde que voltara ao lar, era incapaz de esquecer o que acontecera em Houston, mesmo depois do tempo em Veneza com Kate e da culpa que sentia.

A *Bambina* era linda e sexy, mas era também inteligente, muito segura de si, qualidades que sempre admirara numa mulher, além de uma doçura incrível.

Ultimamente estava cada vez mais difícil a convivência com Kate.

Balançando a cabeça, Carlo focou sua atenção no trânsito que estava muito conturbado.

Horas depois entrava na garagem de sua casa. Tinha visto a mãe conversando com Louise na calçada. Pegando sua pasta, o laptop e a gravata que jogara no banco do passageiro, trancou o carro e acionando o controle remoto da porta da garagem, saiu e dirigiu-se para onde estavam a mãe e a vizinha. Apoiada em sua bengala com os lindos cabelos brancos espalhados devido ao vento, a mãe sorriu ao vê-lo se aproximar.

— *Ciao, caro.* — disse ela recebendo o beijo costumeiro que ele lhe dava na testa.

— *Ciao, mamma.* Não está muito frio para a senhora ficar aqui fora? — questionou ele, arrumando a teimosa mecha dos cabelos brancos que caia sobre a sua testa, e olhou para a vizinha cumprimentando-a.

— *Ciao*, Louise.

— Olá, Carlo. Era justamente o que eu estava comentando com ela. O vento está cortante. — E você, como vai? Há dias que não o vejo.

— Tirando o cansaço, vai tudo bem. Tenho trabalhado demais, nos últimos dias. E vocês?

— Também estamos bem. — respondeu a médica.

— Louise estava me dizendo que Susan vem visitá-los no final de semana. — falou Carmela, muito alegre. — Enfim vocês vão se reencontrar após tantos anos.

— É mesmo? — perguntou surpreso. — Mas acho que esse reencontro ficará para o Natal, pois pretendo ir descansar em Palm Beach. Estou muito cansado. Quer ir junto, *mamma*?

— *No, figlio mio*. Vá você com Caterina e Luigi. — respondeu a mãe... Carlo riu e puxou a mãe pelos ombros, aconchegando-a carinhosamente. — Ah, *mamma*, se Kate a escuta chamando-a de Caterina...

Uma das coisas que Kate mais odiava era ser chamada pela versão italiana do seu nome. Muitas vezes tivera que chamar a atenção dela, pela maneira agressiva que ela respondia à sua mãe.

— Mas não sei se "Caterina..." — enfatizou o nome com humor — ... vai querer viajar, nesse final de semana. — Mas eu irei de qualquer maneira. Sozinho ou com Luigi. — afirmou seriamente.

— Faz bem, *caro!* — disse a mãe dando-lhe um tapinha no braço. — Você tem trabalhado demais nesse caso.

— Bem, se me dão licença, vou me preparar para a minha caminhada noturna, mesmo com esse vento. Estou precisando de ar puro e relaxar! Acho que estou ficando velho. — gracejou ele, beijando a mãe despedindo-se das duas mulheres.

— *Arrivederci*, senhoras.

Meia hora depois, estava pronto para sair do quarto, quando a esposa entrou. Perfumada, elegante e sorridente. Carlo bendisse, mentalmente, aquele bom humor.

— *Ciao, amore.* — cumprimentou ela, beijando-o. — Ainda bem que o encontrei antes de você sair. — disse ela, agarrando-lhe o pescoço. — Acho que terá que deixar sua caminhada para outro dia... — disse cautelosamente.

Ele ficou tenso, aguardando o que viria a seguir!

— E posso saber por quê? — perguntou, fechando a cara.

— Fomos convidados para jantar e eu já confirmei a nossa presença.

Carlo tirou os braços dela de seu pescoço e recuou bravo.

— Kate, nós combinamos de não confirmar nenhum compromisso, sem que estejamos de comum acordo, esqueceu? E quem nos convidou? — perguntou desconfiado.

Desviando os olhos, ela foi olhar-se no grande espelho de cristal ao lado da porta do closet, que ela mandara coloca, para olhar-se dos pés à cabeça.

— Mary Hayes... — respondeu, virando-se de costas para admirar o próprio corpo. — É um jantar em retribuição ao que mamãe ofereceu ao senador Hayes

Irritado, Carlo fechou a porta do quarto com certa violência e aproximou-se dela com os olhos soltando faísca.

— Katherine, você ainda não se convenceu de que nada, nada mesmo, me fará mudar de ideia quanto a minha entrada na política? — esbravejou, olhando-a bem dentro dos olhos. — Ouça pela última vez... — falou devagar, enfatizando cada palavra, como se ela fosse uma criança. — Eu não vou ser senador, nem hoje, nem amanhã e nem nunca, *capito*? (entendido) — sabia que seu tom de voz se alterara, mas não deu importância.

— Eu entendo. — respondeu ela irônica. — Mas... a esposa dele disse que ele faz questão da nossa presença hoje. — ela tentou desculpar-se, irritando-o mais ainda.

Ele elevou os braços e olhou para cima, como num pedido silencioso aos céus.

— *Mio signore*, dá-me paciência! Seu egoísmo é aviltante, Kate.

— Você não pode fazer essa indelicadeza para com o senador... — reclamou ela, exaltada.

— Posso e farei! Não irei a jantar algum. Meu dia hoje foi estressante e eu quero relaxar, com minha caminhada e banho de piscina! Não estou disposto para jantares formais e nem sorrir para a câmera de qualquer colunista social, para aparecer amanhã no jornal. — retrucou, pegando o relógio que esquecera na mesa de cabeceira. — Já chega os jantares que tenho que aturar, aqui em casa, uma vez por mês! — concluiu deixando claro seu desgosto pelos jantares formais que ela fazia mensalmente.

No início, Carlo aceitara esses jantares, só para deixá-la feliz e deixou-a responsável pelo círculo de amizades.

As pessoas entravam e saiam de sua casa, sem que ele tomasse parte na seleção e organização dos sofisticados jantares que ela promovia. Dificilmente, seus amigos faziam parte desse círculo, pois Kate deixava claro que não fazia questão de estreitar laços de amizade com as esposas dos amigos. Quando Carlo percebeu que passou a viver a vida que Kate e sua mãe Nadine queriam que ele vivesse, a insatisfação foi crescendo devagar. As mudanças em seus sentimentos foram gradativas. O desgosto vinha evoluindo pouco a pouco, dia a dia.

— Você deveria me agradecer por esses jantares. É quando você fica entre a nata da sociedade, não se esqueça disso. — disse ela, vermelha de indignação.

— Não seja ridícula, Kate! Eu não tenho ambição alguma de aparecer nas colunas sociais e de fazer parte dessa *nata da sociedade,* como diz você. Sabe que eu não suporto esse tipo de coisa. — respondeu com um sorriso cínico. — Se eu consegui o cargo de promotor público não foi por indicação de algum de seus convidados. Não devo nada a eles. Nada. Dá para entender? A indicação foi feita por pessoas que reconheceram meu trabalho. Fui eleito por causa disso.

— Seus amigos também frequentam nossos jantares. Você não pode reclamar. — lembrou-o.

Ele ia abrindo a porta, mas voltou-se rapidamente.

— Quantas vezes, nesse ano, você "deixou" que eu os convidasse? — perguntou irônico.

Ela ficou olhando-o, sem saber o que responder.

— Kate, estamos na metade do ano e, nesse tempo todo, eu não pude convidá-los uma vez sequer, pois a lista de convidados sempre *estava completa*, lembra? Mas eu sei por quê. Porque *eles não frequentam a alta roda novaiorquina*, não é, Kate? — sua voz destilava deboche. — Você acha que eles não estão à altura de participar desses jantares. Estou certo?

Ela deu de ombros, enfurecendo-o mais.

— Darei um jeito de colocá-los na lista do próximo. — replicou ela. — Satisfeito?

Ele riu cinicamente.

— Oh, quanta nobreza da sua parte... — zombou. — Mas você os ignora tanto que talvez eles não queiram vir.

— Mas o que vou dizer à Mary Hayes sobre a nossa ausência, hoje? — perguntou.

— Isso é problema seu! Dê a desculpa que quiser, mas eu não irei. E agora me dá licença que vou para a minha caminhada. *Arrivederci! (Tchau!)* — despediu-se sem olhá-la e fechando a porta bruscamente.

Caminhando pelo corredor, ouviu um baque na porta.

Como uma criança mimada, ela começou a jogar objetos na porta.

— Cretino! Eu te odeio, italiano! — ouviu-a gritar.

Ele parou, decidindo se voltava ou não, para ver o que ela jogara na porta.

Resolveu ignorar o fato e recomeçou a caminhar enfurecido com a infantilidade dela.

Carlo começou a sua caminhada, aspirando aliviado o ar da noite fria. O vento amainara um pouco.

Kate passara dos limites, outra vez. Mas ele nunca voltava atrás em uma decisão, e Kate sabia disso. Ele dificilmente se arrependia dos seus atos, uma vez que pensava muito antes de tomar qualquer decisão.

Nem mesmo quando cometera o deslize em Houston, com...

Lá estava ele, outra vez, pensando nela, para seu desespero.

Propusera-se a esquecê-la, mas não estava conseguindo obedecer a razão. Pensou no quanto seria reconfortante se pudesse ao menos ouvir o timbre suave de sua voz, nesse momento.

Fechou os olhos por uns segundos e visualizou-a naquele sensual vestido lilás que ela usara quando dançaram juntos pela primeira vez. Excitou-se como se estivesse sentindo o calor do corpo dela sobre o seu. Abrindo os olhos, impôs mais velocidade em suas passadas e mudou o rumo de seus pensamentos.

Ainda não conseguia acreditar que a esposa assumira um compromisso em nome dele. Ela parecia deslumbrada e obcecada, com a possibilidade de ser esposa de um senador e viver nas colunas sociais. *Madonna... como é esnobe,* pensou com raiva.

Não sabia ao certo quando Kate se transformara numa pessoa tão diferente daquela pela qual se apaixonou.

Quando se conheceram, eram muito jovens, cheios de sonhos e planos. Intensa, confiante, divertida e sedutora, Kate desde sempre preenchia os lugares com sua personalidade marcante e isso foi umas das coisas que o atraiu nela, além da sua inegável beleza física. Já no início do namoro, o comportamento mimado e uma relação simbiótica com a família, principalmente com a mãe, trouxeram desafios para os dois, mas como ele estava apaixonado não se importava em ceder para continuar com ela.

Lembrou-se do choque, quando, depois de pouco mais de um ano de namoro, faltando alguns meses para ele se formar, ela radiante lhe disse que estava grávida. Apesar da vontade que sempre teve de construir uma família grande, aquele não era nem de longe o momento certo para isso. Um filho naquela altura da vida mudaria tudo. Ele tinha planos para o início da carreira em Nova Iorque, queria trabalhar num grande escritório de advocacia, a fim de ganhar projeção, para depois pensar em oficializar o relacionamento dos dois e construir um futuro juntos. Aquele, sem dúvidas, foi uma fase turbulenta de sua vida... Foram semanas de discussões e sermões de sua mãe e de seus irmãos mais velhos (Aldo, Piero e Lorenzo) o repreendendo pela falta de cuidado. Ele reviu tantas vezes as precauções que tomara para evitar uma gravidez indesejável que esse assunto se tornou um problema entre ele e Kate. Mas a culpa e a frustração de ter que mudar seus planos e toda a sua vida foram dissolvidos quando viu o primeiro ultrassom do bebê.

Os pais de Kate interferiram em tudo desde o anúncio da gravidez e, para ter a filha perto de si, o pai dela articulou toda a sua influência para que ele fosse empregado num escritório de advocacia de renome e dessa forma ficassem em Boston, bem perto deles.

Carlo e Kate viveram os primeiros oito anos de casamento em Boston. Para Carlo, fora um período marcado por muito trabalho, mas também festas, jantares e a construção de uma rede de contatos dentro da alta sociedade de Boston bastante importante para sua carreira, mas um tanto desgastante para o relacionamento dos dois, já que Kate priorizava a vida social em detrimento da familiar e Carlo odiava a superficialidade da vida da alta sociedade.

As brigas lentamente começaram a fazer parte da rotina do casal e a interferência de Nadine, a mãe da Kate, ficava cada vez mais presente na vida dos dois. Mas ainda assim a paixão entre eles prevalecia e, para manter a harmonia familiar para o filho pequeno, Carlo cedia.

Duas horas depois, já estava saindo da piscina, que estava coberta e aquecida. O filho esperava-o com a habitual taça de vinho e um refrigerante para si...

— *Ciao, papà.* Já ia buscá-lo na piscina. — disse o garoto sorridente como sempre.

— *Ciao, caro!* — respondeu a saudação do filho. — Pensei que já estava deitado... — Carlo pegou a taça que o filho lhe estendia e deixou a roupa na lavanderia, voltando à cozinha.

— Com os gritos da *mamma*? Impossível! Carlo deu um gole no vinho e fitou o filho, com perplexidade.

— Então, ela continuou com aquela histeria? — perguntou irritado.

— Pensei que ela ia arrebentar a porta. — o filho falou, entre divertido e preocupado com o destempero emocional da mãe.

Carlo balançou a cabeça de um lado para o outro inconformado com o descontrole da esposa, mesmo sabendo que o filho estava no quarto ao lado.

— Suponho que agora ela está mais calma, não? — perguntou, sentando-se na cadeira mais próxima.

— Deve estar, pois saiu toda elegante, num vestido longo e perfumada! Estava muito linda! — exclamou o menino orgulhoso.

— Faz tempo? — perguntou o pai, totalmente surpreso.

— Mais ou menos, uma hora depois que você saiu. Estava nervosinha e disse que ia a um jantar importante, retribuindo a gentileza do casal Hayes e criticou sua falta de educação. Que infelizmente ela se casara com um troglodita... blá, blá, blá... — Luigi ria enquanto falava, ao lembrar da cena dramática da mãe. E estava se divertindo pra valer, com a cara atônita do pai.

— Sua mãe está me preocupando, meu filho! Ela nunca foi tão histérica assim. De uns tempos para cá, tem jogado objetos no chão ou na porta, como uma criança mimada!

— Falando sério, *papà*, também estou preocupado. Nunca a vi tão fora de controle. — observou o garoto, amassando sua lata de refrigerante e jogando-a no lixo específico.

Capítulo 7

Longe da felicidade...

Sentado ao lado da mãe, no grande sofá da sala de estar, Carlo a abraçava, com o corpo totalmente relaxado. Ouvia a mãe falar dos planos de expandirem a rede de restaurantes em outras cidades, mas seu pensamento estava longe dali. Ainda se lembrava da noite anterior, quando ouvira Kate chegar. Estava no escritório digitando uma minuta para a reunião do dia seguinte, com sua equipe de investigadores particular.

De repente, se deu conta que já eram três horas da manhã e se deu conta que Kate ainda não chegara.

Devia estar muito bom o tal jantar, pensou arqueando as sobrancelhas, com um meio sorriso, sem desviar os olhos da tela do computador.

Envolveu-se novamente com o trabalho e esqueceu-se do tempo. Logo depois, se assustou quando a porta abriu-se de repente e Kate entrou ainda com a bolsa de noite numa das mãos. Nem ouvira o barulho do carro que a trouxera.

Luigi tinha razão, quando disse que ela estava linda e perfumada. Ficou olhando-a aproximar-se com um olhar sedutor e andar provocante. Ficou estático e surpreso pela falta de reação do seu corpo. Em outros tempos, ele se levantaria dali muito excitado, se beijariam e acabariam na cama.

— Pelo jeito o jantar foi muito bom. — provocou ele voltando a digitar.

— Foi maravilhoso. Encontrei um velho namorado do tempo do colegial que acabou de se divorciar. Rimos muito ao relembramos de muitas coisas.

Ela queria que ele tivesse ciúmes?

Ela aproximou-se mais e, assustando-o, empurrou a cadeira dele para trás, para poder sentar-se em seu colo. Sentindo o cheiro de bebida, automaticamente ele recuou o rosto.

— Você andou bebendo... — reclamou ele, virando o rosto.

— Quem resiste a um Don Pérignon? — perguntou numa voz aveludada. — E fiz companhia a John.

— John? — Carlo arqueou as sobrancelhas e logo percebeu de quem ela falava. — Ah, o antigo namorado, — perguntou com um sarcasmo, que ela não percebeu ou fingiu não perceber.

Ela anuiu sorrindo.

— Sim. John Harrison Jr. Acabou de assumir a cadeia de lojas Harrison's. O jantar estava excelente e eu disse a verdade aos anfitriões. — disse ela acariciando-o nos cabelos. — Disse que você não quis ir, porque eu não o consultei com antecedência. Eles entenderam, para a sua sorte.

— Ótimo! — respondera-lhe secamente. — E sorte, por quê?

— Sorte por eles não encararem sua ausência como descaso. E o senador Hayes mandou-lhe lembranças. Disse que ainda não perdeu as esperanças de convencê-lo a aceitar... Carlo... O... O que está fazendo? — gritou ela, quando ele tirou-lhe os braços do pescoço, rispidamente, interrompendo o que ela ia falar.

— *Madonna mia*, Kate! Quando é que você vai entender que a minha resposta é não? Não! — esbravejou, levantando-se e afastando-a com uma delicadeza forçada.

— Carlo, pense bem... Você um dia no Congresso, na ONU... O prestígio que você iria ter... — a teimosia dela era irritante. — O senador Hayes falou que sua chance de vitória na convenção do partido é grande e aposta na grande comunidade italiana para elegê-lo. — continuou ela, como se ele não tivesse falado nada.

— Prestígio, Kate? Estou muito feliz com meu cargo de promotor e sei, sem falsa modéstia, que sou muito respeitado.

— Carlo, *amore mio*, existe grande diferença entre ser senador e ser promotor.

— Kate, um cargo ter mais prestígio que o outro não significa que é o melhor. — disse Carlo, perdendo a paciência. — Principalmente para mim. — enfatizou voltando a se sentar em frente ao computador.

— E você acredita mesmo que ser promotor é melhor que um senador do seu país? — retrucou ela no mesmo tom irritado.

Ele lhe lançou um olhar gelado, igual ao que ele usava no tribunal ao dar uma sentença.

— Esse assunto está encerrado, Kate! *E basta!* — disse num tom de voz frio, deixando claro que não toleraria discutir mais o assunto. — *Buona notte, cara mia!* — dispensou ele, indicando a porta aberta, com sarcasmo. — Preciso trabalhar.

Ela ficou parada de frente à escrivaninha, olhando-o em silêncio, enquanto ele recolocava os óculos e tornava a se sentar, voltando sua atenção para a tela do computador. Ele recomeçou a digitar e, ao ver que ela continuava ali, parada no mesmo lugar, encarou-a por cima das lentes dos óculos.

— *Buona notte*, Caterina! — repetiu ele, pronunciando, de propósito, o seu nome em italiano. Conteve o riso ao ver sua reação.

Ele pensou que ela fosse voar sobre ele, com toda a fúria que viu em seus olhos.

— Estúpido. — ela mal conseguia falar de tão brava. — Não se pode conversar civilizadamente com você. — gritou ela, saindo e batendo a porta.

Pela manhã, ela não lhe dirigiu a palavra e ele sentiu alívio. Ao menos assim, seu dia começaria sem estresse.

Depois de tudo isso, que bálsamo era a voz e o cheiro de sua idosa mãe.

— Carlo, *dove stai, caro?* (onde está) — ouviu a mãe, e um leve tapinha em sua perna, para chamar-lhe a atenção. Sem graça, ele olhou para a mãe, que o encarava com muita atenção.

— Está no mundo da lua, *bambino*?

— *Perdonami, mamma* (perdoa-me, mamãe). — falou apertando-a com carinho

— Você está muito estranho hoje, *figlio mio (meu filho)*. O que está acontecendo?

Tentou, mas não conseguiu evitar um sorriso triste, também expresso em seus olhos tão azuis quanto os dela.

— Estranho? Estranho como, *mamma*?

— *Si. È tuo* trabalho ou Caterina?

— *Mamma*, meu trabalho é estressante, mas ele nunca se tornou problema para mim, sabe disso, não?

— Ah... então é Caterina! É sempre ela. — afirmou ela, sem esconder a preocupação e o desgosto em seu rosto querido. Uma das coisas que mais admirava na mãe era a sua transparência. Ela nunca conseguia esconder suas emoções.

— Não se preocupe, *mamma*. Nada demais, acredite. — respondeu desviando o olhar. Não queria deixá-la preocupada.

— *Figlio...* — o tom da sua voz era o mesmo que usava quando ele e os irmãos tentavam esconder-lhe algo.

Suspirando profundamente, olhou-a diretamente nos olhos, para falar-lhe, como ela sempre exigira dos filhos desde que eram crianças.

— *Mamma*, Katherine está me levando à loucura... Ela agora colocou na cabeça que eu devo ser senador.

— *Senador? Per ché, Dio mio?*

— Para mim significaria trabalhar em prol dos cidadãos do meu país, menos afortunados, mas para Kate significaria mais "status", sair nas colunas sociais, tal como a mãe. — respondeu com desprezo.

Carmela, simplesmente, meneou a cabeça, com o olhar tristonho.

— Não entendo Kate! — murmurou ela. — Você é um bom marido, bom pai, que é o que mais importa...

— Minha sogra é uma péssima influência para a filha. Sabe, *mamma*... — falou cautelosamente. — Eu não descarto, num futuro próximo, um divórcio.

A idosa arregalou os olhos surpresa.

— *No, no,* Carlo, divorcio nunca, *figlio mio!* — repreendeu-o. — Casamento *é indissolubile*. Em *nostra* família casamento é para toda vida. Amor, respeito e fidelidade. Certo?

Carlo desviou o olhar, sentindo-se mal ao ouvir a palavra fidelidade. Sentiu um frio no estômago, ao lembrar o seu deslize em Houston. Sentia-se muito envergonhado em ter que esconder o deslize daquela noite de abril, principalmente de sua mãe.

Lindos olhos verdes invadiram seus pensamentos e uma sensação de perda apoderou-se de seu coração.

— Já conversou com ela, sobre o final de semana em Palm Beach? — perguntou-lhe a mãe, mudando de assunto, para seu alívio.

— De que jeito, se quase todas as noites ela arranja discussões?

— Fale com ela, esta noite, mesmo que ela te ignore. Quem sabe uns dias longe daqui seja bom para vocês.

— *Certo, mamma!* — respondeu ele, somente para agradar a mãe, pois não havia diálogo entre ele e Kate há muito tempo. Resolveu então desviar o assunto para outro menos constrangedor e que a interessasse. Lembrou que Louise comentara que Susan viria para casa, no próximo final de semana. — O que a senhora me diz de Susan? Viu-a mais recentemente, não?

— Ah, *si, si*. Está uma *bella ragazza*! — comentou a idosa, olhando para a mesma foto que Carlo tinha no escritório e que ali estava num móvel, perto da lareira.

— Deve estar mesmo, pois era uma garotinha linda. — murmurou, com um sorriso nos lábios. — Eu sempre dizia a ela que quando ela crescesse eu iria me casar com ela. — continuou ele, acompanhando-lhe o olhar e sorrindo. — Estou muito curioso para reencontrá-la. É inacreditável que ainda não nos encontramos nesses anos todos, desde aquela foto ali...

— Você ficou muito tempo afastado de casa, enquanto estava na Universidade. E quando vinha nas férias, Ed e Louise costumavam viajar com a pequena. Depois que ela entrou para universidade também ficou difícil, pois ela foi estudar em Paris. Ela virá no final de semana. Mas você não estará aqui, de novo.

— Verdade. Ficará para a próxima vez. Eu preciso urgente de uns dias de descanso, *mamma*.

— Eu sei, *figlio mio*. Não faltará oportunidade para vocês se encontrarem.

Carlo beijou a mão da mãe, e continuaram a conversar sobre outros assuntos.

O escritório estava silencioso. Era hora de almoço, e Susan estava sozinha, comendo um sanduíche, enquanto folheava uma revista sobre personalidades que Justin havia comprado pela manhã. Arregalou os olhos, ao ver a coluna social da semana. Lá estava Kate, maravilhosa, num lindo vestido de noite, com uma taça na mão, ao lado de sua sofisticada mãe e sorrindo para um elegante e bonito homem que conversava com as duas. Trazendo a revista mais para perto dos olhos, leu o que estava escrito abaixo da foto, *"Em recente encontro social, da noite de Nova Iorque, Katherine Thompson Martinelli, filha do banqueiro Walker Thompson, do Thompson Boston Bank, ao lado de sua elegantíssima mãe, Nadine Thompson, e um amigo da família. Notamos a ausência do promotor Carlo Martinelli, esposo da linda Katherine."*

Susan ficou frustrada, por não ver Carlo, nem por foto de jornal, aguçando ainda mais sua curiosidade. Ainda lia a página, quando Sarah chegou muito animada.

— Huum... temos alguém muito feliz ou é impressão minha? — perguntou, fechando a revista e jogando na mesa de Justin.

A ruiva se sentou na frente de Susan, com os olhos brilhantes.

— Estou muito feliz, mesmo, minha amiga. Acabo de falar com Arthur, ele virá nesse final de semana. Não é maravilhoso? Finalmente, vamos nos rever!

— Que bom! — respondeu Susan, dirigindo-se à sua mesa e se sentando em sua cadeira de couro.

— Se você quiser, podemos sair juntos. Convide Nicholas. — sugeriu Sarah, sinceramente. — Ele ainda está em São Francisco, não?

— Sim. Fomos jantar, ontem. — respondeu Susan, com uma expressão que deixou a amiga curiosa.

— E depois do jantar? — perguntou-lhe com um sorriso malicioso.

Susan abriu os olhos verdes e meneou a cabeça.

— Sarah, eu ainda não estou pronta.

— Pronta?

— Sim, pronta para iniciar um relacionamento à distância. Logo, logo, ele retornará à Grécia. Já estamos saindo há bastante tempo e, apesar dos beijos, não consigo me soltar, entende? E ele é um homem muito bonito, charmoso, atencioso, sexy, mas...

— Mas... — Sarah incentivou-a a continuar.

— Mas não sei o que está acontecendo comigo, que não consigo sentir mais aquela química inicial de quando o conheci. Não senti a mesma excitação como foi com... com... — quando percebeu o que ia falar, ficou quieta por uns momentos, torcendo para que Sarah não percebesse, mas era tarde demais, quando viu a expressão maliciosa da amiga.

— Como foi com o italiano lindo, amigo de Arthur? — perguntou a ruiva, arqueando as sobrancelhas e dando um sorrisinho irônico

Para seu desgosto, Susan sentiu-se corar.

— Exatamente. Como foi com ele. — afirmou, não tendo alternativa, a não ser dizer a verdade.

— Bem... daí é complicado amiga. Mas você ainda não o esqueceu? Afinal, nunca mais se viram. — comentou a ruiva.

"Mas tivemos uma inesquecível e tórrida noite de amor", pensou Susan, desviando o olhar da amiga.

— Ele ainda não saiu dos meus pensamentos, amiga. Tentei, juro que tentei, mas não consegui. — afirmou, com uma expressão de frustração nos olhos verdes.

— Você só vai sofrer, querida, pois infelizmente ele é casado e Arthur comentou em Houston que a esposa dele é muito possessiva.

— Quero distância disso! — exclamou Susan, recomeçando o trabalho que deixara por terminar, antes do almoço. — Então vamos ao trabalho. — disse, estalando os dedos e forjando um sorriso. — E Sarah...

A amiga a olhou séria interrogando-a com o olhar.

— Por favor, não comente nada sobre mim ao Arthur e nem o deixe falar algo sobre o italiano. Prefiro assim.

— Certo, amiga. Não se preocupe. Já combinei com Arthur sobre isso e ele me prometeu que manteria segredo. Não se preocupe. Não quero que você sofra amiga!

Sofrer? Ah, mas eu já estou sofrendo.

Ele já era dono de seus pensamentos, de seu corpo, de sua alma, todas as noites, na quietude do seu quarto, a implacável solidão que a envolvia num abraço sem piedade torturava-a com as lembranças daqueles braços fortes, das carícias daquelas mãos, do poder de sedução daqueles lábios quentes e molhados e do desejo expresso naqueles lindos olhos azuis. Susan estava consternada. A natureza dos pensamentos que invadiam sua mente era totalmente imprópria.

E assim, foram passando os dias, com ela lutando contra os sentimentos proibidos, contra a vontade de encontrá-lo mais uma vez, nem que fosse apenas para vê-lo de longe.

Sarah e Arthur continuaram se encontrando e aos poucos foram se envolvendo e rendendo-se a uma paixão, que os levou ao início de um relacionamento sério. Mas nada fora além dos jantares, teatros e passeios. Sarah estava segurando o ímpeto sexual de Arthur para dormirem juntos, porque ainda estava traumatizada pelas palavras maldosas do último namorado que ferira sua autoestima, apenas porque não quis ceder a algumas de suas fantasias pervertidas.

Algumas vezes, ela e Nicholas, que ainda se encontrava em São Francisco, compartilhavam com o casal um jantar, um teatro ou uma casa noturna. Arthur era uma pessoa maravilhosa e demonstrava estar verdadeiramente apaixonado por Sarah.

Estirados numa espreguiçadeira na varanda da bela mansão de Palm Beach da família Martinelli, pai e filho apreciavam as ondas do mar, que àquela hora estavam mais fracas, pois o vento forte cessara.

Havia poucas pessoas em suas casas ou passeando pelas areias beira-mar.

— Que tranquilidade *insuportável, papà*. — o garoto disse numa expressão matreira, virando-se para o pai.

Carlo suspirou e deu um largo sorriso.

— Está ótimo, *caro*! E estou muito feliz por você ter vindo comigo curtir esses três dias de tranquilidade.

Luigi sorriu.

— Faz tempo que não fazemos um programa juntos.

Carlo vibrou intimamente por Kate ter ido para Paris com a Nadine.

Haviam chegado em Palm Beach um dia antes, perto do almoço. Rosita, a caseira, os esperava com um delicioso salmão assado, com batatas e legumes ao vapor. Após descansarem, foram caminhar e jogar tênis na quadra atrás da casa, aproveitando a temperatura amena daquele dia.

Carlo estava adorando cada minuto ao lado do filho, pois o excesso de trabalho estava interferindo um pouco na relação dos dois. Só se viam à noite ou nos domingos, quando jogavam tênis com Edward e Lorenzo.

À noite conversaram bastante, trocaram ideias e assistiram a um jogo de futebol da liga italiana em que Milan e o Fiorentina se enfrentavam, com a torcida deles para o Milan, logicamente.

— Ainda é cedo. — comentou o promotor, olhando para o relógio de pulso e levantando-se. O garoto levantou-se também e acompanhou o pai. — Vamos dar uma caminhada.

No dia seguinte, foram jantar fora.

Enquanto esperavam o jantar, Carlo perdeu-se nos pensamentos, ficando em silêncio, por vários minutos. Nem ouviu quando o filho falou com ele.

— *Papà*? Há alguma coisa errada?

Carlo sacudiu a cabeça, como se assim espantasse os pensamentos que o distraíam.

— *Scusa?* (Perdão?)

— Perguntei se há alguma coisa errada. O senhor está tão quieto e distraído.

— Não, meu filho. Não há nada errado. Estou estressado com esse processo. Não vejo a hora de ter todas as provas em mãos.

— Pensando na *mamma*, também? — o garoto perguntou olhando o pai, muito sério. — Ela, não está fácil, não é?

O pai apenas riu, enquanto eram servidos pelo garçom.

Servindo-se de um filé e colocando o outro no prato do filho, o promotor permaneceu em silêncio.

— Afinal, o que está acontecendo com vocês? — questionou Luigi. — Vocês sempre brigaram, mas ultimamente brigam quase todos os dias. — concluiu numa queixa.

Carlo deu de ombros, enquanto cortava o seu filé.

— Na verdade, para sua mãe, ultimamente tudo é motivo para discussão. Sempre quisemos coisas diferentes.

— Por exemplo?

— Por exemplo, sua mãe veio à revelia para Nova Iorque. — explicou, após mastigar o pedaço de carne que colocara na boca.

— Por quê?

— Porque ela não queria sair de Boston e deixar seus avós, principalmente abandonar a vida social que tinha lá. E queria que eu continuasse a trabalhar para a Kass & Kass, na qual fui contratado, logo que casamos, por indicação do seu avô.

— A *mamma* quando quer uma coisa não desiste fácil, não é mesmo? — observou o adolescente, recostando-se na cadeira.

— Mas nem sempre ela ganha. — respondeu o pai, com uma piscadela. — Eu também sou difícil, quando quero.

— Então, quer dizer que ela não queria que você se candidatasse para a vaga de promotor público em NY?

— Se dependesse dela, não! Foi um dramalhão quando decidi concorrer a essa vaga em NY. Quando fui eleito, só houve comemoração por parte dos Martinelli. Sua mãe ficou uma semana sem falar comigo. Você tinha apenas oito anos. — comentou o promotor.

— De algumas discussões eu me lembro, sim. Tenho percebido também que você tem dormido no escritório, nas últimas semanas.

O pai, consternado, fitou o filho e suspirou profundamente.

— Está ficando muito complicado, meu filho! É a maneira que encontro para acordar descansado para o trabalho do dia seguinte. Qualquer coisa que eu falo ou deixo de falar gera discussão.

— Eu admiro muito o seu autocontrole, papà.

Carlo ficou surpreso pela capacidade de observação do filho e orgulhoso da sua maturidade.

— É, mas nem sempre é fácil conseguir isso...

— E o que pensa fazer em relação a isso? — perguntou-lhe o garoto, comendo o último pedaço do seu filé.

O pai fitou o filho, surpreendido com a pergunta dele.

— *Caro*, estou fazendo tudo que for possível para salvar o que resta do nosso casamento.

— Você já pensou na hipótese de um divórcio?

O promotor ficou em silêncio, sem saber o que responder, e constrangido diante do olhar fixo do filho. Ele às vezes era tão adulto...

Procurou ser cauteloso na sua resposta.

— Bem... Confesso que, algumas vezes, cheguei a pensar nisso, mas tem tanta coisa envolvida... Meu compromisso, minha palavra, a *nonna* nunca me perdoaria por não cumprir com uma promessa tão sagrada quanto o casamento. E sua mãe também não concederia a separação assim...

— Olha, quero que saiba que, se algum dia, você quiser se divorciar não se preocupe comigo, okay? Eu vejo que vocês não são felizes. Você não está feliz, não é, *papà*?

O garoto era mesmo perspicaz, pensou Carlo.

— Ok, mas vamos mudar de assunto? — Carlo procurou desviar a conversa, pois não estava se sentindo muito à vontade em falar sobre divórcio com o filho e, muito menos, dizer o quanto ele e Kate estavam se afastando cada vez mais e o quanto ele se sentia sufocado e realmente, muito infeliz.

Ficou observando o filho terminar de tomar o seu suco. Luigi, realmente, não era mais um garoto.

Com a personalidade já definida, estava pronto para a vida e isso o orgulhava muito, apesar de ter saudades do tempo em que era apenas um garotinho e que sempre estava grudado a ele, quando estava em casa.

Algumas horas depois, estavam na sala de jogos, disputando um jogo de baralho, antes de irem para a cama.

Quando retornaram para Nova Iorque, estavam muito relaxados, alegres e mais cúmplices.

Como Kate, só voltaria no dia seguinte, foram jantar com Carmela.

Dias depois, Carlo esticou-se na cadeira, com os braços para cima, procurando relaxar os músculos doloridos. Olhando para o relógio, deu-se conta de que estava digitando há mais de quatro horas a conclusão de um processo que trouxera para fazer no final de semana.

Tirando os óculos, passou as mãos no rosto e com os dedos esfregou os olhos. Movimentou o pescoço de um lado para outro, alongando sua cervical. Percebeu que estava com fome, quando seu estômago reclamou. Levantando-se, foi até a cozinha procurar algo para comer.

Era uma tarde de sábado e estava sozinho em casa.

Luigi estava com Mathew e Katherine estava num chá beneficente com a mãe e era folga da governanta. Colocando num prato pedaços de queijo provolone e de salame italiano, cortou umas fatias de pão e encheu uma taça do seu vinho predileto. Colocando tudo numa bandeja, voltou para o escritório. Puxou a cadeira, de modo que ficasse de frente para a janela, sentou-se e começou a saborear o seu lanche e o seu vinho.

Nova Iorque estava um pouco fria, devido ao forte vento.

Distraiu-se com o vai e vem das pessoas e dos veículos do condomínio. Quando uma jovem alta e loura passou pela calçada, sentiu um frio no estômago, pois tinha o mesmo porte altivo e elegante da jovem de Houston. No primeiro momento até achou que poderia ser ela.

Só de lembrar seu sangue esquentou nas veias. Imagens da noite que teve com ela estavam ainda muito nítidas em sua mente.

Carlo tomou um gole do vinho e sorrindo, fechou os olhos por alguns minutos, revivendo o momento explosivo do primeiro beijo, entre os dois.

Dio, aquilo foi de enlouquecer.

Seu corpo enrijeceu só em lembrar-se daquele momento.

Uma limusine parou lentamente em frente da casa, fazendo-o torcer o nariz, enquanto colocava um pedaço de queijo na boca. O motorista desceu primeiro, para abrir a porta à única passageira do veículo, Katherine. Elegantemente, ela saiu do veículo e agradeceu ao emproado motorista inglês de seus sogros. É isso que Kate gosta, pensou com um sorriso triste.

Ficou olhando a esposa avançar para a porta de entrada.

Antigamente, ela era mais compreensiva e dificilmente perdia a paciência, nunca levantando a voz, quando discutiam por alguma coisa. Se discutiam durante o dia, ao menos, faziam as pazes na cama, pensou com melancolia. *E como era bom!*

Então, quando foi que as coisas começaram a dar errado?

Quando começaram as brigas e acusações mútuas e as cenas de ciúmes, cada vez mais irritantes? Ela sempre fora ciumenta, mas agora se tornara possessiva ao extremo. Com o passar dos anos, ela ficara totalmente insegura no casamento.

Mas não fora apenas por um motivo, refletiu, enquanto bebia mais um gole do seu vinho, mas sim de uma série de fatores que embora sem importância, foram somando e multiplicando-se dia após dia, noite após noite, transformando-se em algo que já não podia ser ignorado, por nenhum dos dois. Até Luigi já percebera.

Seu pensamento reportou-se para a noite anterior, quando a procurou e ela negou-se a fazer amor, aliás, fazer sexo, com a velha desculpa da *"dor de cabeça"*. O italiano sorriu cinicamente. Olhando-a agora, bem próxima da porta, ele finalmente se conscientizou de que não sentia mais nenhuma atração pela esposa. Isso o fez dar um longo suspiro. Já antevia seus próximos anos, vivendo um casamento de aparência, amargo e triste.

Terminou o vinho e o restante do seu antepasto e virou a cadeira para a sua mesa. Recolocando os óculos, dispôs-se a revisar o que tinha digitado. Percebeu os passos da esposa aproximando-se do escritório e logo a porta abriu-se suavemente. Tirou os óculos e retribuiu o sorriso dela.

— Pelo seu semblante, vejo que seu dia foi muito bom... — falou calmamente.

A esposa aproximou-se sorridente e deu-lhe um selinho.

— Foi ótimo! — respondeu ela. — Revi velhas amigas do colégio. E você, ao que parece, trabalhou o dia todo.

— Realmente, meu dia foi muito produtivo. Como estão Walker e Nadine?

— Muito bem e mandaram um abraço a você. — respondeu ela, sentando-se na poltrona de frente para a mesa e cruzando as lindas pernas. — Já organizamos a lista de convidados para o próximo jantar em outubro...

— Mas já? Agosto nem terminou ainda... — retrucou surpreso.

— Carlo, você sabe como é mamãe. É tudo detalhado com meses ou dias de antecedência. Ah, e coloquei seus amigos e esposas na lista.

Carlo não conseguiu evitar a surpresa no olhar, pois não esperava tal atitude por parte dela. Ela percebeu.

— Não era isso que você queria? — perguntou um tanto irritada.

Acabou-se a trégua...

Carlo meneou a cabeça, surpreendendo-se com a irritação dela.

— Kate... eu não a obriguei a isso e nem quero que os convide só por minha causa. — respondeu também irritado. — E, por favor, não estou a fim de discussão, ok? Se for para convidá-los é para recebê-los bem, não esqueça.

— Alguma vez tratei mal nossos convidados? — indagou ofendida. — Mamãe achou que devemos oferecer o jantar ao casal Hayes. — falou cautelosa. — Afinal, ele tem alto apreço por você.

Carlo passou as mãos no rosto, num gesto de cansaço e olhou para a esposa severamente.

— Madonna, Kate você está redondamente enganada se pensa que, com esse jantar, vai me fazer mudar de ideia quanto à política. Não serei manipulado nem por você, nem por seus pais e nem pelo senador. — detonou friamente.

Ela levantou-se e colocou-se à sua frente, com as mãos na cintura, muito irritada.

— Como você é irritante! — explodiu ela.

— Olha quem fala. — retrucou ele friamente.

Ela torceu a boca, indicando seu desagrado pela observação dele.

— Será apenas uma troca de gentilezas. — recomeçou ela. — Mary Hayes é uma das minhas melhores clientes na boutique. E depois, quem disse que estou tentando manipulá-lo?

Ele olhou-a desconfiado e meneou a cabeça, numa demonstração clara de que não estava gostando da conversa. E ela o fitava, indignada.

— Quando será esse jantar? — perguntou secamente.

— No último sábado de outubro... — respondeu emburrada. — Vou convidar Lorenzo e Helen.

— Não sei se eles poderão comparecer. Final de verão é o retorno dos clientes habituais do restaurante. — respondeu secamente.

Carlo sabia o quanto seu irmão e sua cunhada detestavam os jantares formais de Kate, por isso nem se preocuparia em lembrá-los do tal jantar.

— Você não me obrigará a usar smoking, não é, *mamma*? — vibrou uma voz alarmada no vão da porta aberta.

Luigi fitava-os, encostando-se a porta enquanto abria uma latinha de refrigerante.

Ela voltou-se ligeiramente e encarou o filho.

— Luigi, será um jantar formal! — respondeu com a cara fechada. — É claro que você irá vestir! Lembre-se de como sua vovó adora vê-lo vestido formalmente.

O garoto entrou no recinto e torceu a boca.

— Ah, claro que me lembro. Como posso esquecer-me desse fato, se foi ela quem me deu esse tal de smoking? — retrucou. — Olha, mamma, me desculpe, mas eu não vou participar do jantar, okay? Prefiro ficar no meu quarto assistindo a um filme ou dormirei na casa de Mathew.

— Seus avós estarão aqui Luigi, então, você participará do jantar e não quero desculpas. Você sabe que eles logo estarão viajando num cruzeiro para o Caribe e levarão meses para voltarem.

O filho fitou-a zangado e depois dirigiu seu olhar para o pai.

— Papà, sou obrigado a fazer isso? Eu não suporto ficar emproado como os amigos do vovô.

Carlo, quase riu da cara dramática do filho.

— Não, meu filho. Você não é obrigado não. — respondeu Carlo, olhando a esposa, como que a desafiando a contestá-lo.

— Porque vocês gostam de me contrariar, hein? Carlo, você não devia incentivá-lo a desobedecer-me. — detonou Kate, fuzilando-os com o olhar brilhante de raiva.

— Quando é por uma boa causa, sim, por que não? — retrucou piscando para o filho. — Kate, ele tem direito de escolha, como todos. — respondeu, encarando-a friamente. — Você não pode obrigá-lo. Luigi já não é uma criança. E depois, não terá ninguém da idade dele. E se for para só ficar por causa de seus pais... Bem, ele poderá ir até a casa deles, certo? Deixe-o ficar com Matt.

Ela correu o olhar de um para o outro e saiu do aposento, batendo a porta.

— Tal pai, tal filho! — gritou antes de sair.

Pai e filho se entreolharam e deram risada.

— Obrigado, *papà*! — agradeceu o garoto, batendo a palma de sua mão na do pai, num gesto de plena cumplicidade...

— Pai é para isso, não? Dar o direito de escolha para o filho. E então? Como foi a tarde com Mathew?

— Só consegui vencer dois sets, na partida de tênis. — respondeu um tanto chateado. — O cara está ficando muito bom nisso.

O pai riu da cara desolada do menino.

— É só treinar mais. Ele tem jogado muito com Ed. Prometo que, tão logo acabe com o maldito traficante, nós poderemos jogar todos os finais de semanas como antes. E então, você pode pedir revanche ao Matt, que tal?

Luigi sorriu e ficou animado com a ideia.

— Ok, *papà*! Agora vou tomar um banho.

Ao deitar-se mais tarde, Carlo procurou fazer o menor barulho possível, para não acordar a esposa.

CAPÍTULO 8

Difícil decisão...

Carlo ofegava ao sentir que ela enroscava suas pernas entre as dele e beijava-lhe o peito, o abdome com frenesi, deixando-o completamente louco. Uma sensação de intenso prazer e um calor abrasador percorreu seu corpo, ao encostar sua rígida masculinidade nas coxas dela. Ele apertou-a fortemente e procurou os lábios doces e úmidos, beijando-a apaixonadamente, enroscando os dedos nos cachos sedosos de seus longos cabelos. O suor escorria pelo corpo pulsante e ansioso para possuí-la.

Ele gemeu enquanto invadia sua feminilidade quente e úmida. *Bambina...*, sussurrou e juntos escalaram os degraus do êxtase, em meio à explosão de uma paixão arrebatadora, numa espiral agonizante de prazer e alegria.

Exausto, relaxado, ele deixou-se cair sobre o corpo macio, com os lábios no pescoço quente e perfumado. De repente, ela empurrou-o e resmungando algo que ele não conseguia entender. O que acontecera?, perguntou-se, enquanto arranjava força para sair de dentro dela.

Não conseguia abrir os olhos e ouvia sua voz mal-humorada... Mal-humorada? Incrível como a voz parecia ser a de Kate... Mas o que...

Abrindo os olhos, Carlo custou para perceber que estava sobre Kate e que ela o olhava incrédulo.

— Uau, que ardor, italiano! Você me deixou exausta e suada. — comentou Kate entre saciada e impaciente. — E desde quando me chama de *bambina* numa hora dessas? — perguntou intrigada com isso.

Carlo rapidamente rolou para o lado e passou a mão no rosto, ganhando tempo para achar uma resposta convincente. *Dio, então era sonho?*

Ele fizera amor com Kate pensando ser a *Bambina* de Houston. Levantando-se para ir ao banheiro, apanhou a calça do seu pijama que estava jogada no chão ao lado dos lingeries da esposa.

Entrou no box do banheiro e abriu a torneira do chuveiro, para uma rápida ducha. Apoiando as mãos na parede ladrilhada, deixou a água correr no pescoço e cabeça... *Madonna mia... Que loucura... Se Kate descobrisse...*

Não, não pense, Carlo, não pense sobre o que não aconteceu. — repetia mentalmente.

Meneando a cabeça, agradeceu aos céus não saber o nome da *Bambina*, pois, se o pronunciasse, ele não conseguiria explicar para Kate e teriam novo inferno em casa.

Com um sonoro gemido, Carlo lamentou que fora apenas um sonho. Um lindo sonho da madrugada. Tanto tempo se passara e ele não conseguira tirá-la dos pensamentos. Ainda lembrava-se claramente de como era lindo e tentador aquele corpo, de como eram doces os seus lábios e seus seios voluptuosos. Ainda podia sentir o seu perfume, o timbre suave e sensual da sua voz. Ele não sabia o seu nome, onde morava, mas sentia uma vontade imensa de reencontrá-la. Mais uma vez, ao menos.

Estava saindo do box quando Kate entrou no banheiro segurando a camisola.

— Lembrei-me dos velhos tempos, na sua cama de estudante, Carlo. — disse ela, ainda surpresa, com o ímpeto do marido. Mas me chamar de *bambina*? Você nunca me chamou assim...

Carlo evitou olhar para a esposa e fingiu não a ouvir enquanto secava os cabelos com o secador.

Carlo saiu do banheiro, enquanto ela entrava no box para uma ducha.

Carlo vestiu a calça do pijama e retornou para a cama, deitando-se de barriga para cima, com as mãos sob a cabeça, preocupado com o seu deslize.

Meu Deus, aos 41 anos de idade estou me comportando como um adolescente descobrindo o gosto do desejo... É desejo o que estou sentindo pela Bambina, não é?? Afinal, só estive com ela apenas uma vez, pensou atônito.

Posicionando-se de lado, apagou a luz da sua cabeceira e fechou os olhos esperando dormir o restante da noite sem sonhos eróticos. Ao menos a tensão sexual dos últimos dias fora aliviada.

E conseguiu dormir logo, pois nem viu Kate voltar para a cama.

Susan revirava-se há horas na cama, sem conseguir dormir. Olhando o rádio relógio, viu que já passavam das três horas da manhã. Nem a maquiagem, conseguiria esconder a noite mal dormida, no dia seguinte, pensou frustrada ao se olhar no espelho.

O jantar com Nicholas fora muito agradável, como sempre. Ele era um verdadeiro cavalheiro, charmoso, atencioso, gentil e muito... sedutor, com aqueles olhos escuros tipicamente mediterrâneo, hipnotizantes e seu sorriso maravilhoso. E continuava muito, muito insistente, e apesar de ele ser lindo e sensual, ela não conseguia imaginar-se mantendo um relacionamento íntimo com ele, como imaginara, logo que o conhecera, a química entre eles era mútua, mas agora... Ela o via apenas como um amigo muito querido.

Antes de ir para Houston em abril, ela até cogitara a ideia, pois se sentia muito atraída por ele. Mas, após a sua volta, ela percebeu que a química por parte dela simplesmente sumira...

E ela sabia bem o porquê. O italiano de lindos olhos azuis e corpo perfeito tomava conta de seus pensamentos e seu corpo ardia em chamas, só em lembrar dos beijos ardentes que trocaram. Susan lembrava muito bem da intensidade do prazer que sentira naquela noite. Sentia o peito oprimido pelo deslize, mas tinha que reconhecer que até aquele momento ela não sabia o verdadeiro significado de *êxtase,* pleno e maravilhoso, pois é o que experimentara pela primeira vez.

Na manhã seguinte, quando o relógio tocou, ela mal conseguiu abrir os olhos. O sono demorara a chegar, pois a última vez que olhara a hora eram quase cinco da manhã.

Arrastando-se, conseguiu ir até a cozinha ligar a cafeteira, antes de tomar o banho.

Quando chegou ao escritório, não se surpreendeu com a expressão de espanto de Justin.

— Garota, que cara é essa? Noitada ao estilo grego é? — foi a pergunta maliciosa dele referindo-se a Nicholas.

A jovem sorriu.

— Antes fosse! — respondeu jogando-se em sua cadeira e fechando os olhos. — Não consegui pregar o olho, nessa noite. Fui jantar com Nicholas, sim, mas acho que comi e bebi demais.

— Oh, oh... Jantou e bebeu demais? Huum...

— Justin, pare com isso! Só jantamos, mesmo. Já lhe disse que Nicholas é apenas um amigo querido e que logo partirá.

— Certo, mas ele tentou, não tentou? — o arquiteto perguntou, com uma piscadela marota.

Susan sacudiu a cabeça, não conseguindo evitar o riso.

— Você só pensa nisso. Bem, ele bem que tentou, mas acho que dessa vez ele aceitou o meu "não" como definitivo.

— Ah, menina... perder um homem como Nicholas... aquele deus grego! — exclamou teatralmente.

Se você conhecesse o italiano de olhos azuis..., pensou.

— Justin, amor a distância nunca deu certo, você sabe. O velho ditado diz tudo, "o que os olhos não veem o coração não sente", correto?

O arquiteto assentiu, rindo.

— Se eu aceitasse os anseios de Nicholas, eu teria que ir embora daqui e não sinto vontade alguma de ir embora. A Grécia é um país maravilhoso, mas meu lugar é aqui no meu país. Decidi investir num relacionamento pra valer, aqui, perto de mim. Alguém que me ame e queira envelhecer comigo. — falou a jovem, olhando-o seriamente.

Justin aproximou-se dela e deu-lhe um sonoro beijo na bochecha.

— Nicholas quer isso, mas você está certa, minha querida! Agora vamos trabalhar, pois nossos clientes estão marcados para as dez horas. E Sarah que não chega...

— Bom dia, pessoal! — gritou a ruiva, acabando de abrir a porta. — Já estou aqui, priminho. — disse alegremente.

— Você, ao contrário de Susan, parece que dormiu bem, acertei? — falou o arquiteto, beijando a prima.

Sarah jogou a bolsa sobre a sua mesa e foi até Susan, para dar-lhe um beijo de bom dia.

— Dormi como um anjo. Recebi um telefonema que me deixou muito feliz.

— Alguém chamado Arthur, por acaso? — perguntou Susan, levantando-se para receber o beijo da amiga.

— Pare, pare... Então temos romance no ar, é, priminha? E quem é esse Arthur? Onde o conheceu? — perguntou Justin curioso.

— Um loiro maravilhoso que ela conheceu em Houston. — respondeu Susan, percebendo tarde demais o pedido silencioso da amiga para não falar.

— Uau! Me conte direito essa história, priminha. Por que esse segredo?

Sarah suspirou resignada.

— Está bem. Eu não queria contar ainda, pois não sei se vai dar certo...

— Então Houston foi bom para você! Fico feliz, se você estiver feliz, minha querida. Mas está muito certa, em ter essa cautela.

Justin assim como Susan, sabia das decepções de Sarah com seus relacionamentos, principalmente com seu último namorado.

— Então pode nos contar por que está com essa expressão de felicidade? — perguntou Susan.

— Estamos planejando ir passar o próximo final de semana em Santa Bárbara. — respondeu a ruivinha alegremente. E aproveitando a desatenção do primo que atendia ao celular, cochichou ao ouvido de Susan. — Desta vez, vamos ficar juntos no mesmo quarto.

Susan sorriu e abraçou amiga.

— Sarah, quer dizer que conseguiu superar o medo minha amiga? — perguntou, demonstrando o quanto estava feliz pela amiga.

A ruiva assentiu, com expressão sonhadora.

— Ainda sinto um certo receio, porém Arthur não me pressionou e então decidi arriscar. Ele me disse que nem tem dormido direito, de tanto que me deseja, mas que respeitaria meu tempo. E eu também sonho em fazer amor com ele.

— Se você sente que é hora, vá em frente, amiga!

— Ah... Susan estou muito feliz. Acho que estamos apaixonados...

— Estou muito feliz por vocês!

O dia passou rápido e, quando deu por si, Susan estava abrindo a porta do seu apartamento, logo depois das 18 horas.

Jogando a bolsa na poltrona e as chaves e a correspondência no console, dirigiu-se à cozinha, onde começou a preparar um sanduíche de queijo derretido com tomate seco e um suco de frutas cítrico, bem gelado, pois sentia a garganta seca demais.

Após o lanche, foi para o quarto, preparar-se para o banho.

Antes de dormir, ligou para casa e falou com os pais e o irmão. Sentia muita falta deles.

Exausta, pela noite insone e pelo excesso de trabalho do dia, apagou a luz e fechou os olhos. Estava cansada e teve a certeza de que conseguiria dormir nessa noite.

Mesmo assim, demorou em pegar no sono.

Carlo consultava sua agenda eletrônica, revendo seus compromissos para o dia seguinte, quando ouviu a leve batida inconfundível de sua secretária na porta. Levantando a cabeça e olhando por sobre os óculos, viu a cabeça grisalha de Dorothy, sua secretária e assistente, desde que assumira o cargo de promotor público. Com seus 66 anos, ela era agradável, gentil e muito eficiente.

— Sim, Dothy? — perguntou baixinho.

— Seu irmão Aldo está aqui... — anunciou ela.

Tirando os óculos, desligou a agenda, com um largo sorriso no rosto demonstrando a alegria pela visita do irmão mais velho.

— Faça-o entrar, por favor... — disse, levantando da cadeira e rodeando a mesa para receber o irmão que acabava de entrar na sala.

Apesar da diferença de idade, havia amor, respeito e companheirismo entre os irmãos Martinelli. Compartilhavam os pensamentos mais profundos e a confiança entre eles era enorme.

Talvez por ser o mais velho, depois de Lorenzo, Aldo era o que mais conhecia Carlo intimamente, pois em sua adolescência, após a morte do pai, era para quem contava suas dúvidas de adolescente e pedia conselhos. Com a mudança de Aldo para a Itália, se afastaram um pouco e então Lorenzo tomou seu lugar nesse detalhe, uma vez que moravam no mesmo condomínio.

— Aldo, que prazer, *"caro"*! — exclamou, abraçando o irmão, com carinho.

— *Come stai?* — respondeu o irmão, retribuindo o abraço.

— *Bene*! Mas o que faz por aqui? Quando chegou? E Loretta?

Aldo riu e se sentou na poltrona frente a mesa de Carlo.

— Cheguei hoje pela manhã e Loretta ficou em Milão. Não é uma boa época para deixarmos o restaurante nas mãos de Antero, pois temos vários eventos marcados para a semana e falta-lhe ainda um pouco mais de experiência.

Antero era sobrinho de Loretta e gerenciava o restaurante para os tios, no período noturno. Tinha acabado de casar-se com uma linda napolitana.

— Então, minha querida cunhada está bem? Carlo tinha um carinho especial pela cunhada e admirava-a muito por ter enfrentado e superado com coragem o terrível acidente que lhe tirou o sonho de ser mãe.

— Um pouco cansada, mas nada preocupante. De saúde, está muito bem. — respondeu Aldo.

Carlo deu a volta na mesa e sentou-se em sua cadeira, encarando o irmão com carinho e dando uma risadinha caçoísta.

— O que foi? — perguntou o irmão mais velho, intrigado.

— Onde estão seus cabelos, mano? — perguntou o caçula, balançando a cabeça. — Você está cada vez mais careca... E não sei de onde você herdou isso, pois tanto do lado da *mamma* quanto do lado do *papà* não existem carecas... — concluiu divertido.

Aldo passou a mão pela cabeça careca e riu.

— Verdade, meu irmão. Mas os tempos eram outros. Hoje a vida é muito estressante, com essa competição agressiva, existente no mundo dos negócios. — retrucou Aldo. — mas ainda tenho um pouquinho aqui. — respondeu, bem-humorado, passando as mãos nas têmporas grisalhas.

— Que com certeza vão sumir logo, logo. — caçoou.

Aldo riu gostosamente.

— Ainda bem que Loretta não reclama. — falou entre risos.

— Ela é uma grande *mulher*. — observou Carlo, num tom solene.

Aldo sorriu.

— Maravilhosa! — exclamou, com expressão apaixonada.

— *Mamma* já sabe que você está aqui?

— *Si*. Telefonei-lhe do aeroporto. Já está preparando a minha *lasagna* preferida para o almoço. Quer me acompanhar?

— *Scusa, caro*, mas tenho uma reunião às treze horas com a minha equipe. Porém prometo fazer-lhe companhia no jantar, ok?

— *Certo*. E Luigi? — perguntou Aldo.

— Está muito bem. Já não parece um garoto. Excelente no colégio, nos esportes. Um filho abençoado. — disse Carlo, não escondendo o orgulho.

— E... Kate como está? — Carlo percebeu que o irmão hesitou, antes de fazer a pergunta. Sabia que Aldo não morria de amores por Kate e vice-versa.

— Sempre ocupada com sua loja e com a organização de seus tradicionais jantares.

— Ainda continua com aqueles jantares em que convida pessoas da alta sociedade que você nem conhece? — perguntou o irmão mais velho, não escondendo o tom de zombaria.

Carlo deu de ombros e fez um arremedo de sorriso.

— É assim 24 horas por dia. — reclamou. — E quanto aos jantares ainda sou obrigado a participar na maioria das vezes... — reclamou, não escondendo sua insatisfação, o que foi percebido pelo irmão mais velho. — Está cada vez mais parecida com sua mãe, Nadine. Uma preocupação boba com colunas sociais, glamour e poder...

— A verdade, meu irmão, é que ela sempre foi assim. Ela mascarou esse lado dela, quando era uma jovem apaixonada que queria levá-lo ao casamento. E Luigi estava chegando...

— Olha... De tudo isso, o nascimento de Luigi foi a coisa mais maravilhosa que me aconteceu. Meu filho é meu orgulho!

Aldo fitou-o em silêncio. Estava claro em sua fisionomia que ele não era feliz, como os demais irmãos.

— E agora ela quer me lançar na política. Quer me ver senador.

Aldo não escondeu sua surpresa.

— Senador? Mas... *perché, Santo Dio?*

— Acha que assim eu terei mais poder, que eu serei mais importante e afinal seria bom para nós e seu pai. — continuou Carlo.

— Como se você desse muita importância a esse tipo de poder... — retrucou Aldo, que conhecia bem a personalidade reservada do irmão caçula.

— Foi o que eu tentei dizer a ela. Não nos entendemos, desde que ela veio com essa ideia, que, aliás, partiu do senador Hayes e do prefeito. Eles já haviam me convidado há tempos e eu declinei o convite. Não era para Kate saber, mas, infelizmente, a esposa do senador que é cliente da boutique deu com a língua nos dentes, e daí, adeus tranquilidade.

— E você chegou a cogitar essa ideia, em algum momento?

— Confesso que na hora me empolguei, pelo simples fato de ter a oportunidade de servir o país que nos acolheu de uma maneira mais significativa. Mas espantei logo a ideia, porque não estava disposto a perder minha privacidade, além de que o cargo ia me afastar ainda mais de casa, principalmente do meu filho e da nossa *mamma* que já está idosa. E afinal, como você sabe, eu não sou tão ambicioso assim para desistir da minha vida pessoal. Eu convivi com políticos na casa de Walker, quando morei em Boston. O que ouvi e vi de alguns políticos me decepcionou. É só acompanhar as notícias diárias e ver escândalos aqui e ali e acolá, dinheiro dos lobbies usado para manipular decisões na capital. Recuso-me a participar de tal esquema podre! Nunca pensei nisso. Nunca! Mas Kate, por incrível que pareça, não desiste da ideia de tentar convencer-me, apesar das muitas discussões que tivemos.

— É impressão ou seu casamento está em crise? — perguntou Aldo sem desviar o olhar do caçula.

Carlo recostou-se na sua cadeira e passou as mãos no rosto, com impaciência.

— Faz tempo, meu irmão. E cada vez mais difícil. Cada vez mais vejo meu casamento afundar. Kate anda irritadiça, cada vez mais esnobe, possessiva, tornando-se inconveniente muitas vezes. Até nos jantares em nossa casa ela não mede esforços para constranger-me na frente dos convidados. Não temos mais diálogo. Ela está me afastando cada vez mais.

Aldo chegou a poltrona para mais perto da mesa, colocou os braços sobre ela, de modo que ficou com o rosto muito próximo ao do irmão caçula.

— Vocês estão dormindo juntos? — perguntou baixinho, adivinhando o que estava acontecendo.

Carlo não hesitou.

— Nossa vida sexual já estava quase nula, antes dessa obsessão dela por me colocar na política... Muitas noites eu tenho dormido no escritório, para não perder meu controle.

— Isso não é bom, *caro*, nada bom! — comentou Aldo, não escondendo a sua preocupação.

— Eu sei. Mas, infelizmente, cheguei à conclusão de que não sinto mais atração alguma por Kate. Assusto-me às vezes com a indiferença que sinto por ela na maioria das vezes. Nós não *fazemos mais amor. Nós fazemos sexo.*

— Já procurou sentar e discutir a situação com ela?

— Não tem como, meu irmão. Ela não dá chance. Cada vez que tento tocar no assunto, ela desconversa e acha algum motivo para discutir, só para desviar a atenção do assunto. Levei-a até Veneza, pensando numa reconciliação. E foram dias tão maravilhosos que pensei que afinal tínhamos conseguido dar vida ao nosso casamento. Mas, no penúltimo dia, ela fez um escândalo no restaurante, achando que a recepcionista estava flertando comigo.

Levei-a de lá antes que ela começasse com as cenas constrangedoras de ciúmes. Saímos sem jantar. Já tentei de tudo para salvar esse casamento, principalmente depois que voltei de Houston, quando eu... eu...

Aldo percebeu a hesitação do irmão e a maneira como desviou o olhar. Parecia envergonhado.

Olhou-o desconfiado.

— Quando eu...?! — Aldo repetiu, esperando que o caçula completasse o que iria falar.

Carlo fechou os olhos e passou a mão no cabelo, sentindo o sangue subir-lhe ao rosto.

— Carlo? — Chamou Aldo, intrigado e mais desconfiado ainda com o silêncio do irmão.

Constrangido, o promotor abriu os olhos e fitou o irmão com firmeza.

Recostando-se na cadeira, fixou o olhar no irmão, com uma expressão de pesar.

— Aldo, quando estive em Houston, há uns meses, eu... eu traí Kate. — declarou baixinho.

Aldo arregalou os olhos azuis e meneou a cabeça, não querendo acreditar no que ouvira. Carlo era tão sensato...

— *Madonna*, Carlo! Traiu? Traiu como? — perguntou assustado. — *Então o casamento estava afundando, mesmo!* Pensou Aldo.

— Saiu com outra mulher para tomar um drinque, dançar? É isso?

— Eu dormi com ela! — desabafou, acompanhando a mudança na expressão do irmão. De surpreso para horrorizado. Mas Carlo não se intimidou, pois com firmeza e coragem enfrentou aquele olhar do irmão, que agora era severo.

— Foi só uma vez, desde então, não nos vimos mais... — explicou rapidamente, tentando amenizar. — Não sei o seu nome e nem onde mora. Só sei que é jovem e linda. — continuou o promotor, lembrando-se dos momentos eróticos vividos em Houston. — Decidimos de comum acordo não saber nada um do outro.

— Ela é de Houston? — perguntou Aldo.

— Não, mas também não sei de onde é, como já lhe disse, ela também estava de passagem, participando de um seminário.

Aldo ficou em silêncio por alguns instantes, olhando para o irmão caçula, como se estivesse tentando absorver o que ouvira. Gradativamente, seu semblante fechou-se com pura desaprovação.

— Pelo menos, não a encontrou mais! — falou, após um tempo, num tom de voz como se estivesse chamando a atenção de um menino.

— Não. E para ser franco, você não imagina como eu gostaria de encontrá-la novamente. — retrucou Carlo, sem se deixar intimidar pela expressão severa do irmão mais velho.

— *Dio*, Carlo... Então está pensando em divórcio?

Aldo, não escondia seu descontentamento.

Carlo olhou para o irmão que o fitava com expressão severa, e depois ergueu os braços, movimentando as mãos para o teto, como se estivesse pedindo ajuda divina.

— Olha, tenho pensado muito nisso, realmente, mas, ao mesmo tempo, antevejo a reação que teria nossa mamma. Ela sempre foi contra o divórcio.

— *Bene*, e não se esqueça de Luigi. — lembrou-lhe Aldo, um pouco aliviado.

— Por incrível que pareça, ele tocou nesse assunto, antes que eu falasse, e deu-me total apoio. — respondeu o promotor, sorrindo.

— Você sabe que fomos criados segundo o catolicismo conservador. Não existe a palavra divórcio na família Martinelli! Nós fazemos os votos de casamento para sempre. — advertiu Aldo.

Carlo apenas olhou-o, sem palavras, sentindo um vazio imenso dentro de si, consciente de que estava fadado a viver um casamento fracassado, de aparências, sem perspectivas de felicidade, porque sua família era contra o divórcio.

— Eu não sou feliz com Kate, há muito tempo, Aldo. — declarou com pesar.

Aldo não gostou da tristeza que viu nos olhos azuis do irmão caçula.

— Carlo, *per favore*, tente conversar com Caterina. Quem sabe vocês se descobrem novamente, *si*? Promete tentar mais uma vez? — Aldo apertou a mão do irmão, que estava apoiada na mesa. — *Si?* Sei que estamos no século XXI e que o divórcio já é encarado com mais naturalidade... — tentou explicar o irmão mais velho, consciente da tristeza no olhar do irmão caçula. — Mas tente mais uma vez!

Carlo demorou um tempo para responder e, quando o fez, não escondeu sua frustração.

— Vou tentar. Pela *mamma*. — prometeu mesmo sabendo que de nada adiantaria.

— *Grazie!* Tenho a certeza de que dará certo. — afirmou com uma convicção que fez Carlo sorrir tristemente.

Que Dio te ouça, irmão, mas não tenho tanta certeza assim — pensou.

Aldo levantou-se da poltrona e Carlo imitou-o, dando a volta na mesa, para aproximar-se do irmão.

— Agora, vou indo. *Mamma* deve estar a minha espera! — disse Aldo, abraçando o irmão.

— Com certeza. Até a noite, então! — disse o promotor, retribuindo o abraço e acompanhando-o até a porta de saída do escritório.

Ao voltar-se, sorriu para a secretária que os olhava com carinho.

— Vou sair para almoçar, Dorothy. Não posso atrasar-me para a reunião, por isso, não me passe nenhuma ligação. Anote os recados e depois eu retornarei, ok?

— Mesmo se for sua esposa?

— Principalmente ela! — respondeu com um sorriso zombeteiro.

— Está bem! — respondeu a secretaria, divertindo-se com a expressão dele.

Capítulo 9

Coração atormentado...

Susan estava acabando de lavar o copo e o prato que usara no lanche, quando o interfone tocou. Não esperava ninguém. Sarah, numa hora dessas, já está em Santa Bárbara com Arthur, pensou intrigada.

Enxugando as mãos, foi até o aparelho e tirou o fone da base.

— Quem? — perguntou curiosa.

— Sou eu, *ágape mou*. Posso subir? — ouviu a voz grave e profunda de Nicholas.

— Que surpresa! Pode subir. — respondeu, liberando a entrada e examinando o kaftan azul-turquesa, que vestira após o banho. Apesar de estar só com ele, além das peças íntimas, ele era largo o suficiente para não a deixar constrangida aos olhos masculinos.

Abriu a porta, tão logo ele apertou a campainha.

Ele olhou-a dos pés à cabeça, com os olhos escuros brilhando de desejo.

— Linda, provocante! Você realmente está disposta a me torturar, não é, *ágape mou*?

Ela sorriu e deu passagem para ele entrar.

— E você, sempre galante não é, Mr. Nicholas? — respondeu a jovem, fechando a porta.

— Só com você! — respondeu o grego rindo baixinho e passando o dedo numa das bochechas dela.

— Vou fazer de conta que acredito. — respondeu com diversão. — Sente-se, por favor. Quer beber algo? Vinho, água, chá gelado, cerveja?

O grego sentou-se e esticou as longas pernas, displicentemente.

— Uau, quantas opções... — falou bem-humorado e piscou para ela.

— Você não toma jeito! — disse ela, parando à sua frente, com as mãos na cintura.

— Um copo de vinho seria muito bom, minha linda.

Ela encaminhou-se até a cozinha, sabendo que ele a seguia com os seus olhos de predador.

— Você está maravilhosa, ágape! — gritou para ela.

Susan apenas riu gostosamente. *Ela adorava o senso de humor de Nicholas.*

Minutos depois ela voltava da cozinha com duas taças de vinho tinto seco, o preferido dele.

— E então, Nick, o que o traz aqui? — perguntou ela, sentando-se na poltrona em frente a dele e tomando um gole da bebida.

— Você, *ágape mou*! — respondeu ele, olhando-a sobre a borda da taça, enquanto bebia o vinho.

Ela balançou a cabeça, sorrindo.

— Nick, por favor... — pediu ela, impaciente.

Ele deu uma gargalhada gostosa e tomou mais um gole do seu vinho.

— Está bem, linda. Eu vou partir amanhã à noite para a Grécia. Terminei todos os meus compromissos aqui e vim perguntar, mais uma vez, se não quer ir comigo. — disse ele, muito sério, fitando-a intensamente.

Ela retribuiu o olhar, sorrindo tristemente.

— Ah, Nick... eu já...

Ele interrompeu-a com um aceno.

— Deixa-me eu fazê-la minha essa noite? Por favor? — falou num tom de súplica. — Deixe-me ficar aqui essa noite? Uma vez ao menos?

Ela arregalou os belos olhos e fitou-o sem saber o que falar. Ele deixou a taça sobre a mesa ao lado do sofá, levantou-se e puxou-a pelas mãos para levantá-la puxando-a para si.

— Não tenho tido uma noite tranquila, desde que te conheci. Você sabe o quanto a desejo, não sabe? — disse ele, numa voz rouca e trazendo-a para mais perto dele.

Ela fitou aquele rosto bonito e seu olhar parou nos lábios cheios e sensuais dele. Levantando novamente os olhos, encontrou os dele, nublados de desejo. Lentamente ele, abaixou-se, fitando os lábios dela insistentemente. Como ela não recuou, ele capturou-lhe a boca e beijou-a com sofreguidão. Susan aos poucos foi retribuindo ao beijo, erguendo os braços e enlaçando-o pelo pescoço. Ela sabia que era a sua carência afetiva que a estava empurrando para os braços do belo grego. Ele não deixou por menos e intensificou o abraço, apertando-a contra si, com toda a paixão, fazendo-a sentir o quanto a queria.

— Seja minha, por favor, *ágape mou...* — sussurrou ele, roucamente, junto de seus lábios. — Eu a farei feliz, lhe darei muito prazer... — falou num tom solene e beijando-a novamente, ousando nas carícias pelo corpo perfeito dela.

Um corpo feminino, carente de toques e carícias, não tinha como não reagir às carícias cálidas de um deus grego.

O que acontece comigo, meu Deus? Estou tão carente, tão... tão...

Nicholas era bonito, sensual, másculo e estava ali, em carne e osso, abraçando-a, beijando-a com paixão, era um homem totalmente disponível e a queria. Ela sentia em seu abdômen a pressão da sua masculinidade excitada.

Ela se sentia acariciada por aqueles olhos negros. A fala mansa e grave estava abalando seu controle. E de repente, Susan viu-se desejando aceitar a oferta e descobrir o quanto exatamente ele a faria esquecer o italiano de Houston.

Ela talvez precisasse dessa noite com Nicholas para se soltar e voltar a sua vida normal, pois, desde abril, ela não conseguia se interessar por ninguém, inclusive ele.

E com esses pensamentos, ela deixou-se levar pelos beijos e pela paixão de Nicholas.

Enroscou sua língua na dele com sensualidade, deixando-o totalmente fora de controle, ao perceber que ela estava se entregando, tal como ele sonhara.

Lentamente ele foi levantando a barra do kaftan, para acariciar lhe as coxas torneadas e macias. Gentilmente, foi tirando a bela vestimenta pelo pescoço, deixando-a só de calcinhas e soutien. Ele ofegava, quando se afastou para apreciá-la, com os olhos faiscantes de desejo.

— Perfeita! Linda! — disse com a voz entrecortada de paixão.

Com uma lentidão erótica ele acariciou seus seios e levando as mãos para suas costas, abriu o fecho do soutien, deixando-o cair junto ao kaftan, no chão. Ele afastou-se apenas o suficiente para tirar a gravata e o paletó, que jogou sobre as roupas que já estavam no chão. Excitada ela ajudou-o a desabotoar a camisa imaculadamente branca, botão por botão, e destiná-la ao chão, também. Susan acariciou o peito másculo e firme de Nicholas, beijando-o no pescoço. Ele gemeu e ergueu-a nos braços. — Onde é o quarto, ágape mou? — perguntou ofegante e colando novamente seus lábios nos dela.

Sem tirar os lábios dos dele, ela apontou para o corredor.

Quase sem controle, caíram na cama e continuaram a se acariciar até o desejo exigir a consumação plena.

Algumas horas depois, exaustos e saciados, ficaram deitados de costas, num silêncio apreciado pelos dois, até suas respirações voltarem ao normal.

Talvez ambos estivessem precisando disso.

Susan tinha aliviado sua carência sexual, mas no íntimo sentia-se estranha. Era como se estivesse traindo alguém.

— Eu sempre soube que você seria muito deliciosa na cama, *ágape mou*! — exclamou ele, olhando-a com ardor. — Tal como eu esperava.

Susan sorriu e deu-lhe um tapinha suave no ombro, ao ver o sorriso malicioso dele.

Ele virou-se de lado, para olhá-la, apoiando-se no cotovelo.

— Venha comigo... Case comigo, ágape!

Ela segurou-lhe carinhosamente as mãos que ele acabara de colocar em seus seios, olhando-o com ternura.

— Desculpe-me, querido, mas... — ela mortificou-se pelas palavras que teve que pronunciar e pela decepção que ele não conseguiu esconder, através do olhar. Ela ficou de coração apertado. Não queria magoá-lo, mas não seria justo dar-lhe esperanças em vão. — Ah, Nick, como gostaria de amá-lo como você merece. Não quero magoá-lo, mas, infelizmente, não estou pronta para enfrentar um relacionamento, no momento.

— Por que não? — perguntou ele, passando o indicador em seu lábio inferior. — Existe outra pessoa? — Ele se afastou um pouco, para poder fitá-la diretamente nos olhos.

Ela encarou-o corajosamente e hesitou por uns instantes. Muito perspicaz, como todo homem de sucesso nos negócios, ele percebeu sua hesitação.

— Então é isso... Existe alguém que faz esse coraçãozinho se fechar para mim? — falou ele, cutucando-lhe carinhosamente o lugar do coração. Se você fez amor comigo, é porque não estão juntos, estou certo?

Ela apenas assentiu, mordendo o lábio inferior.

— Por que não estão juntos então? — perguntou ele, acariciando-lhe os lindos cabelos.

Ela meneou a cabeça sentindo um aperto na garganta.

— Ah, minha linda... o que foi? O que aconteceu para deixá-la triste? — ele abraçou-a carinhosamente, fazendo-a emocionar-se.

Ele era tão carinhoso, tão solícito... Merecia alguém que o amasse de verdade.

— Ah, Nick, como eu gostaria de amá-lo. Você é uma pessoa muito especial. Feliz da mulher que terá o seu amor.

Ele riu tristemente e apertou-lhe a ponta do nariz.

— Eu queria que você fosse essa mulher. Eu iria te fazer muito feliz. — retrucou o grego. — Mas, então, onde está esse homem que está fazendo você sofrer?

— Ele não está me fazendo sofrer, por querer. — respondeu ela, puxando o lençol para cobrir-se. — Na realidade, nós nem chegamos a ter um relacionamento... Vivemos um momento apenas...

Ele olhou-a sem entender, arqueando uma das sobrancelhas, interrogativamente.

— Aliás, nunca será possível um relacionamento entre nós, entende?

— Não. Não entendo. — respondeu ele sem titubear. — Afinal, o que realmente os impede?

Susan fechou os olhos e olhou-o, sem esconder a tristeza.

— Ele não é um homem livre. Nos conhecemos em abril, quando fui a Houston. Estávamos hospedados no mesmo hotel e nos sentimos atraídos um pelo outro, desde que nos vimos. Na primeira vez em que o vi, notei sua aliança na mão esquerda. Infelizmente, isso não refreou a nossa mútua atração. Sei que foi errado e que eu deveria pular fora. O destino quis brincar conosco e, sem querer, circunstâncias nos aproximaram cada vez mais, nos dando chances de ignorar o perigo da forte atração. Tentamos evitar, mas... mas na última noite descobrimos que estávamos sozinhos, sem nossos companheiros... E eu fiquei só naquela noite, porque Sarah foi chamada em Nova Iorque numa emergência familiar. Naquela noite então, ao descermos para jantar, o destino nos colocou no mesmo elevador e daí... foi o primeiro passo, para esquecermos da razão. Jantamos juntos, tomamos vinho, dançamos e... e... aconteceu! Foi um erro, um grande erro na verdade, mas foi um encontro inesquecível onde nossas emoções prevaleceram... — concluiu ela, muito emocionada.

Com infinita ternura, o grego enxugou a lágrima solitária que escorria na bela face, com o polegar.

— *Pethi mou, pethi mou*... não sei nem o que dizer, mas sabe que pode contar comigo. Se eu puder fazer alguma coisa... — disse ele, apertando sua mão.

— Você é um homem maravilhoso, Nick. Um amigo muito especial. Obrigada, mas, infelizmente, não tem como me ajudar. De comum acordo, não dissemos nada sobre nós. Não sabemos nada sobre a vida um do outro, a não ser nossas profissões. Mas estávamos conscientes do erro que estávamos cometendo e sabendo que aquele seria o nosso único encontro. Então vivemos aquele momento de corpo e alma. — disse ela beijando-lhe carinhosamente a mão que acariciava sua face.

Ele abraçou-a e beijou-lhe o alto da cabeça.

— Sendo assim, *ágape mou*, não faz sentido eu dormir aqui como eu queria, não é mesmo? Vou respeitar seus sentimentos, minha linda. — disse o grego com um sorriso triste e levantando-se, sem inibição alguma, de sua gloriosa nudez.

Enquanto ele entrava no banheiro, Susan também se levantou e procurou algo no armário para vestir. Antes de dormir, tomaria uma merecida ducha.

Minutos depois, Susan o acompanhava até a porta.

Antes de ela abrir a porta, ele virou-se e abraçou-a com carinho.

— Obrigado, ágape mou! Você é fantástica. Sabe como fazer um homem feliz. Se decidir ir para a Grécia, é só me ligar, ok? O número que lhe dei é do meu escritório em Atenas e o do meu celular você já o tem. Ambos são exclusivamente particulares.

— Obrigada, meu querido, mas só posso prometer-lhe uma visita.

— Terei que me conformar com isso. Se cuide está bem? — disse ele abrindo a porta.

— Você também! — respondeu ela, segurando o trinco da porta, enquanto ele saía para o corredor. — Tenha uma boa viagem!

Horas depois, após uma gostosa ducha, Susan se deitava em sua cama, lembrando-se dos momentos que tivera com o grego. Por mais apaixonante e terno que Nicholas tornara o ato, nada se comparava com as sensações que sentira com o italiano. A fim de evitar lembranças, ela levantou-se e trocou a roupa de cama. Nicholas tinha uma colônia marcante.

Que tola fora ao pensar que fazendo amor com Nicholas apagaria de sua mente os momentos com o italiano. *Aquela noite de abril, está impregnada em meus sentidos, em minha mente, em meu coração,* pensou com um longo suspiro.

Apagando a luz da lâmpada de cabeceira, puxou o lençol e fechou os olhos, na esperança de que pegaria no sono logo, mas quase caiu da cama com o toque do telefone ao seu lado. Sua intuição dizia que era Sarah.

"Bingo", pensou ao ouvir a voz da amiga. A alegria se fazia sentir do outro lado da linha

— Susan, foi maravilhoso! Ele é tão carinhoso, tão gentil... — disse a ruiva, rindo como uma criança. — Ele é o homem que eu sempre sonhei!

Susan meneou a cabeça sorrindo feliz pela felicidade da amiga.

— Ele está aí ao seu lado? — perguntou Susan, muito curiosa.

Estaria Sarah tão desinibida a ponto de falar abertamente sobre a intimidade recente ao lado do amado.

A ruiva riu alegremente.

— Claro que não! Está no banho, agora sozinho! — falou maliciosamente.

— Sarah, vocês tomaram banho juntos? Perdeu a inibição, amiga?

Susan ficava cada vez mais surpresa, pois sabia que Sarah tinha algumas inibições na hora do sexo, graças a Vince, o primeiro namorado que lhe tirou a virgindade de uma maneira rude sem se preocupar com ela. E a Ben o segundo namorado que a encheu de complexos quanto ao corpo, à pele branca, às sardas, aos seios fartos, os quais na realidade eram muito bonitos. Talvez seus posteriores relacionamentos não dessem certo, porque ela se introvertia. *Bravo, Arthur, você fez muito bem à minha amiga,* pensou Susan, radiante pela superação da amiga.

Sarah ria sem esconder sua paz e alegria interior.

— Susan, Arthur me fez sentir como a mulher mais linda do mundo. Pela primeira vez, minha amiga, eu pude sentir e entender o que é um orgasmo de verdade! E eu tive múltiplos orgasmos, amiga.

— Realmente, seu deus Loiro lhe fez muito bem, minha querida!

— Eu... eu... eu acho que estou loucamente apaixonada!

— Bem, acho que seria impossível não acontecer, diante de tudo isso. — respondeu Susan alegremente.

— Ai, ele desligou o chuveiro. Vou desligar. Depois conversamos. Beijo, beijo. — despediu-se a ruiva, baixinho e desligando.

Susan riu. Ao menos, Sarah estava tendo o carinho de alguém que a fazia ser especial.

Apagou a luz novamente e começou a contar carneirinhos para tentar dormir.

Na manhã seguinte, acordou com o toque do telefone mais uma vez. Sonolenta atendeu.

— Bom dia, ágape mou. Dormiu bem?

Susan riu ao ouvir a voz de Nicholas.

— Muito bem, e você? *De que adiantaria dizer que teve um sono truncado.* Ela ouviu a risada baixa e sensual dele.

— Maravilhosamente depois de uma noite com a mulher da minha vida. Um lindo anjo de olhos verdes que me fez muito feliz ontem. — foi a resposta dele, com aquela voz macia, que toda mulher gosta.

— Deixe de brincadeiras. Onde você está?

— Já estou no aeroporto. O voo sai daqui há uma hora. Pensei que poderia contar com o nosso jato particular, porém meu pai o requisitou antes. — disse, num bom humor invejável.

— Não reclame. Você vai desfrutar do conforto de uma primeira classe.

— Seria mesmo uma boa viagem se você estivesse aqui comigo.

— Nick, não faça isso... Prometo que vou visitá-lo, logo que puder, está bem?

— Vou esperá-la ansiosamente.

— Se cuide! E obrigada. — agradeceu em tempo.

— Do quê?

— Do carinho, ternura e compreensão de ontem à noite.

— Digo o mesmo. Vou indo, *ágape mou*! Até Atenas, vou relembrando nossos momentos de ontem. — concluiu maliciosamente, fazendo a jovem ruborizar-se mesmo estando do outro lado da linha.

Susan sentia seu coração apertado, em pensar que Nicholas ainda tinha esperanças de conquistá-la. Vestiu sua roupa de caminhada e dirigiu-se ao seu local preferido para correr. O domingo estava ensolarado e ela deveria aproveitá-lo ao máximo.

Na volta, após um lanche leve, e exausta do esforço físico, jogou-se na cama. Afinal, era domingo.

Fechando os olhos, seus pensamentos se voltaram para a noite anterior, quando fizera amor com Nick. *Fora um momento muito especial, mas não o suficiente para apagar fogosas lembranças da noite de meses atrás*, em Houston, pensou resignada.

Reviveu cada momento que passou com o italiano e se conscientizou de que seria impossível esquecê-lo. Ela ainda podia sentir o perfume másculo daquele corpo, a voz sussurrada em seus ouvidos, com palavras carinhosas em italiano. Sentia muitas saudades mesmo que o tempo que passaram juntos fosse muito pouco. Fora pouco, porém intenso e marcante!

Seu pulso acelerou ao recordar os beijos que trocaram.

Ansiosos e fogosos de ambas as partes. Como seria bom revê-lo nem que fosse de longe. O que ele estaria fazendo nesse momento? Será que ele teria as mesmas recordações que ela?

Deitou-se apenas para um breve descanso, mas o cansaço da semana e mais a corrida da manhã a fez relaxar.

Queria levantar, mas estava tão exausta e quase não conseguia manter os olhos abertos. Tentou, mas o sono venceu-a.

Quando acordou, já passava das 19 horas. Estava cansada realmente.

Alcançando o telefone, discou o número de casa. Depois de conversar com as três pessoas mais importantes de sua vida, levantou-se disposta a preparar um sanduíche de atum e uma salada rápida, para satisfazer seu estômago que estava roncando de fome.

Enquanto comia, lembrava-se da alegria de sua amiga Sarah e ficou curiosa para saber os detalhes da viagem, que certamente ela lhe contaria quando pudesse.

Capítulo 10

O começo do fim...

Sentado atrás da sua grande mesa de mogno em seu gabinete, Carlo terminava de fazer as anotações que precisava para conversar com seus jovens assistentes.

Olhou sua agenda e, de repente, começou a divagar em pensamentos que mexiam com seus sentidos.

Desde que se abrira com Aldo sobre a *Bambina*, estava ficando maluco de tanto pensar na linda jovem de olhos verdes. Estava muito tenso e ansioso.

Tomado pelas lembranças daquele corpo macio e quente, das mãos suaves percorrendo cada pedaço do seu corpo, daquela boca, daquele sorriso encantador...

Ainda estava muito vívido em sua mente cada momento que passara com ela, naquela noite, desde o jantar até o quarto da suíte dela, quando deram vazão à paixão que os consumia. A vontade de revê-la era imensa, apesar de saber o quanto era impossível esse reencontro. Pois nem sabia seu nome ou onde morava. O que era perfeito, diante das circunstâncias.

Havia várias razões para o impossível, sendo a principal delas o fato de não ser um homem livre, para sonhar com um possível relacionamento com ela.

E, por mais que pudesse negar, a jovem causara uma explosão de sentimentos em Carlo, desde que se viram pela primeira vez em Houston e que o estava deixando confuso e inquieto.

Tirando os óculos, esfregou as mãos nos olhos cansados de tanto ler os processos sobre a mesa, apoiou os cotovelos na mesa e segurou a cabeça, num longo suspiro de lamentação.

Estava tão absorto que se assustou quando a porta abriu e Dorothy apareceu com um sorriso meio constrangido.

— Desculpe-me, Carlo, mas sua esposa está aqui e quer ser recebida o quanto antes. — falou com certa desaprovação na voz. — Eu disse que você está muito ocupado, mas...

Carlo aprumou-se e sorriu benevolente para sua secretária.

— Já acabei, pode deixá-la entrar, por favor, Dothy.

Em segundos, bela, majestosa em toda sua arrogância, Kate entrou, deixando o ar impregnado com seu marcante e sofisticado perfume.

Seu rosto contraído demonstrava irritação.

— Inconcebível essa sua secretária querer barrar minha entrada no seu gabinete! Quem ela pensa que é? — perguntou indignada e aproximando-se da mesa.

Carlo levantou-se e foi para a frente da mesa, onde ela estava.

— Ela é minha secretária e assistente pessoal. É ela quem cuida da minha vida, aqui nesse gabinete. E ela apenas cumpriu minhas ordens. Fui eu quem pediu para não ser incomodado, por ninguém. Ninguém, *capiche?* (entendeu?) — O que veio fazer aqui Kate? — perguntou, irritando-se com sua arrogância ao referir-se à Dorothy e curioso, pois ela dificilmente vinha ao seu trabalho.

Ela aproximou-se mais e beijou-o nos lábios, sem perceber-lhe a indiferença.

— Essa mulher acha que é sua mãe. Nunca fui com a cara dela. — comentou com desprezo, sentando-se na poltrona que ele indicava com a mão. — Nem *ela com a sua...*, pensou ele irritado.

Carlo sentiu a indignação esquentar seu rosto. Abominava falta de respeito a quem quer que fosse.

— Kate, Dorothy é uma senhora distinta, educada, mãe exemplar e avó dedicada de nove netos, além de ser uma funcionária competente. — vociferou ele, muito indignado. — Ela está comigo desde que assumi a promotoria aqui. Não admito em hipótese alguma que você ou alguém mais a ofenda. E só para constar, ela me trata como se fosse filho dela, sim, e eu gosto.

O belo rosto de Kate se contraiu em desaprovação.

— Isso não impede que eu não goste dela. Ela parece mais um general cuidando...

— Cuidando para que o seu chefe não seja perturbado por ninguém quando necessário. — completou ele friamente.

— Mas, eu sou sua esposa, e não uma pessoa qualquer... — retrucou ela cruzando as pernas numa pose estudada.

Carlo riu intimamente. Ela sempre usara desse artifício para chamar-lhe atenção e deixá-lo teso. Ainda não percebera que isso não funcionava há muito tempo. Carlo às vezes pensava se ela realmente não percebia ou fingia não perceber.

— Kate, por favor, quer me dizer o motivo da sua visita? — perguntou impaciente, sentando-se na beira da mesa.

— Papai nos convidou para irmos com eles para o Haras, neste final de semana. Vão reunir... — ela parou ao vê-lo menear a cabeça. — O que foi, Carlo?

— Sem chances, cara. O caso Mendonza está tomando muito o meu tempo. Não posso desviar minha atenção dele um minuto sequer, nessas alturas do processo. A cada dia aparecem mais provas para incriminá-lo e precisamos estudar uma estratégia para prendê-lo. Meu fim de semana vai ser dedicado inteiramente a ele. Vá com Luigi. — sugeriu.

— Não sei se ele vai querer ir, pois não haverá a turminha jovem. Só serão casais. Mas independentemente disso eu irei, okay? — decidiu ela, não escondendo sua irritação. — Não vou prender-me por nenhum dos dois.

Carlo aprumou-se ficando em frente a ela e encolhendo os ombros.

— Faça o que quiser, *cara*. E boa viagem. — respondeu com indiferença.

Ela levantou-se também e olhou-o bem nos olhos.

— O que está acontecendo com você, afinal? — perguntou ela apertando a bolsa nas mãos. — Nos últimos tempos parece que você faz tudo para me irritar. Não concorda com nada do que eu digo, do que eu faço...

— O mundo não gira ao seu redor, Kate. — respondeu ele friamente. — Ando atolado de trabalho. Tenho trabalhado até tarde, todos os dias, se não notou...

— Trabalho, trabalho, trabalho... Você o coloca sempre acima de sua família. — queixou-se ela.

— Meu trabalho e meu cargo assim o exigem, Kate. Foi minha escolha, e eu sabia que tinha que abrir mão de muitas coisas e você também sabia disso. E eu sempre procurei compensar nos finais de semana ficando com vocês. E como você acha que seria minha vida como político que você sonha tanto? Vocês não me veriam por meses, durante as campanhas eleitorais.

— Eu sei como encara esse seu trabalho na Promotoria, mas não é só isso. — continuou ela ignorando as palavras dele. — Você está muito frio, distante... Você nem se importa se eu estou feliz ou não. Na verdade nem pergunta.

Ele olhou-a impassível

— É mesmo? E você por acaso parou para pensar o porquê disso? — retrucou sarcasticamente. — Você faz questão de deixar claro que não se importa com minhas opiniões, com minhas vontades. Reparou que é só você, você, você? — atacou Carlo, com uma frieza que surpreendeu a ele mesmo.

— Ultimamente, não conseguimos dialogar um minuto sequer. Anda azeda demais, discutindo por qualquer coisa e fica dias sem falar comigo. O que você queria, afinal? Que eu insistisse e desse motivo para mais uma discussão? — perguntou olhando-a com pesar. — Você é que faz questão de contrariar-me, tomando decisões por mim, criticando os jantares com minha mãe aos domingos, meus horários de trabalho, meu encontro anual com ex-colegas de universidade. Não gosta da minha amizade com Kevin e os demais... — ele fitou-a meneando a cabeça. — Kate, você implica com tudo, que não se refere a você.

Ela levantou a mão irritada...

— Chega, por favor. Como sempre a culpa é minha, não é? Vou para o Haras dar um tempo a você, tal como você quer... — explodiu ela, levantando-se e dirigindo-se à porta.

— O que eu quero, cara? Ah, você não sabe o que eu quero. — falou ele, sardônico. — E, Kate... — chamou-a, antes que ela abrisse a porta. Ela virou-se com cara amarrada, interrogando-o com o olhar.

— Espero que aproveite esses dias, para esfriar sua linda cabeça e amaciar um pouco sua língua. — concluiu sarcasticamente.

Ela fuzilou-o com o olhar.

— Vá para o inferno! — vociferou ela saindo e fechando a porta atrás dela. Passando pela sala de Dorothy, nem se deu ao trabalho de despedir-se.

Carlo ficou sentado na ponta da mesa olhando para a porta que se fechara. *Inferno... Eu já estou nele, há muito tempo cara...*, pensou com amargura.

Pegando o celular sobre a mesa fez uma ligação para o filho.

— *Si, papà?* — atendeu Luigi, prontamente.

— Você vai com sua mãe para o Haras, no final de semana?

— Não. Fazer o que lá? Pelo que sei, não haverá nada de interessante para mim. — respondeu o garoto, sem titubear.

— Nenhuma das gatinhas que você conhece? — perguntou irônico.

O garoto riu.

— Não, *papà*. Nenhuma delas. — respondeu com humor.

— Certo. Que tal jantarmos os dois com a *nonna*, hoje depois da minha caminhada?

— Ótima ideia, *papà*.

— Então avise a nona para fazer aquelas polpette ao molho de manjericão, que vamos jantar com ela.

— Deixa comigo. — exclamou o garoto com sua alegria peculiar.

Carlo desligou o aparelho, com um sorriso, pensando na conversa com Kate. Ao menos, seu final de semana seria tranquilo, sem gritos, sem discussões.

Estava frustrado com a sua atual vida pessoal indo à bancarrota. Envolvido na leitura do processo mais polêmico de sua carreira de promotor, Carlo assustou-se com o som do interfone.

— Sim, Dothy? — atendeu educadamente.

— Brian e Krista perguntaram se mudou de ideia quanto ao almoço, Carlo. Acabaram de ligar do restaurante. Eles disseram que vocês combinaram, antes deles saírem daqui.

Carlo olhou para o relógio.

— Scusa, não vi a hora passar! — exclamou ele, levantando-se e colocando o paletó. — Eu pedi para eles irem à frente que logo iria, mas distrai-me. — disse olhando para fora da janela. Chovia muito lá fora e Nova Iorque com chuva, era um caos. — Por favor, diga-lhes que já estou indo.

Minutos depois, Carlo juntava-se aos seus dois assistentes no habitual restaurante, próximo ao Tribunal, passando a mão no paletó tentando-o livrar-se dos respingos da chuva.

Brian e Krista estavam realizando um trabalho excelente como seus assessores na promotoria. Enquanto almoçavam discutiam sobre as novas estratégias para pegar Mendonza.

Falavam sobre a repercussão do caso na mídia local.

Carlo ouvia atentamente a opinião dos jovens. Eram astutos, inteligentes e ambiciosos.

Estavam tomando café, quando Brian pediu licença para ir ao toalete.

A jovem Krista acompanhou o colega com os olhos, inclinando a cabeça, com admiração, até quando ele alcançou o corredor que levava ao toalete. Ao se voltar, encontrou a expressão divertida do promotor sobre si. Ela corou como uma adolescente

Já havia reparado que havia certa química rolando entre os dois jovens.

Carlo sorriu-lhe, debruçou-se na mesa para que só a jovem ouvisse o que tinha a dizer.

— Vou lhe contar um segredo. Brian também a olha assim, quando você não está prestando atenção. — sussurrou-lhe.

A jovem ficou corada e sorriu envergonhada.

— Sério? — perguntou surpresa.

— Acredite em mim. Vá em frente. — incentivou-a.

Krista deu um sorriso feliz.

— Obrigada, mas eu... — a jovem parou de repente, arregalando os olhos e fixando-os em algo atrás de Carlo.

O italiano retesou-se, pois, antes mesmo de virar-se, sabia que era Kate, pois sentiu o perfume inconfundível da esposa, que ficou a sua frente, com os olhos flamejantes de raiva.

— Nem imaginou que eu viria almoçar aqui, não é? Então, senhor promotor, seria essa a causa da sua atitude "fria e ausente" nos últimos tempos? Desde quando está de caso com essa ordinariazinha? — perguntou ela, olhando-o com desprezo. Lentamente ela desviou o olhar para a jovem e fitou-a com fúria e sua arrogância peculiar. — E você? Não me engana com essa carinha de inocente, toda vermelhinha. Que tal fazer sexo com um homem que tem idade para ser seu pai?

A jovem Krista ficou pálida e constrangida ao ver que as pessoas das mesas vizinhas pararam de conversar, para prestar atenção no que se desenrolava ali, pois Kate usava o tom de voz agressivo e alto.

Enfurecido, Carlo levantou-se e encarou a esposa.

— Kate, por favor, controle-se... — pediu entre dentes. — Krista não é...

— Ah, então é Krista o seu nome? — perguntou, aumentando o tom de voz, fitando com desdém a jovem, que continuava paralisada, sem saber o que falar e que olhava para Carlo com os olhos marejados e o rosto vermelho de vergonha, como que pedindo ajuda.

Ao notar que a jovem estava prestes a chorar, o promotor ficou mais irritado.

— Katherine, por favor, peça desculpas à Krista! — ordenou ele baixinho, mas com rispidez pegando-a pelo braço. — Você está sendo ridícula com essa cena.

Ela tentou puxar o braço num safanão, sem conseguir. Carlo a segurava, como garras de ferro.

— Eu, pedir desculpas a essa... essa...

— Kate... — preveniu-a perigosamente. Ao tentar pegar o braço da esposa, Carlo surpreendeu-se com a figura de Nadine atrás deles, impassível, com pose de rainha, a arrogância espelhada em seus olhos frios. Carlo endureceu o olhar. — Que faz aí parada e não tira sua filha daqui, antes que ela faça mais estragos emocionais? — perguntou friamente.

A sogra fuzilou-o com o olhar.

— Isso é com você e Kate. Não me envolva nisso. — respondeu friamente a sogra.

— Crápula! — gritou Kate fora de si para o marido. — Cretino!

Lentamente, Krista levantou-se.

— Senhora, por favor, não é o que está pensando. Eu não sou...

— Cale a boca, sua idiota! — interrompeu Kate, virando-se para a jovem com fúria. — Eu vi você insinuando-se para meu marido.

Nesse ínterim Brian chegou à mesa e ficou atônito ao ver a discussão e o descontrole emocional de Katherine. Notou o constrangimento da jovem colega. Abraçou-a pelos ombros, num gesto protetor.

— Por favor, tenha calma, senhora... — pediu baixinho à Katherine, ainda com um dos braços, seguro pelo marido, com firmeza.

— Quem é você para me pedir calma? — perguntou ela ríspida, para Brian, tentando inutilmente soltar-se dos dedos do marido. — Isso não é da sua conta!

Carlo estava lívido de constrangimento e raiva.

— Minha esposa vê coisas que só existem na cabeça dela. — falou em tom de desculpas, ao jovem assistente.

— Ah, mas que descarado você é! E o que eu vi aqui é fantasia?

— Como sempre, interpretando os fatos à sua maneira. — respondeu ele com a expressão fechada.

— Senhora, por favor... — pedia Brian com cautela. — Krista é minha namorada e eu estava no toalete. — informou o jovem.

Kate ignorou a explicação e parecia que ia bater na jovem assustada. Nadine que até então assistia a tudo impassível em sua fria elegância tomou consciência do erro da filha e deu um passo à frente tentando chamar a atenção dela.

— Kate, vamos. Não ouviu a explicação do rapaz? Por favor, querida se algum jornalista estiver presenciando isto aqui vai ser um escândalo amanhã em todos os tabloides...

Carlo olhou para a sogra com um olhar gelado.

— Você é mesmo incrível, Nadine, sempre preocupada com as colunas sociais. Já deveria ter retirado sua filha daqui.

— Pois será muito bom que Nova Iorque saiba que o respeitado promotor Martinelli estava quase aos beijos com uma jovem vulgar numa mesa de restaurante a luz do dia...

— Chega, Kate! — pediu o italiano, num tom de voz baixo, mas tão frio e cortante, que fez com que a mulher parasse de se debater e calasse a boca. Os olhos soltavam chispas.

— Eu não...

— Eu disse, chega! Vamos sair daqui! — impôs o promotor com firmeza, deixando umas cédulas sobre a mesa e fitando o jovem casal.

— Isso dá para pagar o almoço. Vou levar minha esposa até o carro e depois os encontrarei no tribunal. — explicou ele. E fitando a jovem advogada com olhar pesaroso desculpou-se. — *Scusa cara*.

Pegando a esposa pelo braço olhou friamente para a sogra.

— Nadine, não posso acreditar que você tenha permitido que ela fizesse essa cena ridícula, quando tem tanto medo de escândalos. — falou rispidamente, indicando sutilmente as pessoas das mesas ao redor olhando-os, perplexos. — Tomara que tenha algum conhecido de vocês entre os clientes.

A sogra arregalou os olhos e começou a procurar algum rosto conhecido no recinto. O pânico em seu olhar era visível.

— Você sabe como Katherine é impulsiva e você não deveria dar motivos... — respondeu a sogra no mesmo tom ríspido.

Carlo fitou as duas com fúria incontida.

— Eles são meus assistentes e estão apaixonados um pelo outro. Eu estava almoçando com o jovem casal. Apenas almoçando, entenderam? Você tem ideia do vexame que fez a jovem passar? A sua atitude impassível, Nadine, foi tão deplorável como a de sua filha.

Ele tentava carregar a esposa para fora do restaurante.

— Me largue. Com você eu não vou! E eu não acredito que ela seja namorada desse indivíduo. — esbravejou Kate. — Arranjou um cúmplice agora? — questionou debochada.

— Fique quieta ou não respondo por mim. Não vou permitir que ofenda meus assistentes. E, Nadine, chame seu chofer, antes que eu perca a paciência com sua filha. E, por favor, arranje um psiquiatra para ela!

Puxando rudemente a esposa pelo braço, Carlo levou-a para fora do restaurante. A sogra com o celular chamava seu chofer, pedindo-lhe rapidez.

Quando o carro da sogra chegou, ele abriu a porta detrás e quase jogou a esposa no banco, fechando a porta com fúria. Não fez questão de ser cavalheiro com a sogra, deixando que seu chofer fizesse a gentileza. Sem esperar pela partida delas, Carlo deu as costas, pegou o seu guarda-chuva que o porteiro lhe trouxera e foi caminhando em direção do Tribunal que ficava há uma quadra dali. Estava ofegante de fúria.

Chegando em seu gabinete, jogou-se em sua cadeira e cobriu o rosto com as mãos.

Indignação, revolta, decepção e frustração faziam seu corpo tremer. Agradecia aos céus por Dothy e o jovem casal não terem voltado do almoço. Podia dar vazão à sua fúria.

Irrequieto, levantou-se e tornou a sentar-se.

— *Cazzo*! (porra) — urrou com desespero, dando um murro na mesa.

Sacudindo a cabeça, perguntava-se amargamente até quando suportaria essas cenas de Kate. Ele já estava no seu limite. *E eu tenho que aguentar isso até o fim da vida? Ah, Aldo... scusa caro...*

Ele sabia que a reputação da esposa possessiva e temperamental era conhecida em seu círculo de amigos, mas mesmo assim se sentia constrangido com cenas estressantes como a que acontecera minutos atrás. Sentiu compaixão, ao lembrar-se do rosto vermelho e assustado da jovem Krista.

Brian tentou ajudar dizendo que era namorado dela, mas de nada adiantou para apaziguar o destempero emocional da esposa.

Eu preciso desabafar com alguém ou ficarei louco, pensou com amargura. Quem poderia ouvi-lo? Só ouvi-lo? *Mamma,* nem pensar. Seria preocupação demais para a cabecinha dela. Aldo já tinha ido embora e certamente ainda lhe diria para continuar tentando salvar o casamento. *Dannazione!*

Fechando os olhos, um rosto surgiu em sua mente. Um rosto suave, meigo, de uma beleza rara com grandes e lindos olhos verdes. Seria um bálsamo para ele tê-la ao seu lado nesse momento. Olhá-la, beijar aqueles lábios carnudos, sentir o aroma da sua pele... O que devo fazer para enfrentar essa situação? Só em pensar que à noite teria que se deitar na mesma cama que Kate, sentia seu sangue ferver de raiva. Dessa vez Kate tinha ido longe demais. Esfregando as mãos no rosto, lembrou-se da pessoa certa para ouvi-lo. Suspirando longamente, pegou o celular do bolso e discou um número. Sabia que ele estava em Nova Iorque desde o dia anterior.

Enquanto aguardava, passava nervosamente a mão nos cabelos.

Foi atendido ao segundo toque

— Fala, italiano. — falou a voz ao atender.

Carlo aprumou-se na cadeira.

— Ciao *caro*, você se importaria de adiantarmos aquele drinque de amanhã para hoje? — perguntou ansioso.

— Por mim tudo bem. Estou indo para uma reunião com o irmão do meu cliente dentro de 15 minutos. Está difícil essa partilha de bens entre eles... Mas diga, italiano, estou sentindo tensão em sua voz ou me engano?

— Não, você está certo. Estou precisando de um ombro amigo. Preciso desabafar, meu amigo, senão corro o risco de enlouquecer ou ter um infarto! — falou num tom de desespero que chegou a preocupar o amigo do outro lado da linha.

— Mas o que aconteceu? Alguma coisa com *mamma* Carmela?

— *Dio, no. Mamma* está bem. Desta vez é pessoal, amigo. Está disposto a me ouvir? — perguntou sem esconder a ansiedade.

— Claro, meu amigo. Escolha o lugar e a hora.

— Que tal o nosso lugar de sempre, às 18h30?

O lugar era um bar a um quarteirão do tribunal, muito frequentado pelo pessoal que trabalhava na redondeza para *happy hour*. Quando o amigo estava em Nova Iorque sempre iam tomar um drink lá.

— Estarei lá. Mas confesso que estou preocupado. Quer que eu vá até aí?

Carlo sorriu. Ele e Kevin eram mais que amigos. Ele estava sempre disponível para os amigos. Na universidade, cansaram de ficar até madrugada conversando sobre os projetos de vida, os sonhos, as decepções, enfim, eram como irmãos. Tinham grande afinidade, talvez porque ambos vinham de famílias de imigrantes que vieram para os EUA trabalhar e conseguir uma vida melhor. Kevin era filho de irlandeses, bem-sucedidos com uma grande empresa de produtos alimentícios. A única diferença é que ele e as irmãs nasceram em Nova Iorque, pois os pais eram recém-casados quando saíram da Irlanda para tentar a sorte na América.

— Não, *caro*. Melhor nos encontrarmos no bar.

— Okay. Às 18h30, então. E amigo... acalma-se. — pediu antes desligar.

Carlo já estava quase em frente à porta do bar quando olhou o relógio. Se atrasara três minutos do horário combinado com Kevin. Se não fosse aquela reunião de última hora com a equipe da promotoria, já estaria ali, pois sempre primara pela pontualidade.

Com efeito, logo que entrou, avistou o amigo, sentado numa mesa de canto com um copo de uísque na mão. Sorrindo, respondeu ao aceno do amigo e foi ao seu encontro, parando o garçom no caminho, para pedir um copo de uísque com gelo.

Kevin levantou-se e se abraçaram afetuosamente, com leves tapas nas costas.

Não se encontravam, desde o encontro de Houston, em abril.

— Como está, *caro mio*? — perguntou Carlo, antes de sentar-se.

— Muito bem e você?

Carlo franziu a testa e olhou para o amigo sem responder. Kevin devolveu-lhe um olhar de pura preocupação.

— O que houve, italiano? — perguntou, sentando-se também.

Carlo suspirou. De repente, percebeu o olhar de compreensão do amigo. Ele já adivinhara o motivo de seu estado emocional.

Esperou o garçom entregar a bebida de Carlo e então falou.

— Katherine. Acertei? — perguntou Kevin, consternado com a tristeza que via no olhar do amigo de longa data...

Carlo sorriu-lhe tristemente e gesticulou afirmativamente com a cabeça.

— Cheguei ao meu limite, *caro*. A situação chegou num ponto que não há retorno. Ao menos para mim. — desabafou.

Kevin aproximou-se mais e debruçou-se sobre a mesa, apoiando os braços sobre ela e entrelaçando os dedos.

— Estou ouvindo, meu amigo. — murmurou, incentivando-o ao desabafo.

Entre goles de seu uísque, Carlo então contou todos os problemas que geraram discussões sem fim com a esposa, principalmente após a viagem de Houston.

Falara principalmente sobre as crises de ciúmes cada vez mais constantes, constrangedoras e inaceitáveis como a do restaurante na hora do almoço.

— Veja, meu amigo, Kate sempre teve uma personalidade forte. Desde o início do relacionamento de vocês eu percebi que ela era bastante possessiva, mas com o passar dos anos realmente ela foi ficando pior. Não sei se você percebia, mas cada vez que você cumprimentava nossas colegas de turma, ela fechava a cara e tomava um tom agressivo com você e com todos, mesmo que tentasse disfarçar, o clima ficava pesado e constrangedor. Você talvez não tenha percebido por estar apaixonado e envolvido, mas ela fazia de tudo para te afastar das suas amizades. Nós como seus amigos mais próximos respeitamos o seu relacionamento e fomos nos adaptando para que não perdêssemos o contato. De qualquer forma, todos sabíamos que por ela você deixaria de fazer parte do nosso grupo.

Carlo não escondeu a surpresa ao ouvir o amigo.

— Homem apaixonado é um caos, não é mesmo? — concluiu Kevin com ar de troça.

O italiano meneava a cabeça com um sorriso triste. Tinha que concordar com o amigo.

— Se eu tivesse percebido... — murmurou com pesar, tomando um gole da sua bebida.

Kevin riu e sacudiu a cabeça.

— Carlo, você estava apaixonado... E mesmo que eu e alguns de nós do grupo tivéssemos notado a possessividade de Kate com relação a você, nós nunca nos intrometeríamos. Até porque poderia ser algo transitório, passageiro... coisa de início de relacionamento. Uma vez quando estávamos numa festa na nossa casa, acho que era no meio do nosso último ano de faculdade, eu ouvi uma conversa entre a Kate e aquela morena alta e gostosa que estava sempre com ela.

— Manny Perkins. Percy era apaixonado por ela. Claro que lembro.

— Katherine foi categórica ao dizer que casaria com você logo após a formatura. Manny lembrou-a de que você iria trabalhar em Nova Iorque e ela respondeu que era o que você pensava, mas que seu destino seria com ela em Boston.

Carlo arregalou os olhos surpreso.

— Eu achei que, com a convivência com sua família, ela fosse mudar. — disse Kevin. — Com a generosidade de sua mãe...

Carlo riu e meneou a cabeça.

— Como? Ela nunca se afeiçoou à minha família, Kevin. Nunca fez questão de fazer realmente parte dela, como meus cunhados. Mamma tem essa mágoa até hoje. Mas não posso criticá-la, pois eu também nunca fiz questão de aproximar-me muito da família esnobe dela. Com Walker e o irmão Ronney, eu ainda tenho um bom diálogo, mas com Nadine e sua emproada cunhada... — confidenciou, fazendo uma careta. — Você acredita que ela estava junto com Kate hoje e simplesmente ficou assistindo a todo o escândalo da filha, impassível, com toda sua pose de rainha intocável? E também com a mesma interpretação errônea sobre a minha presença ali no restaurante numa simples conversa com minha assistente, enquanto o Brian, meu outro assistente foi ao banheiro. A jovem ficou estarrecida com o ataque verbal de Kate.

— Realmente eu sinto por esse momento difícil, meu amigo. Sei o quanto você valoriza sua família. O que pensa fazer?

— Ainda não sei, *amico*. Ainda estou estupefato com a cena do restaurante. Nunca pensei que Kate chegaria ao ponto de ofender uma jovem, só porque estava conversando normalmente comigo, do outro lado da mesa. E sem se importar com a plateia que assistia atônita. Se não fosse por Luigi e *mamma*, eu nem iria para casa hoje. Não estou com disposição para trocar uma palavra sequer com Katherine. Cheguei à conclusão de que ela está louca.

— Deixe o tempo falar por si, meu *caro*. Quando as coisas esfriarem, quem sabe vocês possam conversar e...

— Sem chance. — interrompeu-o bravo. — Kevin, o tempo esgotou. Estou farto, cansado, frustrado.

O amigo apenas o olhou e anuiu.

— Não sei o que dizer, italiano. — disse com pesar.

— Prometi a Aldo tentar até o último cartucho para salvar esse casamento, mas acabou, *è finito*. Nenhum Martinelli divorciou-se até hoje, e mamma preza muito a indissolubilidade do casamento. Mas acho que vou quebrar essa tradição, mesmo que *mamma* fique triste.

Kevin não conseguiu esconder a compaixão pelo amigo. Afinal, ele era tão feliz em seu casamento com Maureen, que desejava o mesmo para Carlo.

— Realmente, não vale a pena conservar um casamento que não existe mais. Afinal, vê-se o quanto você está infeliz. *Mamma* Carmela vai entender e apoiá-lo.

— Tenho pensado bastante antes de tomar uma decisão definitiva.

Kevin olhou para o seu relógio e franziu a testa. Carlo percebeu que o amigo tinha compromisso.

— Obrigado, *caro mio*. Foi muito bom ter desabafado com você. Sou-lhe grato! — disse fazendo sinal para o garçom, a fim de pagar a conta. Kevin ia tirando seu cartão do bolso, quando Carlo impediu-o gentilmente com um gesto de mão.

— Eu pago, *amico*! Você é meu convidado.

Minutos depois, estavam na calçada se despedindo.

— Estava pensando, não quer ir jantar comigo na casa da *mamma*?

— Gostaria muito, italiano, mas vou jantar com minhas irmãs e meus cunhados... Fica para a próxima vez, okay?

— Dá lembranças minhas a todos.

— Obrigado, darei sim. Até breve, italiano! Espero que tudo se resolva da melhor maneira possível. Se precisar, não hesite em me ligar.

— Valeu sua paciência em me ouvir! — respondeu Carlo, comovido com o apoio do amigo.

Horas depois, enquanto dirigia em direção à sua casa, Carlo tinha tomado uma decisão. Era o começo do fim.

Capítulo 11

Em busca da felicidade...

Quando Carlo chegou, Luigi estava na cozinha terminando seu sanduíche.

— *Ciao, papà.* — gritou ele, ao ouvir os passos inconfundíveis do pai.

— *Ciao, caro.* — respondeu o pai, entrando na cozinha e passando a mão nos cabelos encaracolados do filho, espalhando-os como costumava fazer desde que ele era pequeno.

— Veio mais cedo hoje. — observou o adolescente, esquivando-se da nova tentativa do pai de passar a mão em seu cabelo.

— *Si.* Vamos jantar com sua *nonna*, lembra? — disse ele olhando ironicamente para o sanduíche do filho. — O trabalho está quase concluído para uma atuação brilhante da nossa equipe, para fazermos a denúncia e colocarmos o traficante na cadeia.

— É, hoje falaram sobre esse caso na televisão. — comentou o jovem mordendo seu sanduíche.

— Sim, a mídia está acompanhando com muito interesse a possível prisão dele com as provas que estão aparecendo contra ele e sua organização. É só uma questão de tempo.

— Ele é perigoso? — perguntou o jovem.

— Um traficante mesmo sem as conexões que ele tem sempre é perigoso *caro*.

— Você também tem que tomar cuidado, papà. — afirmou ele, com preocupação. — A *nonna* está preocupada que ele possa querer se vingar...

— Eu sei, meu filho... Mas não se preocupem. Estou com um grande esquema de segurança. Huum, esse seu sanduíche está com uma cara muito boa... — disse Carlo, tomando o sanduíche das mãos do filho e dando uma boa dentada, desviando assim a atenção do filho do assunto polêmico.

O garoto fez uma careta engraçada para o pai, fazendo-o rir e devolver o sanduíche.

— Quer que eu prepare um para você?

Carlo olhou para o filho com carinho.

— Você faria essa gentileza meu filho? — perguntou. — Estou faminto. Hoje meu almoço foi tumultuado. — falou lembrando-se do escândalo de Kate no restaurante. — E o jantar da *nonna* será depois da minha caminhada. Vou trocar de roupa para caminhar e já volto.

Minutos depois, vestido para sua caminhada habitual, estava sentado à mesa da cozinha, de frente para Luigi, saboreando seu sanduíche, sob o olhar complacente do filho.

— Pensei que hoje você ia fazer sua caminhada na esteira. O vento está muito gelado. — comentou o filho.

Carlo meneou a cabeça.

— Hoje dá para aguentar. — respondeu ao garoto. — Vou deixar a esteira para quando chover. Não quer me fazer companhia? — perguntou, olhando-o zombeteiramente.

— *Scusa, papà*, mas fica para outro dia. Tenho que estudar.

— Sei. — respondeu o promotor. — Vou fingir que acredito. Você está é correndo do frio!

O garoto deu-lhe um olhar maroto e piscou.

Estava saindo para sua caminhada, quando Katherine embicou o carro, para entrar na garagem. Carlo apenas cumprimentou-a friamente com um aceno de mão e continuou a andar pela calçada.

— Carlo, precisamos conversar. Por que não deixa a caminhada para amanhã? — gritou ela, abrindo o vidro do carro.

— Quando eu voltar, ok? — respondeu o promotor caminhando tranquilamente sem olhar para trás.

— Não esqueça que sexta à noite irei para o Haras.

Vá com Deus, pensou ele.

Horas depois, Carlo já saia da piscina, revigorado, depois da longa caminhada que fizera. Fora ótimo para o seu corpo tenso. Pegando a toalha, começou a enxugar-se vigorosamente, pensando na boa ideia que teve ao fazer um abrigo móvel para a piscina que no inverno era aquecida. Com isso, poderia usá-la em todas as estações do ano.

Para não encontrar com Kate, resolveu tomar seu banho quente, num dos chuveiros da área para hóspedes da piscina e saiu com Luigi para jantar com a mãe, conforme o combinado.

Precisava urgentemente da tranquilidade da mãe.

Era incrível como só conversar com sua mãe era suficiente para deixá-lo sereno, completamente relaxado. O jantar fora tranquilo e alegre como sempre.

Quando a mãe quis falar sobre o julgamento, ele rapidamente mudou de assunto, com a ajuda do filho.

Mas tarde, quando entrou no quarto, Katherine, ainda acordada, estava passando hidratante nas pernas.

— *Oi, amore* — cumprimentou ela com um sorriso, ignorando a expressão fechada do seu rosto

— *Ciao, cara.* — respondeu, abrindo a porta do banheiro e entrando a seguir, sem fitá-la.

Estava na metade da escovação dos dentes, quando a esposa entrou no banheiro.

— *Amore*, sei que está zangado comigo. Perdoe-me. Mas, quando eu vi, aquela mulherzinha encostando-se a você, perdi a cabeça. Ela não ti...

Ele levantou a mão, num sinal para fazê-la calar-se enquanto enxaguava a boca.

— Kate, *você* não tinha o direito de fazer uma cena daquelas, constrangendo-nos. Você humilhou e desrespeitou a todos, principalmente a pobre Krista. — continuou Carlo rispidamente. — Ela estava falando sobre Brian, pelo qual é apaixonada.

— Tudo bem, mas não poderia falar sobre ele, sem precisar debruçar-se sobre você? — retrucou ela, sarcástica. — Você acha que sou idiota? Eu vi a maneira como ela estava olhando-o. Podiam até estar falando do tal Brian, mas ela estava é com o olho em você!

— *Dio Santo,* Katherine! *Basta*! — vociferou pegando a toalha de rosto.

— Ok, mas não me arrependo do que fiz. Vocês mereceram! — afirmou a mulher arrogantemente, saindo do banheiro e batendo a porta.

Carlo enxugou o rosto com raiva, vestiu a calça do pijama que sempre deixava num dos cabides do banheiro e furioso saiu do banheiro.

Katherine estava em pé, diante do grande espelho, fazendo sua massagem habitual na face.

Sem olhar para a esposa, Carlo entrou no closet e saiu alguns segundos depois com um edredom e puxou seu travesseiro da cama que Kate já havia preparado para dormirem.

Ela parou sua massagem e acompanhava seus movimentos com o olhar intrigado.

— De novo dormir no escritório? Sempre faz isso, quando discutimos... — observou curiosa, deixando o espelho.

Ele lançou-lhe um olhar desprovido de total emoção.

— Não dormirei mais no escritório. — retrucou ele de cara fechada. — A partir de hoje, eu dormirei num dos quartos de hóspedes. Não dormirei mais com você!

Ela arregalou os olhos e correu para a porta impedindo-o de sair.

— Você não está falando sério, está?

— Nunca falei tão sério em minha vida, Katherine! — respondeu ele encarando-a com os olhos azuis faiscantes de raiva. — Minha paciência acabou, Kate! Há muito tempo, aliás. Eu tentei. *Dio...* Como tentei. Mas o seu egoísmo cegou-a de um modo que você não enxerga nada que não seja a seu favor. Você só enxerga o que quer ver! Acha que o mundo gira a sua volta, não é? — perguntou ele, esquivando-se do carinho que ela tentava fazer em seu rosto.

— Foi impossível controlar meus impulsos. Eu amo você, Carlo, e sempre fui ciumenta. Você sempre soube disso. Tenho muito ciúmes do que é meu. E você é meu, Carlo. *Meu!* — disse ela batendo com o punho fechado no coração, alterando o tom de voz e ainda tentando acarinhar-lhe o rosto. — Sou louca por você e não admito mulher alguma se insinuando para você!

— Louca realmente você é, Kate, mas não por mim. Sua possessão chega a ser doentia. Você me sufoca. Eu não suporto mais essas suas... suas cenas. Esses seus distúrbios emocionais. O que você fez hoje foi a gota d'água. Você está precisando urgentemente de um psiquiatra! — gritou, impedindo-a de aproximar-se mais.

Ela ficou muda. Nunca o vira tão furioso.

Ele tentava afastá-la da porta, mas ela o impediu novamente.

— *Amore*, por favor... Eu prometo controlar meus impulsos daqui para frente. — choramingou ela, erguendo os braços para rodear-lhe o pescoço. — Por favor, não deixe a nossa cama... Não saberei dormir sem você junto de mim.

Carlo mais uma vez esquivou-se.

— Você promete isso há uns treze anos, Kate. Sinceramente eu não acredito mais. — queixou-se ele. — E a cada dia você fica pior.

Num rompante ela pegou o edredom e o travesseiro que ele tinha embaixo do braço e os jogou no chão, furiosamente.

— Pare com isso! — gritou ela, com a voz trêmula. — Você não vai sair! Seu lugar é aqui, no nosso quarto, na nossa cama! Carlo, sua mãe não vai aprovar essa sua atitude!

Ele fitou-a fora de si.

— Kate, não se atreva a dizer uma palavra sequer sobre isso à minha mãe. Ela já anda preocupada conosco. Deixe-a fora disso. É assunto nosso e não deve sair daqui, capisci? (entende?)

O aviso foi feito com tanta raiva que chegou a assustá-la.

Ele abaixou-se para pegar o edredom e o travesseiro, sem deixar de fitá-la.

— Carlo, por favor, não faça isso. Por favor! — suplicou ela, chorosa. — Sei que errei, mas sou humana, pelo amor de Deus! Não deixe nossa cama...

— É o que estou fazendo e não voltarei atrás sobre isso! — exclamou ele, impassível. — Agora, eu só estou saindo do quarto. — explicou ele, encarando-a com raiva. — Na próxima, eu sairei de casa.

E não se comoveu com a palidez que tomou conta do lindo rosto da esposa.

— Não! Não, Carlo, nós... — começou ela desesperada.

Ele calou-a mais uma vez com um gesto da mão.

— Nós? Não existe mais nós, Kate! — disse exaltado. — Há muito tempo, não existe mais.

Aos poucos o desespero dela transformou-se em raiva.

— Acho que já entendi, Carlo, você tem outra mulher. — acusou-o. — Está dormindo com outra, é isso?

Ele suportou o olhar de acusação dela com uma frieza desafiadora.

Nem mesmo a culpa por tê-la traído amenizou sua raiva. Nada mais importava. Cansara de esperar Kate mudar.

A imagem da linda *Bambina* de olhos verdes surgiu em sua mente, causando-lhe grande frustração.

Madonna, agora não.

Ele suspirou, controlando as emoções.

— Kate, você tem uma imaginação fértil... Eu ter ou não outra mulher não faz diferença, Kate... — respondeu friamente. — Mas fique tranquila, a resposta é não. Não existe mulher alguma.

Existe apenas uma linda bambina tomando conta de meus pensamentos.

Enquanto arrumava o travesseiro e o edredom que escorregava de seus braços, ele a encarava com olhos gélidos.

— Você não gosta mais de mim? — perguntou, deixando a raiva de lado, novamente.

Ele encarou-a por um longo momento e meneou a cabeça lentamente.

— Eu não deixei de gostar de você. Afinal, você me deu um filho maravilhoso. Eu deixei é de te amar. — sentenciou ele com uma voz que lhe causou arrepio.

O sangue voltou a sumir do rosto bonito e seus olhos arregalaram-se. As emoções eram conflitantes. Ela ficou em silêncio por longos minutos, absorvendo as palavras do marido, pálida e com olhos marejados. De repente, os olhos começaram a ficar injetados de ódio e furiosa empurrou-o para trás fazendo-o encostar-se à porta, quase o derrubando e voltou-lhe as costas.

— Então vá para o inferno, seu italiano cretino! Não preciso de você. Saia daqui! — gritou.

Fora de si, pegou o porta-retratos com a foto do casamento deles, na mesa de cabeceira, e atirou-o no chão, totalmente descontrolada.

Imperturbável, ele abriu a porta e saiu aliviado, pois ao menos falou tudo o que estava entalado na garganta, desde o almoço.

Sentiu-se um tanto culpado pela falta de sentimentos em relação à esposa. Nem compaixão, ele sentia. Mas ela o levara a isso, conseguindo endurecer seu coração.

Quando se dirigia ao quarto de hóspedes, notou claridade no corredor vinda do quarto do filho.

Com um suspiro foi até lá e realmente viu Luigi parado no vão da porta do seu quarto, olhando-o com a testa franzida, num olhar apreensivo. Sabia que o filho tinha ouvido a discussão deles.

— Acordado ainda, *caro*... — observou, indo até ele e parando na frente do filho.

— Estava estudando. — respondeu o garoto. — Eu ouvi tudo, *papà*. Está se mudando de verdade para o quarto de hóspedes?

Carlo assentiu e sentiu-se mal perante a tristeza que viu no olhar do filho.

— Amanhã, vamos almoçar juntos e então conversaremos sobre isso, *certo*?

— *Certo, papà*. A *mamma* está bem? — a preocupação na voz do filho incomodou-o.

— Deve estar, pois me mandou para o inferno. — brincou, disfarçando sua irritação. — Às 12 horas em frente ao colégio?

— Combinado.

— Agora vá dormir, *caro*. — disse o promotor, pousando uma das mãos no ombro do filho. — Está tudo bem. Será muito bom para nós dois nos dar um tempo para *pensarmos sobre o que vamos fazer, daqui por diante*.

Buona notte. — disse voltando à porta do quarto de hóspedes.

— *Buona notte, papà*.

Minutos depois, instalado no quarto de hóspede, Carlo sentia-se inquieto, preocupado com a reação do filho, muito assustado. Mas seria honesto com ele de qualquer maneira.

Ele era um garoto inteligente e muito perspicaz. Certamente entenderia.

Não manhã seguinte, acordou mais cedo do que o costume tomou banho na suíte do quarto de hóspedes e foi até a suíte do casal para vestir-se. O quarto estava na penumbra e Katherine ainda dormia. Ao menos recolhera o vidro quebrado do porta-retratos, pensou desanimado.

Sem fazer barulho foi até closet, pegou as mudas de roupas e retornou ao quarto de hóspedes para vestir-se.

Antes de sair, pediu a Marien, a governanta, para mudar todas as suas coisas para o quarto de hóspedes. Se não fosse uma ocasião séria, teria rido da cara que ela fez, quando ele falou.

— O senhor está falando sério? — perguntou ela de olhos arregalados.

— Nunca falei tão sério em minha vida, Marien. Luigi já saiu?

— Sim, senhor. Há uns 5 minutos, a Dr.ª Louise saiu com os dois.

Luigi ia e voltava sempre com Mathew do colégio. Quando Louise não podia trazê-los, era Kate quem ia buscá-los. Como não vinha almoçar em casa, era difícil ir buscar o filho e seu amigo.

Antes das oito, Carlo já estava em frente de um dos elevadores que o levava até o seu andar. Antes pegara o New York Time, que Steve o chefe de segurança trazia todas as manhãs para ele.

— Steve, Klaus conversou com você e Rocco sobre o caso do estacionamento?

— Sim, senhor. Já tomamos providencias. Fizemos uma varredura no estacionamento e não encontramos nada estranho. Mas vamos continuar vigiando. — respondeu o segurança com um leve sorriso. Rocco, que estava mais afastado, fitava Carlo de uma maneira estranha. Ele por si só já era estranho. Já fazia tempos que trabalhava ali, e Carlo nunca o vira dar o mais leve dos sorrisos. Muito estranho.

A manhã se arrastou e ele conseguiu concentrar-se nos processos à sua frente, até olhar para o seu relógio e se dar conta de que Luigi já deveria estar à sua espera. Pegando o celular, ligou para o filho para avisá-lo que estava saindo do tribunal naquele momento. Desligou o computador e vestiu o paletó apressadamente. Avisou Dorothy que talvez voltasse um pouco mais tarde do que o habitual e que as ligações importantes passassem para o seu celular.

Tal como previra, Luigi já o esperava na calçada em frente ao colégio com a mochila num dos ombros e com a cabeça coberta por um gorro de lã que ele ganhara da sua *nonna*. A jaqueta estava fechada, pois, após a chuva, ficou um vento gelado.

Parando no meio-fio, abriu a porta do passageiro para o filho entrar.

— *Perdonami, caro*, mas não vi o tempo passar. — desculpou-se, tão logo o garoto entrou no carro.

— Tudo bem, *papà*. Não faz muito tempo que eu saí. Tia Louise acabou de sair daqui com Matt. — respondeu o filho, retirando o gorro de lã, passando a mão nos cabelos negros e encaracolados.

Minutos depois, já estavam no Central Park, sentados no restaurante, fazendo seus pedidos ao garçom.

— Lembra quando você me trazia aqui para dar nozes aos esquilos, *papà*?

Carlo olhou para o filho com carinho.

— E andar de barco. — lembrou ele. — Mas é claro que me lembro, meu filho. Era seu passeio preferido dos 6 aos 9 anos. — respondeu com um ar saudoso, percebendo que seu menino se transformara num adolescente bonito e maduro para os seus 14 anos.

Luigi percebeu o escrutínio do pai e riu.

— O que foi? Por que me olha assim, *papà*? — perguntou intrigado.

— Você cresceu. Está um *bello ragazzo*, como diz sua *nonna*. — respondeu rindo também.

Ficando constrangido pelo elogio do pai, ele tentou mudar de assunto.

— E o julgamento? — perguntou Luigi.

Carlo bebeu um gole da sua água e fitou o filho.

— Ainda faltam provas mais concretas, *caro*, mas não falta muito para colocarmos esse bandido na cadeia. É questão de tempo.

Luigi fez um gesto afirmativo com a cabeça e começou a comer tão logo o garçom deixou os pedidos na mesa.

Ficaram comendo em silêncio, por uns minutos, até que Luigi descansou o garfo no prato e olhou para o pai com tanta seriedade, surpreendendo Carlo. Parecia um verdadeiro adulto.

— Então, *papà*, o que a *mamma* aprontou dessa vez? — perguntou ele.

Carlo suspirou longamente antes de responder ao filho.

Com calma, pausadamente, ele relatou o ocorrido no restaurante, no dia anterior sem omitir nada, inclusive a apatia arrogante da avó Nadine.

— Sério? — o jovem arregalou os olhos tão azuis quanto os do pai. — A *mamma* fez todo esse rebuliço? E vovó assistiu a tudo quietinha? — perguntou meneando a cabeça sem acreditar. Depois ficou em silêncio por um tempo, recostado na cadeira com o olhar perdido, até que voltou a fitar o pai. — Sabe, papà, essa mania dela de agora atirar as coisas na parede é preocupante. Dias atrás, depois de uma discussão com a vovó Nadine, ela já havia jogado alguma coisa na parede. Ela nunca fez isso antes. E essas cenas em público, sem se importar com o local ou a hora... — murmurou o jovem, levantando os olhos para o pai, que o encarava com os cotovelos apoiados na mesa com as mãos sobrepostas. — Sinto muito, *papà*. A *mamma* não tinha o direito de constrangê-lo no restaurante e, principalmente, ofender a moça. Acho que ela perdeu a noção do bom senso. — completou ele chateado. — Ela está descontrolada de vez.

— Concordo com você, *caro*. *Scusa*, mas confesso que cheguei no meu limite. E o pior é que sua avó é conivente com as loucuras da sua *mãe*.

— A *mamma* às vezes parece uma menina mimada. — observou o filho.

— Esse é o problema, filho. Sua mãe foi e sempre será uma menina mimada principalmente por sua avó. Ela não cresceu.

— E o que vai fazer, *papà*?

Carlo notou a ansiedade na voz do filho.

Pegando o menu de sobremesas que o garçom lhe entregava, Carlo agradeceu e voltou os olhos para o filho.

— Quer sobremesa?

— Sim, um *gelato di straciatella (um sorvete com gotas de chocolate)*. — respondeu Luigi, passando a língua nos lábios, com humor.

Carlo riu e fez sinal para o garçom trazer dois sorvetes.

— Por enquanto nada além de passar para o quarto de hóspedes por tempo indeterminado. — disse o promotor, respondendo à pergunta do filho, antes do garçom chegar. — Mas não estou vendo futuro para mim e sua mãe. As coisas estão cada vez mais difíceis.

Luigi apenas sacudiu os ombros, apesar da tristeza do seu sorriso.

— Eu sei disso, *papà*. Faça o que achar melhor. Se ao menos ela mudasse... Procurasse ajuda...

Carlo esticou o braço sobre a mesa e bateu levemente na mão do filho.

— Desculpe, *caro*. — desculpou-se, ao ver o quanto o filho estava preocupado e apreensivo com a situação. Apesar de sua maturidade precoce, Luigi ainda era um garoto como qualquer outro, que não queria a separação dos pais.

— *Papà*, sabe que, por mim, vocês ficariam juntos a vida toda, mas... amo vocês e quero que sejam felizes juntos ou não. Então se não houver solução alguma e o divórcio for a única saída para evitar mais infelicidade, eu já lhe disse para não se preocupar comigo. Evidente que ficarei triste, mas há muito tempo não dá para esconder que ouço os gritos da *mamma* e as discussões entre vocês, cada vez mais frequentes. Eu já sou bastante crescidinho, então entendo e aceito a sua decisão... — disse ele erguendo um dos ombros. — Mas não vai ser fácil convencer dona Kate.— concluiu o filho, ao se referir a mãe.

Carlo ficou emocionado pelas palavras do filho e apertou a mão dele.

— *Grazie* Luigi! — disse com a voz embargada... — Sou abençoado em tê-lo como filho.

Tempos depois, após deixar Luigi no condomínio, Carlo já se encontrava em seu gabinete, diante do seu laptop, entregue aos seus pensamentos.

Fitando a tela sem prestar atenção, rememorou a conversa com o filho. Não havia dúvida de que Luigi seria afetado por um provável divorcio deles, pois era um garoto carinhoso, com um senso de família, maravilhoso. Ele vira a tristeza nos olhos do filho, quando falou sobre um possível divórcio entre eles.

Raivosamente, retirou os óculos, colocou-os sobre a mesa e passou as mãos nos olhos. Lembrou-se da culpa que sentiu quando Kate o acusara de ter outra mulher. Certo, na realidade, não tinha mesmo, pois nunca mais teve contato com ela. Porém não poderia dizer o mesmo de seus pensamentos. Esses sim *tinham* outra mulher.

Lembrou-se daqueles cabelos louros e cacheados, daqueles maravilhosos olhos verdes que o fizeram enlouquecer de paixão. Percebeu que ultimamente estava lembrando muito dela.

Realmente, a situação o estava estressando tanto, quase não o deixando dormir ou se concentrar no trabalho, como antes. Sacudindo a cabeça, como se assim apagasse os pensamentos, recolocou os óculos, decidindo retornar a atenção para a tela do laptop e prosseguir o que estava fazendo.

Não demorou muito e som do interfone o assustou.

— Sim, Dothy? — perguntou logo que atendeu.

— Pode me atender um instante? Prefiro falar pessoalmente...

— Claro. Venha, enquanto paro para tomar um café.

Segundos depois a bondosa senhora entrava no gabinete, com seu sorriso maternal e elegância em seu terninho preto e blusa de seda branca.

— Sente-se, *cara mia*. Café? — ofereceu gentilmente, enquanto levantava-se para ir até a cafeteira.

Elegantemente ela recusou e sentou-se na cadeira frente a ele.

— O senador Hayes e mais o juiz Chapman querem um encontro com você. — disse-lhe com um piscar de olhos. — Eles gostariam que já começasse a arrecadar fundos para a campanha.

Ela riu da careta que ele fez, enquanto pegava a cafeteira e servia-se de uma xícara de café.

— *Dio*, o que tenho que fazer para entenderem que não quero ser político? — falou exasperado.

— Eles estão tentando demovê-lo, mas isso não significa que você vá agradá-los. Se acalme, Carlo. Você anda muito rabugento ultimamente. — observou a assistente com carinho, como se estivesse falando com um filho.

— *Vero?* (verdade?) — perguntou preocupado, tomando um gole de café. — Com você também? *Perdonami* (perdoa-me), Dothy!

Ela riu suavemente quando ele usou o apelido que só ele usava. Carlo considerava muito Dorothy. Respeitava suas opiniões e sempre procurava seguir seus conselhos. Existia um grande laço de respeito, amizade e afeto entre eles. Quando estavam sozinhos, ela dirigia-se a ele sem cerimônia alguma. Mas diante de pessoas estranhas ou mesmo, quando estavam trabalhando com a equipe, ela sempre o chamava de senhor ou simplesmente senhor promotor.

— Não comigo, mas com os demais... — disse ela, com um arremedo de sorriso.

— Você olhou minha agenda?

— Sim. Marquei para amanhã às 8 horas. Era o único horário disponível. — continuou ela. — Às 9 horas tem a reunião com o capitão Carmone e sua equipe da Divisão de Narcóticos e com Klaus, seu chefe de segurança. Ele disse-me que já foram designados dois agentes para engrossar a sua segurança nas idas e vindas para o Tribunal. — explicou ela, retirando um fio inexistente em sua saia impecavelmente passada.

— Ótimo. Quanto aos dois políticos, tudo bem, eu vou atendê-los e se for preciso eu faço uma declaração por escrito de que a política não me interessa. — respondeu ele, tomando o restante do seu café e colocando sua xícara sobre a mesa.

— Mesmo sendo a oportunidade da sua vida? — questionou a assistente.

Ele passou um guardanapo de papel nos lábios e sorriu, olhando as horas.

— Mesmo assim. Mas nunca consideraria um cargo político como a oportunidade da minha vida, Dothy. — afirmou categoricamente. — A oportunidade da minha vida é esta que estou tendo neste tribunal desde o dia em que assumi o cargo de promotor público.

— Você nunca daria certo na política, meu *caro*. — disse Dorothy. — Você é integro demais. Um incorruptível declarado... Evidente que existem exceções, mas nenhuma dessas qualidades combinam com política e você as tem de sobra.

E sorrindo, a assistente levantou-se e saiu silenciosamente da sala.

— Não fique até tarde aqui. — recomendou ela, antes de sair.

Com as mãos nos bolsos, Carlo aproximou-se da janela. Ficou pensativo por um longo momento, contemplando através da janela o dia nublado e frio o bastante para saber que o inverno chegaria muito rigoroso... Há três dias não parava de chover.

Olhando as pessoas na rua com seus guarda-chuvas, Carlo deixou a mente vagar.

Era respeitado pela determinação com que se dispunha a fazer justiça, principalmente contra os poderosos de cartéis e máfias que se aproveitavam dos mais fracos. Por esse motivo haviam cogitado em lançar seu nome como possível candidato ao Senado.

Como promotor encarregado do caso mais importante dos últimos tempos, tinha certeza de que conseguiria a condenação do traficante Rick Mendonza. Logo ele estaria a caminho do presídio para cumprir pena pelos seus crimes, e se dependesse dele a pena seria prisão perpétua.

Sabia também que com o caso Mendonza tinha mexido num vespeiro e que ganhara alguns inimigos, entre eles "peixes grandes". Mas nada o faria retroceder, assim como sabia que a qualquer momento ele poderia ser alvo de algum tipo de retaliação.

Na verdade, ele sempre temera por sua família, após colocar nas grades os mais perigosos bandidos capazes de algum tipo de represálias, quando se vissem livres das garras da lei. E por isso se mantinha longe da mídia, das redes sociais, evitava aparecer em fotografias e se mantinha ao máximo possível no anonimato. Proteger a sua imagem era proteger a sua família.

Por precaução, Klaus havia colocado dois seguranças de sua agência para ficar de olho em Luigi e Kate sem eles saberem e um para ficar nas proximidades do condomínio para cuidar de sua mãe, irmão e sobrinhos. E Klaus, um alemão de quase dois metros e músculos como Schwarzenegger, e Carlito, outro gigante, ficavam em sua cola de manhã à noite. E se fosse preciso comparecer a algum evento social noturno, os dois ficariam próximos, para qualquer eventualidade. Por enquanto achava melhor não alardear a família.

Dando um longo suspiro, Carlo passou a mão em sua nuca dolorida, devido à tensão dos últimos dias.

Precisava descansar da lentidão que fora esse processo, que finalmente se encerraria logo, conforme o planejado. Sua equipe trabalhara incansavelmente e ele se sentia satisfeito e realizado.

Num mundo tão conturbado pela violência, pela maldade das pessoas, Carlo ainda se surpreendia com isso, principalmente se crianças, adolescentes e idosos estivessem envolvidos.

Qualquer coisa que ele fizesse para amenizar a dor dessas pessoas nunca seria suficiente para confortá-las.

Capítulo 12

Reencontro inesperado...

As semanas foram passando, e o outono chegara com temperatura baixas em determinados dias. O tempo foi passando e o clima entre Carlo e Kate ficava cada vez mais tenso. Mal se falavam e se evitavam o tempo todo.

Kate ainda não o perdoara por ter saído do quarto deles. E foi surpreendente a falta de comentários de sua parte, quando Marien trocara todas as suas coisas para o quarto de hóspedes. Ficou aliviado por isso.

Carlo se atirou de corpo e alma ao seu trabalho, dedicando todo o seu tempo no caso Rick Mendonza. Faltavam algumas provas concretas contra o traficante, mas o caso estava bem avançado.

Ultimamente saia muito tarde do Tribunal. Teve que trocar sua caminhada noturna apenas por algumas braçadas na piscina.

Certa noite, ao sair do tribunal, Carlo estava irritado demais para ir para casa. Já passava das 22 horas e a vontade de tomar um drinque era grande.

Olhando mais uma vez para o relógio, resolveu ir ao restaurante da família que era dirigido por Lorenzo. Ele era seu grande confidente e conselheiro, depois que Aldo se mudara para a Itália.

Seus irmãos estavam distribuídos em algumas das grandes cidades do país, gerenciando os restaurantes da *rede Martinelli's*. Piero dirigia o restaurante de Chicago, Cristiano dirigia o restaurante de Los Angeles, Giorgia e seu marido, Robert, que era o chef de cozinha dirigiam o restaurante de Miami e Aldo dirigia o restaurante de Milão, o primeiro, o mais refinado e mais antigo da rede.

O vento estava muito gelado. Colocando as luvas, dirigiu-se para pegar seu Mercedes prateado, no estacionamento.

De novo sentiu a estranha sensação de que alguém o espreitava. Sentiu aquele arrepio na nuca, mesmo sabendo que os dois agentes faziam sua segurança naquele local.

Seguiu e entrou no carro.

Tempos depois estava estacionando à porta do restaurante e entregando as chaves ao responsável pelo estacionamento.

— Boa noite, senhor Martinelli! — exclamou o rapaz ao pegar as chaves. — Tudo bem com o senhor?

— Boa noite, Chad! Tudo bem, obrigado. Seu menino melhorou?

— Graças a Deus e à sua família. Ele foi muito bem tratado naquele hospital. Hoje já está correndo e brincando a mil por hora.

Carlo riu.

— Fico feliz em saber. — falou dando um tapinha nas costas do rapaz.

Carlo entrou no restaurante e sentiu o ar quente, muito bem-vindo, e o som de vozes e risadas, além da bela música italiana *"Dio, come ti amo"*. Entregou seu casaco para a risonha jovem encarregada do guarda-volumes.

— Boa noite. Como vai o senhor? — perguntou ela gentilmente.

— Boa noite, Holly. Vou bem, obrigado. Quem está cantando hoje?

— Hoje é o dia de Giorgio Malli. Bonita voz, não?

— *Sì. Belíssima.* — disse o promotor encaminhando-se para o escritório do irmão, que já o tinha visto da enorme divisória em vidro que separava a administração das demais dependências do luxuoso restaurante.

— *Ciao, caro.* — disse Lorenzo abraçando o irmão caçula com carinho. — Bom te ver aqui.

— Hoje é um daqueles dias que queremos conversar com alguém da família... — disse Carlo retribuindo o abraço. — Vim tomar um drinque com você e bater um papo.

— Estava indo jantar. Já está diminuindo o fluxo de clientes do *happy hour* e logo começará o movimento do jantar. Acompanha-me numa *zuppa di frutti di mare?* (sopa de frutos do mar)

— Hum... com esse friozinho, vai bem. — respondeu Carlo, esfregando uma mão na outra.

Logo depois, ao término do jantar e terminando suas taças de vinho, os dois irmãos falavam sobre a família e a chegada do final de ano, quando a família iria se reunir.

— Nesse ano, Aldo virá para as festas de final de ano. — disse Lorenzo recostado na cadeira.

— Já estou prevendo a alegria da *mamma*, ter toda a família reunida. — disse Carlo entornando o restante do seu vinho. — Faz tempo que isso não acontece. — observou.

— E este ano a família estará maior. — comentou Lorenzo.

Carlo fitou o irmão, com um sorriso maroto.

— Ah, você e Helen vão apresentar seus novos genro e nora, não? Não acredito que você logo será vovô Lorenzo... — o deboche de Carlo era evidente.

Lorenzo torceu a boca.

— *Dio*, Carlo, eles nem se casaram ainda! — exclamou o irmão meio irritado, o que fez Carlo dar uma gostosa gargalhada.

— Teu dia chegará, viu? — profetizou Lorenzo, terminando também seu vinho.

— Eu estou aguardando por isso, meu *irmão*. — retrucou Carlo. — Mas que tal os novos "agregados?"

— Helen ficou meio enciumada, mas gostou da *ragazza* de Marco. — disse com divertimento na voz. — Sabe como ela tem ciúmes do filho.

— E você não tem ciúmes da Lucy, *certo*? — Carlo foi irônico, pois sabia que Lucy era o xodó do irmão, assim como Marco era de Helen.

Lorenzo foi obrigado a rir.

— Ah, *mia bambina* transformou-se numa *bella ragazza* e não consegui escondê-la. Alguém a encontrou. — falou melancolicamente.

— Como se chama o *jovem*?

— Liam. É diretor na empresa de informática da família. Muito inteligente e responsável.

— Fico feliz pela felicidade que impera na sua família. — disse Carlo tristemente.

Lorenzo observou a expressão triste do irmão caçula. Foi impossível não notar a amargura na voz dele.

Fez sinal para um dos garçons para que viessem buscar a louça e trazer café para os dois.

— Poderia levar no escritório, por favor? — pediu ao garçom.

Prontamente, dois funcionários levaram a louça enquanto outro buscava o café.

Já estavam sentados confortavelmente no amplo escritório de Lorenzo, quando chegou o café.

— *Grazie,* Gianilatti. — disse.

O garçom os serviu e saiu silenciosamente.

Lorenzo levantou-se para pegar um pote de biscoitos na bancada atrás de Carlo e colocou-o aberto no meio da mesa em frente ao caçula.

— Biscoitos da *mamma.* — observou ele, antes de sentar-se novamente.

Passando por Carlo, deu-lhe um tapa carinhoso na cabeça grisalha.

— Vamos lá, meu irmão, quer me dizer o que há de errado? — perguntou com carinho na voz.

E sentou-se novamente, frente ao irmão sem deixar de fitá-lo.

— Quem disse que há algo errado? — perguntou Carlo, pegando um biscoito e tentando fugir do assunto.

Os dois irmãos se entreolharam, enquanto mordiam seus biscoitos. Lorenzo era poucos centímetros mais baixo que Carlo e mais encorpado. Apesar de ser sete anos mais velho que o caçula, tinha poucos fios de cabelos brancos. Tinham os mesmos olhos azuis e o mesmo sorriso, marca registrada dos irmãos Martinelli.

Carlo observou que o irmão não ia se deixar enganar.

— Simplesmente porque eu te conheço, *mio caro. Mamma* já tinha comentado que você anda muito pensativo, preocupado, sempre com a testa franzida. É o trabalho? O caso Mendonza é um tanto complicado, não é? *Mamma* está muito preocupada com as consequências, após a prisão desse marginal. Você está tomando precauções, não? Essa turma é da pesada. Você sabe, não é?

— *Não se preocupe.* — respondeu Carlo, aliviado por Lorenzo desviar o assunto para o caso Mendonza. — Já acionei seguranças para a família toda, mas não quero que eles saibam. Quanto menos eles souberem melhor.

Lorenzo assentiu sem deixar de demonstrar apreensão.

— Então é pior do que pensei... — murmurou ele.

— Mexi num vespeiro grande, meu irmão. Todo o cuidado é pouco, e por isso também coloquei um agente de segurança do outro lado da rua do seu restaurante.

Lorenzo abriu bem os olhos, espantado.

— Cazzo! (porra) Aqui também? Bem que notei um carro estacionado do outro lado da rua, há dias. E a mídia parece que se acalmou um pouco, não? Não tenho lido ou visto mais nada.

— Ainda bem que as notícias ficaram apenas por aqui, por enquanto. Só falam de Mendonza e não tocam no meu nome. Não quero que nossos irmãos fiquem preocupados. Procure não comentar nada com eles, certo?

Lorenzo assentiu e tomou o restante do seu café.

— E você e Kate? — perguntou Lorenzo com certa cautela.

Carlo olhou-o e procurou ser o mais casual possível.

— O que tem eu e Kate? — perguntou calmamente, frustrado pelo irmão, não ter esquecido o assunto.

— *Caro,* você é a própria frustração em pessoa. Anda sorrindo muito pouco, meu irmão. Onde está meu irmãozinho sorridente e brincalhão? — perguntou com um sorriso paternal.

Carlo deu um longo suspiro e recostou-se na cadeira, olhando para o irmão, enquanto seus dedos faziam um desenho imaginário na mesa.

— Estamos meio brigados, sim. — falou resolvendo se abrir com o irmão. — Fez uma cena de ciúme horrível, num restaurante, dias desses quando eu almoçava com o casal de jovens assistentes da minha equipe. Foi muito constrangedor. Ela cismou que a jovem estava se insinuando para mim.

Rapidamente relatou como aconteceu o episódio.

Pasmo, Lorenzo meneou a cabeça.

— Ela está precisando de um tratamento. — retrucou irritado.

— Exatamente. Minha paciência se esgotou, Lorenzo. Não sei até quando vou suportar esse casamento. Está muito difícil.

— Se quer saber, eu acho que esse casamento durou até demais. *Scusa,* mas ela nunca foi mulher para uma pessoa como você, que é discreto, que valoriza a privacidade. Ela sempre fez questão de nos esnobar. Ela queria você, mas queria distância da nossa família. Sei que, por ela, você se afastaria de nós todos, inclusive de *nostra mamma.*

— Eu tentei ignorar algumas atitudes dela, meu irmão. Tentei, pensando em Luigi. Mas chegou num ponto além do meu limite.

— E Luigi, o que acha?

— Meu filho está triste, mas disse que aceitará a minha decisão, seja ela qual for. — respondeu.

— É um *bravo ragazzo*! (um bom menino) — observou Lorenzo. — Ele não tem nada da mãe, a não ser o formato do nariz e dos lábios.

— E eu agradeço a Deus por isso, pode acreditar. — completou Carlo. — Ele é um verdadeiro Martinelli, *grazie a Dio*! — concluiu orgulhoso.

Ficaram uns minutos em silêncio, enquanto comiam seus biscoitos, cada um entregue aos seus próprios pensamentos. Do lado de fora do escritório, podia-se ouvir a voz romântica do cantor da noite. A linda melodia trouxe doces lembranças a Carlo.

— *"Ti voglio tanto bene"*... — murmurou ele, fitando o irmão. — Há quanto tempo não ouço essa canção... Nem tenho tempo de ouvir minhas músicas. — lamentou.

Lorenzo assentiu e sorriu para o irmão.

— Giorgio a interpreta muito bem, não? Ele tem o mesmo timbre de voz do Rossano, o cantor que a lançou. Você vivia cantando para a *bambina* de Ed. — lembrou ele.

Carlo assentiu, sorrindo ao lembrar-se do quanto a garotinha gostava e pedia sempre para ele cantá-la para ela. Pegava seu rosto entre as pequenas mãos, obrigando-o a olhá-la. *Cante. Cante "aqueia" música.*

Sacudindo levemente a cabeça, voltou ao presente.

— A *bambina* de Ed... — repetiu Carlo. — *Mamma* disse que ela agora é uma *bella ragazza*.

— *Si*. Belíssima! — respondeu Lorenzo. — Você não a reconheceria.

— Gostaria de reencontrá-la. Ela era uma criança adorável.

— Quem sabe você não a encontra no Dia de Ação de Graças. Ela sempre vem passar com os pais.

— Assim espero. — respondeu Carlo, levantando-se e olhando seu relógio. — Hora de ir descansar. Vai demorar ainda? Vou ligar para Klaus vir me buscar. Tomei vinho, mais do que esperava. — concluiu sorrindo. — Amanhã, ele virá buscar meu carro, *certo*?

— Só estou esperando Marco chegar. — respondeu Lorenzo, referindo-se ao filho que se revezava com ele no atendimento à noite.

Ficaram conversando no hall de entrada do restaurante, até a chegada de Klaus.

Os dois se abraçaram.

— Helen se queixou que você não tem ido lá para comer aquele bolo de chocolate. — cobrou o irmão mais velho.

Carlo riu.

— Diga a ela que qualquer noite eu irei.

Lorenzo assentiu.

— *Buona notte, caro.* E qualquer coisa que precisar, eu e Helen estaremos prontos a ajudá-lo. — disse o irmão mais velho.

— *Grazie.* — agradeceu Carlo, comovido pela solidariedade do irmão. — Amanhã mandarei buscar meu carro, ok?

Horas mais tarde, Carlo entrava em casa, após se despedir e agradecer a Klaus por ir buscá-lo.

A casa já estava às escuras. Somente a luz do hall de entrada estava acesa.

Ao entrar no condomínio, notara a presença do carro dos seguranças e discretamente fez um sinal para seus ocupantes que, da mesma maneira, retribuíram.

Por enquanto tudo corria bem. A segurança de seus familiares estava garantida. Mas, ao deitar, teve um mau presságio, o que o deixou muito tenso. Pegou o celular e se comunicou com seu segurança.

— Fica tranquilo, senhor. Está tudo sob controle. — respondeu Klaus — Estamos de olho em todos os elementos suspeitos.

Carlo suspirou aliviado.

— Por favor, não se descuidem do trajeto do meu filho. — pediu sem conseguir esconder a preocupação na voz.

— Temos um que o acompanha camuflado e outro que fica de plantão nas proximidades do colégio.

— Obrigado. *Buona notte.*

— Às ordens, senhor. Boa noite.

Aliviado, Carlo acomodou-se para dormir.

O outono prometia um próximo inverno rigoroso, pois os dias estavam sendo açoitado por constantes ventos gelados.

Susan olhava pelos vidros fechados de seu apartamento, as pessoas encolhidas em seus agasalhos quentes, a fim de se protegerem do vento gelado e úmido. Enquanto isso seus pensamentos vagueavam.

O Natal já não estava tão longe, pois os dias passavam rápido demais. Fazendo uma retrospectiva rápida do ano que estava terminando, Susan deu um longo suspiro. Não podia queixar-se. O ano fora excelente no trabalho. Já tinham fechado e assinado um contrato milionário para projetarem uma grande clínica infantil em meados de janeiro do ano seguinte.

Justin estava pensando até em aumentar o pessoal de apoio do escritório. Contavam com alguns estagiários, porém, com o novo projeto, precisariam de muito mais.

— Nem que tenhamos de procurar um local maior, para a JJ & Arquitetos. — dissera ele na reunião da noite anterior.

Ela e Sarah concordaram com a sugestão. Já iam começar a procurar um local que valesse a pena investir. Com os lucros que tiveram no ano vigente, estudaram a possibilidade de comprar um conjunto comercial, ao invés de alugá-lo. As duas amigas estavam animadíssimas.

Seus pensamentos então se direcionaram para a amiga Sarah, que estava vivendo um lindo romance com Arthur. Os dois estavam completamente apaixonados um pelo outro. Nesse final de semana ele a levara para conhecer os pais dele. Sarah estava muito ansiosa e preocupada, pois sabia, agora, que Arthur era de uma família tradicional de Washington. Seu pai era proprietário de uma cadeia de hotéis em toda costa norte-americana.

Susan teve que convencê-la a muito custo que não precisava ter medo, pois Arthur estaria ao seu lado. Ele não permitiria que ela fosse maltratada por quem quer que fosse.

— Eu temo envergonhá-lo, Susan. — confidenciara a amiga apreensiva.

— Oh, minha querida. — dissera Susan envolvendo-a num abraço. — Seja você mesma, e tenho a certeza de que eles irão adorá-la.

Tomara que tudo esteja correndo bem por lá, pensou Susan apertando as mãos uma na outra. *Sarah merece ser feliz.* Durante todo esse tempo conhecera bem o rapaz e aprendera a gostar dele e tinha certeza de que ele amava sua amiga e que a faria muito feliz.

Eles estavam sempre juntos nos finais de semana, depois que Arthur voltava de seus compromissos em cidades mais distantes. Em alguns finais de semana, Sarah ia até Washington DC.

De repente sentiu seu coração apertar-se e não pode deixar de sentir-se solitária. Sentia falta de alguém que a completasse como mulher. A imagem do italiano tornou-se vívida em sua mente. *Ah, como gostaria que ele fosse esse alguém e assim pudesse preencher essa lacuna da minha vida,* pensou tristemente, pois ele seria perfeito para minha vida. *Mas ele nunca poderia ser seu...*

O que sentira e continuava a sentir por esse homem nunca sentira por ninguém. Ele fora único e não deixara de pensar nele um dia sequer, durante todos esses meses que se passaram, desde o encontro de Houston. Aquela noite foi inesquecível. Ainda ardia em desejo só em lembrar-se dos abraços e carícias dos beijos que trocaram naquela suíte. Ah, como queria sentir novamente aqueles braços envolvendo-a apaixonadamente, aqueles lábios quentes e úmidos sobre os seus, a dança erótica de suas línguas, as mãos grandes e macias deslizando por suas pernas. Aquelas mãos... ah... Susan colocou as mãos na cabeça gemendo, numa frustração só.

— Meu Deus, me ajude a esquecê-lo. Preciso esquecê-lo! — suplicou fervorosamente, saindo da janela e jogando-se no grande sofá, colocando as mãos no rosto, desolada.

Ele nunca poderá ser meu! Me apaixonei à primeira vista, por um homem que não via há seis meses?

Mas, então, por que essa saudade angustiante, essa vontade imensa de revê-lo? E essa dor no peito quando se lembrava daqueles profundos olhos azuis?

Tinha que dar um fim a essa loucura, determinou-se.

Estava propensa a aceitar o convite de Nicholas para passar uma semana em Atenas.

Mas não queria que o amigo se iludisse e interpretasse a visita como algo mais do que amizade. Ao menos se distrairia com a beleza natural da linda Atenas. Decidiu ir após o Ano Novo, quando teria duas semanas de férias. Justin queria que todos voltassem descansados e motivados para o início dos trabalhos.

Estava feliz pela decisão dos pais e Mathew passarem o Dia de Ação de Graças com ela em São Francisco. Fora uma decisão tomada no dia anterior quando ela falara com os pais ao telefone.

— Seu pai quer trocar de ares um pouco. — dissera a mãe animada. — Anda muito estressado.

— Mas ele não está gostando de chefiar o hospital pediátrico? — perguntou, preocupada com o pai.

— Oh, está realizado com isso, mas diz que é mais difícil tratar com os adultos do que com seus pequenos pacientes.

— Mas sei que com aquele jeitinho especial dele vai conquistar o pessoal todo do hospital.

A mãe riu.

— Disso eu tenho a certeza. — respondeu à filha. — Foi esse mesmo *jeitinho* que me conquistou há 30 anos. — concluiu com malicia na voz. — Bem não quero tomar o seu tempo, minha filha. Então nos aguarde. Vamos levar umas coisinhas para você.

— Mãe, por favor, nada de biscoitinhos de chocolate e jujuba. — falou fingindo estar brava. — Já engordei uns quilinhos nesses últimos dias. Foram tantos almoços e jantares com futuros clientes...

— Valeu a pena? — perguntou a mãe.

— Com certeza. Fechamos três contratos, sendo que um é grandioso e vai nos levar ao topo! — exclamou orgulhosamente e empolgada.

Ansiosa pelos futuros projetos e com orgulho do seu crescimento profissional, ela foi deitar-se.

Na segunda-feira, já se encontrava no escritório quando Sarah chegou toda sorridente e toda felicidade no semblante.

— Bom dia! — cumprimentou.

— Vejo que o final de semana foi mágico! O deus Loiro deve estar satisfeito! — observou maliciosamente Justin de sua mesa.

— Mágico! — repetiu ela. — Essa é a palavra certa, meu primo! Esses dias foram mágicos. — concluiu a jovem ruiva.

— E daí? — quis saber Justin. — Que tal a família dele?

— Pessoas maravilhosas! Desprovidas de qualquer arrogância pelo status que possuem. As irmãs de Arthur são muito simpáticas e seus maridos também. Uma delas está grávida. Enfim, me deixaram à vontade e pude relaxar de verdade.

— Fico feliz que tudo tenha corrido bem. — disse Susan abraçando a amiga.

— No dia de Ação de Graças, ele irá comigo, para NY conhecer a minha família.

Susan observou o dia todo, a alegria contagiante de Sarah. Era prazeroso ver a felicidade da amiga.

Às 18 horas Justin bateu palmas, como sempre fazia para dizer que o expediente terminara, Susan sentiu alívio, pois não conseguia mais pensar, estava mentalmente cansada. Fizera tantos cálculos, por conta de uma bendita escada.

Ao chegar em casa, tomou um banho e foi para a cozinha preparar uma omelete de queijo e uma salada de alface e tomate, para jantar.

Era quase meia-noite, quando Sarah ligou para conversarem mais um pouco sobre a família de Arthur.

Em certo momento, Sarah comentara que ele falava muito superficialmente de seus amigos de Houston, porém falava neles. Só dissera que todos eram realizados na carreira jurídica, e que eram bem-casados. Somente um deles estava com o casamento em crise, mas não mencionou qual deles. Arthur dissera que no momento oportuno ela seria oficialmente apresentada aos amigos.

Ficaram mais de duas horas conversando, até que Sarah deu um grito que chegou a assustar Susan.

— Sarah, o que foi?

— Su, não vimos a hora passar. — respondeu a ruiva dando risada.

Erguendo os olhos para o relógio que tinha sempre em sua mesa de cabeceira Susan também se surpreendeu, ao olhar as horas.

— Três horas da manhã, dona Sarah! — advertiu Susan rindo.

— Desculpe, amiga, mas tinha tanta coisa pra te contar... Aliás, só eu falei, não é mesmo? Preciso saber das suas novidades. Vi uma revista de turismo em sua mesa, na página da Grécia. Está pensando em aceitar o convite do belo Nicholas? — perguntou maliciosamente.

— Ainda não decidi, mas amanhã conversaremos. Já é tarde, querida. Boa noite, "tagarela".

— Boa noite, amiga. — respondeu a ruiva. — E... Susan?

— Sim? — arguiu curiosa.

— Obrigada por ser minha amiga. — disse Sarah. — Você me escuta, você me entende. — concluiu emocionada.

— É recíproco, minha querida! — respondeu Susan com voz embargada.

Nos dias que se seguiram as duas amigas não se largaram.

— Mas que tanto cochicham vocês duas? — perguntou Justin, intrigado pelos cochichos das duas jovens.

As duas se olharam e deram risadas deixando-o mais intrigado.

— Coisas nossas. E você está sendo muito enxerido, primo. — criticou Sarah, divertindo-se com a curiosidade peculiar do primo.

— Bem, então vamos todos jantar no "Logan's" a convite do meu amor. — disse Justin batendo palmas. — Bill nos reservou a melhor mesa, com direito a uma Don Perignon. — disse orgulhoso.

— Uau! Vamos comemorar alguma coisa? — perguntou Sarah ao primo.

— Que tal o nosso futuro escritório no endereço mais *caro* de São Francisco? — falou, olhando todos os integrantes da sala, criando um suspense premeditado.

As duas jovens e os outros funcionários olharam para ele com a expectativa que ele esperava.

— Justin, — exclamou Sarah. — é o que estou pensando?

Ele assentiu e rodopiou, seu hábito predileto, quando se sentia feliz.

— Meninos e meninas, em janeiro estaremos em nosso escritório, novo, num andar exclusivo do maior e mais importante edifício de negócios de São Francisco. E o mais importante, eu o comprei. — disse triunfante.

— Mas... Como você o comprou? — perguntou Sarah empolgada.

— Na verdade, eu e Bill juntamos nossas economias e resolvemos investir. Fechamos negócio hoje no almoço. — informou ele orgulhoso.

— Maravilha! — exclamou Sarah e Susan ao mesmo tempo, seguidas pelos aplausos dos demais.

Após todos abraçarem Justin, voltaram às suas mesas para desligarem seus computadores e começarem a se preparar para deixarem o escritório.

Mais tarde, todo o pessoal do escritório e mais Bill estavam confortavelmente instalados na melhor mesa do restaurante e brindando o novo espaço adquirido.

— Ao futuro! Ao sucesso! — brindou Justin, levantando sua taça, sendo seguido pelos demais.

Durante o jantar, vários assuntos foram debatidos.

— E como vai ser o Dia de Ação de Graças de vocês? — perguntou Justin em determinado momento.

Os demais rapazes do escritório que eram comprometidos disseram que passariam com as respectivas famílias e seus parceiros.

Sarah passaria em Nova Iorque, quando apresentaria Arthur à sua família, a convite dos pais dela.

— Bem, quanto a mim, desta vez minha família vem para cá. — respondeu Susan, quando Justin indagou-a com o olhar.

— E eu e Bill vamos reunir nossas famílias aqui no restaurante. — explicou o arquiteto olhando seu companheiro com carinho.

Foi uma noite muito divertida para todos. Como todos haviam bebido, resolveram deixar os respectivos carros no estacionamento do restaurante e voltarem de Uber para casa. No dia seguinte, voltariam para pegá-los.

Sarah resolveu dormir no apartamento de Susan.

Já no apartamento, enquanto se preparavam para dormir, Susan dizia à amiga que iria até NY na próxima semana, para fazer os exames preventivos com sua mãe. Quisera protelar, mas a mãe fora irredutível.

— Disse a ela que faria os exames antes do Natal, mas a Dr.ª Louise é muito intransigente quando o assunto é saúde.

— Está certa ela, amiga. Você deve entender sua preocupação, pois, além de ser sua mãe ela, é sua médica... — disse Sarah, ajudando-a a estender o edredom. — E eu vou marcar uma consulta com ela.

— Se quiser eu marco para você quando estiver lá, na próxima semana. — sugeriu Susan.

— Ótimo. Obrigada.

Ficaram conversando mais um pouco, depois de deitadas até que, vencidas pelo cansaço e os drinks, adormeceram.

Susan entregava à enfermeira de sua mãe o avental que usara para os exames. Fizera todos os exames femininos que sua mãe achara necessário.

A mãe não lhe dera trégua.

Louise entrou na sala com um grande sorriso, enquanto Susan vestia sua roupa.

— Tudo bem com seus exames minha filha, graças a Deus! — disse aliviada. — Não falei pra você que estava me sentindo bem?

— Algumas vezes, diagnósticos de doenças graves são detectados quando o paciente está se sentindo bem, sabia?

— Então agora está mais tranquila, não é?

— Sim. Que tal um lanche na cafeteria da clínica?

— Agora que a senhora falou, foi que eu lembrei que estou só com o lanche do avião. Mas antes de sair quero deixar marcada a consulta para Sarah.

— Já pedirei para Karin marcar. Vamos?

Quando chegara pela manhã, no aeroporto, Susan pegara um táxi, fora até em casa tomar um banho e foi para a clínica onde a mãe a esperava. Dali, iria direto para o aeroporto, para pegar o voo de volta à São Francisco.

Enquanto lanchavam, Susan contou as novidades sobre os novos projetos e o novo espaço adquirido por Justin.

— Que ótimo, minha filha. O próximo ano, pelo que vejo, promete.

— E vocês, como vão? Quando fui até em casa, Mathew já havia saído com Luigi. Soube que eles tinham ido à Biblioteca. — comentou pesarosa, por não ter encontrado o irmão.

— Agora que recebem telefonemas das meninas estão se achando... — disse Louise, meneando a cabeça.

— Ah, é? Bem seu menino cresceu, certo, dona Louise? — caçoou Susan.

— Sim. Percebi. — respondeu a mãe rindo. Estamos indo bem. Seu pai a cada dia mais entrosado com o novo cargo no Hospital, e a clínica vai bem.

— Tem visto *mamma* Carmela? Como vai com sua artrite?

— Sim. Agora que está chegando o inverno, ela sente mais dores, pobrezinha. Receitei um novo remédio para amenizar a dor, mas ela me disse que às vezes esquece.

Susan riu. Tinha um carinho muito grande pela senhora italiana.

— Ela está muito empolgada com as festas de final de ano. — comentou Louise. — Esse ano a família estará maior, pois Lucy e Marco estão noivos.

— Uau. Já? São esses fatos que nos levam a perceber como a vida corre a passos largos.

Louise assentiu.

— Falando em final de ano, Carmela nos convidou para passarmos a ceia com eles. Disse que nós somos como da família e quer fazer uma grande festa.

— Será ótimo, pois poderei enfim rever Carlo. — disse Susan alegremente.

— Agora a mídia está calada, mas, há um mês, não se falava outra coisa que não fosse a prisão eminente de Rick Mendonza.

Louise tomou mais um gole do seu café e Susan notou a expressão de preocupação no rosto da mãe.

— O que há de errado? — perguntou também preocupada.

— Carmela está muito assustada, pois esse homem é muito perigoso e sua corja é muito grande. Ela tem medo de que tentem alguma coisa contra Carlo.

— Ah, mas com certeza ele tem toda proteção policial.

— Seu pai foi informado por ele de que há seguranças perto do nosso condomínio. Sempre vê um carro estacionado no outro lado da rua e dois homens que sempre estão atentos no entra e sai do condomínio.

— Menos mal, se for verdade. — disse a jovem, um tanto aliviada por saber que havia proteção para a família de Carlo, principalmente para sua idosa mãe.

— E Kate, como está? — perguntou, não resistindo à curiosidade.

A mãe torceu o nariz.

— Ultimamente ela anda tão mal-humorada... Quase nem fala comigo, quando nos encontramos pela manhã ao sair para o trabalho. Mas, pelo que Luigi comentou com Matt, as coisas entre os pais não vão muito bem.

— Ele é muito querido, não? — comentou a jovem referindo ao filho de Carlo.

— Educado e gentil como o pai... — completou a mãe, assentindo com um sorriso carinhoso.

O celular de Louise vibrou e ela atendeu sorrindo ao ver o nome do marido no visor.

— Seu pai... — sussurrou a mãe para Susan.

A jovem ficou acompanhando as expressões da mãe mudarem conforme escutava o marido.

— Já terminamos. Ela está bem. Os resultados dos exames foram ótimos. Ela vai sim.

— Fale com seu pai, senão... — disse a médica, entregando celular para a filha.

Susan conversou alguns minutos com o pai e despediu-se.

Horas depois, Susan já estava descendo do táxi e entrando no saguão do aeroporto. Fez o check-in e não resistiu a vontade de comprar chocolate, numa *delicatesse*, no andar inferior.

Dirigiu-se à escada rolante e, enquanto descia, ia observando o grande número de pessoas circulando com suas bagagens no piso abaixo. Estava no meio da descida, quando seu coração quase saiu pela boca, sentindo um calor no corpo todo, ao reconhecer o homem que caminhava lentamente, absorvido na conversa com o seu acompanhante, um homem alto e elegante de cabelos muito branco.

Maravilhoso, num terno preto impecável e com uma das mãos no bolso e a outra carregando uma pequena valise, lá estava o objeto de seus pensamentos, de seus sonhos mais pecaminosos nos últimos meses. Seu homem proibido.

Susan torcia para que a escada chegasse ao final, no momento em que ele passasse por ali. Com os olhos fixos nele, Susan esperava ansiosamente que ele olhasse para cima e a visse. *Olhe pra cá, olhe pra cá por favor*, implorava mentalmente. Se não tivesse tanta gente na sua frente, na escada, ela correria se fosse preciso, para falar com ele nem que fosse só para cumprimentá-lo. Ansiosa, ela olhava fixo para o final da escada. *Meu Deus, não chega nunca*, Estava totalmente atordoada pela surpresa inesperada.

Viu que ele já passara da frente da escada e seu coração parou, quando em determinado momento ele olhou distraidamente para cima, fazendo-a ficar paralisada pela emoção e ansiedade.

Mas para sua frustração ele não a viu ou não a reconheceu, pois calmamente voltou a olhar para o seu acompanhante que estava ao celular, naquele momento.

Quando chegou embaixo, procurou-o ansiosamente, olhando por cima das pessoas, tentando achar a familiar cabeça grisalha, mas ele simplesmente sumira, para sua total decepção.

Droga, não é justo. Eu só queria conversar com ele... Pensou tristemente. Estava tão frustrada que até a vontade de comer o chocolate passara. Mesmo assim entrou na *delicatesse* e comprou duas grandes barras de chocolate.

Sabia que depois iria precisar do chocolate para aplacar sua decepção.

Susan não acreditava que o tivesse tão perto e não pudera falar com ele.

Talvez seja melhor assim, pensou com resignação. *Iriam dizer o que, afinal?*

— *"Oi, lembra de mim? Nós dormimos juntos, meses atrás. E desde então, não consigo deixar de pensar em você."*

Susan estava se achando uma tola, com tais pensamentos, mas, mesmo assim, riu intimamente.

Colocando o pacote com seu chocolate na bolsa, passou os dedos entre os cachos do cabelo, gesto que sempre fazia quando ficava nervosa.

Desolada dirigiu-se a sala de embarque, pois precisava se sentar e ficar quietinha com suas lembranças, após ter visto o homem de seus sonhos.

Ao entrar na sala de espera, deu uma rápida olhada no ambiente que estava quase lotado e as poltronas quase todas tomadas. Com um suspiro, correu os olhos a procura de um lugar para se sentar. Havia três poltronas vazias próximas ao grande painel de vidro que separava a sala de espera, onde se encontrava, da área de circulação de pessoas. Decidiu-se pela mais próxima do grande vidro. Sentou-se e pegou o livro que carregava na bolsa. Fã dos livros de Jane Austen, estava relendo *Orgulho e Preconceito,* cujo filme assistira em casa, semanas atrás com Sarah. Abrindo a página marcada, Susan deu um longo suspiro. Invejava o final feliz de Lizzy com Mr. Darcy. Absorvida pela leitura, não viu a hora passar. Se assustou quando ouviu a chamada do seu voo. Fechou o livro e levantou-se num salto, guardando-o na bolsa. Tinha acabado de fechar a bolsa quando se lembrou da passagem. Abriu a bolsa de novo, a procura dela quando se sentiu observada.

Levantou a cabeça e o mundo pareceu parar. Do outro lado do vidro, lá estava ele com o olhar focado nela, com uma das mãos no vidro, para chamar-lhe a atenção. Viu em seus olhos não só surpresa, mas também admiração e alegria, a julgar pelo brilho de seus olhos. O mesmo olhar envolvente, quando estavam no elevador em Houston.

Perplexos, entreolhavam-se, sem acreditar no encontro inesperado. Tudo ao redor deles deixou de existir. Eram somente os dois ali, naquele momento. Emocionada, não sabia como agir e percebeu que ele também não.

Elegante e sofisticado em seu terno escuro, camisa branca e gravata vermelho-escuro, estava lindo. Fascinada, correu os olhos por aquele corpo másculo. Admirou-lhe o rosto bonito, os ombros largos. Parado ali, com aquele corpo maravilhoso, parecia um deus grego, *Nicholas que a perdoasse.*

Em transe, parecia que eles estavam sendo puxados por um fio invisível, e ela estava para aproximar-se do vidro, a fim de colocar a palma de sua mão com a dele, quando ouviu a segunda chamada para seu embarque. E então ela recuou, retornando ao mundo real, de vozes, risos, toque de celulares, sons de aeronaves subindo e descendo...

Fazendo sinal com as mãos, mostrou que tinha que embarcar.

E ele também fez um sinal, indicando que também ia embarcar. Com o coração acelerado, percebeu que ele dizia alguma coisa, mas não conseguiu entender.

Carregando sua bolsa a tiracolo, Susan acenou-lhe mais uma vez. Ele então deu de ombros, resignado e sorrindo, acenou-lhe.

A jovem correu para o seu embarque, mas, antes de passar pela porta, ela voltou-se e viu que ele continuava no mesmo lugar, acompanhando-a com um olhar, tão frustrado quanto ela, com a mão ainda no vidro. Acenaram-se mais uma vez. Sentindo-se corar e sorrindo com o coração aos pulos, ela arrumou a bolsa nos ombros e então ficou fora da visão dele.

E minutos depois, ela já estava se acomodando em sua poltrona, Susan estava totalmente trêmula, numa alegria incontida, por ele ter gostado de revê-la, como ela a ele.

Para onde ele estaria embarcando? Pelo tamanho da valise, sabia ser uma viagem curta.

Repousando a cabeça no encosto da poltrona, fechou os olhos e reviveu toda emoção que sentiu ao vê-lo através do vidro. O encontro fora breve, mas fora o bastante para aflorar sentimentos impróprios que conseguiu atenuar a saudade daqueles maravilhosos olhos azuis. *Ele não a esquecera. Agora tinha certeza, pela alegria que viu em seus olhos.*

Feliz, ela inclinou sua poltrona e extenuada pelas emoções, adormeceu até que sentiu alguém apertar-lhe o ombro gentilmente. Assustada, abriu os olhos e viu o rosto sorridente da aeromoça.

— Por favor, senhorita ajuste sua poltrona e verifique o seu cinto, que logo aterrissaremos.

Ela agradeceu e voltou a poltrona na posição vertical e endireitando-se, deu um sorriso à simpática comissária de bordo.

Horas mais tarde, já em casa e deitada, reviveu a emoção de sentir a intensidade com que ele a fitara, além de reviver os momentos gloriosos que teve com ele na cama em Houston.

Enquanto isso, em Washington DC, já acomodado em seu quarto do hotel, Carlo revirava-se na cama inquieto, muito frustrado com um desejo que lhe incendiava as entranhas, desde o momento que vira a jovem de Houston, no aeroporto. Seu desejo de vê-la mais uma vez fora realizado, mas, em compensação, atiçara-lhe a libido.

Ao olhar para o relógio do celular à mesa de cabeceira e ver que já eram 4 horas da manhã, levantou-se num pulo e foi para debaixo do chuveiro. Deixou a água gelada correr pelos ombros tensos. Após uns minutos, ele fechou a torneira e ficou trêmulo e imóvel com os olhos fechados e a cabeça encostada na parede ladrilhada, por um bom tempo. Era uma sensação nova para ele, pois nunca sentira tanto desejo por uma mulher que não fosse Kate. Abrindo o box, pegou a toalha e esfregou-a energicamente no corpo, como se isso aplacasse o fogo que incendiava-lhe o corpo. *Dio, eu nem a toquei e estou assim...*

Voltou para a cama e cobriu-se com o edredom. Com as mãos sob a cabeça, relembrou a perplexidade, a emoção e a agradável surpresa que sentiu quando a viu no aeroporto. E fora recíproco.

Acabara de deixar o senador Hayes no portão de embarque para Philadelphia e, como ia para Washington DC, estava se dirigindo para o local de embarque anunciado, ele relanceou o olhar para a sala de espera do outro lado da parede de vidro e estacou com o coração disparado.

Lindamente curvilínea, ela estava maravilhosa e elegante, com saia de lã cinza-escuro na altura dos joelhos e as longas e belas pernas valorizadas pelas botas de cano alto. A blusa de tricô vermelho-escuro destacava o tom da sua pele e dos cabelos. Um cinto largo também na cor preta delineava sua cintura fina. Os lindos cachos loiros e anelados caiam na testa, enquanto ela procurava algo na bolsa. Quando ela levantou a cabeça e seus olhos verdes encontraram os dele, a conexão foi imediata. A mesma atração e o mesmo magnetismo incrível de meses atrás ainda estava lá.

Era incrível como ela mexia com ele. Desde que a conhecera, não tinha parado de pensar nela. Seu corpo reagiu e ele deu-se conta de que ainda a desejava. Uma vez não fora suficiente.

Carlo não conseguia ainda entender a natureza de seus sentimentos pela jovem de olhos verdes. Nunca se sentira assim. Só tinha consciência de que era algo muito forte para deixá-lo naquele estado de ebulição.

Procurando controlar suas emoções, sorriu. *Nem que ficasse um dia inteiro numa ducha gelada, seria suficiente para apagar o fogo que tomara conta do seu corpo.* Imagens daquela noite povoaram sua mente.

O que mais queria era acordar de novo ao lado dela e sentir o calor de seu corpo macio e perfumado.

No dia seguinte, já em casa, estava quase terminando seu café, quando sentiu o perfume da esposa. Kate acabava de entrar e ao vê-lo hesitou, mas logo continuou a andar até a cafeteira.

— *Bom dia.* — cumprimentou-o sem fitá-lo.

— *Buon giorno, cara* — respondeu educadamente, sem voltar-se para ela.

Ficaram em silêncio, um em cada ponta da bancada. Terminando seu desjejum, Carlo levantou-se e passando uma água na xícara e nos talheres, colocando-os na máquina de lavar louças.

— Não esqueça que o jantar será daqui há três semanas. — disse a voz fria de Kate.

Segurando por segundos a porta da máquina, Carlo não respondeu.

Havia se esquecido do *maldito* jantar. Deu um longo suspiro de frustração que não passou despercebido à esposa.

— Você ouviu? — perguntou ela, irritada.

— *Si.* — respondeu conciso.

— É um jantar formal. Está lembrado disso?

— *Si.* — respondeu, controlando-se para não bater a porta da máquina.

— Já mandei seu smoking para a lavanderia. Luigi vai dormir na casa de Louise, com Mathew. Atormentou-me tanto que abri mão da presença dele. Mamãe achou que eu não deveria insistir, pois os jovens da idade dele não estariam presentes.

"Ah sì. Mamãe...", Carlo pensou cinicamente.

Carlo levantou-se, pegou sua pasta e o laptop e caminhou em direção a porta da garagem.

Parou na soleira ao ouvir seu nome. Virou-se lentamente e fitou-a inexpressivamente.

— Poderia ser mais educado e dar-me atenção? — perguntou ela, lívida de raiva.

— Kate, quanto menos palavras a gente trocar, menos discussão. E eu ouvi, sim, tudo que falou. Não sou surdo. — respondeu irritado. — É só isso? Preciso sair logo. — disse impaciente, olhando para o seu relógio.

— Por enquanto é só. Não se esqueça do champanhe e dos vinhos...

Ele deu um longo suspiro.

— É só falar com Lorenzo. — respondeu saindo da cozinha.

— As bebidas são a sua tarefa, Carlo. Sempre foi. — gritou ela.

— Desta vez, não, Kate. — gritou ele em resposta. — Estou numa fase importante do caso Mendonza e meu tempo está tomado. Peça a Lorenzo que ceda a quantidade que precisa que depois eu acertarei com ele... Ele manda entregar a hora que você quiser.

Ela bufou de raiva ao ouvir um bater de porta.

— *Grosso!* — gritou furiosa.

Horas depois, Carlo já estava com sua equipe, reunido na grande sala de reuniões do seu gabinete.

— Com essas provas, Rick Mendonza não escapará de uma condenação magistral. — observou Brian em determinado momento, após terem examinado minuciosamente uma por uma as três provas substanciais que Carlo trouxera de Washington, para encerrar o estudo do inquérito, e então Carlo oferecer denúncia e enviar ao juiz para instaurar-se o processo criminal.

— *Vero*, Brian. O capitão Carmone já mandou o informante desaparecer do quartel-general do traficante antes que seja descoberto pelos capangas dele.

— Excelência, Klaus na linha e diz que é urgente. — falou Dorothy abrindo a porta sem bater pela primeira vez. Ao ver a expressão da assistente, Carlo gelou e todos na mesa pararam e olharam para a assistente assustada.

Sentindo as pernas bambas, pegou o telefone.

— O que houve, Klaus? — perguntou apreensivo. — Começou?

— Sim, infelizmente, senhor. Mas conseguimos abortar a ação deles. — afirmou com firmeza, naquele vozeirão que lhe era característico.

— Quem... Quem... Como... — Carlo deixou-se levar pelo desespero e a expectativa, não conseguindo articular as palavras.

— Tenha calma, senhor. Está tudo sob controle. Não há mais perigo para...

— Klaus, *Dio*, quem? — interrompeu Carlo nervoso.

— Luigi, estava saindo...

— Meu filho! O que aconteceu? Como ele está? — interrompeu mais uma vez, não escondendo o desespero.

— Acalme-se, senhor. Ele está bem. Acredite, está tudo sob controle. Como estava lhe dizendo, ele estava saindo do colégio com Mathew, quando um carro preto de vidros escuros parou no meio-fio e dois homens tentaram arrastá-lo para dentro do veículo. Mas o garoto resistiu e nos ajudou. Felizmente nossos homens estavam atentos e conseguiram impedir. Um deles foi ferido e o outro não conseguiu ir muito longe. Já estão presos.

— *Grazie a Dio*! — exclamou aliviado, levantando os ombros e dando um longo suspiro.

— E agora como estão os garotos? — perguntou, referindo-se a Mathew também.

O segurança deu uma leve risada.

— Assustados. Mathew não pode fazer nada, pois o mandei se abaixar. E Luigi... Garoto corajoso. Tal pai, tal filho. — comentou. — resolvemos trazê-lo até o senhor.

— Obrigado, Klaus. Muito obrigado. Coloque-o no elevador, por favor.

— Já está a caminho, senhor.

Desligando o telefone, ergueu a cabeça para o alto e fechou os olhos, agradecendo a Deus mais uma vez, silenciosamente. Percebendo o silêncio na sala, endireitou-se e olhou para os rostos ansiosos de sua equipe e, só então, percebeu que Dorothy estava ao seu lado, com um copo de água.

— *Grazie*, Dothy. — depois contou tudo o que ouviu de seu segurança particular. Notou preocupação e medo em cada um dos rostos. — Não se preocupem. Estamos todos sob proteção policial 24 horas. E a partir de hoje, a nossa proteção será redobrada.

Nesse instante a porta abriu com força e um Luigi pálido entrou e ia correr para o pai, quando percebeu que ele não estava sozinho. Recompôs-se rápido, apesar do medo em seus olhos idênticos aos do pai.

Carlo então chegou até ele e o abraçou.

— Está tudo bem, *caro*. — murmurou Carlo, dando um beijo no filho, como um típico italiano. — Klaus disse que você foi muito corajoso. — comentou, o afastando para poder fitar seus olhos. — O que você fez?

Luigi levantou a cabeça e retribuiu o olhar do pai. Nos olhos do garoto, havia incredulidade e medo.

— Foi tudo tão rápido, *papà*. — disse o garoto. — Mas dei uma rasteira naquele que me segurou primeiro e consegui desequilibrá-lo. O outro então tentou torcer meu braço, mas consegui dar um rodopio e bater nele com minha mochila. Ao ouvir o tiro do segurança, ele me soltou. Levou um tiro no braço e na perna.

Carlo sorriu e espalhou o cabelo do filho como sempre fazia, com o orgulho refletido nos olhos.

— Você se arriscou, *figlio*, mas agora está tudo bem.

Todos os presentes dirigiram palavras de elogio à coragem de Luigi, que agradeceu um pouco tímido.

— Agora eu vou, pois Mathew está me esperando no carro. Avisamos a tia Louise, que estamos indo com Klaus.

Naquela noite, pai e filho foram jantar no restaurante da família, onde Carlo relatou o ocorrido à Lorenzo, que elogiou a coragem do sobrinho e pediu ao irmão que também ficasse atento, pois temia que estivessem de olho na família toda.

Antes de sair do tribunal Carlo chamou Klaus para uma reunião em seu gabinete. Foi quando o guarda-costas lhe confidenciou que fora o policial infiltrado, quem avisara Klaus do suposto sequestro de Luigi. Mesmo sabendo que aparentemente pouca gente assistira ao episódio, mesmo assim, ele pediu que Klaus se encarregasse do sigilo quanto à mídia e a outras pessoas do próprio departamento de polícia, pois havia suspeitas de policiais estarem envolvidos. Resolveram reforçar a segurança para a família toda.

Ao chegarem em casa, Kate estava tomando chá na cozinha, quando Luigi entrou.

— O que aconteceu com sua roupa do colégio? — Indagou a mãe ao percebê-la toda suja e a camiseta rasgada. — perguntou. — Andou caindo?

Com poucas palavras, Luigi relatou os fatos para a mãe, e à medida que ele falava, ela arregalava os olhos tomados pelo medo.

— Meu Deus, que loucura! Você está bem? Não se machucou? — perguntou preocupada, puxando-o para seus braços.

— Está tudo bem, *mamma*. Não me machuquei, mas o bandido sim — respondeu sorrindo, completamente refeito do susto.

Nesse momento, Carlo também entrou na cozinha.

— Carlo, o que está acontecendo? — perguntou sem esconder a preocupação.

— Kate, precisamos conversar sobre isso, os três — disse com expressão preocupada.

À medida que ouvia com atenção o que o marido relatava, Kate deixava transparecer o pânico. Nervosa, puxou novamente o filho e abraçou-o.

— Então, estamos todos em perigo?

— Sim, muitos dos comparsas de Mendonza estão a fim de nos assustar, a mando dele... — respondeu o marido, sem explicar que desconfiava que o verdadeiro objetivo fosse matá-lo.

— Tenha cuidado quando sair da loja à noite e quando chegar aqui. — preveniu ele. — Temos segurança reforçada para toda a família.

— Então, aquele carro que vejo sempre estacionado do outro lado...

— São seguranças que estão nos protegendo. — completou ele solenemente.

Ela simplesmente anuiu assustada.

— E outra coisa... — começou Carlo. — Nem uma palavra para *mamma*, certo? Não quero assustá-la. E se possível, não contar o que aconteceu hoje com Luigi. E Klaus se encarregará de impedir a mídia de noticiar, em meu nome.

Pálida de susto, Kate abraçou fortemente o filho novamente.

— Independentemente disso, pedirei a papai que mande seus guarda-costas nos proteger.

— Faça isso. Comunicarei a Klaus.

Carlo ficou sensibilizado com a preocupação de Kate pelo filho, pois, levando-se em conta o seu humor ultimamente, ela mal falava com o filho.

— Graças a Deus que não te machucaram, meu filho. — disse ela beijando-o. — Mas eu duvido que a mídia se cale.

— Desta vez se calará. Pedimos ajuda do prefeito e do senador Hayes.

Pegando o celular, Carlo ligou para a casa de Mathew e falou com Ed, que já estava sabendo do ocorrido pelo filho, para que não comentasse com ninguém sobre o ocorrido.

— Quanto menos gente souber, melhor. — dissera ao vizinho, que concordara.

Mais tarde, acabara de se deitar quando se surpreendeu com a chegada de Kate no quarto de hóspedes.

Carlo fitou-a, com um olhar que não escondia sua contrariedade.

— O que você quer, Kate? — perguntou friamente, sentando-se na cama.

Ela aproximou-se, olhando-o com desejo.

— Eu quero você, Carlo. Volte para nossa cama... — pediu ela chorosa. — Sinto tanto a sua falta... E hoje, estou tão nervosa... Não sei se conseguirei dormir.

— Por favor, Kate, já conversamos sobre isso. Naquele dia eu tomei uma decisão e não vou voltar atrás. E, por favor, não vamos discutir. Hoje não, por favor! O dia foi tumultuado, estressante, para todos nós. Luigi passou por maus pedaços. Vamos respeitar nosso filho, certo? Deixe-o dormir tranquilo, sem ouvir nossas discussões. Também estou nervoso pelo que quase aconteceu. *Cara*, vamos dormir, sim?

— Carlo, eu te amo. Sinto falta de fazer amor com você por favor... — dizendo isso, ela tentou aproximar-se da cama, mas levantando a mão, ele a fez parar.

— Não, Kate. Eu não estaria sendo sincero e me sentiria usando você. É isso que você quer? Não seria justo para nenhum de nós dois. Vamos encarar isso como adultos civilizados, *certo*? — afirmou com frieza e determinação. — Infelizmente por sua culpa, a partir daquele dia, nosso casamento será apenas de aparências.

Ela ficou olhando-o em silêncio, como se não acreditasse no que ele estava falando.

— Até quando você vai me punir? — perguntou ela chorosa, sem sair do lugar.

— Não é uma punição. Apenas uma decisão depois das cenas lamentáveis de ciúmes doentios que você fez. Uma decisão que tomei, a qual foi muito bem pensada. Não dá mais, Kate. Entenda, por favor...

Sem dizer uma só palavra, ela saiu do quarto e fechou a porta com cuidado, o que o deixou espantado, pois esperava que ela batesse a porta como sempre fazia, quando era contrariada. *Meno male*, pensou aliviado. *Ao menos respeitou nosso filho.*

Apagou a luz da lâmpada de cabeceira e esfregou as mãos no rosto, *Santo Dio, que dia*. Seu coração congelava só em pensar no que poderia ter acontecido ao seu filho. Onde o levariam? O que iriam fazer com ele?

Nunca se perdoaria, se algo lhe acontecesse. Por mais que estivesse esperando por coisas desse tipo, não imaginava que começariam por Luigi. Sabia que a ameaça era dirigida a ele.

Deitando, puxou as cobertas e logo adormeceu.

No dia seguinte, resolveu ir de Uber para o Tribunal, para desespero de sua equipe de seguranças. O dia estava frio e úmido, mas, mesmo assim, preferiu esperar o carro na calçada.

Virou-se ao ouvir a porta da garagem dos pais de Mathew sendo aberta.

Dando a ré, Louise viu-o e parou abrindo vidro.

— Bom dia, Carlo. Está tudo bem? — a voz da médica era de preocupação.

Carlo aproximou-se do carro e abaixou-se para falar com a vizinha.

— *Buon giorno, Louise*. Está tudo bem sim, depois do susto de ontem. Espero que tudo continue assim, mas devemos ficar atentos.

— Mathew nos contou. Estava apavorado e bravo, por não ter agido rápido para ajudar Luigi. Disse que tudo foi em questão de segundos.

— Foi mesmo. Quase passou despercebido pelos agentes que faziam a segurança no colégio. Mas, graças a Deus, tudo deu certo. Klaus e sua equipe agiram com precisão.

— E faz bem em esconder de Carmela. Ela anda muito preocupada com sua segurança. Imagine se ela sabe que atacaram Luigi...

— *Dio mio*, nem quero pensar. — disse o promotor, apavorado.

— Ed foi deixá-los na porta do colégio. Já devem estar lá. — comentou olhando seu relógio.

Carlo simplesmente anuiu.

— E está tudo bem com vocês? — perguntou ele, com a educação de sempre.

— Tudo ótimo, obrigada. Susan esteve aqui fazendo uns exames comigo.

— Algo errado com ela? — perguntou preocupado

— Não, não. Está tudo bem com ela. Foram só os exames rotineiros de prevenção. Agora estou indo despachar o presente dela.

Carlo franziu o cenho e de repente bateu na testa.

— *Dio*, hoje é 11 outubro. É o aniversário dela. Eu sempre comprava um pacote de jujubas para ela, lembra?

— Claro que me lembro. Eu precisava esconder, senão ela acabava com tudo num segundo. — respondeu Louise dando risada.

— Incrível como vocês se desencontraram durante todos esses anos...

— Poderia me dar o número do telefone dela? Desta vez não vou deixar passar em branco. Vou mandar uma mensagem para ela. — disse ele tirando o celular do bolso do casaco.

— Ela ficará muito feliz, obrigada. — Louise lhe passou o número do celular de Susan e rapidamente ele o digitou no seu tornando a guardá-lo.

— Quer uma carona? — perguntou a médica ligando o carro.

— Obrigado, Louise, mas meu Uber já está chegando. — respondeu o italiano, endireitando o corpo e apontando para a entrada do condomínio.

Com um aceno de mão, a vizinha saiu com o carro e partiu.

Entrando rapidamente no Uber, Carlo pediu ao motorista que fosse o mais rápido que pudesse, pois tinha uma reunião às 8h30.

Carlo pôs-se a imaginar como estaria a *garotinha de cachinhos dourados de anos atrás...*

Pelo que lembrava, ela estaria fazendo 27 anos naquele dia.

Quando chegasse em casa à noite, mandaria uma mensagem para ela.

O dia passou rápido demais. Foram tantas reuniões, sendo a última com o chefe de Segurança do Tribunal e Klaus, seu guarda-costas. Traçaram novas estratégias de segurança e proteção, ficando acertado que sua família teria sempre um carro com dois agentes na retaguarda, aonde quer que fossem. E Klaus seria seu chofer e guarda-costas dali em diante.

Já passavam das 21 horas quando chegou em casa. Ficou aliviado ao ver o carro de Kate. Apesar do momento delicado entre eles, não queria que nada de mal acontecesse com a esposa.

Passando pela porta da suíte principal, a porta já estava fechada, indicando que ela já estava deitada. Ao passar pelo quarto de Luigi, ele deu uma leve batida na porta.

Ao ouvir a voz do filho mandando entrar, abriu a porta suavemente.

— *Boa noite, papà.* — disse o garoto levantando-se da cama, onde estava sentado com o celular na mão, para dar o costumeiro beijo no pai.

Carlo abraçou-o.

— *Buona notte.* Acordei você?

— Não, estava falando com Matt, um pouco. Não consigo dormir. Ontem quase não dormi nada. — respondeu o filho voltando para a cama. — Acho que ainda estou nervoso pelo ocorrido.

— Deve ser isso mesmo. Tome um dos chás da sua *nonna.* — sugeriu o pai. — Quer que eu prepare um para você?

— Não precisa se preocupar, papà, que eu mesmo vou fazer. Boa ideia essa do chá.

— Então vou nadar um pouco para relaxar os músculos. Também estou nervoso, tenso demais. Vou ficar sem minha caminhada hoje.

— Mas não se preocupe, *papà.* Está tudo sob controle. Hoje os seguranças vieram atrás do carro da tia Louise até aqui.

— Que bom. Mas esteja atento a tudo. *Buona notte, caro.* — disse ele, saindo do quarto do filho e fechando a porta.

Duas horas depois, Carlo se encontrava no escritório de casa verificando sua agenda para o dia seguinte. Dothy não tinha lhe deixado uma brecha sequer. *Eficiente como sempre, querida Dorothy,* pensou com carinho.

Abriu o laptop, para ler e enviar alguns e-mails ainda antes de dormir. Ao apanhar seus óculos, seus olhos caíram sobre a foto dele com a irmã e a pequena Susan. Lembrou então de mandar uma mensagem parabenizando-a pelo aniversário.

Deve estar festejando numa hora dessas, com os amigos, pensou.

Digitou rapidamente a mensagem e enviou-a. Então voltou a atenção ao seu Laptop e trabalhou incessantemente até às duas da madrugada.

Susan estava na cozinha pegando mais copos quando Sarah a chamou.

— Susan, venha logo apagar as 27 velinhas que Bill colocou no seu lindo bolo.

Colocando os copos rapidamente numa bandeja, Susan seguiu a amiga até onde seus amigos a aguardavam.

Ela ficara sensibilizada pela surpresa que a turma do escritório e alguns dos vizinhos de apartamento lhe fizeram. Achara encantador por parte de Bill, namorado de Justin, fazer e trazer um lindo bolo confeitado.

Às 23 horas todos, com exceção de Sarah, já tinham ido embora.

Enquanto as amigas limpavam a louça e o chão, o telefone fixo tocou.

Susan correu atender. Sabia que era Nicholas, pois ele lhe avisara que ligaria nesse horário.

Falaram por alguns minutos, em que ele desejou-lhe feliz aniversário e reiterou o convite para ela ir à Atenas. Ao desligar, ela e Sarah continuaram com a limpeza da cozinha.

— Então... Vai ou não à Grécia? — perguntou a ruiva, com um sorrisinho maroto.

— Pode ser. Estou pensando.

— Susan, não entendo essa sua relutância em aceitar Nicholas... Ele é lindo, charmoso, sofisticado, bilionário e não esconde os sentimentos que tem por você. O que aconteceu com aquele seu entusiasmo inicial?

Ficou em Houston, quando conheci aquele italiano maravilhoso, pensou ela.

— Susan?

A jovem fechou a torneira, tirou as luvas de lavar louças, virou-se para a amiga e recostou-se na pia, fitando-a, muito séria.

— Você não sabe o quanto eu daria para corresponder esses sentimentos. — disse ela baixinho. — Eu fico furiosa comigo mesma. Nem depois que dormimos juntos...

A ruivinha arregalou os olhos azuis.

— Você foi para a cama com ele? Quando? — perguntou curiosa.

— Um dia antes de ele partir para a Grécia. Ele passou aqui para tentar mais uma vez a ir com ele e... Bem, eu estava tão carente que não resisti. — tentou justificar ao ver a expressão incrédula da amiga.

— E... Como foi? Conte-me tudo, tudo! — disse a amiga, muito empolgada.

— Ele foi maravilhoso em todos os sentidos. Mas...

— Susan, por favor... Não me diga que ainda pensa naquele italiano. Por acaso aconteceu algo mais entre vocês, depois que saí de Houston? — perguntou fitando-a com expressão desconfiada.

Susan abaixou os olhos e examinou as unhas, em silêncio. Ao erguer o olhar para Sarah, esta levantou a mão.

— Ok, esqueça a pergunta. Mas, amiga, você tem que esquecê-lo. De que adiantará você ficar sonhando com ele? — arguiu a ruiva, sem esconder a compaixão.

Susan meneou a cabeça.

— Talvez eu conseguisse se não o tivesse visto semana passada no aeroporto em Nova Iorque.

— Vocês se encontraram? Como? Vocês se falaram?

— Não nos falamos por questão de minutos. Eu o vi primeiro e ele não me viu, pois estava em companhia de um senhor distinto. Quando eu já estava para embarcar, ele viu-me através do vidro. Ficamos nos olhando, como dois bobos. — riu ela. — Ele então me acenou e falou algo que não consegui entender através do vidro. — respondeu Susan, sem esconder a frustração.

Sarah riu da cara da amiga.

— Ah, que coisa fantástica, você encontrá-lo após tantos meses... E... — incentivou-a a continuar.

— E ele continua maravilhoso Sarah. Estava de terno escuro, com aquele sorriso lindo e sedutor e aqueles olhos azuis...

— Mas é só isso, Susan. Não esqueça, por favor.

— Eu sei, Sarah. Estou consciente disso, desde Houston. Mas nossa no...

Susan congelou ao perceber que quase deixara escapar o que acontecera com eles na última noite em Houston.

— Nossa... o quê? Sarah era muito esperta para não ter percebido sua hesitação.

— Nossa despedida em Houston. — completou Susan reagindo rapidamente. — Nós nos vimos no saguão do hotel e não conseguimos desprender os olhos um do outro. Mas não se preocupe, o tempo é o melhor remédio. Eu vou esquecê-lo.

— Espero que sim, pois não quero vê-la sofrer por algo impossível.

— Não sofrerei. Agora vamos terminar isso que estou com sono.

Horas depois estavam deitadas e logo adormeceram sem disposição alguma para conversar, como sempre faziam. Estavam cansadas.

Somente na manhã seguinte, ao pegar o celular para colocá-lo na bolsa, é que Susan viu que tinha uma mensagem de texto do dia anterior.

Abrindo a caixa de mensagem ela leu, com um sorriso nos lábios.

"Parabéns, bella! Aqui é Carlo, aquele que a presenteava com jujubas no seu aniversário. Lembra? Me disseram que se tornou uma linda ragazza. Você continua tendo um lugar muito especial no meu coração. Bacio C."

Oh, querido Carlo, que saudades de você, pensou emocionada. *Ah, que querido... Claro que lembrava dele.*

Teclando a opção responder, rapidamente digitou *"Você também é especial para mim. Sempre será! Obrigada por lembrar. Beijo S."*

Chegou ao escritório muito feliz pela mensagem que recebeu de Carlo que muito a mimava quando ela era criança. Mostrou para Sarah que ficou feliz por ela e depois passou a manhã contando para todos no escritório algumas passagens divertidas entre eles. Claro que eram relatos feitos por seus pais, uma vez que tinha apenas quatro anos. Contou também como era o relacionamento de sua família com a de Carlo. Susan sentiu-se voltando no tempo, ao fazer os relatos. E já fazia tanto tempo...

Mais à noite, ao chegar ao apartamento, foi até ao telefone fixo e apertou o botão das mensagens.

Havia uma de sua dentista, uma de sua mãe e outra de Joyce, sua amiga de infância, parabenizando-a pelo aniversário e desculpando-se pelo atraso.

Retornou as ligações, demorando-se mais com a mãe, e minutos depois já estava acomodada em sua cama, lendo um pouco mais de *Orgulho e Preconceito* até o sono chegar.

Colocando o telefone no gancho, Carlo sorriu triunfante. Dadas as provas contundentes contra Mendonza, era questão de horas para oferecer a denúncia e pedir a prisão imediata de Rick Mendonza.

Finalmente chegou a sua hora, Mendonza, pensou ele, com satisfação.

Assustou-se com o som estridente do telefone privativo do gabinete.

— Martinelli. — atendeu prontamente.

Silêncio.

Franzindo a testa tornou a repetir seu nome. Ninguém respondia, mas ele ouvia ao fundo um barulho de trem.

— Quem é? O que quer?

— Cuidado, Martinelli... — disse uma voz abafada. — Você está indo longe demais. É melhor cuidar de sua família.

Carlo sentiu um arrepio na espinha.

— Quem está falando? — perguntou irritado. — Se acha que vou retroceder por causa de ameaças, está errado, meu *caro*. — disse usando o tom gelado que usava no tribunal.

— Eu pensaria duas vezes, senhor promotor. — disse a voz e desligou.

Carlo ficou olhando para o aparelho incrédulo e furioso e não teve como não ficar apreensivo com a segurança de sua família. *Que ousadia ligar para o meu telefone particular do Tribunal. Como descobriram o número?*

Batendo o telefone no gancho, chamou Dorothy pelo interfone. Em segundos ela estava na sua sala.

— Dothy, quero uma reunião urgente com o pessoal que está cuidando de minha segurança e da minha família, por favor. Ah, e chame, por favor, o capitão Carmone.

A assistente alarmou-se.

— O que houve, Carlo? — perguntou ela aproximando-se da mesa. — Meu Deus, você está pálido.

Dorothy ficou assustada quando notou os olhos azuis reluzentes de rancor e angústia.

— Acabei de receber mais uma ameaça. E desta vez no meu telefone particular. Temo por minha família.

Horas depois, estavam todos reunidos na grande sala de reuniões, especulando como conseguiram o número do telefone do gabinete, uma vez que era sigiloso.

— Não tenho dúvidas de que alguém daqui do Tribunal passou essa informação. — concluiu Klaus preocupado.

— O mais importante é descobrirmos logo como esse número vazou. — retrucou o capitão Carmone do FBI que ajudava Carlo nas investigações com sua equipe contra Mendonza. — Vou chamar a equipe da perícia para iniciarmos uma varredura geral nos telefones do tribunal. O senhor se comunica com quem sobre esse caso, aqui no Tribunal? — indagou o capitão antes de sair

Carlo nem titubeou.

— Falo diariamente com o juiz Chapman.

— Vamos até lá conversar com ele e faremos também a varredura no gabinete dele.

— OK. Quero que reforcem ainda mais a proteção de minha família. — pediu Carlo com urgência na voz. — Ao que parece, o foco deles é atingir primeiro a minha família. — concluiu preocupado.

— Não se preocupe, promotor. Vamos providenciar o quanto antes. — tranquilizou o capitão Carmone. — Mais alguma coisa? — perguntou solícito.

— É tudo, senhores. Obrigado. — respondeu Carlo, levantando-se e dando por terminada a reunião. — Klaus, fique, por favor. — pediu ao alemão.

Depois que todos saíram, Carlo mandou-o sentar-se.

— Klaus, o que você acha disso tudo? — perguntou Carlo com a expressão de pura preocupação. — Acha mesmo que alguém daqui vazou o meu número do gabinete? O guarda-costas assentiu.

— Tenho a certeza de que temos um espião por aqui. E aposto que é alguém próximo. — respondeu o guarda-costas com convicção.

Carlo olhou-o surpreso.

— Você tem algum suspeito?

— Com mil desculpas, senhor, mas nessas alturas todos são suspeitos. Um agente da minha agência vai fazer uma investigação paralela à equipe do capitão Carmone.

— Mas você já tem suspeitos, certo? — indagou Carlo cismado com a expressão do segurança.

Klaus fitou-o muito sério...

— Sim. Mas, por enquanto, é melhor o senhor não saber. Confie em mim. — disse o grandalhão com segurança.

— Se eu não confiasse em você, não teria contratado sua agência. E o fato de assumir pessoalmente o trabalho, inspirou mais confiança. — respondeu. — Vá em frente. — disse Carlo ficando em pé.

— Obrigado pela confiança, mas tenho outra coisa para lhe falar.

Carlo tornou a sentar com uma das sobrancelhas arqueadas.

— O senhor não deve sair sem me avisar e vai ter sempre quatro agentes meus lhe acompanhando, quando estiver a pé. Isso até para almoçar, ok? E, por favor, nada de andar de táxi ou de Uber. Está fora de questão! Qualquer bandido pode estar dirigindo um. E acredito que tenha mais de um informante. Mendonza não poupa dinheiro quando quer apanhar alguém. — acrescentou o guarda-costas. — E Hugh e Dick vão redobrar sua segurança quando descer para o estacionamento, nos dias que vier de carro, uma vez que não quer que eu seja seu motorista 24 horas por dia.

— Eu gosto de dirigir meu Mercedes, Klaus. *Scusa*.

O alemão apenas anuiu com um gesto de cabeça.

— Também redobrei a segurança de seus familiares.

— Está certo, Klaus. Obrigado.

— Ora, é meu trabalho, senhor. Ah, esqueci. — falou o segurança antes de abrir a porta. — Os dois elementos que tentaram sequestrar seu filho já foram interrogados.

— E... — Carlo aproximou-se dele, curioso.

— E não sabem de nada. Recebem as ordens por telefone e nunca se identificam. O dinheiro sempre chega dentro de uma caixa pelo correio.

— *Cazzo*. — praguejou o promotor.

— E eles disseram que existem muito mais pessoas contratadas para pegar o senhor.

— Mendonza não quer expor os homens dele, para não parecer retaliação. O crápula não sossegará enquanto não me pegar. — disse Carlo furioso e com muita convicção.

— Eu tenho minhas dúvidas de que todos são pagos por Mendonza. — disse o segurança.

Carlo ficou olhando-o intrigado.

— Existe um "peixe grande" que também quer calar o senhor. Alguém que sabe que, ao prender Mendonza, seu nome aparecerá...

Carlo estava incrédulo

— O capitão Carmone tem quase certeza de que algum figurão do congresso é cúmplice do traficante.

O promotor ficou pensativo por alguns segundos e depois fitou seu segurança com as sobrancelhas quase unidas no meio da testa.

— *É vero.* — respondeu-lhe. — Tem fundamento.

— De qualquer maneira, fique atento, mesmo que estejamos por perto. Okay? Todo cuidado é pouco. — advertiu o alemão antes de sair. — Bom dia, senhor.

— Bom dia, Klaus. Seguirei suas orientações. — respondeu o promotor fechando a porta atrás do grandalhão.

Três semanas depois, Carlo andava de um lado para outro em seu gabinete.

— *Cazzo!* — exclamou furioso. Desde o momento do mandado de prisão de Rick Mendonza, a mídia não lhe dava tréguas. Já havia dado uma entrevista exclusiva para uma emissora de rádio. Na televisão só se pronunciaria quando achasse conveniente para a sua segurança. Mas parecia que não haviam entendido. Pela manhã, estavam aguardando-o na entrada do Tribunal, impedindo-o de entrar.

Klaus e sua equipe e mais a equipe de segurança de Steve foram obrigados a intervir. Agora os seguranças que protegiam a entrada do portal do seu condomínio tinham acabado de ligar, dizendo que muitos repórteres estavam aguardando-o lá. Mas que já estavam providenciando a retirada de todos e que logo lhe avisariam quando o caminho estivesse limpo.

Nervoso, olhou mais uma vez para o seu relógio. Pegando o celular avisou sua mãe que iria chegar mais tarde para jantar com ela.

Ela havia ligado na noite anterior, dizendo que queria conversar com ele. Ele então dissera que iria jantar com ela, após o trabalho. Carlo estava preocupado. Só esperava que ela não tivesse escutado alguma coisa sobre o quase sequestro de Luigi.

Horas depois, aliviado, pudera entrar no condomínio.

Tomou seu banho de chuveiro, após nadar até a exaustão.

Colocou um jeans e uma blusa de tricô, presente de sua mãe no último aniversário, e se dirigiu à casa dela.

— Carlo, *figlio mio*, faz tempo que não vem ver a sua velha mãe. — queixou-se a mãe indo com os braços abertos ao seu encontro. Carlo abraçou a mãe com ternura.

— *Mamma*, não exagere. — retrucou amorosamente. — Não faz tanto tempo assim. No domingo à noite estive aqui, lembra? Está ficando muito mimada! — concluiu.

Carmela riu e puxou-o pela mão, levando-o até o grande sofá da sala de estar.

Sentando-se, bateu no lugar ao seu lado para ele sentar. Carlo acomodou-se e abraçou-a, trazendo-a para si, e beijou seus cabelos, como sempre fazia.

— Lorenzo e Helen acabaram de sair daqui.

— Então, *mamma*, está *feliz* em reunir toda a família no Natal?

Ela deu-lhe uma tapinha na coxa e sorriu.

— Muito felice, principalmente porque Aldo e Loretta também virão nesse ano. E ganhei mais dois netos. — disse, referindo-se aos novos, futuros genro e nora de Lorenzo. — E você, *caro*? Como estão as coisas com Caterina?

Ele deu um longo suspiro. Não podia mentir para a mãe.

— Difícil, *mamma*.

— Oh, *caro*... *Perché?*

— O de sempre, *mamma*. Ciúmes doentios, obsessão, intransigência. Em poucas palavras contou o fato estressante do restaurante, quando ela ofendeu a jovem Krista.

Carmela só meneou a cabeça branca.

— *Oh, figlio mio!* Que triste... — disse ela beijando-lhe a bochecha.

— *Mamma*, já dei à Katherine todas as chances possíveis para ela e ela destruiu todas, uma por uma. Estou cansado, mamma, de lutar sozinho por esse casamento.

— Eu acredito *caro*.

— Eu sei que acredita em mim, *mamma*. — respondeu ele, beijando-lhe o torso da mão que tinha presa na sua. — Tenho pensado muito, *mamma*. Meu casamento está por um fio.

— Carlo, Carlo, *attenzione* (cuidado)... Para não errar. — pediu a idosa, muito solene.

— Não *se* preocupe, *mamma*.

— *Bene*. Mas agora *dimmi* (diga-me) como *vai seu trabalho*.

Carlo foi cauteloso ao responder à mãe.

— Tudo está correndo bem. O traficante logo será preso.

A mãe deu um suspiro de alívio.

— *Grazie a Dio*! — exclamou ela aliviada, levando uma das mãos ao coração.

— Mas que tal a nova governanta? — perguntou, querendo mudar de assunto. A antiga governanta, Sofia, teve que abandonar o emprego, porque a filha havia dado à luz e precisava muito dela por perto.

— Ah, obrigada, *figlio mio*. Sinto falta de Sofia, que ficou anos conosco, mas Mimi é uma *ragazza* muito dinâmica. Faz as coisas antes que eu peça.

— Ótimo. Fiz questão de escolher entre tantas a mais jovem e mais carismática. E tem sangue italiano nas veias. Sabia que ia gostar dela, *mamma*. — comentou Carlo.

Carmela riu assentindo, muito satisfeita.

— E o jantar *di gala de* Caterina? Luigi estava me contando que a mãe anda histérica por causa disso.

Carlo deu um longo suspiro e fitou a mãe, não escondendo a contrariedade.

— O jantar de gala será daqui há uns dias.

— Se você visse a cara do *bambino*... — a velha senhora comentou rindo gostosamente.

— Vai dormir na casa de Louise, só para não vestir o terno de gala que a mãe ia obrigá-lo a vestir...

— Ah, tua *Caterin*a...

Carlo suspirou longamente, demonstrando cansaço.

— *Mamma*, não consigo ver futuro algum para Kate e eu. Tentei seguir seus conselhos e os de Aldo, mas foi impossível qualquer solução para uma reconciliação entre nós. As coisas se agravaram mais, após o ocorrido no restaurante. Eu não sinto mais nada por Kate, a não ser uma grande indiferença. *Mamma*, eu não sou feliz... — concluiu tristemente.

— Eu sinto muito, *figlio mio*. — murmurou a mãe com pesar e preocupada.

— Eu estou dormindo no quarto de hóspedes desde o dia do restaurante. — confessou ele, tentando preparar a mãe sobre uma possível saída de casa.

A mãe olhou-o assustada.

— *Dio Santo,* como deixaram as coisas chegarem a esse ponto? — perguntou ela preocupada.

— Muitas coisas foram se acumulando ao longo dos anos e minha paciência está se esgotando, *mamma*.

Carmela apenas sacudia a cabeça, apertando a mão do filho.

— Todo casamento tem seus desafios, *figlio mio*. Você pensa que eu e teu pai também não os tivemos? Passamos por momentos difíceis quando chegamos aqui, mas, aos poucos com paciência, respeito e diálogo, fomos encontrando nosso caminho de volta aos nossos votos e fortalecemos nossa união. Você sabe que tenho fortes objeções ao divórcio, mas quero a felicidade de meus filhos... A decisão é sua, *caro mio*, e eu estarei do seu lado...

Carlo levantou a mão da mãe e beijou-lhe os dedos roliços.

— *Grazie, mamma!* — disse aliviado pela compreensão materna.

— *Bene*, vamos comer. — disse-lhe dando-lhe um tapinha na coxa e apoiando-se na bengala para levantar-se. Carlo levantou-se também e ajudou-a.

Sentaram a mesa e logo a jovem governanta começou a servir-lhes.

Carlo aspirou o aroma de manjericão que exalava do molho que cobria a massa.

— Huum... — murmurou virando os olhos, para a diversão da mãe.

Começaram a comer e falar sobre a família e a festa de Natal. Carlo ficava feliz em ver a mãe animada e motivada, apesar das dores da artrite.

— Simplesmente deliciosa essa pasta, *mamma*. — disse Carlo, limpando a boca com o guardanapo e tomando um gole do vinho. Carmela riu.

— Tive a ajuda de Mimi. — respondeu-lhe, pousando os talheres no prato. — Ensinei-a a preparar a massa enquanto eu preparava o molho. Gostou do vinho? Lorenzo pegou esse da última safra de *Aldo*.

Carlo levantou a taça e observou o conteúdo dela.

— *Delizioso, mamma!* Realmente Aldo está com uma safra muito boa.

Após o jantar, conversaram um pouco mais saboreando o vinho.

Na saída se despediu da mãe com carinho.

— *Buona notte, mamma*

— *Buona notte, caro mio*. Não esqueça que sua felicidade é mais importante do que qualquer coisa para mim. Siga o seu coração e os nossos valores que tudo ficará bem...

No dia seguinte, estava em seu gabinete, quase no final do expediente, quando o telefone tocou. Distraído atendeu como sempre. Após alguns segundos é que percebeu o silêncio do outro lado da linha, fazendo seus sentidos ficaram em alerta.

— Alô? — perguntou, numa voz desprovida de qualquer emoção, escondendo a tensão que sentia.

— Tome cuidado, Martinelli. Acidentes ocorrem a toda hora... — disse a voz sombria, do outro lado.

Dessa vez, Carlo ouviu ao fundo vozes de muitas crianças, que pareciam divertir-se num parque. Evidente que mudariam de local, para cada ligação telefônica. Eram espertos e perigosos.

Indignado, Carlo bateu o telefone no gancho. *Dio Santo, até quando, eles continuariam com isso,* perguntou-se assustado pelo que podia acontecer com ele ou alguém da sua família. Ligou imediatamente para Klaus, colocando-o a par da ameaça.

Em questão de minutos, Klaus bateu na porta e entrou rapidamente.

— Os homens do capitão Carmone não conseguiram rastrear o local do telefonema, excelência.

— Estou ficando preocupado com minha família. — disse passando as mãos pelos cabelos grisalhos, que agora exibia um corte baixo.

— Tem que se preocupar com o senhor também. Quanto à sua família, não tem que se preocupar, foi redobrada a segurança. E o senhor já está pronto? Estou à sua disposição.

— Me dê cinco minutos, ok?

— Como quiser, senhor.

Klaus saiu, e Carlo apreensivo ligou para o celular de Luigi e de Kate, para que ficassem atentos a qualquer movimento suspeito. Depois preveniu Lorenzo.

Logo depois, estava a caminho de casa.

Dias depois, após exercitar-se na piscina à noite, estava saindo do banho, quando ouviu seu celular tocar sobre a cama, onde deixara.

Enrolando uma toalha na cintura, foi atender. Era Klaus.

— Alguma novidade? — perguntou preocupado.

— Meus seguranças que protegem o restaurante do seu irmão acabaram de ligar...

Carlo sentiu o sangue gelar em suas veias.

— Lorenzo! *Dio*, o que aconteceu?

— Calma, seu irmão está bem. Jogaram uma pedra e depois uma tocha pelas janelas e porta, estourando os vidros. O fogo rapidamente se alastrou destruindo todo o saguão. Os tecidos da decoração e madeiras foram combustível suficiente para a destruição. Só não foi mais grave, porque os funcionários entraram em ação rapidamente. Dois funcionários foram feridos, mas felizmente nada grave, além de leves queimaduras nas mãos quando tentaram apagar o fogo das cortinas. Já estão sendo atendidos no local pelos bombeiros e paramédicos. E sei que ficará aliviado em saber que o carro que lançou o explosivo explodiu, ao colidir com um poste, na tentativa de fuga. Seus quatro ocupantes não conseguiram se salvar. Nem precisa dizer quem é o *"cabeça"* desses atentados.

— Mendonza! *Maledetto*! (maldito!)

Carlo suspirou aliviado ao saber que o irmão estava bem e que mais quatro capangas estavam fora de ação. Mas preocupou-se pelos funcionários feridos, pois sabia que Lorenzo tinha forte ligação de afeto para com seus funcionários.

— Havia clientes no restaurante? — lembrou, sem esconder a preocupação.

— Seis casais, mas felizmente estavam na área privativa, que fica atrás do jardim de inverno.

Somente levaram um grande susto. Estão prestando depoimento.

— Como está Lorenzo?

— Revoltado e furioso pelos ferimentos de seus funcionários. Nunca ouvi tantos palavrões em italiano. — brincou o segurança, rindo para amenizar a tensão do momento.

Aliviado, Carlo também riu.

— Esse é meu irmão! Lorenzo é o mestre em palavrões da família — confidenciou, rindo.

— Seria bom avisar sua cunhada, para não deixá-la preocupada com a demora do senhor Lorenzo. Ele disse que só sairá de lá, quando tudo estiver dentro do controle. Pelo jeito a teimosia é uma característica da família Martinelli, não? — comentou o guarda-costas rindo.

Carlo também riu, pois sabia que ele estava se referindo à sua própria teimosia em não seguir algumas orientações de segurança.

— Vou avisar Helen o mais rápido possível. Vou também providenciar para que *mamma* não assista a noticiários e não leia jornais amanhã e avisar o restante da família. Ao menos até o almoço. Depois creio que Lorenzo vai contar a ela. É melhor que ela saiba por nós.

— Ok. E pode ficar tranquilo que seu irmão está bem cuidado.

— Obrigado, Klaus, mas a guerra ainda continua. Daqui uns 30 minutos irei dar uma chegada aí, pra ver meu irmão e o estrago. Vocês serão devidamente recompensados.

— É o nosso trabalho e nossa obrigação, senhor, mas eu não o aconselharia ir até lá. Toda precaução é pouca nessas alturas. Gostaria que o senhor ficasse em casa e deixasse tudo por nossa conta. Seu irmão está bem.

Refletindo, resolveu acatar as ordens de seu guarda-costas.

— Está certo então. — disse. — Vou seguir seu conselho. Grazie, Klaus, e boa noite. — respondeu, desligando o telefone.

Terminando de enxugar-se, ligou para a cunhada, colocando-a a par dos fatos e tranquilizando-a. Depois ligou para a governanta da mãe, para pedir que a distraísse com qualquer coisa no dia seguinte e que desligasse os aparelhos de televisão em horas de noticiários. Sua mãe não deveria saber de nada até o almoço. Depois tentou trabalhar um pouco em seu laptop no escritório. Mas estava muito tenso e cansado. Resolveu ir se deitar.

Sua cabeça funcionava a mil, não lhe dando trégua para pegar no sono.

Não parava de pensar no que poderia ter acontecido ao seu irmão, se esse estivesse próximo à porta de entrada do restaurante. Muitas vezes, costumava levar os clientes até a porta.

Sabia que toda a sua família estaria em perigo desde que começara a investigar Rick Mendonza. Estava preocupado com os atentados contra a sua família, porém não podia voltar atrás. Agora era uma questão de honra condenar e tirá-lo de circulação. E tinha quase certeza de que o figurão do Congresso seria descoberto. As investigações do capitão Carmone no Congresso, apesar da dificuldade em arrancar confissões de altos funcionários, estavam chegando perto do indivíduo suspeito.

E o informante do tribunal estava também com os dias contados. Alguém com acesso ao seu gabinete estava vazando informações sigilosas, assim como o número do telefone privativo do gabinete.

Os investigadores do capitão Carmone já estavam investigando desde o primeiro telefonema da ameaça, mas até o momento não conseguiram descobrir nada.

Durante a varredura, acharam uma escuta embaixo de sua mesa. E também na mesa do juiz Chapman. Todas as informações trocadas com o juiz com certeza eram de conhecimento do traficante e cúmplices.

Ele só ficaria tranquilo quando toda a quadrilha fosse colocada atrás das grades, juntamente com seu chefão.

Não saberia dizer a hora, mas era madrugada quando conseguiu pegar no sono.

Na manhã seguinte, antes de ir para o tribunal, pediu a Klaus que o levasse até o restaurante do irmão. Os dois seguranças que o protegiam ficaram discretamente afastados, mas com olhares atentos as redondezas.

Uma equipe de operários já estava trabalhando na reconstrução da fachada e do saguão do restaurante que foi totalmente destruída. Lorenzo estava na calçada com Helen e os filhos, Marco e Lucy, observando o trabalho. Três funcionários também se encontravam próximos observando o estrago. Um deles estava com as duas mãos enfaixadas.

Quando Carlo desceu do carro, Lucy correu para os braços do tio.

— *Ciao, bella.* Como está você? — perguntou ao abraçar e beijar as bochechas da sobrinha.

— Assustada, tio, muito assustada. — murmurou trêmula. — Papai disse que tinha acabado de acompanhar um cliente à porta e entrar, quando aconteceu. Ah, tio, o que está acontecendo?

— Não se preocupe, *mia piccola...* (minha pequena) Logo acabará tudo isso.

Lorenzo, Helen e Marco aproximaram-se deles, cumprimentando e abraçando-o.

— *Scusa.* — disse ao abraçar o irmão e a cunhada. — Eu os coloquei em perigo.

— Não se preocupe, mano, estamos bem e temos orgulho do que está fazendo. — respondeu Lorenzo abraçando-o carinhosamente.

Carlo aproximou-se mais da porta do restaurante toda destruída e chamuscada e balançou a cabeça, desolado.

— Crápula! — exclamou apertando os punhos. — E como estão os rapazes? — perguntou, referindo-se aos funcionários mais adiante.

— Dean foi o que teve mais queimaduras nas mãos, quando quis tentar apagar o fogo das cortinas, mas, *graças a Dio*, nada de tão grave. Em poucos dias já poderá voltar ao trabalho. Mas hoje quis vir até aqui para ver como estão as coisas. — disse Lorenzo olhando para o rapaz com as mãos enfaixadas. — E vamos fechar o restaurante por dois dias, para que possam reconstruir o que foi destruído...

— Eu temo que, se tiver uma próxima vez, não haverá dano material. — disse Carlo, não escondendo a fúria. — Eles querem é a minha cabeça!

A sobrinha abraçou-o com força.

— Não fale assim, tio Carlo! — pediu ela. — Não quero que nada aconteça a você. Vou rezar muito pela sua proteção.

Carlo acariciou os cabelos da sobrinha e beijou sua testa.

— *Oh, cara, grazie. Ti amo.* — respondeu Carlo emocionado pelo carinho da sobrinha, abraçando-a.

— Se cuidem todos vocês, *por favor.* — pediu antes ir embora.

No tribunal, contou à Dothy e a seus jovens estagiários, que não esconderam a surpresa, a preocupação e o medo.

— Carlo, por favor, não saia mais tão tarde daqui... — pediu a leal secretária, preocupada. — Eles sabem todos os seus passos. Podem ficar à espreita no estacionamento, na saída do tribunal...

— Não se preocupe, Dothy. — respondeu ele, beijando-a nas bochechas. — Tem dois agentes de segurança, dentro do estacionamento cobrindo minha entrada e saída. E Klaus está sempre comigo. — tentou acalmar Dorothy.

Na verdade, ainda tinha a nítida impressão de que estava sendo observado, mas não quis falar nada para não preocupar a secretária e assistente pessoal... Fazia dias que voltara a sentir os pelos da nuca se arrepiarem, após uns dias de trégua.

E essa sensação de perigo continuava a deixá-lo tenso, com o passar dos dias.

CAPÍTULO 13

Futuro incerto...

Era fim de outubro em pleno outono e o tão planejado jantar de Kate chegou, um pouco antes do programado por ela anteriormente. Carlo sabia o quanto teria que aguentar nessa noite. Mas felizmente teria a companhia de Kevin e Percy, que aceitaram o convite dessa vez.

Recostado no batente da porta do salão de festas de sua casa, Carlo tomava seu uísque com gelo, vagarosamente observando a euforia da esposa ao atender os primeiros convidados que acabavam de chegar.

Tentando suavizar o desconforto que sentia em ocasiões como essas, ele concordava com Luigi em odiar smoking. Usava terno e gravata, porque assim sua profissão exigia, mas ele sempre primara pelo conforto e simplicidade em vestir-se. Adorava jeans e camiseta ou uma camisa polo e mocassins. Odiava ficar todo emproado, como Walter e seus amigos socialites. Mas o sogro uma vez lhe confidenciara que preferia também jeans e camisa polo. Eram sua sogra e sua esposa as emproadas. E ainda não entendia o porquê de a esposa obrigar às vezes o filho a participar do jantar. Duas ou três vezes vieram garotos da idade dele. E Luigi odiou cada minuto com aqueles garotos. "São tão arrogantes, papà...", se queixara, ao término do jantar.

Viu Nadine e Walker e Kate aproximarem-se dos dois casais recém-chegados e cumprimentá-los efusivamente. Um deles Carlo conhecia de jantares em casa dos sogros, mas o outro casal lhe era desconhecido.

A decoração do ambiente estava impecável como sempre, com flores, cristais, velas e garçons atentos, as taças e copos vazios dos convidados.

Uma coisa tinha que concordar. Kate era uma excelente anfitriã.

Num vestido longo prateado, estava linda, sofisticada e elegante, como sempre. Há tempos que não sentia mais nenhum tipo de atração pela esposa. Não restava nem a paixão, nem o tesão.

Foram 15 anos de altos e baixos, sendo que a única coisa boa desses anos todos foi o nascimento de Luigi. Ele queria ter mais filhos, porém Kate nunca concordou com a ideia, explicando que seu médico a havia alertado que uma nova gestação poderia ser de risco, depois do parto sofrido, quando Luigi nasceu. Sempre sonhara em ter uma família grande, como a de seu irmão Cristiano.

Viu Kate olhar para ele, a fim de chamar-lhe a atenção. Ele ignorou-a e tomou mais um gole de seu uísque.

Levantando a manga do smoking, olhou as horas. Kevin, Percy e suas esposas deveriam estar chegando. Ao menos eles aceitaram o convite, pois Edward e Louise estavam voando nesse momento para São Francisco, a fim de passar o Dia de Ação de Graças com Susan que seria em três semanas.

Arold e Sibelle estavam na Europa e Arthur curtindo sua nova paixão, a ruivinha de Houston, e amiga da *Bambina*, em algum lugar romântico do planeta. Às vezes sentia uma vontade imensa de saber da "Bambina por meio de Arthur, mas recuava sempre. Para que saber dela, se nunca haveria chance de ficarem juntos.

Seria tortura pura, então muito melhor não saber nada dela. E agradecia a Arthur de nunca ter comentado qualquer coisa que fosse sobre a linda *bambina*, quando se encontravam em Nova Iorque. Agradecia a discrição.

Ah, *Bambina, se* você estivesse aqui... A lembrança dela no aeroporto inundou-lhe a mente, trazendo-lhe doces lembranças. O sorriso dela quando o viu através do vidro... era tão revelador...

Percebeu que Kate continuava a chamar-lhe a atenção para se aproximar, não podendo ignorar dessa vez. Sem pressa, foi até a esposa e aos sogros, que certamente queriam apresentá-lo ao casal desconhecido. Hora do show, pensou perversamente.

Claro que Carlo não os conhecia, pois eram amigos dos sogros.

Pegando-o pela mão, Kate puxou-o para perto de si e fez as apresentações.

— Charles e Norah, este é Carlo, meu marido. — disse a anfitriã, enlaçando o braço no do marido.

Cordialmente Carlo aproximou-se mais e cumprimentou-os elegantemente.

— Estou muito honrado em conhecê-lo, promotor. Tenho acompanhado o seu empenho em colocar atrás das grades, Rick Mendonza. — disse Charles. — Até agora ninguém conseguiu levá-lo para a cadeia. — comentou.

Carlo sorriu e agradeceu. Abriu a boca para falar, mas a esposa adiantou-se.

— Pois meu marido conseguirá desta vez. Podem ter certeza. — falou a esposa, grudando-se a ele como era seu costume nesses jantares.

— Já está marcado o julgamento? — perguntou Norah gentilmente.

— Precisamos de alguns pontos a serem esclarecidos, antes disso. — respondeu com cautela e tentando disfarçadamente afastar-se de Katherine. Não gostava de falar sobre o caso, enquanto não tivesse tudo terminado, e sua esposa sabia muito bem disso. Sentiu alívio ao ouvir a campainha e ver a esposa pedir licença e afastar-se para ir atender a porta.

Sorriu ao ver Kevin e Percy chegando com suas esposas. Pedindo licença ao simpático casal e aos sogros, foi até a porta recebê-los, junto da esposa.

Ele e os amigos abraçaram-se com carinho, como sempre. Ao abaixar-se para beijar a face de Maureen e Michelle, ambas baixinhas, notou o costumeiro apertar de lábios da esposa, sinal de que não gostou de vê-lo beijar as esposas dos amigos. *Dane-se!*

— Estou contente em tê-los aqui, amigos. — disse Carlo, dando espaço para eles entrarem.

— E eu agradeço por terem aceitado o convite. — disse Kate sorrindo e pegando a mão do marido novamente, a fim de afastá-lo das esposas dos amigos.

Carlo aproveitou o momento para fazer um discreto sinal a um dos três garçons, para soltar-se das mãos possessivas da esposa.

Horas depois, o senador Hayes chegou com a esposa e Kate não escondeu a euforia com a presença do casal. Mentalmente, Carlo pediu a Deus que o assunto *senado* não viesse à tona novamente.

Pediu licença aos amigos e foi receber o senador, pois, apesar de tudo, ele gostava do político pela sua transparência e integridade. E ele sempre apoiara Carlo.

— Carlo, não esqueça que o jantar é em homenagem ao senador. Eu acho que você deveria ficar fazendo companhia a ele. — sussurrou Kate, aproveitando que seus pais cumprimentavam o político.

— *Por quê? Ele* conhece todos os que estão aqui nesta sala e, apesar de ter a sua amizade, ele é amigo íntimo de seu pai. Não esqueça que eu o conheci através de Walker. — respondeu no mesmo tom de voz.

Ela segurou-o pela manga do paletó com impaciência.

— Custa você fazer essa gentileza? — disfarçadamente cochichou-lhe irritada.

Ele olhou para a mão em seu paletó e depois para ela, num gélido olhar. Sem uma palavra, desvencilhou-se elegantemente e foi juntar-se aos amigos.

Quando o jantar foi servido, Carlo obviamente teve que sentar-se ao lado da esposa. Ao lado dela, estavam Genny e Paul. Ela uma cliente da loja e amiga de longa data de Kate. Mais adiante, Kitty e seu marido, Ralf, ela amiga de infância de Kate, também de família abastada, porém sem a arrogância da esposa. Depois vinham Kevin e Maureen, Percy e Michelle. Do outro lado da mesa estavam o senador Hayes e sua esposa ao lado de Charles e Norah, o casal que lhe fora apresentado antes dos amigos chegarem, e seus sogros, Walker e Nadine, impecável como sempre ao lado do outro casal que chegou junto com Charles e Norah.

Kate cutucou-lhe e sussurrou.

— Levante-se e faça um brinde ao senador Hayes, por favor, Carlo...

Ele fez um sinal imperceptível ao seu sogro que logo entendeu a mensagem e levantando-se fez um brinde ao homenageado e aos demais convidados com toda a formalidade e elegância que lhe era peculiar.

Todos levantaram a taça e brindaram. Após o brinde, Kate deu-lhe um beliscão na coxa. Indignado ele olhou-a com um olhar frio.

— Se me beliscar novamente, eu levanto e saio daqui. — sussurrou, prevenindo-a.

— Era para *você fazer o brinde. Afinal,* você é o dono da casa. — sussurrou zangada, pontuando bem as palavras.

— *Madonna mia, Kate,* com exceção do casal Hayes e meus amigos e as esposas, os convidados aqui presentes são amigos seus e de seus pais. — respondeu-lhe com frieza. — Agora, por favor, eu quero jantar.

Constrangida, seus olhos percorreram a mesa para ver se alguém percebera a troca de "farpas" entre ela e o marido e sentiu-se desconfortável, quando viu a censura nos olhos do pai, que certamente percebera a discussão, e voltou sua atenção ao seu prato. Nadine também a olhava com reprovação.

No decorrer do jantar, vários assuntos foram debatidos entre os ocupantes da mesa. Em dado momento, Kitty voltou sua atenção para Carlo, fazendo perguntas sobre o caso Mendonza. Gentilmente, ele ia respondendo às perguntas, omitindo, é claro, fatos que deviam permanecer em sigilo. Carlo surpreendeu-se com o fato dela estar informadíssima sobre o caso, além das perguntas inteligentes que ela lhe fazia. De repente, Kate chutou-lhe a perna e encarou a amiga.

— Kitty, sua comida vai esfriar e você não vai querer que a comida do meu marido também esfrie, não? — perguntou um tanto ríspida à amiga que sorriu encabulada, pedindo desculpas a Carlo.

Gentilmente, Ralf seu marido apertou-lhe a mão sobre a mesa dando-lhe apoio diante da indelicadeza de Kate. Carlo sentiu-se desconfortável diante da falta de tato da esposa.

— *Não se preocupe, Kitty*. Gostei muito de conversar com você e de modo algum você incomodou. Não leve em conta as palavras de Kate. Ela às vezes fala sem pensar, não é, *cara*? — fez a pergunta, desafiando-a com o olhar.

— Eu só falei, porque vi Ralf fora da conversa. — tentou desculpar-se, ao notar que todos estavam com o olhar fixo nela, principalmente o pai que a olhava horrorizado com a falta de educação dela.

— Mas eu estava ouvindo com atenção, Kate — falou Ralf sem esconder seu desagrado. — Eu simplesmente preferi ouvir.

Após a indelicadeza de Kate, o jantar correu na mais santa paz, com a interação total do grupo de pessoas.

Terminado o jantar, todos seguiram para a grande sala de estar onde seria servido o licor. Carlo pediu licença aos amigos e foi até o sofá onde estava o senador Hayes e seu sogro, sentando-se ao lado deste. Como esperava, mais uma vez o político tentou convencê-lo a aceitar a candidatura ao senado, incentivado por Walker.

E mais uma vez, que ele esperava ser a última, declinou o convite. Com o canto dos olhos viu que Kate estava com a atenção voltada à conversa deles. Logo depois, Charles juntou-se a eles. E em questão de minutos, as mulheres estavam de um lado e os homens de outro.

Já passavam das 22 horas, quando os convidados foram embora, seguidos pelo pessoal do buffet. Tirando os sapatos de saltos altíssimos, Kate jogou-se no sofá enquanto Carlo servia-se de mais uma pequena dose de uísque.

— Você sabe ser irritante quando quer, não é, Carlo? — vociferou de repente, fitando o marido com um olhar acusatório, enquanto massageava um dos pés desnudos.

Lentamente ele voltou-se para ela, com o copo na mão e respondeu com um simples levantar de ombros, que a deixou mais irritada.

— Pense bem, *cara*, quem foi a pessoa mais irritante da noite? Reclamações, beliscões, chutões, olhares raivosos, irracionalidade, indelicadeza... Quer mais? — perguntou irônico. — Você não foi nada gentil com sua amiga de infância. Kitty é uma pessoa muito meiga, inteligente e de maneira alguma merecia sua indelicadeza. Você, sim, foi a grosseria em pessoa hoje, Kate. E não sei se você percebeu, mas seus pais não aprovaram sua conduta hoje.

— Irritou-me a maneira como ela estava monopolizando-o com aquela conversa. Só faltava "babar em você". Kitty sempre foi assim com você. Desde a universidade. Não lembra como ela vivia chamando sua atenção? — disparou a esposa rudemente.

Carlo fechou a cara e colocou o copo na mesa de centro.

— *Madonna*... Vai começar de novo com a mesma ladainha? Você está falando de sua amiga Kitty, por favor. Ela é apaixonada pelo Ralf e pelos três filhos. Você está ofendendo-a.

— Ah, eu conheço Kitty melhor do que você. Sempre chamando atenção para si, com aquela cara de "comportadinha ingênua". — retrucou ela zangada.

— Kate, você está cada vez mais irracional. Continua vendo coisas onde não existem.

— E você continua achando que eu sou cega e idiota. Você faz charme pra qualquer mulher. Adora exibir-se. Sempre foi assim! E não di...

Furioso e balançando a cabeça, Carlo levantou a mão, num gesto para fazê-la calar-se...

— *Basta!* Não quero ouvir mais nada. Ao menos, há carinho, amor e cumplicidade entre eles... Enquanto nós... Ah, sabe o quê? *Buonanotte!* — disse saindo da sala, pisando duro e deixando-a sozinha.

— Sempre fugindo da verdade seu... *seu... grosso!* — disparou ela.

— Estou fugindo de você, uma mulher louca, paranoica e agora cada vez mais *ridícula*. — disparou com voz alterada pela raiva, sem interromper os passos.

Indignada por ele deixá-la sozinha, soltou uma série de impropérios.

— Onde está a mulher elegante das páginas sociais? — comentou em tom caçoísta. — Vá dormir, Kate! — gritou ele, seguindo pelo corredor que levava até a escada.

— Desgraçado! — gritou ela furiosa.

— Acertou, Kate. Sou mesmo um infeliz *por te aguentar!*

— gritou ele subindo as escadas e retirando a gravata borboleta, com raiva. Minutos depois deitado em sua cama, Carlo suspirou aliviado por ter sido o último jantar do ano.

Agora só faltava o Dia de Ação de Graças em novembro, que costumeiramente seria comemorado na casa de sua mãe. Kate tinha pretensão de viajar com Walker e Nadine no cruzeiro que fariam e tentou convencê-lo a acompanhá-los, mas ele se recusara. Ela sabia que desde que seu pai falecera as comemorações de final de ano sempre foram na casa de sua mãe.

Vez ou outra ele ia comemorar com os sogros e com Luigi.

Mas ele sempre aguardava o convite do sogro. E o filho nunca escondeu que preferia passar na casa da *nonna*, pois se dava bem com os primos.

— Se quiser ir com eles, não há nada que a impeça. — respondera à queixa dela. — Vá e divirta-se.

— Para depois seus irmãos me criticarem? — disparou ela emburrada.

Walker e Nadine participaram de alguns natais e réveillons com sua família logo após o casamento e o nascimento de Luigi. Nadine não escondia seu enfado em participar das reuniões da família Martinelli, ao contrário de Walker que se divertia muito nos encontros. Seus irmãos gostavam muito dele, pois, mesmo sendo uma pessoa de gostos refinados, ficava completamente à vontade junto dos seus. De uns anos para cá é que eles optaram por viajar nessa época, fazendo as vontades de Nadine.

Carlo sempre tivera uma ótima relação com seu sogro. Gostava de conversar com ele. Era uma pessoa justa e nunca interferira em seu casamento, a não ser quando lhe arranjou o emprego em Boston. Antes de pegar no sono, ligou para Klaus, se tinham alguma novidade.

— O FBI já tem uma pista sobre quem é o "peixe grande" envolvido no esquema de Mendonza. O capitão Carmone diz que prefere ir devagar para surpreendê-lo.

— Me alivia saber disso, Klaus. *Grazie. Buona notte, caro.* — disse desligando o celular e apagando a luz da lâmpada de cabeceira.

Estava cansado e com um pouco de dor de cabeça. Kate mais uma vez lhe tirou do sério.

Três semanas depois...

— *Buongiorno,* Dothy! — cumprimentou Carlo, ao entrar na sala da assistente. — Já comprou o peru? — perguntou parando à frente.

— Já está até temperado ao modo da família. — respondeu ela sorridente. — E você já superou a irritação daquele jantar?

Fazendo uma careta, encolheu os ombros.

— Se não fosse a presença dos meus amigos, teria sido muito mais maçante. — confidenciou, com expressão de cansaço. —O que está fazendo? — perguntou ao ver a folha de papel na qual ela escrevia manualmente.

— Estou fazendo minha lista de presentes. — disse ela pegando a folha e mostrando a ele.

— *Dio,* logo o Natal já está quase aí e ainda não tive tempo de fazer a minha. Preciso arranjar um tempo para isso e começar a comprá-los antes da correria nas lojas. — comentou.

— Brian e Krista? — perguntou referindo-se aos seus assistentes.

Dorothy meneou a cabeça.

— Não chegaram ainda. — respondeu Dothy.

Carlo afastou-se para entrar em sua sala.

Colocando sobre a mesa a pasta com o Laptop, seus dois celulares e os arquivos que levava para casa todos os dias, virou-se para a janela observando as pessoas andando apressadamente nas calçadas e absorto tirou as luvas e o casaco, seguido do cachecol.

O dia estava nublado e muito frio.

Já estava trabalhando num dos arquivos confidenciais, quando Brian e Krista entraram com as faces vermelhas do frio.

— Muito frio? — perguntou ele, quando os viu.

— Bom dia, senhor. Se estamos com esse frio agora, imagine quando o inverno chegar de verdade.

— Bom dia pra vocês também. Realmente, o vento está cortante. E pelas previsões vai ficar assim até depois do feriado de Ação de Graças. — enquanto falava com eles, entregou um arquivo para cada um. — Quero o parecer de vocês sobre esses processos, para debatermos depois, certo? Se quiserem acrescentar alguma coisa, fiquem à vontade. Falamos depois.

Os jovens anuíram e depois de tirarem os agasalhos cada um se sentou em sua mesa.

Concentrados na análise aos processos, não viram a hora passar. Foi Brian quem se lembrou de olhar no relógio.

— Perceberam que são quase 13 horas? — perguntou ele se levantando.

— Não é à toa que meu estômago está reclamando. — observou Krista, também se levantando.

— Então vamos almoçar. — disse Carlo aos jovens. — Não se importam de sermos acompanhados pelos seguranças de Klaus não?

Os dois menearam a cabeça quase juntos.

— Sem problemas. Até ficamos mais tranquilos. — respondeu o jovem assistente pelos dois.

Quando chegaram ao restaurante, muitos dos colegas de tribunal já estavam saindo. Foram parados por alguns deles, durante o trajeto para a mesa, muitos querendo saber como andava o caso Mendonza.

Já estavam sendo servidos, quando Carlo sentiu-se observado. Virando-se só viu um homem alto e corpulento de capote marrom e óculos escuros, apesar do dia nublado. Muito estranho.

Ao ver que Carlo o olhava diretamente, ele foi saindo apressado do restaurante. Sua adrenalina foi a mil. Imediatamente pegou o celular e avisou Klaus que estava sempre por perto, quase num sussurro.

Os dois jovens o fitavam assustados.

— Algo errado, senhor? — perguntou Brian preocupado.

— Apenas precaução. — respondeu guardando o celular. Não querendo preocupá-los, omitiu a saída rápida do indivíduo que estava observando-o e naturalmente seguindo seus passos.

Horas depois já estavam novamente ao trabalho.

Já passavam das 18 horas quando Carlo desligou o computador e guardou o laptop na bolsa.

— Chega por hoje. Vamos descansar e aproveitar bem o feriado do Dia de Ação de Graças.

Logo depois, os dois estagiários despediram-se de Carlo e Dorothy.

— Tenha um bom feriado, Dothy. — disse Carlo, vendo Dothy se preparando para sair.

— Você também, Carlo. Recomendações à dona Carmela.

— Darei. Obrigado.

Antes de descer para o estacionamento, Carlo ligou para Klaus.

— Não encontramos nada ainda, senhor. O cara sumiu do mapa. Mas não desistimos dele. Não se preocupe, ok?

— Ok. Vai passar o Dia de Ação de Graças com a família?

— Sim. Já estou com saudades dos meus "pestinhas". — respondeu o grandalhão alegremente.

— Não deve ser fácil para sua esposa cuidar deles enquanto você trabalha, não?

— Realmente, mas minha sogra sempre está por perto para dar uma mãozinha.

— E são quatro, se não me falha a memória...

— Sim, Karl, Wolfe, Gunther e Cora, a caçula. Eles deixam Berta de cabelos em pé.

Carlo riu gostosamente.

— *Buona notte, caro.* — disse Carlo imaginando o alemão correndo atrás dos filhos.

— Boa noite, senhor.

Com a lareira acesa, a sala de jantar aquecida, Carmela estava feliz e alegre pela família reunida.

Depois das graças e orações, começaram o almoço festivo.

— Me passe o *vino,* Carlo. *Por favor.* — pediu Piero que chegara na noite anterior, como Giorgia e Cristiano com suas famílias.

Carlo esticou a garrafa para o irmão à sua frente.

— Grazie.

— *Prego.*

— Essa safra é uma das melhores que tivemos... — observou Cristiano estendendo a taça para Piero colocar mais vinho... — Papà sempre dizia que seria a nossa melhor safra. — concluiu apontando o rotulo da garrafa.

— O clima ajudou bastante naquela época. — explicou Lorenzo. — Papà e Aldo ficaram um bom tempo na Toscana, depois da colheita, para supervisionar e acompanhar a produção. Lembram?

— *Vero*. Paolo ficou muito contente com a colheita... — acrescentou Carmela, sentada à ponta da mesa e seus olhos azuis perderam o brilho por um momento, ao lembrar o esposo falecido.

— Tenho saudades da fazenda. — disse Giorgia com melancolia. — Era tão bom passar o verão lá. Fiquei tão triste quando ela foi vendida depois que papà morreu.

— Bem, agora Aldo tem uma vinicultura de fazer inveja lá. Ele já comentou que vai ter também uma ótima safra. — observou Lorenzo, sorrindo para a irmã caçula.

— Ele me disse que comprou um tonel com capacidade maior dos que existia lá, quando comprou a propriedade, e informatizou a vinicultura com a mais alta tecnologia. — acrescentou Carlo.

Depois ele percorreu os olhos pela mesa toda, com um sorriso nos lábios. Era bom ter os irmãos juntos. Somente Aldo não pudera vir de Milão. Todos conversavam ao mesmo tempo, como uma típica família italiana.

— *Mamma, tua pasta é divina.* — disse Carlo entre uma gafada e outra.

A mãe sorriu muito orgulhosa.

— E este peru está delicioso também! — exclamou Lauren, esposa de Piero.

— Mimi ajudou-me bastante. Ela é uma *brava ragazza*. — respondeu ela, apertando a mão da jovem governanta que sentava ao seu lado.

— Kate, não está gostando da *pasta da mamma*? Algo errado com você? — perguntou Giorgia à cunhada que estava quieta e arrastando o garfo no prato.

Como que saindo de um transe, Kate riu e recostou-se à cadeira, tomando um gole de seu vinho.

— Oh, não, nada errado Giorgia, e a pasta está maravilhosa como sempre, *mamma*. — respondeu ela prontamente, olhando para a sogra.

— Então coma sua pasta antes que esfrie. — ordenou Carmela suavemente à nora.

Com um sorriso forçado, ela começou a comer. Mas seu descontentamento foi percebido por todos à mesa.

Lorenzo enviou um olhar interrogativoa` Carlo, que respondeu com um leve levantar de ombros como que dizendo *"Não tenho a menor ideia".*

— *Bene,* quem vai comprar *la nostra* árvore de *Natal?* — perguntou Carmela na hora da sobremesa

— *Eu, nonna!* — exclamou Marco, levantando a mão. — *Papà* disse que a senhora quer a maior de todas, é isso? Já sei onde encontrá-la.

— *Sì.* Este ano a família vai estar completa e por isso quero uma grande árvore. *Grazie.*

— *Prego.*

— Quem quer sobremesa? — perguntou Julia, a esposa brasileira de Cristiano.

Os jovens vibraram geral.

— É uma receita da avó dela, que morava no interior de Minas Gerais, no Brasil. — disse Cristiano orgulhoso. — É Ambo... Am... como é mesmo?

— *Ambrosia,* Cris. É "bro" e não "bo" — retificou a esposa rindo. — Papai dizia que era um "manjar dos deuses". — concluiu, rindo do marido.

— Então vamos provar o seu "manjar dos Deuses", cunhada. — Disse Piero esfregando as mãos.

— Eu já tive a oportunidade de experimentá-la, quando estive em Los Angeles. — comentou Carlo. — É deliciosa, mas muito doce.

— É muito difícil de fazer, Julia? — perguntou Giorgia interessada.

— Ela requer paciência, pois leva três horas e meia para ficar no ponto. — explicou a brasileira. — Vai leite, açúcar, canela em rama e ovos. Depois eu lhe ensino com mais detalhes, ok?

— Ok. Quem sabe, poderemos até incluí-la em nosso menu de sobremesas. Sempre há turistas brasileiros no restaurante. Podemos testar.

A alegria continuou imperando à mesa, todos elogiando a sobremesa de Julia. Piero falava, quando Kate se levantou olhando para Carmela pedindo licença para sair da mesa. O silêncio foi total e todos os olhares se fixaram em Kate, com surpresa...

— Não comeu sobremesa, Caterina? Que acontece com você, *figlia*? — perguntou a matriarca não escondendo a surpresa.

— A sobremesa é deliciosa, mas estou evitando doces ultimamente. — tentou explicar. — Desculpem, mas quando vim já estava com uma grande enxaqueca e agora piorou. Peço licença para ir para casa.

Carlo sentiu os olhares de Piero e Lorenzo sobre si, enquanto ele dirigia o seu olhar para a esposa, deixando perceptível sua descrença sobre a desculpa da esposa.

— Por que não deita na cama da *nonna*, *mamma*? — perguntou Luigi ingenuamente, olhando a mãe com preocupação.

— Não, meu filho. É melhor ir para casa, desculpem mais uma vez. — disse ela, afastando-se da mesa.

— Como quiser, *cara*. — respondeu Carmela não escondendo a decepção no rosto.

Carlo colocou um dos cotovelos sobre a mesa e passou a mão lentamente nos cabelos, deixando claro seu descontentamento aos irmãos.

Luigi acompanhou com olhar tristonho a mãe dirigir-se à porta de saída.

— O que há com ela, Carlo? — perguntou Giorgia ao seu irmão gêmeo, num sussurro. — Ela está tão estranha, tão calada...

— Tenho notado também. — concordou Helen, esposa de Lorenzo, atenta à conversa dos dois irmãos.

— Está tudo bem com vocês? — Cristiano perguntou por sua vez.

Carlo apenas ergueu os ombros e ia falar, quando Lorenzo se adiantou.

— Nada que não possa ser resolvido, não é, *caro*? — disse ele, em socorro do irmão caçula. — Vamos deixar Katherine em paz e vamos voltar a sobremesa de Julia. Certo? — pediu colocando um ponto-final no assunto. — Hum está deliciosa. — comentou entre uma colherada e outra.

Carlo trocou olhares com o irmão, num agradecimento mudo. Com o canto dos olhos, notou a decepção no olhar do filho e praguejou mentalmente a atitude deselegante da esposa.

Logo, todos estavam rindo das piadas de Robert, marido de Giorgia, que era muito bom e divertido em contá-las.

Carlo remoía-se intimamente de frustração, chegando à conclusão de que seu casamento estava muito difícil. Ela nem se esforçava.

Recostando-se na cadeira, olhou para a mãe que ria gostosamente e pensou no quanto ela ficaria arrasada com o possível divórcio, mesmo prevenida por ele, pois até o momento ninguém da família Martinelli se divorciara.

Lentamente correu os olhos pelos casais da mesa, irmãos e cunhados, e não conseguiu evitar uma pontada de inveja ao ver que todos estavam felizes e realizados em seus casamentos. Seus irmãos eram homens de sorte com suas esposas maravilhosas e Giorgia com seu Robert. Será que ele não merecia ser feliz?

Do nada, a imagem da jovem de olhos verdes de Houston surgiu em sua mente, lembrando-se do dia em que a viu no aeroporto. Ela estava tão linda. Seu sorriso era como o sol iluminando a terra.

O desejo que sentira por ela fora torturante, uma vez que não podia tê-la novamente. Fez um esforço enorme para voltar ao presente. Mas não antes de perceber o olhar preocupado de sua irmã gêmea. Era sempre assim. Ambos sabiam quando um não estava bem, porque também não ficava bem... Cansaram de ligar um para o outro, às vezes de madrugada, para ver se estavam bem.

Piscou-lhe e sorriu, tentando acalmá-la. Mas ele sabia que não conseguira enganá-la.

Já era noite quando ele e Luigi chegaram em casa. Encontraram a casa num total silêncio. Seguindo na frente, Luigi subiu as escadas levemente e, quando chegou frente à porta do quarto da mãe, abriu-a vagarosamente. Quando o pai aproximou-se, ele fechou a porta com cuidado e sorriu.

— Dormindo igual a um anjo... — disse baixinho

— Que tal uma partidinha de bilhar antes de dormir? — perguntou ao filho, desmanchando-lhe o penteado com a mão, como fazia costumeiramente.

— Agora?

— *Sí*. Já que não precisaremos acordar cedo amanhã.

— Ok, papà. — disse Luigi ao lado do pai, ainda conversando baixinho.

— Aguarde só um minutinho, que vou pegar uma lata de refrigerante na cozinha. Quer uma também?

— *No, grazie*. Vou esperá-lo na sala de jogos. — disse encaminhando-se para a escada que levava ao subsolo onde estava a academia e o salão de jogos.

Fazia tempo que pai e filho não passavam tanto tempo juntos. Desde que Carlo começara a investigar Mendonza, não tivera tempo disponível para curtir o filho.

Brincaram até tarde. Fora de forma, Carlo conseguiu ganhar apenas uma partida. Luigi não perdeu tempo em caçoar do pai, pois antigamente nunca ganhara uma partida dele.

— Revanche amanhã? — Carlo desafiou o filho, jogando o taco sobre a mesa.

— Não vai adiantar nada, *vecchio* (velho), estou invencível. — respondeu o garoto alegremente.

— Amanhã é outro dia, *ragazzo*. — preveniu-o.

Subindo as escadas novamente para o andar de cima, riram como não faziam há muito tempo. Ao lembrarem-se de Kate dormindo, abaixaram o tom de voz, continuando a caçoar um do outro.

— E então, já sabe o quer de presente de Natal? — perguntou Carlo ao chegarem à porta do quarto de Luigi.

Olhando para o pai, o garoto negou com a cabeça.

— Que tal uma raquete nova de tênis, hum? A sua já está bem-acabada, não?

Os olhos do garoto se iluminaram.

— Ótima ideia, *papà*. *Grazie!* — exclamou muito animado.

Passando a mão nos cabelos do filho, ele seguiu para o quarto de hóspedes, onde estava alojado, próximo do quarto do filho.

— *Buona notte, caro.*

— *Buona notte, papà.*

Carlo avisara Klaus e viera dirigindo sua Mercedes, para o desgosto do seu guarda-costas, que resignado o seguia de perto, até chegarem ao Tribunal. Klaus seguiu em frente para estacionar e Carlo entrou no estacionamento e, em segundos, saiu do carro acionou o alarme do carro e acenou com a mão enluvada para os dois agentes que estavam no carro que acabara de estacionar ao lado do seu.

— Bom dia de trabalho, senhor! — gritou um deles, pondo a cabeça para fora.

— *Grazie*, amigos, para vocês também. — respondeu dirigindo-se ao elevador.

Ao entrar na sala que antecede o seu gabinete, sua eficiente secretária e assistente já estava em sua mesa digitando.

— *Buono giorno*, Dothy. — cumprimentou colocando a mão carinhosamente num dos ombros da assistente.

— Bom dia, Carlo. Como foi de feriado? — perguntou gentilmente.

— Ótimo. Pude curtir bastante meu filho e foi ótimo também encontrar meus irmãos e suas famílias durante o almoço. Faltou apenas Aldo.

— Fico feliz. Eu também pude curtir os filhos e os netos.

— Então estamos com bastante energia para o trabalho.

— E a energia é tanta que os dois jovens já chegaram.

Carlo ergueu as sobrancelhas.

— Mas que ótima notícia. — respondeu sorrindo, enquanto tirava as luvas e as colocava num dos bolsos. — O dia hoje vai render.

— E... Carlo... — chamou a assistente, baixinho

Ele estacou antes de abrir a sua porta e voltou-se, a interrogando com o olhar.

— Acho que temos "romance no ar". — disse piscando, se referindo ao casal de jovens assistentes com um aceno de cabeça.

— *Vero?* — indagou, bem-humorado. — E como chegou a essa conclusão? — perguntou num sussurro.

— Ah, é só olhar para eles. A expressão corporal deles diz tudo. — respondeu ela, com uma segurança de quem sabia o que estava dizendo.

Carlo riu. Ambos torciam pelos jovens.

— Só espero que isso não atrapalhe o trabalho deles. — disse ele com um sorriso de troça.

Ao entrar no seu gabinete, olhou para a sala contígua e viu os dois jovens conversando num tom muito íntimo que os entregou, confirmando o que Dorothy comentara.

— *Buongiorno*, tudo bem com vocês? — perguntou com um olhar matreiro, chegando à porta da sala onde estavam. — Vocês não têm nada para me contar?

Os dois assustaram-se e ele notou o rosto de Krista ficar ruborizado.

Brian apenas sorriu um tanto constrangido.

— É impressão minha ou o cupido andou fazendo das suas no feriado?

Os jovens se olharam e não conseguiram conter o riso.

— Quero lhe apresentar minha namorada, senhor. — disse Brian, pegando na mão da jovem. — Agora é oficial. — concluiu o jovem assistente.

Dessa vez, quem sorriu constrangido foi ele e pediu desculpas.

— Estou feliz pelos dois. Só espero que tenham tido tempo de concluir o trabalho que passei para vocês. Já venho sentar com vocês para debatermos.

— Aqui está o primeiro, pronto. — disse a jovem estendendo-lhe um dos arquivos, orgulhosamente.

Sorrindo, Carlo pegou o arquivo e afastou-se, indo para a sua mesa.

Tirou o casaco, ligou o computador e foi até a mesa num dos cantos da sala, onde estava a cafeteira e serviu-se.

Depois de tomar seu café e olhar seus e-mails, foi se sentar à mesa com os jovens assistentes.

O dia passou rápido e como estava muito frio, pediram comida chinesa para almoçarem ali mesmo. Às 19 horas, Dorothy bateu levemente a porta e abriu-a.

— Estou indo. Alguma coisa a mais?

Carlo desviou os olhos da tela e fez que não com a cabeça.

— *Grazie,* Dothy. Pode ir descansar. E vocês dois também podem ir. — falou para os dois jovens na sala ao lado, tão logo Dorothy fechou a porta. — Hoje, trabalharam demais.

Brian veio até a mesa dele e entregou-lhe a pauta que tinham acabado de analisar.

— Aqui está, senhor. Finalizamos esse também. — disse o jovem. — Qualquer dúvida nos ligue, ok?

— *Certo, caro...* — respondeu o promotor pegando a pauta de suas mãos.

Brian seguiu então até sua mesa para colocá-la em ordem, antes de sair.

Minutos depois, quando os dois jovens estavam próximos da porta, Carlo não resistiu em brincar com eles.

— Juízo vocês dois, hein?

Os jovens voltaram-se e riram ao ver a cara divertida do chefe.

— É o que temos de sobra, senhor. — respondeu Brian, dando-lhe uma piscadela.

— *Vero?* — perguntou com uma expressão de quem não acreditava no que acabara de ouvir.

— *Vero.* — repetiu o estagiário, entrando na brincadeira. — E o senhor, vai demorar?

Carlo olhou para o seu relógio.

— Ainda uns 30 minutos. Vou olhar esse último trabalho de vocês.

— Tome cuidado ao sair, sim? — disse Brian preocupado.

— Você verá dois agentes estacionados ao lado do meu carro. Não se preocupem.

O rapaz sorriu e abriu a porta, dando prioridade à namorada em sair primeiro e depois fechou a porta suavemente.

Minutos depois, o celular particular que usava somente no tribunal tocou. Olhando o visor, franziu o cenho ao ver o nome do chefe de segurança do tribunal.

— *Sim,* Steve?

— Vai demorar muito, senhor? Sabe que não é aconselhável sair tarde daqui.

— *Sí, caro.* Mais uns 30 minutos e estarei saindo.

— Ok. Klaus mandou avisá-lo que vai ficar na saída do estacionamento, enquanto Hugh e Dick estarão no subsolo aguardando sua saída.

— *Certo.* Eles estão estacionados ao lado do meu carro.

— Boa noite então, senhor. Mesmo assim tome cuidado ao sair do elevador, ok? Estamos monitorando, mas sabe como é...

— *Certo,* tomarei cuidado, sim. *Buona notte.*

Desligando o aparelho, deixou-o ao lado do celular que usava para contatos do tribunal, próximo ao telefone fixo. E então ficou totalmente absorto na leitura do trabalho.

Quando deu por si, já eram 23 horas. Levantou-se num pulo. *Dio. Não vi a hora passar, pensou assustado.* Já ia ligar para Klaus quando o celular particular vibrou. Era Klaus, muito preocupado.

— Senhor, ainda está aí? Já estava preocupado. Pensei até que tinha me distraído e não vi o senhor sair. Uma hora atrás, falei com Hugh e ele disse que seus estagiários os avisaram que o senhor iria ficar até tarde, mas não pensei que o senhor ficaria até a essa hora.

— Descerei em dez minutos! *Scusame, caro.* — desculpou-se, agilizando-se.

Trancando a chave sua gaveta com os documentos confidenciais, iniciou o processo de desligar o computador. Enquanto esperava, vestiu o casaco e guardou o Laptop na pasta. Desligou o computador da energia e saiu.

Fechou sua porta e, vestindo as luvas e seu cachecol, se dirigiu aos elevadores privativos dos magistrados. Estava tudo silencioso, o que indicava que talvez ele fosse o único a estar ali.

De longe acenou para Steve, que lhe acenou.

Os seguranças estavam fazendo a sua ronda habitual, por isso, a caminho dos elevadores, encontrou-se com Rocco, o braço direito de Steve.

Cumprimentou-o gentilmente e deu alguns passos, antes que Rocco falasse.

— Senhor, um minuto, por favor?

Intrigado, Carlo parou e virou-se.

— Sim, Rocco? Algum problema?

— Eu descerei com o senhor, se não se importar. — disse o segurança.

Carlo franziu o cenho e pensou por alguns segundos.

— Obrigado, Rocco, mas não é necessário. Klaus, Hugh e Dick estão lá embaixo me dando cobertura. — respondeu gentilmente. — Obrigado pela preocupação.

— Mesmo assim, seria mais seguro se eu descesse com o senhor. — insistiu Rocco. *Ele estava nervoso?* — Não é necessário, Rocco. Mas, mais uma vez, agradeço sua preocupação.

Carlo estranhou a atitude do segurança. Era a primeira vez que ele lhe dirigia a palavra, desde que começara a trabalhar no tribunal. Até então se limitara a dar um cumprimento seco... *Que estranho...* pensou, despedindo-se e se dirigindo aos elevadores privativos.

Em segundos, já estava no elevador que levava ao estacionamento no subsolo.

Quando a porta abriu no piso onde estava sua vaga, saiu apressado.

De repente, parou. O silêncio era total e sem saber por que, isso o incomodou, apesar da hora. Sentiu um arrepio na espinha.

Havia dois carros além do seu e do Maverick de Hugh que fazia sua vigilância juntamente com Dick.

Olhando para as câmeras, tranquilizou-se, pois Hugh e Dick estavam lhe dando cobertura e continuou dirigindo-se à sua Mercedes.

Os agentes estavam lá, cansados de esperar, pois ambos estavam recostados no encosto do carro. Ao abrir a porta da Mercedes, Carlo gelou ao sentir algo gelado em sua nuca, que rapidamente reconheceu como o cano de uma arma. Retesando-se, levantou as mãos, ficando em silêncio. *Madonna!*

— Quieto! — disse uma voz cheirando uísque e cigarro barato junto ao seu ouvido.

Carlo engoliu em seco, quando o homem segurou-o pelo colarinho dando um puxão por trás, quase o afogando. De relance, observou que estava encapuzado. Somente os olhos e lábios estavam à mostra. Um outro homem também encapuzado se postou em sua frente, com um revólver e um rolo de fita adesiva cinza.

— Quem são vocês? — perguntou com a voz fraca. Ele estava ficando tonto e logo estaria sem oxigenação, pois o homem que estava atrás dele estava agora puxando a sua gravata.

Os dois riram e o encostaram na Mercedes, afrouxando um pouco o aperto na garganta, aliviando-o.

Carlo sentiu o sangue italiano subir à cabeça. Ia dizer algo, quando de imediato sua boca fora fechada com a fita.

Grunhindo, pois era o que conseguia fazer, com a boca fechada, ele tentou se libertar, ainda que fosse impossível com dois brutamontes o segurando... Mas precisava lutar por sua vida. Sentiu alívio quando lembrou das câmeras de segurança. Com certeza Steve estava monitorando tudo e, assim, vir salvá-lo. Além, é claro, de Hugh e Dick. Porém seu alívio durou pouco ao perceber que muitas lâmpadas estavam danificadas, principalmente as que ficavam direcionadas para o seu carro, habitualmente.

O primeiro homem puxou-lhe os braços para atrás, enrolando a fita em seus pulsos. Estava completamente impotente.

Sequestro, pensou. Estava tenso, porém sentiu novamente um alívio, ao lembrar que Klaus colocara um dispositivo no carro, a fim de rasteá-lo numa situação dessas. Rezava para que Klaus resolvesse isso a tempo. *Cazzo,* quando mais preciso Hugh e Dick *estão dormindo...*, pensou nos dois agentes no carro ao lado.

— O chefe mandou um recado, promotor... — disse o homem da fita, com sotaque latino. — Por enquanto é um aviso.

Com a boca amordaçada, Carlo apenas perguntou,= com os olhos qual era o recado.

Os dois riram com deboche e ficaram em frente a ele. Pode então observar detalhes em cada um. O primeiro homem era alto e encorpado e o de sotaque latino era mais baixo e mais gordo e quem o imobilizou primeiro.

— Sony, você já viu um promotor de boca fechada? — perguntou o latino debochando.

— Viu, doutor? Se o senhor ficasse de boca fechada como agora, não estaria em apuros. — disse-lhe dando mais um puxão pela gravata, à sua frente.

Dannazione!

— Rápido, Paco, pois daqui há pouco o alemão desce para ver por que ele está demorando.

— Ok, mas estou adorando ver o doutor virando os olhos. Não pode nos xingar, certo?

De repente, Carlo se deu conta do silêncio de seus guarda-costas. Estranhou a falta de reação deles. Deveriam ter acordado, com as vozes alteradas dos facínoras.

Ao pensar nisso, ele sentiu o sangue gelar. *Oh, não. Dio mio... Que não seja o que estou pensando...,* pensou, fechando os olhos e meneando a cabeça.

O tal Sony percebeu o esforço que ele fazia para olhar por sobre seus ombros o carro dos agentes. Voltou-se então para o carro ao lado da Mercedes, dando assim um espaço para que Carlo olhasse para dentro do carro. O que viu lhe embrulhou o estômago. *Dio Santo!*

Seus olhos azuis brilharam, cheios de ódio e revolta, ao pousarem nos dois homens encapuzados.

— Estão no céu, promotor. — disse o latino sarcástico. — Nem sentiram nada.

Malditos bastardos! Desgraçados! Carlo queria gritar, tentando libertar as mãos, apesar do impossível, pela quantidade de voltas da fita em seus pulsos.

Lutando ferozmente, jogou o corpo sobre o do latino, que se desequilibrou e bateu no carro de Hugh. Tentou fazer o mesmo com o tal Sony, mas este se esquivou e deu-lhe um soco no estômago fazendo-o curvar-se de dor.

Furioso, o latino se recompôs e veio para cima dele dando-lhe um soco no queixo.

— Se tentar de novo, juro que o mato como seus amiguinhos ali, promotor desgraçado. — vociferou o latino.

— Vamos, Paco, terminar o serviço e dar no pé. Já perdemos muito tempo. — disse o grandalhão Sony, erguendo Carlo pelo colarinho e trazendo o seu rosto para perto do dele.

O que vão fazer comigo? Se fosse sequestro, já teriam agido. Matar-me?

A mente de Carlo não parava de funcionar.

Os olhos frios do bandido fitavam os seus com fria maldade.

— O chefe mandou dizer para o senhor esquecer que ele existe. Senão... — deixou inacabada a frase e fez um gesto com a mão, num gesto rápido, imitando uma faca cortando-lhe o pescoço. — O senhor nunca o pegará, promotor. O chefe é muito mais inteligente que o senhor.

Veremos. Veremos, seu desgraçado, pensou com raiva.

Pego de surpresa, Carlo recebeu outro soco no estômago.

E logo a seguir, outro soco fazendo-o perder o equilíbrio das pernas. Antes que Sony o soltasse, levou outro soco no queixo, atingindo seu nariz, e ele então deslizou ao chão, um tanto zonzo. Tentava voltar a si, quando levou um chute nas pernas e nas costas, desmaiando em seguida.

— Chega, Paco. É o bastante para o promotor lembrar por algum tempo o aviso do chefe. Vamos.

Dando mais um chute nas pernas de Carlo, Paco seguiu Sony e ambos entraram rapidamente no sedã preto estacionado ao lado do Maverick de Hugh.

Carlo teve uma vaga impressão de que eles tiraram os capuzes e deram a partida.

— Vamos sair devagar, como se não tivéssemos pressa, para o tal Klaus não desconfiar... — avisou o grandalhão. — E quando desconfiar, já estaremos longe. Tem certeza de que a placa está encoberta?

O latino apenas assentiu com um sinal de cabeça e com a mão, mostrou a saída.

— Não esqueça que o alemão lá em cima está armado. — alertou Sony.

— Eu também estou com a arma pronta. — respondeu o latino, indicando a arma em seu colo. — Se for preciso...

Vagarosamente, com os vidros negros fechados, eles saíram do estacionamento com Sony ainda acenando para Klaus postado na calçada e atento ao redor.

Intrigado, Klaus apenas ficou acompanhando com desconfiança a saída do carro totalmente preto. *Estranho, os agentes não o avisaram de que havia outro carro no estacionamento àquela hora,* pensou o alemão. *Tentou ver a placa e não conseguiu.*

Quando o veículo estava a poucos metros, o instinto aperfeiçoado pelos anos em missões perigosas como agente especial da Forças Armadas lhe dizia que algo estava errado. Pelo fone de ouvido falou com seus homens, alertando-os. Tentou se comunicar com Hugh lá embaixo e não obteve resposta.

Tudo se comprovou, quando o carro tomou uma velocidade fora do comum para uma avenida usada por ônibus, táxis amarelos e alguns transeuntes que se assustaram pela velocidade do sedã preto.

— Sigam aquele carro, rápido! — gritou para seus agentes que estavam no outro lado da rua. — Chamem todas as viaturas de polícia das redondezas para ajudarem. Vou descer e ver o que aconteceu ao promotor.

— *Meu Deus!* — exclamou enquanto descia desesperadamente para onde sabia que o carro de Carlo e os agentes estavam. Sentia o sangue congelando em suas veias, apesar do esforço da corrida.

Com a arma em punho chegou até onde estavam os carros. De relance, viu os companheiros com as cabeças encostadas de um jeito estranho e sentiu um enjoo no estômago ao perceber o sangue em suas gargantas. Ambos estavam mortos.

Seus olhos procuravam pelo promotor. Deu a volta na Mercedes e então viu Carlo jogado ao chão curvado em posição fetal. Cautelosamente, tal como fora treinado, verificou o local, com a arma pronta para atirar, antes de verificar o estado do patrão.

Desolado, pegou o celular e ligou diretamente para o capitão Carmone, para colocá-lo a par do que acontecera ali.

Sua revolta aumentou ao saber que o capitão Carmone também sofrera um atentado, nos mesmos moldes do atentado de Carlo. Estava sendo levado para outro hospital pela sua equipe.

Ao chegar perto do carro de seus agentes, e comprovar a morte deles Klaus não se conteve.

— Malditos! Desgraçados! — urrou como um leão ferido e então se agachou para socorrer Carlo, que estava com a boca e as mãos atadas com fita adesiva.

Seu coração foi parar na boca diante da imobilidade do promotor. Apreensivo, examinou sua pulsação e sentiu alívio ao perceber que ele ao menos estava vivo.

Foi retirando com cuidado a fita que envolvia os pulsos de Carlo. Ao sentir dificuldade pela quantidade de voltas que lhe prendia os pulsos, pegou a faca que sempre tinha dentro da bota e foi cortando-a aos poucos, até retirá-la completamente, e libertando os braços e mãos do patrão.

Depois virou Carlo de barriga para cima com muito cuidado, assustando-se com o estado do rosto do promotor. Um dos olhos muito inchado, o nariz e a boca sangrando.

— *Gott!* (Deus) — murmurava em alemão, enquanto retirava-lhe a fita da boca. Ao puxá-la ouviu um fraco gemido, o que o deixou alegre, apesar dos ferimentos que o promotor tinha no rosto. A boca ficou muito inchada e vermelha, quando retirou a fita o mais rápido que pode, evitando machucá-lo mais.

Carlo foi voltando a si e tomando consciência aos poucos do seu estado, pelas dores que sentia. Tentou abrir os olhos aos poucos, percebendo a dificuldade em respirar e enxergar com o olho esquerdo. Sabia que estava horrível, pelos socos que levara no rosto. Sentia dores horríveis no abdome, costas e pernas. Mesmo assim, tentou se levantar, se apoiando no braço de Klaus.

O alemão o impediu, fazendo-o deitar-se novamente.

— Por favor, senhor, tenha calma. — pediu Klaus, enquanto lhe afrouxava a gravata que lhe apertava o pescoço. — Já chamei uma ambulância.

Sacudiu a cabeça, ao abrir o colarinho de Carlo e retirar-lhe a gravata. Ficou rubro de raiva ao ver os fortes vergões em seu pescoço.

Carlo, um pouco confuso, fez força para focalizar o rosto rude do seu guarda-costas.

— Que... que... — sussurrava, pois sua garganta doía quando falava. — Klaus...

— Diga, senhor. — respondeu-lhe o guarda-costas, o impedindo de tentar se levantar novamente.

— Klaus...

— Estou aqui, senhor. Não se mova muito. Deve ter algumas costelas quebradas. — alertou. — Maldito Mendonza!

Carlo gemeu ao tentar levantar a mão para segurar o braço musculoso de Klaus.

— Hugh e Dick... Eles... eles... estão...

— Sinto muito, senhor. Estão mortos. — respondeu com fúria e pesar.

— Foram... *Madonna*, como isso dói... — se queixou franzindo o rosto ao tentar puxar a respiração. — Os homens de Mendonza... — sua voz estava cada vez mais fraca devido à dor nas costelas. — Vieram me intimidar... Ai, *cazzo*... Meu corpo todo dói... Klaus...

Nesse momento, Steve e Rocco chegaram ambos assustados e preocupados.

Klaus olhou-os com sua cara enfezada.

— Como vocês não viram isso pelas câmeras? — perguntou, sem esconder a irritação.

Rocco olhou para Steve que ficou um tanto nervoso.

— Desculpe, camarada, mas infelizmente eles destruíram as câmeras que focalizava o carro do promotor.— desculpou-se.

— E vocês não viram quando elas deixaram de focalizar esta área?

Klaus percebeu que Rocco olhava para seu chefe de um modo estranho.

— Eles congelaram a imagem que mostrava aqui. — respondeu Rocco, desta vez.

— E só quando percebemos que Hugh estava com o copo do café do mesmo jeito há horas é que nos demos conta de que a imagem estava congelada.

— Pobres rapazes. — disse Rocco, olhando para o carro onde os dois agentes de Klaus estavam mortos.

— Klaus... — chamou Carlo.

— Diga, senhor.

— Veja... Se meu laptop e minha pasta executiva estão no banco detrás... Ai... por favor... *Dio,* que dor... Guardei os nomes dos crápulas. Um chama-se Sony e o outro com sotaque latino era o tal Paco, o mais violento dos dois.

Obedecendo, Klaus deitou-o com cuidado e levantou-se para olhar dentro do Mercedes.

— Estão aqui, senhor. Eles só queriam assustá-lo, mas... Se por acaso teriam que levar isso tudo, vão ficar em apuros. Mendonza não perdoa falhas... — disse o guarda-costas, torcendo a boca, num sorriso irônico.

— Por favor... Leve-os com você, enquanto eu estiver sendo atendido.
— Ok, chefe!

Minutos depois, chegou a ambulância e os paramédicos desceram até o estacionamento onde estava Carlo.

Rapidamente acomodaram sua cervical e verificaram a gravidade de seus ferimentos.

— Eu estou bem. — disse o promotor irrequieto, enquanto lhe examinavam...

— Certo, mas mesmo assim terá que ir até o hospital para fazer alguns exames. Talvez esteja com duas costelas quebradas. — explicou a jovem paramédica.

— Pra que exames? Só estou com dor nas costas, o nariz machucado. — retrucou Carlo com teimosa objeção.

— Senhor... Por favor... — interveio o guarda-costas.

Carlo lançou um olhar carrancudo para o alemão.

Klaus encarou o patrão corajosamente.

— Faça isso por sua idosa mãe.

Com um suspiro de resignação, deixou que os paramédicos terminassem os exames.

— Quanto mais imóvel o senhor ficar, menos dor sentirá, promotor. — disse Klaus ao ver a expressão de dor que Carlo fez ao ser preparado para o colocarem na maca, depois de injetarem algo para aliviar-lhe a dor.

Os paramédicos estavam acomodando-o melhor, quando a equipe de narcóticos chegou, mais o pessoal do departamento de homicídios, para averiguar o duplo assassinato e a agressão que ocorrera ali. Foi quando Klaus soube de fato que o ataque ao capitão Carmone fora igual ao de Carlo.

O promotor, mesmo com dor, demonstrara o quanto ficara abalado com o ataque ao capitão, pois este era mais velho que ele.

Fizeram algumas perguntas para Carlo e depois foram conversar com Klaus, Steve e Rocco.

— Vou avisar o senhor Lorenzo para encontrá-lo no hospital, ok? — dissera Klaus, antes de pegar o laptop e a pasta na Mercedes e atender a equipe do capitão que estava sendo comandada pelo seu braço direito.

— *Grazie*, Klaus. E não conte nada para *mamma*, Kate e Luigi por enquanto.

— Farei isso, senhor. Fique tranquilo... Depois que atender ao capitão, irei até o hospital.

Carlo apenas levantou o polegar da mão direita, em sinal de positivo, antes de fechar os olhos, sonolento devido ao analgésico aplicado. Já no hospital, depois de vários exames, estava com o rosto limpo, apesar de inchado, e já com alguns hematomas e cheio de curativos. Levara dois pontos nos supercílios e um ponto no queixo. Não quebrara nenhum dente e, tal como a paramédica dissera, tinha duas costelas quebradas e a clavícula do ombro direito que fora deslocada já estava no lugar. As pernas e um dos joelhos estavam machucados, inchados e vermelhos, em virtude dos chutes que levara, assim como no abdômen.

O médico que o atendera achou por bem ele ficar no hospital, para observação, por causa dos socos na cabeça e no abdômen. Um tanto zonzo ainda devido aos efeitos dos analgésicos que tomara, ele estava sonolento e mal registrou a chegada esbaforida de Lorenzo com Klaus. O irmão estava possesso com os marginais que o atacaram. Klaus aprendeu mais alguns palavrões em italiano.

Quando estava mais lúcido, Carlo ouviu o médico falar para Lorenzo sobre passar a noite no hospital. Irritado disse que não ficaria no hospital. Ele queria ir para casa.

O irmão e Klaus o convenceram, depois de muita conversa.

Quando já estava num quarto confortável, Klaus lhe disse que Dorothy entraria em contato com ele no dia seguinte. Ele estava voltando ao tribunal para conversar com Steve e sua equipe de segurança Ele não ficara satisfeito com a desculpa do chefe de segurança quanto às câmeras.

— Esse *strisciare* (pulha) tem que ser levado à prisão perpétua! — vociferou Lorenzo, ajudando o irmão caçula a colocar a horrível camisola padrão dos hospitais, pois não deixara a enfermeira fazer isso. — Eles quase acabaram com o capitão Carmone também.

— *Figlio de una...* — interrompeu-se ao ver o olhar constrangido da enfermeira que ainda se encontrava ali.

— Desculpe, senhorita... — Carlo desculpou-se pelo irmão. — Lorenzo esquece que nem sempre pode soltar seu repertório de palavrões em italiano, não é mesmo, mano? — repreendeu o promotor um tanto sonolento.

— *Scusi* (perdão). — desculpou-se o irmão mais velho, muito envergonhado.

A jovem sorriu em resposta e saiu do quarto.

— E se depender de mim, Mendonza será condenado à prisão perpétua ou não me chamo Carlo Martinelli. — prometeu o promotor.

— É melhor contarmos logo para *mamma,* Carlo. — sugeriu Lorenzo.

O irmão caçula meneou a cabeça.

— Ainda não. Amanhã talvez. Eu vou ter que ficar em casa para me recuperar dos ferimentos do rosto e então sobrará muito tempo. Com certeza vai querer me cuidar... — comentou sorrindo.

— Ela vai te mimar como uma criança. — respondeu Lorenzo também rindo.

Ao tentar levantar-se Carlo ficou tonto e segurou-se no braço do irmão.

— Devagar meu, irmão. Não se mova muito.

— Eu queria ir para casa! — reclamou, o promotor.

— Nada feito. Já avisei Helen que vou ficar aqui com você. Então sossega. — chamou-lhe a atenção.

Nesse momento, a enfermeira retornou com uma bandeja com medicamentos.

Ao vê-la preparar uma injeção, Carlo arregalou os olhos.

— Pra que essa injeção?

— Não me diga que está com medo, Carlo? — zombou Lorenzo.

O irmão caçula respondeu com um olhar torto.

— Eu só quero saber pra que é.

— É um analgésico que vai fazer com que o senhor durma bem e não sinta dor.

— Um calmante? Me dando um calmante?

— Um analgésico mais forte. Só isso.

Depois de aplicar a injeção, a jovem enfermeira verificou mais uma vez como estava a pressão arterial, tomando nota em sua prancheta.

Logo que a enfermeira saiu, Carlo começou a sentir sono e já nem conseguia ver Lorenzo sentado ao seu lado. O efeito da medicação analgésica que a enfermeira aplicara começou a fazer efeito.

Enquanto Carlo dormia, Lorenzo foi avisando e tranquilizando os irmãos. Acalmou Luigi e Kate, dizendo que ele iria dormir no hospital apenas por precaução e que no dia seguinte iria para casa.

Falando por último com a esposa, pedira que fosse na manhã seguinte contar para a *mamma*, com muito cuidado, para não a assustar tanto. Aproveitou para avisá-la que dormiria no hospital, fazendo companhia ao irmão caçula.

Na manhã seguinte, quando a enfermeira de plantão entrou no quarto, Carlo já estava acordado, porém sentia muitas dores no corpo e na cabeça. Ela anotou sua pressão arterial de novo e deu-lhe um analgésico via oral, para amenizar as dores.

Irritado, perguntou que horas poderia ir para casa. A enfermeira apenas sorriu e disse que o médico logo viria conversar com ele.

— Não adianta ficar irritado, Carlo. Só o médico dirá se pode ou não ir para casa. — observou Lorenzo, diante do palavrão que o caçula soltou, após a saída da enfermeira.

— Mas eu já estou me sentindo bem. — retrucara com teimosia.

— Ah, sim... — respondeu o irmão mais velho, com ironia — Tão bem que precisou de analgésicos para deter a dor, não é?

Horas depois o médico veio conversar, com uns exames na mão.

— Felizmente, o resultado da tomografia não acusou nada de grave na cabeça e nem no abdome. Então após o almoço poderá ir para casa. Mas não antes de prescrever-lhe algumas recomendações e medicamentos, ok?

— Ok, doutor! — respondeu Lorenzo pelo irmão descontente. Carlo queria ir nesse momento para casa.

— Pode ser que ao final precise de um pouco de fisioterapia, pois vai ficar imobilizado. — complementou o médico. — Mas isso dependerá do senhor.

Carlo apenas anuiu.

Foi difícil a espera, mas, logo após o almoço, o médico retornou. Após as prescrições de medicamentos, enfim, o médico deu-lhe alta.

— Qualquer coisa que sentir fora do normal, me ligue e venha imediatamente ao hospital, ok?

— Ok, doutor. Muito obrigado pela atenção, pelos seus cuidados e desculpe se fui rude, mas eu odeio hospital. — vociferou Carlo, com um sorriso constrangido.

— Quer saber? Eu também odeio hospitais! — disse o médico em tom de brincadeira, dando-lhe um tapinha de leve nas costas, e saiu do quarto.

Com um sorriso radiante, Carlo se deixou vestir pelo irmão, pois ainda estava todo dolorido e o ombro direito, apesar dos analgésicos que acabara de tomar, estava doendo.

— Sabe o que você está parecendo, mano? — perguntou Lorenzo, se divertindo com a pouca animação do irmão caçula.

— *Caspita*, Lorenzo! Não me venha com comentários idiotas... — proferiu o promotor irritado.

Rindo, Lorenzo ignorou a irritação do irmão.

— Está parecendo um moleque. — concluiu.

Carlo fez uma careta, mas acabou dando risada.

Porém, quando a enfermeira entrou com uma cadeira de rodas no quarto, a risada morreu e olhou com desconfiança a enfermeira, que era toda sorrisos.

— Quer que eu o ajude colocá-lo na cadeira de rodas, senhor? — perguntou a jovem enfermeira.

— Cadeira de rodas pra mim? — Carlo perguntou arregalando os olhos azuis com horror, olhando da enfermeira para o irmão e depois para a cadeira. — Eu não preciso de cadeira de rodas, por *Dio*. — resmungou carrancudo, olhando para os dois à sua frente, como se eles estivessem loucos.

— É norma do hospital, senhor. Todo paciente que recebe alta deve ser levado até a porta de saída em cadeira de rodas. Desculpe-me, mas o senhor terá que acatar as ordens.

Lorenzo lançou um olhar impaciente para o irmão caçula.

— Não vai bancar um velho rabugento agora, não é, Carlo? Você vai sentadinho, sim, na cadeira de rodas, conforme as normas do hospital. Garanto que o capitão Carmone está se comportando melhor que você... — comentou Lorenzo, levantando o irmão e ignorando sua carranca. — Ajude-me aqui, *signorina*. — pediu gentilmente.

— Caso não tenha notado, não sou mais o garotinho a quem você dava ordens, Lorenzo. — queixou-se o promotor, com a voz alterada.

— Ainda assim, *eu sou* o irmão mais velho. — retrucou Lorenzo irritado. — Por favor, *signorina*, ajude-me aqui. — pediu novamente.

E mesmo sob os protestos, conseguiram sentá-lo.

Depois, outra enfermeira entrou e deu-lhe mais alguns comprimidos para a dor.

Lorenzo levou a cadeira de rodas até a porta dos fundos, onde Klaus os esperava, com a porta do carro aberta, pronto para ajudar a colocá-lo dentro da Mercedes.

Klaus achou por bem usar a porta dos fundos, por motivo de segurança.

Segundos depois, saíam do estacionamento do hospital rumo ao condomínio onde moravam.

O efeito dos analgésicos prontamente fizera efeito, deixando Carlo totalmente apagado, no banco detrás. Olhando pelo retrovisor, Lorenzo riu ao ver o irmão quietinho e indefeso.

— Você pensou em ver seu chefe tão vulnerável assim, Klaus? — perguntou para o guarda-costas, dando risada.

O alemão respondeu com um aceno de cabeça.

— Nunca, senhor Lorenzo. — acrescentou.

Mas, quando o alemão olhou pelo retrovisor, seu olhar se fixou nos ferimentos do rosto dele e praguejou muito revoltado.

Maldito traficante!

— Tem notícias do capitão? — perguntou Lorenzo a Klaus, quando pararam num semáforo.

— Está bem, mas com muita dor. Também está tendo alta hoje. — respondeu o guarda-costas que recebera notícias do FBI.

Ao adentrar no condomínio, Luigi e Kate estavam a espera na porta da garagem, prontos para ajudar.

Os dois se assustaram ao ver o estado de Carlo, que dormia no banco de trás.

— *Meu Deus!* — exclamou a socialite. — O que fizeram com ele?

— Ele está bem, tio Enzo? — perguntou Luigi olhando para o pai preocupado.

— Fique tranquilo, *caro*. Seu pai é forte como um touro. Ele está reagindo bem e não teve nenhuma lesão mais grave, além de duas costelas quebradas. É só fazer o repouso recomendado. E se ele sentir necessidade, ele fará fisioterapia.

Klaus pediu licença e carregou Carlo no colo como se fosse uma criança e não um homem de 1,90 cm e 85 kg.

Apavorada, Kate foi abrindo as portas para o guarda-costas passar, até a suíte master, onde ela dormia. Porém Lorenzo disse que era para o colocarem no quarto de hóspedes.

Carlo pedira a Lorenzo que assim o fizesse, antes de cair aos efeitos dos analgésicos.

— Tio, o *papà* está desmaiado? — perguntou o jovem, preocupado pela inércia do pai.

— Não, *caro*. Ele está dormindo devido aos analgésicos que lhe deram no hospital. — respondeu Lorenzo ao sobrinho. — E ainda bem, pois está com um humor péssimo.

— Ai, meu Deus! — exclamou Kate, passando a mão pelo rosto do marido, quando Klaus o colocou na cama. — O que lhe fizeram, *amore?* Ah, seu rosto...

— Ele está bem, senhora. Só precisará de uns dias de descanso para recuperar os ferimentos do rosto e amenizar as dores principalmente nas duas costelas quebradas.

— Costelas quebradas? — perguntou Luigi preocupado. — Como aconteceu?

— Fizeram uma emboscada no estacionamento.

— E onde estava você? — perguntou Kate arrogantemente ao guarda-costas.

Klaus contou até dez e ia responder pacientemente, quando Lorenzo interveio.

— Kate, Carlo teimosamente quis dirigir e dispensou Klaus. Além do mais, havia dois agentes de segurança ao lado do carro do seu marido.

— Então co... — começou ela, mas esta vez Klaus interveio.

— Os bandidos mataram os dois agentes, antes do promotor chegar ao carro. Eu estava protegendo-o na saída do estacionamento. — explicou-se o alemão.

A socialite arregalou os olhos ao saber dos agentes mortos.

— Pobres homens...

— Pois é. — disse Lorenzo.

Kate olhou penalizada o rosto bonito e másculo do marido.

Lorenzo entregou à Kate a receita onde estavam as orientações e os remédios que já havia comprado ao passar numa farmácia, para o restabelecimento do irmão.

— Se ele não se comportar e não seguir as orientações médicas, me chame. — recomendou o cunhado à Kate. — Ele provavelmente vai estar insuportável, com um humor *do cane* (do cão) por causa das dores.

— Ele deveria ficar em nosso quarto. — queixou-se Kate ao cunhado.

Lorenzo colocou gentilmente uma mão no ombro dela.

— Foi ele quem pediu para ficar no quarto onde ele está dormindo, Kate. *Scusa.* — desculpou-se.

— Mesmo machucado, continua turrão! — exclamou com irritação.

— Kate... — apelou Lorenzo depois de olhar para o irmão adormecido. — Sem discussões, ok? Ele precisa de muita tranquilidade e carinho, para se recuperar. Ele quase morreu hoje, por favor... Se tivessem batido mais em sua cabeça, talvez ele estivesse numa UTI com traumatismo craniano e em coma.

— Por favor, *mamma*, não vamos deixá-lo nervoso, certo? — interferiu o filho, preocupado com a explícita irritação da mãe.

Tentando se controlar, a socialite assentiu.

Após Klaus e o cunhado se retirarem, Kate voltou para o quarto, onde Luigi estava sentado ao lado do pai na cama.

— Como é que vou cuidar dele, Luigi, aqui nesse quarto, longe do meu? — perguntou ao filho.

— *Mamma*, não se preocupe. Eu vou dormir aqui e cuidar do papà. — declarou o garoto com expressão decidida.

— Mas...

— Por favor, *mamma*... Logo estarei em férias mesmo. E já não sou mais um garotinho... — reclamou.

Ela fitou longamente o filho por uns instantes e assentiu.

— Está certo. — aceitou a socialite. — Caso precisar, me chame. Estou tão preocupada com ele... — falou com os olhos marejados.

— Não se preocupe, pois o *papà* é forte. Vá descansar, para trabalhar amanhã.

— Se é assim, boa noite, meu querido. — respondeu Kate, limpando as lágrimas do rosto.

— Boa noite, *mamma*.

Capítulo 14

A grande decição...

Sentado numa poltrona do jardim de inverno, Carlo aquecia-se com o calor do sol que transpassava os vidros do ambiente confortável.

Novembro ainda não terminara, mas o frio já era intenso. Mesmo assim, as festas de final de ano já se anunciavam através das decorações de vitrines e as ruas da cidade já estavam se preparando para o Natal.

Estava tomando uma caneca de café bem forte, que Luigi lhe trouxera minutos atrás.

Já fazia uma semana e meia que estava em casa se recuperando da agressão. A atenção e mimo que Luigi dispensava a ele nesses dias todos, durante o dia e a noite, o emocionara muito, pois o filho chegara até a armar um colchão inflável no quarto para que pudesse atendê-lo à noite.

O filho só o largava quando precisava estudar ou ir até o colégio.

A dor nas costelas estava ficando suportável, pois só doía conforme alguns movimentos abruptos. Estava usando analgésicos fortes, pois era como a dor amenizava.

Analgésicos e repouso, dissera o médico. Ficar bem quietinho até o processo de cicatrização das costelas.

Sentia o corpo dolorido ainda, pois os chutes foram fortes demais. O cara era muito forte. *Maledetto*! (Maldito!)

O rosto estava voltando ao normal, dia a dia. Os hematomas já estavam bem claros e os cortes cicatrizados.

Estava desesperado para voltar ao trabalho, mas a ordem médica era 20 dias no mínimo de repouso para se recuperar. Na noite anterior recebera um telefonema do capitão Carmone lhe contando que também estava de repouso, pois tivera quatro costelas quebradas, o nariz e o braço esquerdo quebrados pelos capangas de Mendoza. Mas que estava se recuperando bem e acompanhando as investigações da sua equipe e eles lhe asseguraram para breve a prisão de Mendoza e o político corrupto, cumplice do traficante.

Dothy, Brian e Krista o visitavam duas vezes na semana, durante todo o tempo que permanecia em casa, para reuniões necessárias ao estudo das provas conseguidas para levar Mendoza à prisão e posteriormente ao julgamento. Apesar de sentir-se inquieto pela inércia da qual estava obrigado a ficar desde a tocaia que sofrera, não podia queixar-se da falta de atenção e demonstrações de carinho que recebia diariamente de seus amigos e familiares.

Seus irmãos telefonavam quase todos os dias, assim como os sobrinhos, para saberem notícias sobre sua recuperação. Lorenzo, como era vizinho, ia lá todas as noites com Helen, Marco e Lucy.

Edward e Louise faziam suas visitas após o jantar para baterem um papo rápido, o que lhe agradava bastante e espantava o tédio.

Luigi e Mathew, tão logo chegavam da escola, estudavam o necessário e depois iam jogar baralho com ele ou ficavam conversando sobre vários assuntos. Era um dos momentos que mais gostava. Carlo divertia-se com os dois adolescentes.

A princípio quando Lorenzo contara sobre a tocaia, Carmela se desesperara, mas, ao ver o filho chegando em casa, se acalmara.

Ela também vinha lhe fazer companhia por algumas horas aproveitando para mimá-lo um pouco com doces e comidas que ele gostava.

Katherine resolvera dar uma trégua e ser menos intransigente, tornando-se assim mais fácil o relacionamento entre eles. Vinha conversar com ele sobre seu trabalho na boutique ou sobre as notícias da mídia sobre a prisão de Mendonza em questão de dias e as repercussões do envolvimento do senador Bayard com o traficante. A equipe do capitão Carmone, enfim, havia chegado até o senador corrupto, após muita investigação. Ele ligara numa manhã, para dar essa informação em primeira mão.

Estava sentindo-se muito paparicado e ele era obrigado admitir que adorava isso tudo.

Suas manhãs eram dedicadas inteiramente à leitura dos documentos que sua equipe trazia durante a semana. Após o almoço, ia sentar-se no jardim de inverno, um de seus lugares preferidos, atualmente, onde lia os jornais do dia e aproveitava para ouvir suas óperas e músicas italianas preferidas.

Seus amigos sempre estavam em contato com ele. Kevin lhe fizera uma visita num fim de semana juntamente com a esposa, Maureen, enquanto Percy, Arold e Arthur que estavam fora do país lhe telefonavam sempre que podiam.

Até Susan, sua Cachinhos Dourados, ligava de São Francisco algumas vezes por semana, antes do jantar para saber como estava o seu restabelecimento. Fora Louise quem a avisara, uma vez que a pedido da promotoria e do senador Hayes nada havia sido veiculado na mídia sobre o atentado de Carlo e do capitão Carmone. As ligações dela eram alguns dos momentos mais agradáveis do seu dia, Susan tinha uma voz doce, tranquila, com um tom familiar e isso o acalmava.

A vontade de voltar a trabalhar estava-o deixando inquieto, mesmo com os mimos recebidos de amigos e familiares.

Até que, numa manhã, recebera a ótima notícia do capitão Carmone sobre a prisão de Mendonza e do senador Bayard. Ele e toda a sua corja foram presos em flagrante no momento em que recebiam uma carga bilionária de heroína e crack. Os traficantes que faziam a entrega também foram detidos, assim como o restante do bando de Mendonza que se encontrava no quartel-general do traficante, sua bilionária mansão a beira-mar, num dos bairros mais afastados do centro de Miami.

Carlo chegou a sentir-se vingado da agressão, diante da notícia gratificante após meses de trabalho, e procura incessante de provas para pegar o facínora.

Mendonza ficara solto por anos, naturalmente devido ao respaldo do político canalha que era seu cúmplice e de alguns empresários fraudulentos de Las Vegas que usavam suborno para que o traficante continuasse impune, numa troca de favores.

A mídia estava em polvorosa cobrindo a notícia desde a prisão do traficante até sua entrada no presídio, a fim de aguardar o julgamento e a prisão do senador Bayard.

E como o traficante sabia que Carlo estava envolvido na investigação contra ele, juntamente com o capitão Carmone, diante das câmeras de várias emissoras de TV, ele arrogantemente os ameaçou, *"Não ficarei preso por muito tempo. Carmone. Você e Martinelli não perdem por esperar.",* dissera sorrindo descaradamente, numa ameaça velada.

Talvez sua segurança de que não ficaria preso estivesse na certeza de que o político seu cúmplice e seus tentáculos o ajudariam a safar-se como sempre. Porém, ele viu-se perdido, quando soube, uma hora depois, da prisão do senador Bayard com todo o seu staff...

A prisão de Bayard foi um escândalo, pois era casado com uma jovem atriz muito conhecida do público. Ela havia prestado depoimento, confessando que não sabia das atividades criminosas do marido. Via muitos homens esquisitos entrando e saindo de sua casa, mas não sabia quem eram. Após o depoimento e entrevistas à mídia, a jovem teve que sair do país, pois estava sendo ameaçada pelos capangas do marido a mando dele.

Carlo não se surpreendeu com o nome que veio à tona. O senador Joseph Bayard era conhecido por suas artimanhas nada honestas, em benefício próprio. Mas nunca encontraram provas para detê-lo até que o agente infiltrado no bando de Mendonza encontrasse um jeito de tirar algumas fotos reveladoras que o incriminavam. Eram fotos tiradas durante uma visita dele ao covil de Mendonza, onde se banqueteou e usufruiu das beldades que moravam com o traficante na sua luxuosa mansão.

Felizmente a missão do agente infiltrado conhecido apenas como Cat One fora bem-sucedida, com muitas informações documentadas e gravadas e de muitas fotos comprometedoras do traficante com seus cúmplices.

O agente infiltrado forjara sua morte, quando o FBI invadiu a mansão de Mendonza e por isso saiu ileso. Evidentemente sua identidade fora preservada por medida de segurança. E o colocaram para fora do país, com nova identidade. Ninguém sabia da antiga identidade dele. Nem mesmo Carlo. Nem todos os agentes que faziam esse tipo de trabalho conseguiam sair ilesos. Muitos agentes são descobertos antes de concluírem o trabalho e assassinados brutalmente.

Com um longo suspiro, esticou as pernas e massageou o ombro direito com as mãos.

A clavícula ainda o incomodava um pouco onde recebera chutes mais fortes, mas nada comparado ao que sentira nos primeiros dias.

Tomou o restante do seu café e olhou as horas.

Assustou-se com o som do celular. Viu que era Klaus e atendeu-o prontamente.

— Sim, Klaus? — perguntou em grande expectativa.

— Tudo bem, senhor? — perguntou o guarda-costas, educadamente. — Ansioso para voltar ao trabalho, não?

— Com certeza, amigo. E como estão as coisas?

— Ótimas notícias, senhor! O pessoal do FBI em conjunto com a divisão de narcóticos do capitão Carmone conseguiu desmantelar o restante da quadrilha de Mendonza que estava agindo na América do Sul. E estamos chegando cada vez mais perto do espião do Tribunal.

Carlo fechou os olhos e suspirou aliviado.

— Mas isso é bom demais. Já têm ideia de quem seja?

— O capitão Carmone e seus homens acreditam que são dois e vão deixá-los quietos por enquanto. Querem que abaixem a guarda, para então pegá-los de surpresa.

— Ótima estratégia. Carmone e seu pessoal são muito bons no que fazem. — acrescentou o promotor.

— Pode dormir tranquilo, senhor, pois com a máfia toda de Mendonza desmantelada, inclusive seus colaboradores da Colômbia e Brasil, que já foram entregues aos federais de seus países, teremos dias um pouco mais tranquilos. O capitão ficou surpreso pelo tamanho da organização de Mendonza. Ele comandava uma das maiores organizações do contrabando de drogas dos últimos tempos. Mas, ainda assim, eu o aconselharia a seguir com o nosso esquema de segurança, ao menos até o final do julgamento.

— Já havia pensado nisso, inclusive foi uma promessa que fiz à minha mãe.

— Ótimo. Será mais seguro, assim. E, senhor...

— Si?

— Cuide-se para voltar logo. O pessoal do tribunal está sentindo sua falta.

Carlo emocionou-se e deixou transparecer em sua voz ao responder ao amigo guarda-costas.

— É muito bom saber! Logo estarei de volta, prometo! Antes do Natal, conforme o que o médico me disse ontem.

No dia anterior, o médico lhe dissera que talvez dia 17 ou 18 de dezembro poderia voltar ao tribunal.

Desligando o celular, Carlo ficou apertando os lábios no aparelho, por vários momentos.

Algo me diz que Mendonza ainda vai acertar contas comigo. Sua prisão não o impedirá de encomendar minha morte. Terei que ter cuidado redobrado. Um tiro vindo de um lugar estratégico e com precisão... será fatal, pensou preocupado.

No dia seguinte, após a visita da mãe, Carlo resolveu mandar e-mail para todos os irmãos e amigos dando-lhes a boa nova. Ao menos, temporariamente estava a salvo de drásticas retaliações, pois Mendonza ainda não se *sociabilizara* com os novos *colegas* do presídio. Era só questão de tempo até ele contratar alguém fora do presídio para matá-lo.

Ele ficou bastante tempo no jardim de inverno, entregue a pensamentos que o levaram a tomar uma decisão que mudaria sua vida.

Pegou o celular e discou o número de Aldo em Milão.

Olhando as horas, viu que ainda poderia falar com ele, pois ele estaria no restaurante, uma vez que eram seis horas a mais em Milão.

Ao segundo toque Aldo atendeu.

— *Ristorante Famiglia Martinelli.* — disse ele, com seu vozeirão.

— Trabalhando ainda, *mano velho?* — perguntou rindo.

— *Carlo,* como está, *caro mio?* — respondeu ele alegremente.

Em minutos e resumidamente colocou o irmão a par das novidades relacionadas ao caso Mendonza e sua prisão. Preferiu omitir seu pressentimento quanto a um possível atentado a sua vida.

O irmão ficou feliz com as notícias.

— *Fico muito feliz por isso!* — exclamou o irmão mais velho.

— Aldo, lembra daquela *villa* na Toscana, da qual me falou na última vez em que esteve aqui?

— *Sì, ricordo* (sim, lembro).

— Sabe se ela continua à venda?

— Posso averiguar. *Perché?* (por quê?)

— Quero comprá-la. Faça uma proposta de compra em meu nome, o quanto antes. Não importa o preço. Vou providenciar uma procuração para você tratar de toda a negociação e compra. Depois eu depositarei a quantia que gastou, em sua conta, certo?

Aldo levou alguns minutos para absorver o que o irmão dissera.

— Está pretendendo vir morar para cá? — perguntou, não escondendo a surpresa.

— Até que não seria má ideia, porém no momento não. Mas com certeza ali será o meu refúgio em *nostra Itália.* Depois de muito pensar, decidi encerrar minha carreira de promotor, após o julgamento de Mendonza. Já coloquei em risco demais minha família e a mim. Ah, e se o imóvel precisar de reparos, lhe dou carta branca, ok? Tão logo você faça a transação, peço que me informe, sim?

— Certo, mas você tem certeza de que é isso mesmo que quer? Digo... Terminar com sua carreira de promotor tão cedo? Você lutou tanto por ela...

— Estou decidido, meu irmão. Os últimos acontecimentos me levaram a tomar essa decisão. Por pouco não perdemos nosso irmão no ataque ao *ristorante,* meu filho, naquele sequestro frustrado e por último a violenta agressão da qual quase custou-me a vida, que deixou *nostra madre* desesperada de preocupação.

— *Bene,* se é isso que realmente deseja, tem todo o meu apoio e tenho certeza de que toda a família aceitará sua decisão. Mas não posso deixar de lamentar, *caro mio. Você vem fazendo um ótimo trabalho na sua carreira, da qual nós nos orgulhamos muito.*

— *Grazie,* mano!

— Mas e Katherine? Ela já sabe da sua decisão?

— Aldo, do jeito que as coisas estão entre nós, a opinião dela é a que menos importa no momento. Faz tempo que Kate não tem participado diretamente em minha vida.

Aldo ficou em silêncio por uns minutos antes de responder.

— *Certo.* Conte comigo. E como estão as costelas? — perguntou preocupado.

— Preciso de uns 20 dias para ser liberado pelo médico. O médico disse que, como as dores diminuíram muito e eu estou seguindo à risca suas orientações, estarei apto a voltar ao trabalho lá pelo dia 18 de dezembro.

— *Meraviglia!* Perto do Natal.

— *Sì.* Estou contando os dias.

— Fico feliz, mano. Amanhã, já começarei a pesquisar sobre aquela villa.

— Aguardarei notícias. Lembranças à Loretta. *Buona notte.*

— *Buona notte, caro.*

Ainda era cedo, quando Susan chegou em casa, tirando e jogando para o alto os sapatos altos.

Estava feliz e aliviada pelo trabalho quase concluído.

No dia seguinte, o cliente iria ao escritório para ver o projeto. Esperava-se que ele aceitasse e nesse mesmo dia, assinasse o contrato.

Jogou-se no seu sofá favorito e pegou o celular da bolsa. Iria telefonar para Carlo. Estava feliz em falar com ele, mesmo que fosse por telefone. Não se lembrava de sua voz de adolescente, mas, agora, sua voz era muito máscula e linda e cada vez que a ouvia sentia um arrepio na espinha, pois outra voz, com o mesmo timbre, trazia-lhe lembranças do seu amante de Houston.

Discou o número dele e aguardou. Nada.

Tentaria mais tarde.

E tentou, mas não houve resposta também. Ia desligar, quando ouviu a voz que encantava seus ouvidos.

— *Ciao, bella.* — falou ele, logo ao atender. Sabia que era ela, pois seu número ficara gravado no celular.

— Oie. — respondeu ela se deitando no sofá

— Oie. Tudo bem por aí? — indagou ele.

— Sim, obrigada. Chegamos na parte final do projeto e manhã faremos a apresentação para o cliente. Depois férias e Nova Iorque! — exclamou, com evidente alegria na voz. — E você como está? As costelas ainda estão doendo?

— Quase nada. Só meu nariz que ainda está dolorido. Por pouco, o brutamonte não o quebrou. A clavícula está incomodando um pouquinho. Mas do resto estou bem. Poderei voltar ao trabalho, antes do Natal.

— Carlo, que ótima notícia, meu amigo! *Mamma* Carmela deve estar muito contente, não? Ela estava tão preocupada a coitadinha...

— Realmente, ela ficou muito abalada. Hoje ela esteve aqui me dando um colo. — falou rindo.

— Fico feliz por ela e por você. Graças a Deus o perigo passou, não?

— Por enquanto sim. Hoje tive ótimas notícias.

E em poucas palavras contou sobre a prisão de Mendonza, o envolvimento do senador e o desmantelamento da organização do traficante.

— Que corja, hein? Fico tranquilizada também. Na realidade correu algumas notícias sobre isso, na mídia daqui, mas sempre ressaltavam que você não dava entrevista por questões de segurança, até tudo terminar. Sua vida voltará ao normal, não é mesmo?

— Ainda não. Vou continuar com a minha segurança pessoal, pois com esse facínora não se brinca. Sua lista de assassinatos é imensa.

— Tem razão. Mas, ao menos, ele está atrás das grades, assim como seus cúmplices. O perigo passou, tenho certeza.

— Sim. O perigo passou. *Por enquanto...* pensou ele.

— Que bom. Bem, vou deixar você descansar.

— Obrigado por ligar. — agradeceu. — Durma bem.

Ela riu de uma maneira que o encantou. Um riso que o fez lembrar-se de alguém que tomava conta de seus pensamentos desde abril.

— Você também. Boa noite.

— *Buona notte, bella...*

Ao desligar, Susan ficou pensativa por uns momentos. Que estranho, mas como o tom de voz do amigo lhe lembrava o homem que povoava seus sonhos desde abril.

Deus. Isso já é paranoia.

Pensando nisso, apanhou seus sapatos e foi para o quarto preparar o seu banho.

Apoiado no parapeito da janela, enquanto falava ao celular com Kevin, Carlo apreciava a paisagem branca através da janela do seu gabinete, deixada pela grande nevasca da noite. Voltara trabalhar no dia anterior, por isso estava feliz e renovado. A perna que fora mais machucada ainda doía, mas nada que um analgésico não resolvesse. As costelas estavam recuperadas. Só doía um pouco quando fazia algum movimento inesperadamente drástico.

— E daí, amigo, o que decidiram sobre o Réveillon com um bando de italianos barulhentos, no "Martinelli's"? — perguntou alegremente ao amigo.

— Está tudo acertado, italiano. Conversei com a turma de casa ontem à noite e eles toparam. Obrigado pelo convite, Carlo. Maureen adorou a ideia. Já faz tempo que ela não conversa com a *mamma Carmela*. Você convidou os demais rapazes? — Kevin perguntou referindo-se aos demais amigos de universidade.

— Sim. Quero entrar o ano com minha família e meus amigos queridos, depois que cheguei perto da morte... Somente Arthur não estará presente, pois fará um cruzeiro ao Caribe, com a família e Sarah, sua namorada.

— Então o último solteiro da turma foi mesmo fisgado... — Kevin comentou rindo do amigo publicitário.

— Segundo ele, vão aproveitar a viagem e festejar o noivado. A família dela também estará presente...

Kevin riu gostosamente.

— Sério? Quem diria... O nosso eterno conquistador Arthur apaixonado e noivo.

— Quem pode com o amor, amigo? Pois é, nosso amigo está de "quatro" por uma "pequenina ruivinha", segundo palavras dele quando nos falamos por telefone dias atrás. — completou rindo.

— E a loura linda que estava com ela em Houston? Soube alguma coisa dela? — perguntou Kevin de repente.

Carlo sentiu um frenesi.

— Não. Não soube nada e nem perguntei a Arthur se a noiva havia comentado alguma coisa sobre ela... Melhor não saber nada. Mas, um mês atrás mais ou menos, nos vimos de longe no aeroporto, quando ia embarcar para Washington, lembra? Fui buscar mais algumas provas contra Mendonza. Ela ia para São Francisco.

— Vocês conversaram?

— Não, pois ela já estava embarcando. Só nos acenamos. — respondeu com o coração acelerado.

— Lembro até hoje de como vocês se olharam. Rapaz... Simplesmente saia faíscas entre vocês... — disse rindo, sem saber o efeito que tal lembrança causava ao amigo. — Se eu não soubesse que você estava carente naquela época poderia dizer que você ficou a fim dela.

Carlo, fechando os olhos, lembrou-se do momento em que seus olhares se encontraram pela primeira vez e sentiu um frisson. *Eu realmente fiquei a fim dela, meu amigo, e a tive*, pensou.

— Com certeza ela deve ter um namorado, com todo aquele encanto. Afinal, quem não ia querer uma menina linda como ela? — disse cauteloso.

Kevin gargalhou.

— Eu vi as faíscas e as labaredas nos olhos de vocês... Essa sim era uma situação para a dona Katherine ter ciúmes de você. — provocou o irlandês.

Carlo achou melhor entrar na brincadeira.

— Meu amigo, se fosse livre, não a deixaria escapar. Ela é mesmo muito fascinante, apesar de muito jovem para mim.

— Você sabe que para mim não existe mulher mais linda do que a minha Maureen, mas admito que ela é lindíssima.

— E por falar em sua linda mulher, como está Maureen? — perguntou Carlo, aproveitando para mudar de assunto.

— Anda um pouco estressada, quase maluca com as crianças.

Carlo riu. As *crianças* tinham mais ou menos a idade de Luigi. O mais velho de Kevin tinha 13 anos.

— E você e Kate?

— Tudo igual, meu amigo.

— Ainda não se acertaram? — perguntou Kevin, sem esconder a surpresa. — Achei que, com os acontecimentos da agressão, vocês tinham se entendido novamente. Quando o visitamos, ela parecia tão calma...

— Só aparências, amigo. Foi apenas uma trégua. Ela foi muito solidaria e deu-me muito apoio. Mas... Nada mudou. Ontem ela voltou a ser a esposa ciumenta e possessiva.

— Sinto muito, italiano. Eu tinha esperanças de que vocês voltassem às boas.

— Sem chances, infelizmente para Luigi.

— Com certeza, são os filhos que mais sofrem com a separação dos pais.

— Tenho conversado muito com Luigi sobre isso. Ele me entende.

— É evidente a extraordinária relação entre vocês dois. Eu e Percy até comentamos sobre isso, dias atrás.

— É verdade. É meu companheiro! — exclamou orgulhoso. — Ah, se não fosse por ele, eu já teria me separado dela há muito tempo.

— Que bom, meu amigo, que bom. Meus filhos também são muito companheiros.

— Não vá... — Carlo interrompeu o que ia falar ao ver Dorothy entrar com um papel na mão. — Alguma coisa urgente, Dothy? — perguntou gentilmente.

Ela entregou-lhe o papel e saiu silenciosamente. Ele franziu a testa ao ler e voltou a falar com Kevin.

— Sinto, muito amigo, mas vou ter que desligar.

Estou recebendo em mãos o laudo final sobre o assassinato dos dois agentes de Klaus que me protegiam.

— Pobres rapazes! — exclamou Kevin. — Ok, italiano. Depois conversaremos sobre isso.

— Até dia 31 de dezembro, então. — despediu-se Carlo e desligou o celular.

Sentando-se em sua cadeira giratória começou a ler com muita atenção o que estava escrito no papel.

Maledizione! (maldição), pensou furioso.

Carlo ficou impressionado com a precisão dos fatos.

Eles realmente assassinaram os rapazes enquanto ele descia para o estacionamento. O horário das mortes coincidia com o horário que saiu do gabinete.

O espião só esperou eu sair do gabinete, para dar o sinal. Desligaram algumas câmeras e algumas lâmpadas e ficaram de tocaia atrás do meu carro.

Dorothy aproximou-se com uma caneca de café e depositou-a na frente do chefe.

— Você leu, Dothy? — perguntou enquanto pegava a caneca.

A assistente afirmou com um leve movimento de cabeça.

— Fiquei chocada. A morte dos rapazes foi muita maldade. — disse ela parando à sua frente.

— Quando eu penso que tudo aconteceu só por estarem cumprindo o seu dever... — murmurou ele com revolta, meneando a cabeça.

Dorothy deu-lhe um leve e carinhoso apertão no ombro e saiu da sala.

Logo depois, os assistentes chegaram com a felicidade estampada no rosto de ambos.

— Bom dia, senhor! — disseram quase que ao mesmo tempo

— Bom dia, meus jovens colegas. Pelo visto, o romance vai muito bem. — respondeu sorrindo.

Os jovens trocaram um olhar que respondeu por eles. Estavam ajudando preparando a acusação para o grande julgamento que provavelmente seria no início de janeiro.

O dia correu rápido e eram 20 horas quando todos deixaram o gabinete. Klaus levou-o até em casa e agora estava como guarda-costas particular do promotor e chofer.

Horas depois, Carlo já estava em casa, na sala de ginástica, fazendo esteira e alguns exercícios para fortalecer as pernas. Luigi fez-lhe companhia, como todas as noites e conversaram bastante, até o término dos exercícios.

— A *nonna* mandou lasanha para o seu jantar. — disse o garoto enquanto seguia o pai até o quarto de hóspedes.

— Sua *nonna* quer me ver gordo, isso sim. — disse-lhe o pai entrando no banheiro, rindo.

— Creio que sim, *papà*, pois ela disse que o senhor está muito magro e que precisa recuperar as forças.

Carlo gargalhou.

— Ah... Sua *nonna*... Sabe, Luigi, às vezes, acho que sua *nonna* esquece que eu já estou com quase 42 anos e não 15.

O garoto também gargalhou.

— Verdade, *papà*. — respondeu passando-lhe o sabonete.

— O senhor já não sente tanta dor nas costelas. — observou ele. — O senhor vestiu o paletó hoje, com mais facilidade e sem fazer careta.

— É verdade. O que sinto agora é o mínimo. — respondeu o pai. — Graças a *Dio que* voltei a trabalhar.

Dias depois, estava almoçando com seus jovens assistentes, quando seu celular particular tocou. Pedindo licença a Brian e Krista, atendeu-o. Era Antonella, sua sobrinha, filha de sua gêmea, Giorgia.

— *Cara mia*, como está? Acho que até já sei por que está me telefonando. O presente de Natal, não é? — perguntou sorrindo.

— O senhor é vidente? — perguntou a jovem do outro lado da linha, rindo pra valer.

— Deixa-me ver... hum... o que você quer de presente de Natal

— Na verdade é para dizer-lhe que não precisa se preocupar com meu presente de Natal, ok?

— Certo, bella. Então você não quer presente neste Natal? — perguntou irônico. — Você sabe que eu gosto de presentear meus sobrinhos. Só estava esperando o seu pedido, pois já estou com a lista completa.

— Mas o senhor está bem para ir as compras, tio? Não se preocupe comigo e Bianca. — proferiu a sobrinha.

— Para! Para já com essa bobagem! Que tal uma joia? — sugeriu Carlo à sobrinha. Uma para você e outra para a Bianca?

Ela hesitou por uns segundos.

— Ah ,tio, o senhor é quem sabe. Deixo por sua conta, ok?

— Ok, cara. E para que você não se preocupe, eu estou bem. Tenho feito bastante fisioterapia para fortalecer as pernas. Só quando está muito frio e úmido, eu tenho que apelar para um analgésico. Tudo bem por aí?

— Sim. E estamos ansiosos para o Natal na casa da *nonna*. Estamos com saudades de você, tio.

— Eu também, cara.

— *Mamma* e Bianca estão mandando um beijo. — informou a jovem. — *Ciao*, tio.

— *Ciao, cara. Baccio.* — disse desligando o celular e guardando-o.

— Vamos lá, meus jovens. Onde estávamos?

— Sua família é grande, não é? — perguntou Brian.

— Cinco irmãos e 12 sobrinhos.

— Que lista de presentes, hein? — observou Krista rindo.

— É uma festa a troca de presentes... Como sempre, passamos a ceia juntos na casa da minha mãe. É muito divertido!

— Uma família italiana quando se encontra é festa na certa! — disse Brian. — Fui criado numa comunidade, onde a maioria dos vizinhos eram italianos.

— Amanhã já é dia 21 de dezembro. — Krista fez a observação, olhando no relógio.

— Amanhã vou começar as minhas compras de Natal. — disse Carlo, tomando mais um gole do seu café.

— Eu também. — retrucou Brian, olhando para a namorada. — E você amanhã não vai comigo, pois vou comprar o seu presente. — terminou dando-lhe um rápido beijo na bochecha.

No dia seguinte, Carlo resolveu sair no meio da tarde e esperou pelo filho que vinha encontrá-lo para irem às compras. Klaus e um de seus agentes iam acompanhá-los de longe.

Fechando o arquivo, desligou o computador e vestiu o casaco, enrolou o cachecol no pescoço e pegou as luvas no bolso. Despediu-se dos jovens estagiários e de Dothy, não antes de preveni-la de que, qualquer coisa urgente, ela ligasse para o seu celular.

— Vá tranquilo fazer suas compras. — disse ela com seu sorriso meigo. — Tomaremos conta de tudo aqui.

Colocando as luvas, Carlo saiu e logo sentiu a baixa temperatura e sua perna também sentiu. Mas não ia voltar e tomar um analgésico. Afinal, não estaria só.

A neve caía pra valer, e as pessoas carregadas de sacolas andavam como podiam, nas calçadas escorregadias, tentando driblar o frio.

Encolhendo-se dentro do casaco, ele olhou ao redor. Luzes de Natal piscavam por toda parte, dando o toque alegre e colorido diante do branco da neve que encobria as calçadas e ruas. Olhando as horas, viu que já estava quase na hora de Luigi chegar.

— Demorei, *papà*?

Carlo assustou-se, pois estava tão absorto que não percebeu a chegada do filho.

— Não, *caro*, está no horário. Klaus e um de seus homens vão nos acompanhar de longe. — disse colocando um dos braços no ombro do garoto. — E como chegou aqui? — perguntou com preocupação e curiosidade.

— Ah, consegui uma carona com Marco e tia Helen. — tranquilizou-lhe o garoto.

Atravessaram a rua que estava congestionada de carros, táxis e pedestres naquele horário. O movimento era intenso. As pessoas passavam por eles carregadas de sacolas e pacotes de todos os tamanhos. Contagiando-se pela alegre multidão, os dois iam olhando as vitrines.

Manhattan estava com suas calçadas lotadas assim como suas lojas.

— Acho que estamos andando depressa demais para o senhor. Suas pernas como estão? O pai apertou-lhe o ombro suavemente.

— Sinto um pouco de desconforto por causa do frio, mas dá para andar da maneira como estamos. — confessou com uma careta. — Aonde quer ir primeiro?

— Procurar o presente da *mamma* e das *nonna*.

— Boa ideia. Então vamos andar um pouco mais devagar, ok?

— Quer deixar para amanhã? — perguntou Luigi, preocupado olhando para o pai.

— Nada feito. Vamos hoje mesmo. E não estamos muito longe. É só reduzirmos os passos. Preciso de mais algumas sessões de fisioterapia para meus músculos voltarem ao normal. Logo vou recomeçar minhas caminhadas.

Conversando sobre a reunião da família no Natal, pai e filho misturaram-se à multidão que transitava por Manhattan.

Entraram primeiramente numa livraria onde Carlo ficou examinando a lista dos mais vendidos.

— Enquanto escolho os livros, aproveite para ver se você encontra algo que te agrade, *figlio*. — disse Carlo logo que entraram.

A loja estava entupida de gente. Parece que todo mundo resolvera comprar livros naquele momento

O garoto aceitou a ideia do pai e afastou-se.

Duas horas depois, saíam com as primeiras sacolas de presentes.

Com disposição, apesar das pernas um tanto trêmulas, Carlo colocou novamente, o braço nos ombros do filho.

— Perdoe-me, filho, mas preciso amparar-me em seus ombros.

— Ok. Agora eu sou bengala, é? — disse brincando e piscando para o pai. — Oh, claro que pode, *papà*.

E lentamente, logo chegaram até uma joalheria famosa.

Minutos depois já estavam se dirigindo a uma loja de departamentos, onde compraram os últimos presentes.

Após mais uma hora, sentavam-se numa cafeteria para tomar um café e descansar um pouco, sob os olhos atentos de Klaus e seu parceiro, à porta.

A neve começava a cair incessantemente, deixando grossas camadas nas calçadas.

Horas depois, satisfeitos com as compras e exaustos, Klaus deixou-os em casa.

Tomaram banho, fizeram um lanche e foram para seus quartos.

Carlo notou que Kate ainda não havia chegado. *Era sempre assim em época de Natal.*

Não havia pegado no sono quando a ouviu chegar um pouco antes da zero hora.

Faltavam três dias para o Natal e a neve começou a cair com mais intensidade.

No dia seguinte, Carlo estava indo até a casa da mãe, quando encontrou Louise, que saia com o carro. Como sempre fazia quando o via, parou para conversar.

— Como está, Carlo? Que bom vê-lo mais disposto, já parece bem melhor. — disse ela saindo do carro, examinando-o com os olhos e abraçá-lo.

— Estou muito bem, Louise. A perna me incomoda um pouco no frio. Graças a Deus, minha vida está voltando ao normal. — respondeu ele para a vizinha retribuindo ao seu abraço. — E Susan e Mathew? Chegam hoje da casa do avô, não? — perguntou, lembrando-se do que Luigi lhe dissera. Estava ansioso para rever a jovem.

Louise meneou a cabeça.

— Infelizmente não. Ela ligou ontem à noite. A estrada que leva ao rancho dos meus sogros está interditada, devido à violenta nevasca de antes de ontem. Estão trabalhando desde ontem à tarde para deixar a estrada em condições de tráfego, mas ainda há muito gelo e Susan, com medo de outra nevasca, não deixou o avô levá-los até o aeroporto.

— Fez bem, pois é muito perigoso dirigir numa estrada nestas condições.

— Pois é. Diante disso, acredito que eles chegarão somente na véspera. — disse Louise, em plena frustração. — Nós íamos comprar os presentes hoje. Vou fazer algumas compras e deixar algumas para ela no dia 24. Vai ser uma loucura, mas terá que ser assim. — concluiu ela, num longo suspiro.

Ela então fez menção de entrar no carro.

— Bem, não quero retê-lo por mais tempo. Vá dar o seu beijo na sua *mamma*. — disse ela dando-lhe um beijo na face... — Tenha um bom dia, Carlo.

— Você também. *Ciao, bella.*

Ele acenou-lhe e seguiu em frente, enquanto a vizinha retornava ao carro e dava a partida no seu carro.

Carlo avisou Dorothy que iria só a tarde para o tribunal, pois resolveu almoçar com a mãe.

Quando estavam na sobremesa, Carlo resolveu falar sobre sua decisão de se aposentar após o julgamento de Rico Mendonza.

Carmela olhou surpresa para o filho.

— *Oh, figlio mio.* Tem certeza? Você gosta tanto do seu trabalho... Pensou bem?

— *Sì, mamma.* Não vou colocar mais nossa família em perigo.

A mãe pegou-lhe a mão e apertou-a.

— Se é o que deseja... *Oh, caro...* E vai fazer o que, depois?

— Vou abrir um escritório de advocacia e penso convidar os rapazes para serem meus sócios, num grande escritório jurídico. Já andei dando umas sondadas com Kevin. Acho que me darei bem com leis trabalhistas.

— *Bene.* Kevin é aquele seu amigo irlandês?

— *Sì, mamma.* E tenho outra coisa para contar-lhe...

— *Cosa?* (que coisa?) — perguntou curiosa.

— Aldo está comprando em meu nome uma Villa na Toscana.

Carmela não conseguiu esconder seu contentamento.

— Que maravilha, *caro.* — disse ela apertando novamente sua mão. — Ah, a Toscana... *bella, molto bella.* — disse melancólica.

— *Sì,* vai ser meu refúgio, *mamma.* — respondeu ele levantando-se e dando a mão para ajudá-la a levantar-se. Seguiram para a grande sala onde a família se reunia sempre que iam lá. Carlo admirou a grande árvore de Natal montada num canto distante dos sofás e poltronas.

— Marco caprichou na escolha da árvore. — observou ele.

— *Sì.* Os enfeites ficaram por conta de Lucy e Helen. Gostou?

— Ficou linda.

— respondeu abraçando-a.

— Mas voltando à Toscana... — retomou a mãe. — Boa ideia.

Carmela ficou realmente encantada com a ideia de Carlo. Intimamente ficou feliz também em saber que Carlo ia deixar a Promotoria, pois, depois da brutal agressão, temia pela vida do filho.

À tarde após o almoço, em seu gabinete no Tribunal, estava colocando em dia seu trabalho. Estava até o pescoço com petições que precisavam ser examinadas com atenção, além do grande julgamento.

Já escurecia quando o telefone tocou.

Era Aldo. Após os cumprimentos foi direto ao assunto.

— *Caro*, a Villa já é sua. Fechei hoje. E quanto aos reparos, precisará mudar toda a parte hidráulica e elétrica, além do aquecimento geral. Reformar os banheiros, uma pintura geral e depois decorar a seu gosto ou de Katherine.

— Kate não dará nenhum palpite lá, meu irmão. — rebateu Carlo. — Eu vou decorá-la ao meu gosto e de Luigi.

— Pelo que vejo vocês realmente não entraram em acordo... Pense bem. — falou Aldo com preocupação.

— Já pensei demais, meu irmão. Tentei. Juro que tentei, fiz tudo que estava no meu alcance, mas ela não colaborou.

— *Bene*, a vida é sua.

— Exatamente. *Grazie*, Aldo.

— Ah, e mande-me por e-mail o quanto devo depositar na sua conta, ok?

— Não se preocupe com isso. Depois a gente vê. Um *abraccio* para Luigi e Kate.

— Eu darei, *grazie*. Um abraço na Loretta.

Após desligar, Carlo recostou-se na sua cadeira giratória e ficou a olhar a foto em que ele está com Susan no colo. Fixou o olhar nos olhos da garotinha. Eram límpidos, lindos, de um verde impressionantemente familiar. Lembrou-se de como ficavam mais verdes e brilhantes, quando ela ficava zangadinha. Olhos verdes maravilhosos que deviam deixá-la mais encantadora agora na idade adulta.

Outros olhos semelhantes lhe vieram à mente. Olhos inesquecíveis na hora do amor. Carlo deitou a cabeça no encosto da cadeira e fechou os olhos.

Parecia ouvir seus sussurros, seus gemidos, seus abraços e carícias. Ainda podia sentir o sabor da sua boca linda e sedutora... O seu perfume...

Carlo suspirou ruidosamente ao lembrar-se do primeiro beijo entre eles e seu sangue ferveu. *Dio será que conseguirei esquecê-la?*, pensou um tanto desolado...

Tenho que conseguir!, pensou ele, apertando os punhos com frustração, e voltando às suas petições.

Capítulo 15

Destino cruel...

Com grandes sofás e poltronas muito bem distribuídos pela decoração contemporânea em tons de bege e marrom, a sala de estar da casa de Carmela era enorme, própria para a grande família Martinelli.

A árvore de Natal também enorme tinha lugar cativo e distante da lareira, de modo que pudesse ser apreciada em todo seu esplendor.

Carmela estava sentada em sua poltrona favorita próxima da grande lareira, cujo calor se espalhava por todo o ambiente.

Era véspera de Natal e sua família toda estava ali reunida. Lentamente a matriarca percorria a sala com seus olhos azuis vivazes e um imenso sorriso de felicidade no rosto.

Mia famiglia! (Minha família), murmurou orgulhosamente para si. Estavam todos ali. Todos! Seus filhos, noras, genro e os netos amados. *Só falta você, Paolo, amore mio,* pensou com tristeza lembrando-se do esposo querido.

Como típica família italiana, todos falavam e riam ao mesmo tempo. Estavam dispersos nas poltronas e nos dois enormes sofás da grande sala de estar.

A maioria degustava um dos vinhos da adega do seu amado Paolo, acompanhado de vários tipos de queijos. Os jovens em sua maioria estavam sentados no chão, perto da árvore de Natal, tal como faziam quando eram crianças. Tinham entre 20 e 16 anos, sendo Luigi o caçula com 14.

Olhou carinhosamente para seu primogênito *Aldo,* que, talvez, por ser o mais velho, era o mais austero e conservador...

Todos na família o respeitavam muito. *Loretta,* sua adorável esposa, sentada ao seu lado, estava sorrindo de alguma coisa que ele lhe segredava ao ouvido. O amor entre eles era evidente em cada gesto, em cada olhar que trocavam. Sentia muito por eles serem os únicos que não tinham filhos. Sua nora ficara estéril, após um acidente de carro. Antero, o jovem sobrinho de Loretta, foi quem preencheu essa lacuna, quando Loretta perdeu o irmão e a cunhada num acidente de trem e eles o adotaram, quando ele contava com seis anos de idade. Hoje era o braço direito de Aldo na administração do Martinelli's Ristoranti. Era ele que assumia, quando Aldo se ausentava de Milão.

Ao lado deles estava *Piero*, o mais extrovertido de todos os filhos, e sua amada *Lauren*. Ele era o que mais se divertia, fazendo brincadeiras com os irmãos e os sobrinhos. Estava contando algo engraçado, pois Lauren ria olhando para ele, meneando a cabeça.

Lorenzo em pé atrás do grande sofá, gêmeo de Piero, era o que herdara o gênio explosivo e impulsivo do seu finado Paolo. E o que mais usava a cartilha de palavrões dele, lembrou sorrindo. Tinha as mãos carinhosamente apoiadas nos ombros de *Helen*, sua esposa sentada à sua frente. Ambos riam do que Piero estava falando.

Ao lado, rindo gostosamente estava *Cristiano*, o mais sensível e emotivo da família, e sua encantadora *Julia*, uma brasileira, descendente de italianos, da cidade de São Paulo. Foram os que mais tiveram filhos. Cinco ao todo.

Sentados no sofá menor, estava *Carlo*, a discrição em pessoa, muito carinhoso e benevolente. Carmela sentiu seu coração apertar, pois ultimamente ele andava muito circunspeto e tristonho. Em nada lembrava o jovem alegre e brincalhão que fora, antes de ir para a universidade e casar-se.

Agarrada a ele, estava *Katherine*, sua bonita, elegante, refinada, possessiva e esnobe esposa. Carmela percebeu o desconforto do filho com o gesto da esposa e que tentava sutilmente livrar-se do braço engatado ao seu. Ela o sufocava. A matriarca deu um leve suspiro ao constatar com tristeza que seu caçula era o que tinha o casamento mais infeliz. Ela rezara tanto para que se acertassem, mas parecia que o casamento deles estava mesmo chegando ao fim.

Katherine era muito superficial e não conseguia esconder seu deslocamento na família. Percebia a má vontade quando participava das reuniões de família, desde que se casara com Carlo. Ao observar Luigi, que era muito parecido com o pai em tudo, veio-lhe à mente o dia em que Carlo soube que Kate, a conselho médico, não poderia ter outro filho. Ele viera lhe contar com muita tristeza, e ela sabia que essa era uma das maiores frustrações do caçula, que sempre sonhara em ter família grande.

Entristecida, o olhar da matriarca seguiu em frente. Sentados no mesmo sofá que Carlo e Kate, estava sua doce *Giorgia*, a única filha mulher e gêmea de Carlo. Muito calma, meiga, carinhosa, estava beijando amorosamente a bochecha de seu simpático e divertido Robert. Ela e Carlo eram por demais unidos e confidentes um do outro, desde criança, talvez por serem gêmeos idênticos.

Olhando para o outro lado da sala, perto da imensa árvore de Natal, estava o grupo alegre e espalhafatoso de seus netos que gargalhavam por alguma coisa. Lá estavam Marieta e os gêmeos, Edoardo e Paola, filhos de Piero, Marco e Lucy, filhos de Lorenzo, com seus futuros cônjuges. De costas para ela, estava Luigi, o filho de Carlo, com Antonio, Luciano, Maria e os gêmeos, Enrico e Sofia, filhos de Cristiano. Antonio era um *bello ragazzo*, muito parecido com seu tio Carlo. Fechando a roda no chão, as graciosas filhas de Giorgia, Antonella e Bianca, gêmeas idênticas, tão meigas e carinhosas como a mãe, mas tão louras quanto o pai.

Dando um suspiro, a matriarca fechou os olhos e agradeceu a Deus pela linda e unida família que tinha. Absorta em seus pensamentos se assustou com o som da campainha.

Ficou olhando Mimi abrir a porta e sorriu quando viu Louise, Edward e Mathew entrando no *hall*. A idosa ia levantar-se para recebê-los, mas Edward fez um sinal para que ela permanecesse sentada.

— Oh, meus queridos, que bom vocês estarem aqui. — disse a boa senhora quando eles se aproximaram para abraçá-la.

Todos brindaram a chegada dos vizinhos, pois esses eram muito estimados pela família. Depois de beijar e abraçar a matriarca, o casal de médicos fez questão de cumprimentar a todos com abraços e apertos de mãos, pois, apesar de conhecer a todos, a maioria não se via há muito tempo.

Quando cumprimentaram Carlo, este logo percebeu a falta da jovem filha do casal.

— Mas onde está Susan? — perguntou Carlo tentando levantar-se, pois Kate estava impedindo-o, puxando pela calça. — Estou curioso para rever *minha sombra*

de anos atrás. — disse ele, conseguindo desvencilhar-se da esposa e levantar-se para cumprimentar os vizinhos.

— Ah, logo estará aqui. Ela saiu para fazer suas compras e chegou há pouco. — respondeu Edward, abraçando-o e praticando o velho hábito masculino de dar batidinhas nas costas.

Após dar um beijo em Louise, Carlo se pôs a espalhar os cabelos de Mathew, como fazia com Luigi.

— E você, meu *caro*, como vai? — perguntou o promotor ao jovem, que se esquivava e olhava para Luigi, que de longe fazia sinais para que o amigo se juntasse a eles.

Educadamente, o garoto respondeu que estava bem e logo foi juntar-se aos demais jovens.

Carlo convidou o casal de médicos a se sentarem e também fez o mesmo.

Mas, antes, a médica fez questão de aproximar-se da matriarca novamente para elogiar-lhe a elegância.

A idosa, porém, afastou-a um pouco para também apreciar lhe dos pés à cabeça e sorriu.

— Está muito elegante nesse vestido, caríssima. — observou.

— Obrigada, Carmela, mas quem está muito elegante é você nesse lindo traje. — respondeu a médica, admirando o elegante tailleur preto que a idosa vestia cujo único enfeite era um lindo broche de brilhantes, fazendo conjunto com os delicados brincos.

— *Grazie, cara.* Foi presente de Loretta. — respondeu a anfitriã sorrindo. Conversaram mais alguns segundos e Louise voltou para onde estava o marido e sentou-se ao seu lado.

Carlo, que se levantara cavalheirescamente para Louise quando esta se aproximara, voltou a sentar-se ao lado da esposa.

Levou um susto ao receber um beliscão de Kate, seu costume preferido, que ele odiava.

— O que foi isso, Kate? Por que o beliscão? — furioso, nem fez questão de abaixar a voz.

Ao ver que todos a olhavam com surpresa, Kate corou constrangida.

Em meio às conversas paralelas, Kate sussurrou-lhe em dado momento.

— Por favor, não vá fazer ceninhas de carinho com Susan, na minha frente. Ela não é mais uma criança, lembre-se disso, amore. — a voz era de puro sarcasmo. — Não permitirei carinhos entre vocês, ouviu? Ouviu, Carlo? E ela que nem pense em dar uma de garotinha pra cima de você.

— *Madonna,* Kate, que paranoia... — murmurou irritado... — E nem se atreva a fazer suas cenas. — advertiu com frieza na voz.

Minutos depois, Mimi entrou na sala e avisou que Susan havia telefonado que estava quase pronta e que poderiam começar com a entrega dos presentes sem ela.

— *No.* — disse Carmela com ênfase. — Vamos esperá-la.

— Meu Deus, quanta bajulação com essa menina... — murmurou Kate para o marido, torcendo a boca, numa atitude de pouco caso...

— Por favor, Kate, hoje é véspera de Natal. Ao menos hoje, dê-nos uma trégua, certo? Não estrague a festa da minha família! — advertiu com um olhar gelado.

— *Nonna,* quem começará a entrega? — perguntou Sofia, filha de Cristiano, não escondendo a ansiedade. A ideia de abrir os presentes na véspera, costume brasileiro, fora em homenagem à Julia, a brasileira esposa de Cristiano.

— Veremos isso quando Susan chegar, certo? — respondeu a avó, sentada novamente em sua poltrona.

— Carlo, enquanto Susan não chega, você poderia ir até a adega e escolher os vinhos para a ceia, *figlio mio.* — pediu a matriarca com o intuito de dar um tempo ao filho, longe do assédio verbal de Katherine, ao perceber a tensão entre eles. Acompanhara sutilmente a troca de palavras entre eles e percebera que não estava sendo nada agradável para o seu filho.

Aliviado por afastar-se um pouco da esposa, Carlo agradeceu à mãe mentalmente. Levantou-se e fez sinal a Luigi para ir junto. Mathew ofereceu-se para ir também.

A adega fora projetada no subsolo, tal como o patriarca imaginara, um ano antes de falecer. Momentos depois, os dois jovens carregavam duas garrafas cada um e subiram na frente, enquanto Carlo ia mais ao fundo da adega.

— Avisa a *nonna* que eu vou pegar os vinhos da safra mais antiga do *nonno.* — gritou para o filho. — Já subo, a seguir.

— Certo, *papà.*

Dez minutos depois Carlo apagava a luz e subia vagarosamente a escada, pois levava três garrafas da última safra de seu pai e não queria derrubá-las, pois eram como joias.

Já se encontrava na grande cozinha e a caminho da sala quando ouviu a campainha tocar.

Sentiu uma alegria incontida, pois estava prestes a rever sua *Cachinhos douradas*. Estava ansioso para vê-la adulta. A mãe lhe dissera que ela estava muito linda.

— Carlo, veja quem está aqui. — disse Carmela olhando para o filho, quando este apareceu na porta.

Carlo olhou para onde a mãe indicava e estacou. O sorriso morreu em seus lábios, o sangue congelando em suas veias, o ar lhe faltando nos pulmões.

Se não estivesse segurando firmemente as três garrafas, certamente elas iriam para o chão, tamanho o susto que levou, e o mesmo acontecendo com a jovem recém-chegada.

Sem se dar conta, a linda jovem deixou os pacotes de presentes caírem ao chão, tal o susto que levou também ao ver Carlo.

Mathew totalmente alheio ao que acontecia ali, prontamente aproximou-se e começou a juntá-los, para levá-los para baixo da árvore.

Dio mio... Dio, não... Só pode ser um sonho. Não é real. Por favor, isso não é real!, pensou estupefato, fitando a linda jovem que estava ali, com os olhos arregalados de espanto, imóvel e pálida como uma estátua de cera igual a ele próprio.

Ambos fitavam-se com perplexidade, sem acreditarem no momento que estavam vivendo. Era como se os dois estivessem sozinhos ali vendo o mundo desmoronar diante deles.

Nocauteado! Era como Carlo se sentia. Como se tivesse sido golpeado na cabeça várias vezes, deixando-o tonto, sem ação... *Ele não conseguia acreditar que ali imóvel e muito pálida, estava a mulher que desde abril perturbava seu sono, invadia seus sonhos, interferia no seu trabalho, impedindo-o de pensar, atrapalhando sua concentração. Ali estava aquele corpo maravilhoso que ele conhecera tão bem naquela noite mágica de abril em Houston.*

Os olhos verdes muito luminosos demonstravam pânico. A linda e sedutora boca, cujos lábios ele provara com paixão, tremiam ligeiramente.

Ela, a Bambina que levara para a cama, era a sua *Cachinhos Dourados* Susan. Não a via desde que ela tinha uns quatro anos? Ele ainda a olhava incrédulo. *Isso é muito cruel... Muito cruel. Dio Santo, se queria me castigar pelo pecado que cometi, não poderia ter escolhido hora melhor para essa dolorosa revelação.*

Apavorada, Susan percebeu que Carlo estava tão perplexo quanto ela.

Quando ele entrou na sala com garrafas nas mãos, ela ficara paralisada, sem conseguir se mexer, pensar ou até mesmo respirar.

Não podia ser ele... O homem que povoava seus pensamentos há meses... O seu querido vizinho Carlo, pensou com desespero. *O destino não podia ser tão cruel assim com eles.*

Aos poucos foi se relembrando de algumas coisas que conversaram e que se estivesse mais atenta, poderia levá-la a desconfiar das coincidências que a levariam até Carlo, *como o fato de ser italiano e ter vindo de Milão... De ter muitos irmãos, ter um filho adolescente da idade do seu irmão, ser promotor.... Só faltou ela saber que ele morava em Nova Iorque. Mas ela estava totalmente entregue à atração, que os aproximara...*

Seus pés pareciam estar colados ao chão.

Sem conseguir afastar os olhos daquele rosto inesquecível e daqueles olhos azuis tão lindos, ela sentiu como se uma mão grande e pesada a jogasse sem dó e piedade no fundo de um poço, muito, muito fundo.

Um turbilhão de lembranças paralisou sua mente e lhe partiu a alma, com as imagens vívidas daquela tórrida noite, pois, agora, tinha certeza de que nunca mais poderia viver aquilo de novo com ele. A paixão, a sensualidade, a magia dos corpos se unindo, da pele contra pele, os beijos ardentes e famintos que trocaram... Essas lembranças só seriam lembranças e ela sentiu seu coração ficar apertado de tanta dor e decepção.

— Carlo, *figlio mio,* não fique aí parado, venha cumprimentar Susan. Não lhe disse que ela estava uma *bella ragazza?* — comentou Carmela muito sorridente e alheia as emoções que desnorteavam os dois.

Tudo que pensaram e sentiram aconteceu em poucos segundos e muitos nem perceberam o tumulto que os invadia, mas parecia ser uma eternidade que estavam ali se olhando com perplexidade.

Voltando *à terra e* tirando forças, das entranhas Carlo se recompôs rapidamente, trancando suas emoções, procurando manter a expressão imperturbável que usava para os réus, e com um falso sorriso passou as garrafas para Piero que se aproximara para pegá-las, para aproximar-se da jovem. E foi quando encontrou o olhar enigmático de seu irmão mais velho. Desviando o olhar de Aldo, aproximou-se de Susan, sorrindo corajosamente, estendendo-lhe a mão.

— É verdade, *mamma*. — respondeu ele à mãe. — Não me refiz da surpresa. — justificou-se. — Ela está linda. Não é mais aquela garotinha que deixei quando fui para a universidade.

Saindo do transe e procurando também se recompor, escondendo suas emoções, ela procurou dar um sorriso natural e pegou a mão que ele lhe estendia.

Ambos estavam com as mãos trêmulas e geladas.

— Nem de longe, lembra aquela garotinha sapeca de cachinhos dourados que vivia no meu colo pedindo jujubas. — disse ele, fitando-a diretamente nos olhos.

— E... E... Você também cresceu bastante... — retrucou ela procurando fazer brincadeira, para que ninguém naquela sala percebesse a tensão entre os dois. — Está com os cabelos grisalhos... Mais maduro...

— O tempo passou rápido, não é mesmo? — perguntou ele, ainda segurando sua mão e apertando-a suavemente. — Quanto tempo que não nos vemos?

Desde abril, quando passamos uma noite apaixonada juntos, pensou ela com culpa.

O olhar constrangido dele lhe dizia que ele estava pensando a mesma coisa.

— Uns 20 anos, talvez? — respondeu ela com outra pergunta.

— Ei, vocês dois... Depois de todo esse tempo vão se tratar com tanta formalidade assim? — disse Giorgia que se aproximara para cumprimentar Susan, pois também curtira muito a jovem quando menininha.

Os dois se olharam hesitantes com a sugestão de Giorgia, mas lembraram que todos estavam olhando para eles. Então se aproximaram mais e se abraçaram carinhosamente. Para quem os observava, era um abraço normal entre dois amigos, que não se viam há tempos, mas, na realidade, era um abraço muito tenso e frustrante de ambas as partes.

— Aguente firme, *Bambina*. — sussurrou-lhe ao ouvido, sentindo o tremor no corpo curvilíneo, como resposta. O perfume da jovem o deixou teso, lembrando de outra ocasião, quando a abraçou de modo diferente.

— Ei, Carlo, Giorgia está esperando para abraçar a menina. Acho que já deu o seu abraço. — disse Kate, não escondendo sua insatisfação, percebida por toda a família. Carmela e Giorgia olharam para Kate severamente.

— Kate, lembre-se de que eu e Carlo temos uma ligação muito forte com Susan. Ela é muito especial para nós. — disse Giorgia, com sua voz suave, mas com um olhar de repreensão à cunhada. — Eu a encontrei algumas vezes nesses anos todos, mas Carlo não a vê desde o dia em que foi para a universidade.

Carlo afastou-se de Susan e fitou-a um tanto envergonhado. A jovem devolveu-lhe o olhar e depois olhou para Giorgia que se aproximou com os braços estendidos.

— Menina, você está cada vez mais linda... Que saudades, minha querida. — disse-lhe a gêmea de Carlo, abraçando-a com carinho. — Não a vejo desde o ano passado. — observou.

Susan retribuiu o abraço carinhoso e sorriu para a amiga que era a cópia feminina de Carlo, sem os cabelos grisalhos.

— Verdade. — confirmou a jovem.

Carlo afastou-se e foi sentar-se novamente, uma vez que Piero já estava abrindo as garrafas de vinho que trouxera. Sentia o coração acelerado, e ainda abalado com a dura realidade.

Kate segurou-lhe a mão e apertou-a furiosamente. Ele lentamente virou-se e a fitou interrogativamente.

— O que foi aquilo? A cena dos presentes caindo no chão foi cômica. Claro que foi para chamar sua atenção. E você parecia um idiota olhando para ela com aquele olhar abobalhado. — queixou-se a esposa com a voz exasperada.

Ainda bem que você pensa assim, Kate...

Ele fitou a esposa por uns minutos em silêncio, como se não tivesse escutado nada. Ao digerir o que ela lhe dissera, ele puxou a mão que ela segurava e não escondeu a raiva.

— Fique de boca fechada, por favor. Já te disse, Kate, hoje não! — seu tom era ameaçador.

Levantando-se num impulso, pediu licença e encaminhou-se para a cozinha. Precisava ficar sozinho. Tinha que clarear as ideias. *Dio, como agir agora?, murmurava* desesperado, passando as mãos nos cabelos e andando de um lado para outro. *Por que tinha que ser ela?*

— Carlo, *cosa succede?* (o que acontece?).

Assustado, voltou-se ao ouvir o vozeirão do irmão mais velho que o seguira. Carlo sentiu-se como um garoto pego em flagrante. *Será que Aldo percebera alguma coisa, pensou temeroso. Seu irmão era uma raposa velha e era o único irmão que sabia que ele traíra Kate com uma mulher mais jovem. Se ele somasse dois mais dois...*

Ah, *Dio*!, gemeu interiormente.

Mas ele tinha certeza de que se recompusera rápido do susto. E ela também tivera sangue frio de recompor-se o mais rápido possível, antes que alguém percebesse a gama de emoções que tomava conta de suas expressões faciais, naquele momento crucial.

Colocou as mãos no bolso, para que o irmão não notasse o quanto estavam trêmulas.

— Não aconteceu nada. Por que a pergunta? — perguntou fitando o irmão, fazendo-se de desentendido.

— Você parece que viu um fantasma ao invés de *una bella ragazzza*... — respondeu-lhe Aldo, com os perscrutadores olhos azuis fixos no seu rosto.

Carlo suspirou e tentou parecer o mais sereno possível.

— Bem, realmente, foi um susto ver a minha pequena vizinha transformada numa linda mulher como disse você. Afinal, foram quase 20 anos que não nos víamos. E éramos muito chegados, lembra?

— *Si. Ma perché* você está aqui e andando de um lado a outro nervoso e falando sozinho?

Carlo hesitou, mas pensou rápido.

— Estou furioso com Kate. Já começou com suas cenas. — disse, sem precisar fingir, pois estava realmente furioso com Kate.

Aldo fitou-o com firmeza.

— Tem certeza... que é só isso? — perguntou o irmão mais velho, desconfiado.

Carlo irritou-se.

— *Dio Santo*, Aldo! Claro que é só isso! — respondeu não escondendo seu aborrecimento diante da desconfiança do irmão. — Eu não sou mais o garoto que você cansou de dar sermão. Vai me irritar também com perguntas ridículas como Kate?

— *No, no. Perdonami*... Mas se precisar conversar... — desculpou-se Aldo, dando o seu sorriso bonachão e retirando-se da cozinha, deixando-o só.

Carlo deu um longo suspiro olhando o irmão sair do recinto. *Obrigado Dio mio!, agradeceu* mentalmente aliviado.

Quando é que eu poderia imaginar que a linda bambina que se entregou a mim com paixão e ternura, naquela noite em Houston, é Susan, a garotinha que carreguei no colo. E filha de Ed e Louise, per Dio!, pensou angustiado. E o pior de tudo é que mesmo assim, apesar do golpe, continuava a desejá-la. Quando a viu, parada no meio da sala, pálida, olhando-o com os olhos arregalados, tão... tão vulnerável, tão atordoada, tão linda naquele vestido branco, ele quis jogar aquelas garrafas no chão e correr para abraçá-la, beijá-la...

Madonna mia, ele só devia estar muito louco mesmo.

Carlo queria socar as paredes e urrar, até ficar sem voz. Colocou as mãos nervosamente nos cabelos e ficou com os olhos fechados. Colocando as mãos no bolso, inspirou e expirou três vezes, para se acalmar. Foi quando ouviu o filho chamando-o para começarem a entrega dos presentes. Imediatamente, lembrou-se do presente que comprara para ela. Bem, ela o merecia por qualquer motivo que fosse. Fora bem escolhido.

— Carlo, venha logo. — gritou a irmã gêmea.

Suspirando, voltou para a sala. Ela estava sentada ao lado dos pais de frente para a grande porta de correr que separava a sala de jantar e de estar do resto da casa. Foi impossível não a olhar e perceber seu olhar tristonho. O coração de Carlo apertou-se, pois ainda que, de modo involuntário, ele fora culpado em colocá-la naquela situação.

Dannazione, deveria ter resistido a ela.

Seus olhos caíram sobre o decote V do vestido dela que deixava ver o vale entre os lindos seios. Seios que ele acariciara e beijara... Ah, com certeza aquele presente ficaria bem entre eles. Congratulou-se mais uma vez pela escolha dele e Luigi.

As longas e lindas pernas cruzadas elegantemente e os pés calçando um lindo sapato Louboutin preto. Simplesmente maravilhosa!

Não deveria esquecer que Kate estava ali, presente e atenta, per Dio!

— Venha, *papà*, vamos começar a troca dos presentes. — exclamou Luigi entusiasmado.

— Quem começa? — perguntou, aproximando-se do filho e dos sobrinhos que rodeavam a imensa árvore de Natal abarrotada de presentes.

— *Io!* — *ouviu-se* a voz grossa de Aldo. — Como sou o mais velho...

— E o careca da família... — completou Piero, caçoísta como sempre, arrancando gargalhadas da família, com exceção de Kate que apenas deu um arremedo de sorriso.

— Piero, quem garante que você também não será daqui mais uns anos? — retrucou Carlo.

Piero riu, aproximando-se do irmão mais velho e lhe beijando a careca, provocando gostosas gargalhada de todos.

— Bem, vamos aos presentes que eu estou curiosa para saber o que eu ganhei. — reclamou Giorgia sorrindo para o marido.

Aldo e Loretta trocaram os presentes entre si e depois distribuíram os presentes deles aos demais membros da grande família. A algazarra dos jovens era contagiante à medida que recebiam seus presentes, o que deixava Carmela muito feliz. E assim cada casal distribuía e recebia seus presentes e mostravam a todos.

Carlo foi ficando por último. Quando Giorgia e Robert os penúltimos terminaram, Kate e Carlo levantaram-se juntos e iniciaram a sua troca e distribuição. Carlo ficou satisfeito quando ela disse que adorou o anel com as pedras brasileiras, mas ficou indiferente quando ela enlaçou seu pescoço e beijou-o. E ficou um pouco constrangido, pois seus irmãos sabiam que tudo não passava de aparências. E Kate aproveitava-se disso, com o intuito de mostrar a sua propriedade.

— Obrigada, obrigada, *amore mio*! É lindo! — dizia ela eufórica.

— Foi Luigi quem escolheu. O mérito é dele... — respondeu ele tentando esquivar-se da cena melosa.

Ela então virou para o filho e abraçou-o com carinho.

Voltando-se para o marido, abaixou-se e pegou um pequeno pacote retangular, sofisticadamente embalado. Entregou a ele e ficou olhando-o ansiosamente, enquanto ele lia a etiqueta da Cartier e soerguia a sobrancelha.

Lentamente abriu o pacote e abriu a caixinha de cor azul-marinho. Gostou do lindo chaveiro de ouro, com seu nome gravado. Olhou para a esposa e gentilmente beijou-a rapidamente na fronte.

— *Grazie, cara*. Gostei! — Ao levantar o chaveiro para mostrar a todos, encontrou o olhar triste de Susan. Ele condoeu-se e mais uma vez culpou-se por saber que fora ele o causador daquela tristeza.

Kate sentou-se e deixou Carlo com a responsabilidade da distribuição dos presentes da família juntamente ao filho. Cada sobrinho que recebia seu presente ia até ele e o beijava com muito carinho. De propósito deixou o presente da mãe e da família de Susan por último. Mesmo desconfortável com a situação irônica deles, ele queria ver a reação de Susan, ao receber o presente. Só esperava que a agradasse.

Para a mãe não se levantar, ele foi até ela, com o pacotinho cheio de fitas douradas, num laço delicado. Quando a mãe abriu e viu o cordão de ouro branco com um coração cravejado de pequenos brilhantes, ela sorriu e seus olhos transbordaram de amor e gratidão.

— *Grazie, caro. Bellissimo.* — disse ela com a voz embargada enquanto levantava a corrente para que todos a admirassem.

— Deixa-me colocá-la em seu pescoço, *mamma*. — pediu Carlo, feliz pela reação da mãe ao presente. Com carinho, ele ajudou-a levantar-se e, virando-a de costas, colocou a corrente no pescoço da mãe e beijou-a em ambas as faces, ao virá-la novamente de frente.

Ela pegou o coração e olhou com mais atenção.

— Ficou lindo em seu pescoço, tal como eu pensei, *mamma*. — observou ele, dando-lhe um longo abraço e beijando-a na testa, desta vez.

Voltando para perto da árvore, entregou ao filho o presente que o próprio escolhera. Mas mesmo assim ele desembrulhou-o e mostrou a todos.

Depois pegou o pacote que tinha o nome de Mathew e chamou o amigo.

Mathew rasgou o papel dourado e sorrindo agradeceu o livro sobre a história da Fórmula 1, pela qual ele era apaixonado. Carlo entregou então o presente de Louise, uma linda echarpe italiana, a qual ela amou e agradeceu dando-lhe um longo abraço.

Edward gostou também do livro de Ken Follett do qual era fã.

— É o lançamento, meu amigo. Se você já o tem, poderá trocá-lo, okay? — observou o promotor.

— Não tenho não. Obrigado, Carlo. — respondeu Edward, apertando-lhe o ombro.

Com o coração acelerado, Carlo pegou a pequena caixa, envolta em papel prateado, e, fingindo uma calma que não tinha, chamou por Susan que o olhava com os belos olhos cheios de expectativa e... medo. *Ela estava com medo!*

— Procuramos, eu e Luigi, com muito carinho um presente que significasse a minha alegria de reencontrá-la, após tantos anos... — disse ele, pedindo-lhe desculpas com os olhos.

Não confiando em si mesmo, ele deu o pequeno pacote para que Luigi fosse até ela para entregar-lhe. Com um belo sorriso, ela pegou o pacote e deu um beijo na face do garoto, agradecendo-o. Seu nervosismo era perceptível enquanto tirava o papel que envolvia a pequena caixa, principalmente porque todos estavam olhando, em expectativa também. Cuidadosamente ela abriu-a e arregalou os lindos olhos verdes, olhou com carinho para Luigi e depois para ele de uma maneira que o deixou sem fôlego. *Não me olhe assim bambina, pediu* ele em silencio.

— É... É... Lindo... — gaguejou com a voz embargada. — Obrigada, rapazes. — agradeceu com sua voz suave e doce. Deu um abraço em Luigi e olhou hesitante para Carlo. Ele viu em seus olhos a dúvida se devia ir abraçá-lo ou não.

Depois, levantando o lindo cordão de platina com a esmeralda como pingente, mostrou para os demais.

— Carlo seja gentil e coloque também o cordão em Susan. — ouviu a voz macia da mãe.

Era a última coisa que ele queria fazer naquele momento, mas seria uma indelicadeza e ele nunca seria indelicado, especialmente com ela. E depois, talvez seus irmãos estranhassem se ele não fizesse isso.

Aproximou-se lentamente dela, como se tivesse a maior calma e naturalidade do mundo. Gentilmente pegou das mãos dela o cordão e colocou-se atrás dela, passando os braços sobre sua cabeça, a fim de que a esmeralda ficasse alojada entre seus lindos seios. Afastando os cabelos dela para o lado e roçando os dedos naquela pele sedosa, ele fechou o cordão. Seu perfume inebriou-o por instantes, mas ele se recompôs e veio até a frente dela para ver o resultado. Sentiu seus dedos coçarem, para tocar naquela esmeralda, apenas para sentir novamente a pele sedosa.

Timidamente ela olhou-o.

— É lindo. Obrigada. — agradeceu ela, pegando na esmeralda e apertando-a.

Ele fitou-a nos olhos e sorriu.

— Ficou muito bem em você. — disse com sinceridade e olhando-a de uma maneira que ela corou.

Por mais que evitassem, por alguns segundos não conseguiram desviar os olhos um do outro.

Constrangida e hesitante, ela aproximou-se e abraçou-o.

— Obrigada pela linda lembrança. — sussurrou ela em seu ouvido. Para ele, aquele agradecimento teve um sentido dúbio.

Ele retribuiu o abraço, procurando ser o mais natural possível, aos olhos de todos ali. Porém foi uma tortura sentir-lhe o perfume e o calor de seu corpo. Ele fechou os olhos, lutando contra a vontade de abraçá-la com mais força. Ele sentiu o quanto ela estava trêmula.

Lembrando-se que eram observados, ela afastou-se e foi quando percebeu que Kate os fitava com animosidade.

Tentando ignorar aquele olhar, Susan pegou o seu pacote e entregou a Carlo e foi até Kate entregar o dela.

Kate desembrulhou o seu e não pode deixar de admirar o lindo e sofisticado conjunto de bolsa e carteira de uma grife famosa, o qual mostrou às cunhadas que estavam curiosas.

Com um sorriso ela agradeceu e não se deu ao trabalho de abraçar a jovem, que constrangida voltou para perto de Carlo que já estava mostrando o seu presente aos demais, uma linda *sciarpa* (echarpe masculina) Armani.

Ele olhou-a nos olhos e abraçou-a levemente.

— Obrigado, *cara mia*... — disse-lhe baixinho.

Ela apenas riu e depois entregou o presente de Luigi, de Carmela e dos demais, entre abraços e palavras de agradecimentos.

Ela sentou-se novamente ao lado dos pais. Louise quis ver o cordão de perto.

— Quanta gentileza e bom gosto, Carlo. Obrigada. — disse-lhe a médica afetuosamente.

Ele apenas assentiu. *Se Louise soubesse...* pensou tristemente.

A médica então se levantou e começou a distribuir seus presentes e ao marido que no mesmo instante deu o seu a ela.

Sentando-se novamente ao lado da esposa, Carlo recebeu um novo beliscão.

— Que linda a cena de carinho entre vocês... — cochichou Kate com sarcasmo.

Carlo fuzilou-a com o olhar.

— Se me beliscar novamente, contarei para todo mundo aqui. — ameaçou ele, levantando-se de imediato, indo sentar-se ao lado da irmã e cunhado.

Kate ficou olhando-o sem acreditar que ele a deixara sozinha ali.

— Não me diga que Kate está com ciúmes de Susan? — sussurrou-lhe Giorgia, que percebera a atitude da cunhada, adivinhando-lhe o motivo.

— Kate tem ciúmes até da própria sombra. — comentou o irmão exasperado. Empreendeu uma conversa animada com a irmã e o cunhado, ignorando os olhares raivosos da esposa. Furtivamente, olhava para a jovem quieta e triste sentada ao lado dos pais.

Minutos depois, todos estavam reunidos na imensa mesa de jantar, com um lindo arranjo natalino, que sua *mamma* fazia questão de colocar no centro.

Antes da ceia a mãe fez uma prece e erguendo sua taça de vinho, agradeceu a presença de todos os filhos e netos e de seus vizinhos. Disse que estava muito feliz por Deus ter-lhe dado mais um tempo para estar vivendo aquele momento festivo.

Por uma obra do destino, conforme o pessoal foi se acomodando à mesa, Carlo e Susan acabaram ficando um em frente ao outro.

Que provação, meu Deus, pensou a jovem. *Que as horas passem rápido, por favor, pediu ela numa* prece.

Com a alegria típica de uma família italiana, a ceia foi transcorrendo normalmente. As conversas paralelas eram inevitáveis.

Susan percebia o olhar de Carlo várias vezes, na esmeralda, entre os seios.

Era impossível não sentir seu corpo reagir para desconforto dela.

Esperava que ele não percebesse, mas, ao aventurar-se a olhá-lo, viu que ele percebera. Os olhos dele brilharam ao mesmo tempo em que ela sentia seu rosto pegar fogo.

Meu Deus, preciso sair daqui... pedia a jovem numa prece silenciosa.

Susan estava tão silenciosa que sua mãe olhou-a preocupada.

— Você está bem, minha filha? — perguntou baixinho.

A jovem levantou a cabeça e fitou a mãe.

— Claro, mamãe! Por que a pergunta? — perguntou no mesmo tom de voz.

— Você estava tão animada para reencontrar Carlo e de repente, você está tão calada. Parece triste, desde que chegou. — observou a mãe muito intrigada.

— Só estou apreciando a conversa e a alegria da família de *mamma* Carmela e na verdade estou um pouco cansada. — o que era verdade.

Carlo sorveu um gole de vinho e fitou a jovem por cima da taça.

Inevitavelmente, várias vezes seus olhares se encontravam e o promotor tentava disfarçar a emoção ao fitar Susan.

Carlo assustou-se quando Kate deu-lhe outro beliscão por baixo da mesa e sussurrou-lhe:

— Espero que depois do jantar você não queira *pegar* sua linda bonequinha *no colo*. — disse sarcasticamente. Carlo colocou lentamente os talheres no prato passou o guardanapo na boca, estreitando os olhos ao fitá-la.

— Vou fingir que não ouvi. — disse ele baixinho, em resposta.

— Não sou cega e nem idiota, Carlo. Pensa que não notei a maneira como você olhou para ela e abraçou-a mais do que devia?

— É muito natural, pois me surpreendi ao vê-la tão mulher, tão linda, tão meiga. — respondeu-lhe, com deliberada provocação.

Ele viu o sangue subir ao lindo rosto da esposa e adorou a ideia de provocar-lhe, elogiando Susan. Ganhou novo beliscão.

Ele empurrou-lhe a mão e, levantando a cabeça, cumpriu o que prometera a ela, horas atrás.

— Kate, me beliscando outra vez? Sabe que eu odeio esse seu costume infantil. — disse ele, olhando para todos à mesa.

Conforme esperava, todos pararam de comer e olharam para Kate, que ficou vermelha e balançou a cabeça, sem saber o que dizer.

— Por que, Kate? — perguntou-lhe *mamma*, olhando para nora.

— Porque, porque... ah... *mamma*. — titubeou ela. — Deixa pra lá.

— Hoje é Natal, Kate. Tente ser feliz... — retrucou Giorgia, irritada, recebendo um dar de ombros da cunhada.

— Kate... — começou Aldo, com o olhar penetrante. — Roupa suja se lava em casa. *Giusto* (certo), Carlo?

— *Giusto*, Aldo. — respondeu o promotor, pegando novamente os talheres e voltando a comer tranquilamente, ignorando o brilho de raiva que fulgurava nos olhos da esposa. Ela queria matá-lo com o olhar.

Ele escutou-a bufando e riu intimamente.

— Se você olhar mais uma vez para ela, eu me levanto e... vou embora... — ameaçou ela.

Ele parou de comer e olhou-a, sem acreditar no que estava ouvindo.

— Então, por que não vai já? — a desafiou, olhando-a com raiva.

Ela ia retrucar, quando se ouviu a voz de Aldo do outro lado da mesa.

— Afinal, o que há, Katherine? — perguntou ele, olhando a cunhada com reprovação. — O que a está incomodando?

Ela corou.

— Nada, Aldo... — respondeu ela, constrangida ao perceber que todos estavam olhando-a, de novo.

— Então coma, *cara*. A comida é deliciosa, enquanto está quente. — observou ele, claramente descontente com a atitude da cunhada.

— Certo. — respondeu Katherine abaixando a cabeça e recomeçando a comer, porém todos percebiam sua tensão.

Silenciosamente, Carlo agradeceu ao irmão com um olhar.

E ao voltar para o seu prato, seu olhar caiu mais uma vez na linda jovem à sua frente que brincava com a comida no prato, com a tristeza presente em sua expressiva face.

Sentindo o seu olhar, ela levantou o seu e ambos se encararam por alguns segundos, tempo suficiente para Carlo perceber tristeza, ansiedade medo e dor neles. Ele sentiu um aperto no coração. Mesmo correndo o risco de levantar suspeitas dos outros a mesa, ele segurou-lhe o olhar, num pedido silencioso de perdão.

A eletricidade que emanava entre os dois era a mesma que sentiram em Houston. Susan desviou seus olhos rapidamente.

A noite que passaram juntos em Houston estava ali, muito viva, muito presente naquela troca de olhares furtivos.

Susan estava com os nervos à flor da pele. Procurava de todas as maneiras agir com naturalidade, mas a cada minuto que passava ela estava achando difícil.

Aguente mais um pouco, ela sugeriu mentalmente para si.

Após o choque inicial, achou que Carlo iria tornar-se indiferente e que faria de tudo para não se lembrar do encontro físico dos dois. Mas, pelos olhares, ela percebia que ele também não estava confortável com a situação inusitada. *Que Deus me perdoasse,* mas ela estava feliz, por saber que ele não a esquecera.

Susan começou a ficar inquieta e constrangida, pois sentia os olhares desconfiados de Kate sobre ela e ficava imaginando se ela ou alguém mais percebiam a tensão que havia entre ela e Carlo. *E se alguém percebesse?*

Seu coração apertou-se ao relembrar o momento em que ela viu Carlo transformar-se no homem mais proibido ainda.

Ela sentira uma vergonha enorme de *mamma* Carmela, de seus pais, como se eles soubessem o que tinha acontecido entre eles, meses atrás.

Ela ainda estava se sentindo muito mal, mas isso não a impediu de admirar-lhe a postura elegante, sua beleza máscula e sua virilidade latente. Ele estava incrivelmente lindo, naquela calça cinza e camisa de linho branca.

Em certo momento, seu olhar caiu sobre as mãos dele, enquanto ele cortava uma fatia do peru. Sentiu seu corpo esquentar, ao se lembrar daquelas mãos em seu corpo.

Meu Deus, eu preciso ficar sozinha...

Passava um pouco das 22 horas, quando se despediram da família Martinelli e foram para casa. Susan deu graças a Deus, pois já estava no seu limite.

Chegando à casa, ela desculpou-se com os pais, dizendo que estava cansada e foi para seu quarto, onde jogou-se na cama e deu vazão às lágrimas. Enterrou o rosto no travesseiro, para que não a escutassem chorar.

Por quê? Por que, meu Deus?, ela perguntava entre soluços desesperados. É injusto, injusto, dizia enquanto socava seu travesseiro. Ela precisava falar com alguém... Ah Sarah, como gostaria que estivesse aqui. Preciso tanto de você, minha amiga...

Mas ela sabia que a amiga só retornaria depois do Ano Novo.

Eu preciso sair daqui... Não posso ficar para o Ano Novo. Não posso vê-lo e fingir que nada aconteceu... Que Deus me ajude!

Horas depois, exausta pela correria do dia e pelas emoções da noite, ela conseguiu dormir um pouco. Mas, pela madrugada, acordou e não fechou mais os olhos. Tentava encontrar uma solução para seu dilema. *Mas aonde eu iria? Não poderia passar a noite de Ano Novo com os Martinelli.* Seria muito doloroso.

De repente a imagem máscula de Nicholas surgiu em sua mente como uma tábua de salvação.

Isso. Pensou aliviada... Vou antecipar minha ida à Grécia. Perdoe-me, querido amigo, mas vou precisar de você, pensava tristonha, enquanto fazia planos.

Já amanhecia, quando enfim conseguiu dormir.

Na casa ao lado, Carlo também não conseguira dormir. Ao chegar da casa da mãe, Kate tentou infernizar-lhe, mas ele simplesmente a ignorara e fora direto para o seu quarto, onde se trancou, pois só assim evitaria que a esposa entrasse para continuar com a discussão. Ele estava transtornado demais pela dura realidade que vira na casa da sua mãe.

Tirando a roupa foi para o banheiro, tomar uma ducha quente para aliviar-lhe a tensão nos ombros e pescoço.

Entrou no box e abriu a torneira, deixando a água correr pelo corpo vigoroso.

Apoiou-se na parede ladrilhada com a duas mãos, abaixou a cabeça e fechou os olhos.

Ainda não havia absorvido a crueldade do destino.

Lembrou-se das diferentes emoções que transtornaram aquele lindo rosto quando o viu. Ela parecia que ia desmaiar de susto. Praguejando e sacudindo a cabeça socou a parede. Carlo amaldiçoou sua libido, sua luxúria, em Houston.

Caspita! Eu era o mais velho, portanto eu deveria deixá-la ir após o jantar. Lembrou que ela disse não ser uma boa ideia irem até a boate do hotel. E ele como um canalha, um cretino, insistiu para irem dançar. Ela, mesmo sendo jovem fora mais sensata, pois sabia o que aconteceria se fossem dançar juntos. *Nunca me perdoarei por isso. Nunca deveria tê-la levado para a cama. Nunca deveria tê-la colocado nessa situação.*

Socou de novo a parede, com mais força.

— *Maledizione!* (Maldição) — praguejou novamente, com raiva dele mesmo.

Após o banho, deitou-se e colocou as mãos sob a cabeça. Sabia que não iria conseguir dormir. *Eu preciso conversar com ela a sós*, pensou aflito. *Preciso pedir-lhe perdão.*

Apagando a luz de cabeceira tentou dormir. Em vão, pois a imagem dela tomou posse de sua mente o tempo todo. Ela estava mais linda do que nunca...

O brilho daqueles olhos maravilhosos era único. Carlo se lembrou do momento em que a abraçou e sentiu-se rígido rapidamente. O calor e o perfume daquele corpo o deixaram louco. Lutou contra a vontade de puxá-la mais perto de si, para sentir aquele corpo inteirinho. Se estivessem a sós...

Suspirando agoniado, Carlo tentou desviar os pensamentos para o julgamento, que enfim aconteceria a princípio em janeiro. Já eram cinco da manhã, quando conseguiu pegar no sono.

Pela manhã, pegou seu café se trancou no escritório.

Ficou ali até a hora do almoço que seria novamente na casa de sua mãe. Tentou fixar-se nas estratégias do julgamento, mas sentia-se inquieto. Levantando-se com as mãos nos bolsos, chegou até a janela. E então seu coração parou, ao vê-la passando em frente à janela do escritório. Arrumada para enfrentar a baixa temperatura daquele dia, ela usava um *trench coat* escuro semilongo, botas de cano alto, um gracioso chapéu e um cachecol branco.

Carlo acompanhou-a com os olhos. *Como ela é elegante, charmosa e graciosa ao andar.*

Aonde estava indo? Então não participaria do almoço? E ele precisava tanto falar com ela..., pensou com pesar.

Quando ela sumiu de sua vista, ele lembrou-se do celular. Ele havia ficado com o número dela gravado, pois tinham se falado muitas vezes, quando ele estivera se restabelecendo do ataque. Depois ele lhe mandaria uma mensagem de texto.

Lembrou as vezes em que aquela voz suave mexia com todos os seus sentidos, toda vez que falava com ela, ao celular, e o fazia lembrar do encontro dos dois, meses atrás.

Mais tarde, estavam todos reunidos novamente na imensa mesa da sala de jantar da casa de sua mãe para o almoço de Natal.

— E Susan? — perguntou ele à Louise, logo que ela o marido e o caçula chegaram.

— Ah, ela pede desculpas, mas Joyce já a havia convidado para ir almoçar com ela e a família. E como já faz um tempo que as duas não se veem. Ela veio buscar Susan há pouco.

— Joyce é aquela menina magrinha que vinha estudar com ela? — perguntou Carmela, chegando perto para receber seus convidados.

— Aquela mesma. — respondeu-lhe a vizinha, beijando-a na face. — Agora está casada e mãe de uma linda menininha.

Carlo de repente lembrou-se da ruivinha, que agora era noiva de Arthur.

— Ela tem uma amiga que estudou com ela em Paris, Matt nos contou que são sócias. — perguntou, fingindo casualidade.

— Ah, é Sarah. Estudaram juntas em Paris sim, e agora são sócias do primo dela em São Francisco. Sarah parece que está viajando com o futuro noivo, um publicitário de Washington D.C.

Carlo não quis prolongar o assunto, dizendo que Arthur, o noivo de Sarah, era seu amigo, pois Kate estava atenta à conversa e, se ele tocasse sobre o encontro de Houston, ela com certeza iria começar a atormentá-lo.

Enquanto almoçavam, Carlo estava com os pensamentos no dia anterior, precisamente no momento em que vira Susan depois do encontro deles em Houston.

Pensava na terrível coincidência de sua *Bambina* ser Susan e na alegre coincidência de Arthur se apaixonar pela amiga dela.

Agoniado, Carlo sentiu necessidade de abrir-se com alguém, mas somente seu irmão Aldo sabia de sua traição para com Kate e ele não gostaria de expor Susan à sua família.

Kevin era a única pessoa com quem ele poderia abrir-se totalmente, sem sentir-se envergonhado, uma vez que ele conhecia bem sua história com Kate.

Quase derrubou o garfo, quando Kate deu-lhe um cutucão com o cotovelo. Olhou-a com exasperação.

— Não ouviu sua mãe falar com você? — disse ela, apontando a matriarca que o olhava sorrindo.

— *Scusa, mamma.* Não a ouvi...

— Perguntei se você ainda sente dor no ombro e nas costelas...

— Sinto um pouco, mas estou com mais flexibilidade. Não se preocupe.
— *Grazie a Dio!*

À tarde estavam todos tomando vinho próximos à lareira, quando Carmela olhou para Carlo, com preocupação.

— O que há, Carlo? Está tão calado, com uma expressão preocupada... O ombro está doendo mais do que você quer falar?

— *No*, está tudo bem. Estou apenas preocupado com o julgamento. *Perdonami pela mentira mamma... Pensou.*

— Deixa para pensar nisso depois, meu irmão. — disse Giorgia que estava sentada ao seu lado. — Notei que ontem também estava muito calado.

— Apenas preocupação, meus irmãos. Nada demais, ok?
Se vocês soubessem...

Quando voltou para casa, foi direto para seu escritório, pois queria dar mais uma olhada nas estratégias de acusação para o julgamento.

Olhando as horas, viu que eram 21 horas. Recostou-se na cadeira e pôs-se a examinar o porta-retratos à sua frente. *Ainda não consigo acreditar que tive essa garotinha de novo em meus braços, só que de uma maneira nada fraternal. No que você se meteu, Carlo Martinelli?*

Examinando com atenção a foto, chegou à conclusão de que ela ainda tinha muitos traços da infância, como o brilho incrível dos olhos, quando estava assustada, a torcidinha da boca, quando ficava nervosa. O arquear das sobrancelhas quando lhe diziam algo que não gostava. Carlo riu, lembrando-se dessas expressões que ele conhecera tão bem, anos e anos atrás.

Vagarosamente alcançou o celular ao lado do porta-retratos e digitou uma mensagem de texto para ela.

Precisava falar com ela o quanto antes, senão enlouqueceria. Precisava de seu perdão.

Após digitar a mensagem, ficou aguardando a resposta. Recostou-se novamente e fechou os olhos. Não adiantava negar que não estava ansioso pela resposta dela.

Susan tinha acabado de se deitar quando ouviu o som do seu celular na mesa de cabeceira, indicando que chegara uma mensagem. Ao ver a mensagem, seu coração disparou. *"Precisamos conversar. C"*

Após total indecisão, digitou *"Conversar? O que, pelo amor de Deus? Não acha melhor deixarmos como está?"*.

Logo veio a resposta, *"Por favor. É muito importante para mim. Para nós."*

Ai, meu Deus, que provação..., pensou a jovem em desespero. Após pensar muito, respondeu-lhe:

"Carlo, não podemos usar o celular? Eu não me sentiria bem encontrar você a sós, agora que sabemos quem somos."

Ele não respondeu, deixando-a decepcionada.

Mas, em menos de um minuto, o celular tocou. Era ele. Nervosa ela atendeu.

— Oi. — disse ela ao atender.

— *Ciao...* — começou ele, naquela voz linda que a deixava com as pernas bambas. — Susan, quero lhe pedir perdão, eu nunca deveria tê-la colocado nessa situação. Eu agi como um garoto irresponsável. Deveria tê-la escutado quando disse que não seria boa ideia... Eu sinto... Sinto... Perdoa-me, *bambina*? Eu...

— Pare! Pare, Carlo! — exclamou ela, interrompendo-o. — Eu não sou mais aquela garotinha. Eu sabia o que estava fazendo, portanto, também tenho culpa e, se for assim, também lhe peço perdão. — concluiu ela veementemente.

Ele ficou em silêncio do outro lado da linha, por alguns segundos.

— Não tem nada que pedir perdão. Eu era o mais velho, portanto...

— Por favor, Carlo, não se torture com isso. Ambos temos nossa parte de culpa, ok? Olha, o melhor é fingirmos que nada aconteceu naquela noite. — sugeriu ela, sem muita convicção.

Ele ficou em silêncio por uns minutos.

— Você seria capaz disso? — perguntou ele, com uma voz rouca, que ferveu o sangue de Susan.

O silêncio agora foi dela.

Cautelosamente, pensou na resposta que daria.

Deveria mentir para ambos ou ser honesta?

Após um longo suspiro, optou pela segunda opção.

— Eu... Eu estou fazendo de tudo para esquecer, creia-me. Não será fácil, mas tenho que conseguir, assim como você também. — respondeu ela quase num sussurro.

— Ah, Susan, não será nada fácil para nenhum dos dois. Ah, como eu gostaria que você fosse qualquer pessoa, menos a garotinha de cachinhos dourados que carreguei no colo e filha de meus amigos Louise e Edward. — desabafou ele.

— Carlo, por favor... Não torne as coisas mais difíceis. — pediu ela, quase chorando.

— Infelizmente o destino foi muito cruel conosco. Que *Dio* me ajude. Vou tentar esquecer, como você pediu.

— Obrigada. Era o que eu esperava de você. — disse ela aliviada e triste ao mesmo tempo. — Olha, para evitar mais constrangimentos, não vou passar o Ano Novo com vocês como era o combinado. Antecipei minha viagem à Grécia.

Novo silêncio.

Quando Susan pensou que ele havia desligado, ele falou com uma voz estranha.

— Vai ficar com o seu amigo grego? Sua mãe comentou certa vez que ele não esconde a vontade de levá-la de vez para a Grécia. — falou com um aperto no coração e tentando colocar um toque de humor na voz.

— Sim, vou ficar com Nicholas. Quem sabe? — disse ela sem pensar.

— Quando parte?

— Dia 30 pela manhã.

— Ainda vamos nos encontrar por aqui? — perguntou ele com uma voz triste.

— Aham... Sim. Com certeza.

— Boa noite, *cara*. E boa viagem.

— Obrigada e boa noite, Carlo.

Ao desligar o celular, Susan ainda ficou com ele nas mãos por vários minutos.

Ele parecia tão triste e frio ao mesmo tempo, ao desligar e ela sentiu um aperto no coração. Mas ela sabia que havia tomado a decisão certa ao tentar ficar longe dele por uns tempos.

Também com o celular na mão e imóvel, Carlo estava com o pensamento nela e o amigo grego. *Será que ela iria aceitar a proposta de casamento dele? E o que eu tenho com isso, Dio mio? Ela era livre e podia fazer o que bem entendesse. Então por que se sentia angustiado, como se tivesse perdido algo importante? Bugiardo* (mentiroso) *é o que você é Carlo. Um mentiroso. A quem queria enganar? Ele estava ciúmes sim. Não gostava da ideia dela com outro homem.*

Dois dias depois estava almoçando com Clark Weston, um dos poucos amigos que fizera durante o tempo que residira em Boston. Ele era jornalista e escritor e, sempre que vinha a NY, ele ligava para Carlo, a fim de almoçarem juntos.

Sentados numa mesa de frente para a porta de entrada do restaurante, eles podiam acompanhar o movimento do entrar e sair dos clientes.

Pela imensa janela, podia-se observar o movimento do lado de fora. O frio estava demais.

A porta do restaurante foi aberta e duas mulheres entraram rapidamente, fugindo do frio e da neve que recomeçara a cair. As duas estavam vestidas elegantemente, e a mais nova retirou o chapéu de lã, balançando a cabeça, passando os dedos entre os cachos.

Com o coração descompassado, Carlo as reconheceu e ficou a fitar a mais jovem, embevecido pela graciosidade com que passava os dedos entre os cabelos.

Seguiu-as com o olhar, desde o momento em que entregavam seus casacos pesados para a jovem da recepção, até a mesa onde o maitre as levara.

Ela estava linda e muito elegante, trajando um costume verde-escuro, que lhe favorecia muito bem a cor dos belos cabelos dourados. As lindas e longas pernas, que ele acariciara com reverência, estavam escondidas pelas sofisticadas botas de cano longo. Ela se sobressaia pela altura e elegância ao andar e ao notar os olhares de admiração dos homens ali presentes, franziu a testa, descontente com isso. *Ciúmes? Estava sentindo ciúmes?*

Quando ela se levantou e foi à toalete, não pode deixar de notar o leve balançar de seus quadris perfeitos.

Era só vê-la para sentir-se em ebulição. *Fora apenas uma noite juntos, mas o bastante para ela entrar em sua vida, de um modo devastador e permanente.*

Era impossível esquecê-la como mulher! Ela logo voltou e tornou a sentar-se, abrindo o cardápio que o garçom lhe entregara.

Ele viu a boca voluptuosa, cujo sabor lembrava tão bem, sorrir para o garçom que anotava seus pedidos.

Louise devia ter falado algo engraçado, pois ela riu e, não estando muito longe, o som de sua risada suave era como música aos seus ouvidos.

Ele não conseguia afastar os olhos dela e queria que ela o visse. Por mais que se esforçasse, ele não conseguia vê-la apenas como a garotinha que ele conhecera desde que nascera. Era apenas a linda mulher em que ela se transformara.

Envergonhado, percebeu que o amigo lhe dizia algo. Voltando o olhar para Clark, viu que ele também olhava para a mesa de Susan e a mãe.

Carlo notou o olhar apreciativo do amigo.

— Elegantes, charmosas, maravilhosas, não? — comentou o amigo sem esconder a admiração pelas duas mulheres.

Carlo apenas assentiu e tomou um gole de água. E devia ter deixado transparecer algo, quando ouviu a pergunta do amigo.

— Você as conhece? — perguntou Clark, demonstrando interesse.

— Sim. — respondeu um tanto hesitante. — São minhas vizinhas, mãe e filha.

— Amigo, pela mais jovem, eu até que seria capaz de quebrar minha promessa de nunca mais me casar. Você bem que poderia apresentar-me, não?

Carlo sentiu o coração gelar. Clark era tão alto como ele e tinham o mesmo físico. A diferença estava nos cabelos claros e o azul de seus olhos pender mais para os cinzentos... Era um verdadeiro chamariz de mulheres bonitas e sedentas de amor. Carlo o conhecia desde que chegara em Boston e acompanhara sua vida amorosa de perto. Na época se dizia um solteirão convicto, até que dois anos após se conhecerem, apaixonou-se por uma jovem atriz e se casou em apenas um mês. Carlo o aconselhara a esperar mais um tempo para ele conhecer melhor a jovem, mas o amigo estava totalmente apaixonado e seguiu em frente. Um ano depois já estava divorciado e jurara nunca mais se casar. Daí pra frente, seus relacionamentos não duravam mais que uma semana.

Ao vê-lo interessado em Susan, sentiu aquele aperto no peito e ele mais uma vez teve que admitir que estava com ciúmes. *Dio mio, esse ciúme é ridículo! Ela não me pertence.*

Ele fitou o amigo com seriedade. Gostava muito de Clark, mas não permitiria que ele fizesse de Susan mais uma de suas conquistas passageiras.

— Esqueça! — respondeu Carlo com certa rispidez, que fez o amigo, arquear as sobrancelhas surpreso.

— Por que meu, amigo? Ela é comprometida? — perguntou o jornalista sem entender a rispidez.

— Porque... Porque... Olha, eu a vi nascer, crescer e não gostaria de vê-la magoada.

— E quem disse que vou magoá-la só em conhecê-la? — perguntou o jornalista, surpreso.

— Ora, vamos, Clark. Nós sabemos o quanto você é mulherengo...

— Carlo, eu quero apenas conhecê-la. — retrucou Clark, rindo. — E não sou mulherengo, eu apenas não consigo ficar preso em uma mulher só. Mas sou fiel as namoradas do momento. — defendeu-se com malícia.

— Para mim é a mesma coisa. Te conheço muito bem, meu amigo. — disse Carlo sardônico.

Clark recostou-se na cadeira e encarou-o. Um brilho malicioso surgiu em seus olhos, deixando Carlo desconfortável.

— Se eu não o conhecesse e não soubesse o quanto você é dedicado à sua família, diria que você está com ciúmes e por isso não quer apresentá-la a mim.

Carlo usou de todo seu esforço para parecer ofendido.

— Que suposição mais ridícula! Eu a vi nascer, carreguei-a no colo. — exclamou bravo. — E parece que tem um namorado grego. — lembrou-se de falar, para despistar a desconfiança do amigo.

— Ah, isso realmente faz diferença. — Ficar com mulheres comprometidas não é a minha praça. — respondeu Clark. — Uma pena, pois gostei dela. Quem sabe... um dia eu a encontre sozinha e descomprometida. Nunca se sabe.

Carlo fitou-o e não gostou da malícia que continuava nos olhos do amigo.

— *Dio*, Clark... — respondeu ele nervoso. — Se a encontrar, então vá em frente, mas não ouse magoá-la.

O jornalista ficou em silêncio, enquanto era servida a comida. Depois que o garçom saiu, Clark tomou um gole do vinho que lhe fora servido e meneou a cabeça, divertido com a reação do italiano.

Carlo terminou sua refeição com o cenho franzido.

Teria que policiar suas reações à Susan. A promessa de tentar esquecer aquela noite não seria cumprida, nunca, pensou com grande frustração. E estava convencido plenamente de que Susan sentia o mesmo.

Seus olhos a procuraram novamente e, como se sentisse estar sendo observada, ela levantou os olhos do prato e olhou para ele surpresa.

Os dois se encararam, transmitindo mensagens que somente os dois entendiam.

Tudo que prometeram no dia de Natal fora inútil. Nenhum dos dois seria capaz de cumprir suas promessas, pelo olhar que trocaram.

Percebeu que ela ruborizou-se. Ele então levantou a mão e acenou-lhe.

Louise nesse momento também o viu e acenou-lhe sorridente.

— Mas ela é linda demais. — murmurou Clark que vira a troca de cumprimentos entre eles. — Olhos lindos e sorriso maravilhoso. — disse o jornalista verdadeiramente extasiado pela jovem.

— Ambas são pessoas maravilhosas. — completou Carlo, trazendo para si a atenção do amigo. — Mãe e filha são pessoas muito especiais para nossa família.

Susan sentiu o coração disparar ao vê-lo tão lindo no terno escuro, camisa branca e gravata de seda prata escuro. Custou-lhe muito desgrudar seu olhar daquela figura máscula e sexy. Sentiu-se também um tanto desconfortável pelo olhar insistente do acompanhante de Carlo. Era um homem muito bonito e charmoso, mas Susan não gostou do sorriso malicioso dele.

— Hum, viu o homem que está com Carlo? — observou a mãe discretamente.

— Quem é? — perguntou a jovem.

— É Clark Weston, jornalista e escritor, de Boston. Seu pai foi almoçar no Martinelli's tempos atrás e Carlo estava almoçando com ele. Antes de saírem, ele o apresentou a seu pai... É divorciado e bonitão. — informou-lhe a mãe, com um sorriso matreiro.

— É impressão minha ou senti um toque de cupido nisso, dona Louise? — perguntou à mãe.

A médica deu de ombros.

— Ora, ao menos Carlo o conhece...

— Mamãe, pare! Não comece a me arranjar pretendentes. Não estou a fim de ninguém.

— Nem de Nicholas?

— Mãe... — Susan inclinou-se um pouco, para falar mais baixo. — Por favor... — pediu chateada. — Nicholas é um amigo muito querido. Só!

— Ok, não está mais aqui quem falou. Olha vem vindo o nosso almoço. — disse a médica ao ver o garçom aproximar-se com os pratos que elas haviam pedido.

Susan suspirou. *Até quando vou suportar isso? Ah, mamãe, se você soubesse onde está meu coração e o que eu Carlo fizemos...*

Ah, Sarah, que falta você está me fazendo agora. Preciso tanto desabafar com você amiga..., pensou na amiga ausente, com desespero.

Aguardava ansiosamente a chegada dela, para poder contar-lhe sobre Carlo. Iria contar-lhe tudo, inclusive o que acontecera na última noite que passaram em Houston.

Como um imã, seus olhos encontraram os dele e, mais uma vez, se perderam no tempo e espaço. Quando percebeu que o amigo dele os olhava com aquele odioso sorriso malicioso, desviou rapidamente o olhar para encontrar o da mãe.

Ela sentiu-se corar. *Será que a mãe percebera alguma coisa?*, perguntou a si mesma receosa.

— O que foi, minha filha? — perguntou a mãe, preocupada com a expressão assustada da filha.

— Nada, mamãe. Vamos terminar o almoço logo? — respondeu ansiosa.

Quando se levantaram para sair uma hora depois, ele ainda estava lá. De longe, acenou-lhe e ele retribuiu com aquele sorriso maravilhoso.

— Não seria educado irmos até a mesa de Carlo e cumprimentá-lo? — sugeriu Louise à filha.

Sutilmente, observou que ele e o amigo já estavam tomavam café.

— Mamãe, não há razão. Vemos Carlo todos os dias. — respondeu impaciente, enquanto aguardavam os casacos que a jovem recepcionista estava trazendo. — E depois, eu não gostei daquele amigo dele, o tal escritor famoso... — acentuou com desdém. — Me olha como se eu fosse um pedaço de carne...

— Bem, não posso negar que você é um belo pedaço de carne... — disse-lhe mãe em tom de brincadeira e piscando.

— Mamãe?! O que é isso? — perguntou irritada.

A mãe arregalou os olhos verdes, sem entender o mau humor da filha.

— Susan, o que há, filha? Está tão irritada, impaciente. Eu estava apenas brincando...

— Impressão sua. Vamos? — convidou, enquanto vestia o casaco e colocava o chapéu.

— Hum... — resmungou a mãe, olhando-a desconfiada.

Ufa, ainda bem que vou viajar amanhã. Preciso afastar-me daqui o quanto antes.

Carlo seguiu-a com o olhar, esquecendo que estava se expondo ao amigo. Quando se deu conta, olhou rapidamente para ele e encontrou seus olhos zombeteiros.

— Carlo, é impressão minha ou você está interessado nessa garota? — perguntou ele, suavemente, enquanto bebia seu café.

Carlo olhou-o horrorizado e mentalmente, congratulou-se com sua falsidade.

— *Dio* Santo, Clark. É claro que não. Só porque sou casado, não posso admirar uma mulher bonita? — perguntou irritado.

— Claro que pode, mas os olhares que vocês trocaram...

Carlo sentiu o sangue gelar nas veias. *Pazzo. É isso que eu sou. Deveria ter mais cuidado.*

Antes que Carlo pudesse dizer alguma coisa, o amigo adiantou-se.

— Olha, estou brincando e provocando. — falou rapidamente o amigo, chateado por ter irritado o amigo. — Desculpe pela brincadeira Carlo. Mesmo assim, não tenho direito algum em fazer esse tipo de observação. A vida é sua. Desculpe-me ok?

Carlo fitou-o e viu sinceridade no olhar do amigo.

— Certo, mas apenas para você saber. A última vez que vi essa garota, ela tinha 4 anos. Não consigo acreditar que se transformou nessa linda mulher.

Clark arqueou as sobrancelhas, surpreso.

— Bem, então não é para menos. — disse ele, sem demonstrar nenhuma desconfiança, o que aliviou Carlo.

Minutos depois, ambos se despediam frente ao restaurante com um longo abraço.

— Foi bom encontrar você, Martinelli. — disse Clark. — E sucesso no grande julgamento.

— Obrigado, meu amigo. Manteremos contato, ok?

Horas depois já estava em casa, fechado em seu escritório, que ele considerava seu refúgio tentando colocar todos os seus pensamentos caóticos sob controle.

Ainda não conseguia aceitar que a mulher que lhe atormentara o sono durante meses era Susan Hamilton, a doce e linda garotinha que ele conhecia desde que nascera.

A imagem dela nua sob seu corpo, se contorcendo de paixão e levando-o à loucura, estava muito nítida em sua memória.

Gemeu baixinho e estirou-se em sua cadeira, com o olhar fixo na antiga foto à sua frente, para a linda garotinha em seu colo, com os braços presos em seu pescoço. Ficou por longos minutos, olhando para a foto.

Pegou o celular, digitou alguns números e aguardou.

— Meu amigo Carlo... Como está você? — ouviu a voz de Kevin do outro lado.

— Não tão bem como esperava, *caro*. — respondeu num sussurro.

— Algo errado, italiano? — perguntou Kevin intrigado.

Carlo ficou em silêncio, por alguns segundos.

— Carlo, o que está acontecendo, meu amigo? — insistiu Kevin.

— Kevin, preciso muito desabafar, meu amigo.

— Kate? — perguntou Kevin, lembrando-se da última vez que conversaram.

— Não. Você nem imagina, meu amigo...

— Está me deixando curioso, italiano.

— Me lembrei que você estaria por aqui, amanhã. Tem uma reunião com clientes... Certo?

— Certo. Às nove horas já estarei por aí.

— Podemos almoçar amanhã, no Martinelli's?
— É claro que sim. A que horas?
— Às 11h50, tudo bem para você?
— Estarei lá. Mas nada grave, suponho. — Kevin, não escondia a preocupação.
— Você não imagina o quanto.
— Amigo, agora, você me deixou mais preocupado.
— Até amanhã, então.

No dia seguinte, Carlo já estava sentado à mesa reservada, conversando com Lorenzo, quando viu Kevin entrar no restaurante.

— O que vão querer para comer? — perguntou Lorenzo, levantando-se, enquanto Kevin aproximava-se da mesa.

— Pode ser o prato do dia... — respondeu Carlo, levantando-se também para receber e abraçar o amigo.

— Obrigado por ter aceitado meu convite — disse-lhe o italiano baixinho.

— O que é isso, meu amigo? Claro que eu viria! E você, como está Lorenzo?

— *Bene*. É muito bom revê-lo. Fique à vontade que logo mandarei servir o almoço. Vou mandar o vinho, por enquanto, ok? — disse Lorenzo, olhando para o irmão e se afastando, para falar com o maitre.

Kevin e Carlo sentaram-se ao mesmo tempo.

— E então, o que de tão grave aconteceu, italiano? — perguntou Kevin, indo direto ao assunto, não escondendo a ansiedade...

Carlo fitou o amigo e recostou-se na cadeira.

— Bem, lembra-se daquela manhã, no hotel em Houston, quando vi a garota de olhos verdes, amiga da noiva de Arthur?

Kevin assentiu.

— Então... — e Carlo, começou a relatar, com muita calma, tudo o que acontecera, desde o momento em que vira Susan no café da manhã do hotel, até o grande choque na véspera de Natal. Não lhe escondera nada.

À medida que ia falando, Carlo percebia o choque e a surpresa mesclando na expressão do amigo.

Quando Carlo terminou, ambos ficaram em silêncio, se olhando.

Kevin aprumou-se na cadeira, sem deixar de fitar o amigo. Abriu a boca duas vezes, para falar e não conseguiu soltar nenhum som, tamanho o choque.

— Uau... — conseguiu dizer por fim, colocando os braços sobre a mesa, entrelaçando os dedos. — Rapaz... — disse Kevin, sem acreditar no que ouvira do amigo. — Inacreditável a peça que o destino pregou a vocês dois. — falou meneando a cabeça.

— Imagine o nosso choque, quando nos vimos na sala de jantar da minha mãe, com toda a família reunida. *Caro*, eu, nunca em minha vida, pensei em passar por um momento assim. E ela quase desmaiou de susto. Quando me lembro do horror naqueles olhos lindos...

— *Mamma mia*, como diz você, a probabilidade de algo assim acontecer seria de menos de um por cento. — falou Kevin, ainda sem acreditar, balançando a cabeça de um lado para outro.

Carlo apenas confirmou com um gesto de cabeça.

— Bem... Que você e ela se sentiram atraídos um pelo outro, todos nós notamos, mas... Nunca imaginei que vocês iriam... além disso. Italiano, estou surpreso com você. — comentou Kevin, com meio sorriso.

Carlo abaixou o olhar, sem esconder o constrangimento pelas palavras do amigo.

— Ei, não estou criticando-o, não, meu amigo. — Kevin apressou-se a explicar, percebendo o constrangimento de Carlo. — Por favor, eu conheço a sua história e acho que sei o que aconteceu, ao menos com você. Você conheceu essa garota num momento em que seu casamento se deteriorava a cada dia que passava, com Kate afastando-o cada vez mais da sua vida. Apenas não o imaginava com essa coragem de experimentar o proibido, entende?

Carlo levantou os olhos e fitou o amigo concordando.

— Kevin, nem eu imaginei que ia deixar-me levar pelo desejo... Sabe, foi uma atração mútua, irresistível. Nós dois lutamos contra isso o quanto pudemos lá em Houston, mas tudo contribuiu para que nós sucumbíssemos totalmente. Simplesmente... Aconteceu! — explicou o promotor.

— Te entendo, italiano. Ela realmente é muito linda e de uma sensualidade incrível. — falou Kevin sorrindo maliciosamente, ao ver o olhar de surpresa de Carlo. — Sou apaixonado pela minha Maureen, mas nada me impede de apreciar uma linda mulher, com todos os seus atributos, certo? — concluiu, tomando um gole do vinho que um garçom trouxera minutos atrás.

Carlo riu e suspirou, mais à vontade, ao ver que seu amigo o ouvia e o entendia.

— *Caro*, ela me fez sentir... Sentir... Muito vivo, entende? Foi como redescobrir minha virilidade, minha sexualidade. Foi muito bom descobrir que ainda tenho paixão, ternura, amor, para compartilhar com uma mulher, terna, sensual, receptiva, apaixonada... — enquanto o promotor falava, ia bebericando sua taça de vinho.

Kevin olhava para o amigo, completamente surpreso com a expressão dele à medida que ia falando.

Ficaram em silêncio enquanto o jantar estava sendo servido. Quando ficaram sozinhos, Carlo percebeu o olhar pasmo do amigo.

Intrigado, parou com o garfo no ar.

— O que foi? — perguntou.

— É impressionante, italiano. Você está apaixonado pela garota ou estou vendo demais em sua expressão? — observou sorrindo.

Carlo tornou a descansar o garfo sobre o prato e ficou olhando o amigo, tentando absorver o que ele dissera.

Carlo ficou pensativo por uns momentos.

— Não sei, *caro*. Não sei exatamente o significado dos meus sentimentos. Não parei para pensar nisso. Mas quando eu a vi, na sala da minha mãe, assustada, com os lindos olhos arregalados de pavor, eu tive uma vontade imensa de correr para ela e abraçá-la. Sinto uma vontade de protegê-la, como quando ela era uma menininha, só que agora de uma maneira diferente, é claro.

— Italiano... Meu amigo... Eu acho que você está encrencado. — declarou o irlandês.

— Talvez. — respondeu Carlo, dando de ombros.

— Alguém mais sabe dessa história? — perguntou Kevin servindo-se de um filé de salmão, suculento, adornados por legumes refogados na manteiga.

— Aldo. Eu lhe contei, omitindo o nome da mulher, pois eu ainda não sabia quem ela era, lembra? Ela e a noiva de Arthur não revelaram seus nomes naquela ocasião. E depois que Arthur começou a namorar a ruivinha, eu nunca perguntei sobre ela. — respondeu, servindo-se também. — Achei que não tinha o direito de fazer isso. — concluiu. — E quanto a Lorenzo, ele sabe que penso em divorciar-me. Não sei se ele desconfia de algo mais. Às vezes eu acho que sim, mas...

— E agora, o que vocês vão fazer? Já falou com a garota?

— Sim, conversamos por telefone, pois ela não quis encontrar-me a sós.

— E...

— Prometemos tentar esquecer que aquela noite existiu, por mais difícil que fosse, mas...

— Mas...

— Mas, ao nos vermos ontem, deu para perceber que não conseguiremos cumprir a promessa. A atração ainda está viva entre nós, apesar de sabermos que, se já era uma atração proibida antes, agora que sabemos quem somos, tornou-se ainda mais impossível.

— Não queria estar no seu lugar, italiano. — comentou o advogado — E... Alguém notou a reação de vocês naquela noite?

— Acho que não, apesar do Aldo vir com um papo meio estranho, quando me refugiei na cozinha, para recompor-me. Porém, depois ele não falou mais nada. E Kate apenas teve os ataques normais de ciúmes. Conseguimos nos recompor rapidamente.

— Meu *caro* amigo, não vai ser fácil para vocês. Disso tenho a certeza. — profetizou Kevin.

— Sei disso. E ela também sabe, com certeza. Como também sabemos que não temos futuro algum. E tem mais um fator...

— Qual? — perguntou Kevin.

— Nossa grande diferença de idade. — respondeu amuado.

Kevin inclinou-se na mesa para chegar mais perto do amigo e disse-lhe baixinho.

— Carlo, isso nunca seria problema para o amor. Se... Olhe bem, eu disse "se" for para vocês ficarem juntos, idade não importa. Deixe dessa bobagem, meu amigo, pois para o amor não existe idade.

— São quase 15 anos de diferença, Kevin.

Kevin deu de ombros.

— E daí? Você está em plena forma, meu amigo. Provou isso, não provou? — retrucou o amigo, maliciosamente se referindo ao seu encontro sexual em Houston. Carlo assentiu e sorriu tristemente.

— Ah, se fosse tão fácil... — murmurou, chamando o garçom para pagar a conta.

— Deixe o tempo correr. Quem sabe o que nos acontecerá no futuro?

Carlo assentiu.

— Obrigado, Kevin. Sabia que poderia me abrir com você.

— Ora, o que isso, amigo?

Hora depois, ambos se despediam.

— Dia 31 nos veremos, ok?

— *Grazie, caro.* Obrigado por me ouvir. Sinto-me mais leve.

— Você sabe que sempre pode contar comigo, italiano.

— Sei disso. Obrigado mais uma vez.

Susan olhou para o céu azul e para as ondas que se quebravam nas pedras, abaixo do deque, onde estava esticada numa cadeira espreguiçadeira, de olhos fechados. Sentia o sol queimar a pele dos braços que estavam à mostra. Estava uma temperatura deliciosa, apesar de não ser verão! A Grécia tinha um clima irresistível.

Era incrível, como o barulho das ondas, ajudava a acalmá-la.

Já fazia três dias que estava na Grécia, em Santorini, na linda casa de veraneio de Nicholas.

Ele só vinha nos finais de semana, deixando-a sob os cuidados da antiga governanta da família dele. Melina era uma senhora muito simpática e fazia de tudo para agradar-lhe. Mesmo com forte sotaque, ela falava inglês, pois aprendera com a falecida mãe de Nicholas que era americana.

Nicholas fora buscá-la no aeroporto. Ele queria mandar o jato particular dele buscá-la em NY, mas ela não aceitou. Preferia ir num avião comercial.

Após abraçá-la, levou-a para a limusine que os aguardava no estacionamento do aeroporto de Atenas.

Astuto, logo percebeu que ela não estava bem. Carinhosamente pegou em sua mão e perguntou o que se passava, pois percebia sua tristeza.

Reprimindo as lágrimas desde que se despedira dos pais no aeroporto, ela não suportou o carinho de Nicholas e deu vazão às suas lágrimas.

Entre soluços, ela contou-lhe sobre o reencontro com Carlo na noite de Natal e do choque quando descobriram suas identidades.

O grego escutou-a, enxugou-lhe as lágrimas e beijou-lhe as faces.

— Oh, *ágape mou* (meu amor), o que me contou é... é muito louco!

— Foi chocante, Nick... — disse-lhe enxugando as lágrimas com as mãos, sem se preocupar em borrar a maquiagem. — Quando vi que o homem que conheci em Houston era Carlo, o vizinho querido que me carregou no colo, que me mimava tanto, quando era uma garotinha de quatro anos... Oh, Nick, foi cruel, muito cruel...

Ele ficou quieto e apenas abraçou-a, embalando-a como uma criança.

À noite, mais calma, durante o jantar, conseguiu rir das piadas de Nicholas que era muito divertido.

Na noite de Réveillon, ele recebeu algumas pessoas do seu círculo de amigos e alguns familiares, para um grande jantar *blacktie* e apresentou-a como amiga, mas ressaltando que ele tudo faria para tê-la como esposa.

Já estava deitada, quando a mãe e o pai lhe telefonaram para desejar-lhe feliz Ano Novo. Estavam no restaurante Martinelli'S, festejando com a família de Carlo e alguns amigos da família. Mandou um abraço a todos, evitando tocar no nome de Carlo.

Depois que falou com os pais, desligou o celular e apagou a luz da mesa de cabeceira, para tentar dormir. Apesar de exausta, não conseguia pregar os olhos. As lembranças daquela noite de Natal ainda lhe doíam muito. Sabia desde Houston que eles nunca poderiam ficar juntos, mas a certeza de saber que agora, mais do que nunca, ele nunca seria seu, deixava seu coração com um vazio imenso...

Assustou-se com o toque de mensagem do seu celular. Pegou o celular, sem acender a luz. Seu coração acelerou quando viu o número dele. Sorriu, quando leu a mensagem: *"Feliz Ano Novo, Bambina. C."* Imediatamente respondeu, agradecendo-o e retribuindo os votos. Com o coração aos pulos, teve a prova concreta de que se apaixonara à primeira vista, diante da emoção que incendiou seu corpo, seu coração de mulher em toda sua plenitude!

E precisava lutar contra isso, pois ele pertencia à Katherine.

Desligando o celular, enterrou o rosto no travesseiro e chorou quase até o amanhecer. Quando Melina foi levar-lhe o desjejum, ela evitou olhá-la para que não visse seus olhos inchados. Após o café, vestiu uma calça branca e uma camiseta azul e colocou os óculos de sol. *Pronto, olhos escondidos...*, pensou.

Ele havia combinado um passeio de iate com ela e alguns dos convidados que permaneceram na casa. Mais tarde, foi encontrá-lo, já refeita das lágrimas, ainda que seu coração chorasse de dor e decepção.

O passeio foi maravilhoso e conseguiu divertir-se apesar de tudo.

À noite, ficaram sozinhos, na varanda, ouvindo e apreciando as ondas na praia abaixo da colina.

Estavam tomando café, após um elaborado jantar de despedida que Melina preparara para ela.

— Preciso mesmo ir.

Ele pegou-lhe a mão e beijou-a ternamente na palma.

— Foi maravilhoso tê-la aqui comigo. Obrigado pelos dias maravilhosos que passamos juntos. Só faltou... — ele interrompeu a frase e olhou-a provocativamente

Ela ergueu uma das sobrancelhas, sorrindo e entendendo o que ele queria dizer.

— Nick, eu lhe disse que gostaria de mandar no meu coração, mas é impossível.

Ele levantou-se sem soltar-lhe a mão e ajudou-a a levantar-se também.

Com uma das mãos num dos ombros e a outra lhe erguendo o queixo, fez com que ela pudesse fitar-lhe nos olhos.

— *Agape mou* (meu amor). Eu a amo, eu a amo e você sabe disso. Eu tenho amor para nós dois. Case-se comigo!

Susan fitou-o dentro de seus olhos negros, transbordantes de carinho e amor.

— Oh, Nick... Não seria justo com você, nem comigo. — disse a jovem abraçando-o. — Eu...

Nicholas interrompeu-a beijando-a com paixão. Depois a fitou longamente.

— Fique comigo, por favor. Farei você muito feliz e farei de tudo para que possa esquecer seu homem proibido. — disse ele persuasivo.

— Não posso fazer isso com você. Você tem direito de encontrar uma mulher que o ame e que possa ser sua de corpo e alma.

Ele apenas ficou a olhá-la com um sorriso triste, ignorando a sugestão dela.

— É sua última palavra?

— Sim, meu querido. — disse ela lhe acariciando o rosto com carinho. — Obrigada por acolher-me durante esses dias, obrigada por ter me escutado. Adorei passar esses dias com você, seus amigos e família. Mas eu seria injusta e egoísta se aceitasse o seu pedido de casamento. Para isso, querido amigo, precisa haver amor de ambas as partes!

Continue sua vida e encontre seu amor. Você merece ser muito amado e feliz!

— Tudo bem. — disse o grego resignado, abraçando-a. — Ao menos terei aquela noite incrível que me proporcionou em São Francisco para lembrar a vida inteira.

— Jamais o esquecerei. Você terá sempre um lugar especial em meu coração!

Na manhã, seguinte ele levou-a ao aeroporto e ficou com ela, até a hora do seu embarque.

Abraçaram-se fortemente quando chamaram o número do voo dela. Quando estava para passar pelo portão de embarque ele chamou-a.

— Sim? — perguntou ao voltar-se para ele.

— Não esqueça de que sempre estarei aqui para o que você quiser!

— Obrigada, Nick. — respondeu ela sorrindo e soprando-lhe um beijo.

— Cuide-se e procure ser feliz. — disse ele.

— Você também, meu querido. Seja feliz!

O Ristorante Martinelli's estava fechado para a família e amigos que festejavam a chegada do Ano Novo, com brindes abraços e beijos entre todos os presentes.

— Feliz Ano Novo, Carlo!

O promotor que abraçava um dos sobrinhos voltou-se ao ouvir a voz de Louise.

— Feliz Ano Novo, *cara*. — disse-lhe, abraçando-a e beijando-a na face.

— Sinto que Susan não esteja aqui conosco. — disse ela, após o abraço. Estou muito triste por não tê-la perto de nós... É a primeira vez que isso acontece.

Perdonami, amiga. Foi por minha causa. — lastimou em silêncio.

— Ela está em Atenas, não é? Mathew comentou alguma coisa.

— Sim, foi a convite de Nicholas, um amigo. Sei que ele gosta dela — respondeu a médica com um sorriso malicioso. — Não sei o que ela está esperando. Acho que já está na hora dela ter um companheiro, alguém que faça parte da sua vida para sempre.

Mesmo se achando ridículo, sentiu um ciúme fora do comum.

— Ah, sim? Então logo teremos casamento? — perguntou sem ter certeza se queria ouvir a resposta.

A médica riu, balançando a cabeça.

— Não sei, não. Vamos ver quando ela voltar.

Nesse instante, Katherine chegou perto do marido e abraçou-o, sem importar-se com o fato dele estar conversando com Louise, que se assustou com a impetuosidade da esposa do amigo.

— Feliz Ano Novo, *amore!* — disse ela beijando-o na boca.

Carlo recebeu o beijo com indiferença. Só não a afastou, para não a constranger frente à Louise que os fitava um pouco sem jeito.

Minutos depois, deu um jeito de afastar-se da esposa para ir sentar-se com seus amigos numa das mesas.

Num determinado momento, informou-os de que estava pensando em se aposentar da carreira de promotor, após o julgamento.

— Pensou na minha proposta? — perguntou a Kevin, surpreso.

O irlandês sacudiu os ombros levemente.

— Preciso pensar com mais calma.

— Pode pensar quanto quiser, *amico*, mas, enquanto isso, eu sei o que vou fazer durante um mês depois do julgamento de Rick Mendonza.

Todos olharam para ele, interrogativamente e curiosos.

— Comprei uma vila na Toscana. Talvez eu vá refugiar-me lá. — disse ele, sorrindo.

— Acho uma ótima ideia. — comentou Percy. — Desde que se mudou para NY, não lembro de você tirando férias. Sei que passava uns dias em Palm Beach, mas alguns fins de semanas não podem ser chamados de férias, não é mesmo? — concluiu ele.

Ficaram mais algumas horas conversando alegremente, quando Kate aproximou-se e pegou uma das mãos do marido, puxando-o.

— Amore, vamos dançar. — disse ela sorrindo para os casais da mesa. — E vocês também deveriam fazer o mesmo, ao invés de ficarem conversando. Com certeza falando do passado. — concluiu ela, com certa ironia.

— Engana-se, cara. — respondeu-lhe Carlo, puxando a mão. — Estávamos falando do presente e do futuro. E perdoe-me, mas estou com um pouco de dor no ombro. Fica para uma próxima vez ou dance com Luigi. — sugeriu ele pacientemente.

Ele notou os olhos da esposa brilhar de raiva e esperou pela agressão verbal, mas, para sua surpresa, ela olhou para os casais e afastou-se sem dizer nada.

— Opa, admiração ela não fazer escândalo... — comentou Carlo, admirado com a reação atípica da esposa.

— Ou ficou envergonhada por nossa causa. — observou Michelle, esposa de Percy.

Esquecendo a esposa, recomeçou a conversa que tinha sido interrompida por ela, que nesse momento puxava o filho para dançar.

— Você já foi até lá? — perguntou Maureen interessada.

— Ainda não. Foi meu irmão quem cuidou de tudo, enquanto estava me recuperando dos ferimentos. Passei uma procuração para Aldo e ele fez toda a negociação e agora cuida dos reparos. Eu me apaixonei por uma foto que Aldo mostrou-me, quando estive em Milão tempos atrás. Fica numa colina, serpenteada de ciprestes, de onde se tem uma visão maravilhosa da cidade de San Geminiano. — completou com entusiasmo.

— Hum então deve ser maravilhosa mesmo — acrescentou, Sibelle, a esposa de Arold.

— Com certeza, vocês serão convidados a conhecê-la muito em breve... — disse ele aos amigos que o ouviam com atenção e curiosidade.

Passava da meia-noite e trinta, quando pouco a pouco, os convidados foram se despedindo, ficando apenas a família.

Carlo foi sentar-se ao lado da mãe que tinha Bianca, filha de Giorgia no colo.

— Não está muito grandinha para sentar no colo da *nonna*? — perguntou em tom de brincadeira e piscando para a sobrinha.

A garota riu e, levantando-se, beijou o tio com doçura.

Ficou conversando com a mãe por alguns minutos e depois se dirigiu ao toalete. Estava lavando as mãos, quando se lembrou de ver se Susan tinha respondido sua mensagem de Ano novo. Tinha enviado a mensagem antes das badaladas da meia-noite e nem esperava resposta, pois sabia como ela se sentia.

Com as mãos ainda úmidas pegou o celular ansiosamente e leu *Feliz Ano Novo, para você e sua família. Susan.*

Percebeu que ela fez questão de citar a palavra família. Fechou os olhos e imaginou-a nos braços do amigo grego e não gostou do que sentiu.

Ciúmes, de novo?

Guardando o celular saiu do toalete. Katherine veio ao seu encontro, já vestida com seu casaco e a bolsa.

— Vamos amore? Estou cansada e Luigi também.

Carlo procurou com os olhos o filho e viu-o entre os primos totalmente envolvidos numa conversa alegre. É claro que o filho nem estava pensando em ir embora. Kate, como sempre usando o filho como desculpas para tudo.

— Primeiro vamos ver se Luigi quer ir mesmo. — respondeu ele, ironicamente.

— É claro que ele quer ir. — disse ela, mal-humorada.

Chegando perto do filho, perguntou se ele queria ir e tal como esperava ele disse que ia com Lorenzo depois.

Olhando para Kate com aquela cara básica de *"eu não disse?"* foi até a mãe e irmãos e despediu-se.

Em total silêncio, chegaram à casa e cada um foi para seu quarto. Kate mal se despediu, mal-humorada, como sempre ficava, quando era contrariada.

Enquanto tomava uma ducha, seus pensamentos eram povoados com a imagem delicada e sensual de Susan. Era devastador o modo como ela tomava conta de seus pensamentos. Por mais que tentasse, não conseguia esquecê-la. Desde o reencontro no Natal, seus sonhos eram invadidos por imagens eróticas do lindo corpo sob o seu. Podia sentir seu calor, seu perfume, como se ela estivesse ali junto dele.

Deitado, olhava para o teto, sentindo-se inquieto ao pensar que ela estava com o amigo grego.

Madonna, ela era livre e podia viver o que quisesse com quem quisesse. Ele não tinha o direito e pensar que ela lhe pertencia.

Ainda estava acordado quando escutou o carro de Lorenzo parar na frente da casa e os passos de Luigi se dirigindo para a porta dos fundos, a fim de entrar em casa. Só muito depois, conseguiu dormir.

Fechado em seu escritório em casa, no segundo dia do ano, um sábado de inverno, de céu claro e muito frio, Carlo estudava com muita atenção sua acusação para o grande julgamento de Rick Mendonza. Acordara tarde.

Como teria que trabalhar duro nos próximos dias, resolveu aproveitar dormir um pouco mais. Por isso desativou seu despertador para as seis horas, no celular. Quando entrou no escritório já eram quase 8 horas.

Levantando os braços espreguiçou-se morosamente e bocejou. Levantou-se para ir até a cozinha buscar mais café, quando se assustou com o som estridente da campainha do telefone fixo.

Esticando o braço, pegou-o.

— Martinelli. — disse ao atender.

— Bom dia, Carlo. É Ed. — ouviu a voz do vizinho e pai de Susan no outro lado da linha.

— Bom dia, Ed. Tudo bem? — perguntou intrigado, pois dificilmente Ed lhe telefonava. — Sim, tudo bem. Nada de importante, mas gostaria de ter uma opinião sua sobre um contrato de compra de imóvel. Sabe como é, de pediatria entendo muito, mas, quando trata-se de assuntos judiciais, sou uma negação.

— Em que posso ajudá-lo, *caro*?

— Você teria um tempinho de examinar um contrato que estou para assinar, sobre a compra de um imóvel em Miami? Andei lendo, mas estou em dúvida sobre duas cláusulas. Já fazem horas que tento entender e não sei se estou entendendo corretamente. A que horas poderei ir até aí e que não o incomode. Sei que está trabalhando em sua acusação...

— Após às 18 horas, irei até aí e você poderá me oferecer uma dose daquele seu escocês extraordinário e então poderei tirar-lhe as dúvidas. Que tal?

— Perfeito, mas não quero atrapalhar... — respondeu o vizinho rindo.

— Não me atrapalhará. Será um momento de pausa, agradável e necessária, pois estou trabalhando quase sem descanso. Inclusive, Luigi tem trazido o almoço para mim, aqui.

— Então, até às18 horas.

Faltavam dez para às 18 horas, quando resolveu fechar seu laptop. Espreguiçou-se gostosamente. Sentia os ombros doloridos e por isso fez alguns alongamentos, antes de levantar-se da cadeira. Reparou que as luzes da rua já estavam acesas e o pessoal do condomínio já estavam voltando de seus passeios.

Indo até seu quarto, vestiu uma malha grossa de lã preta sobre a camisa de flanela e saiu para ir até a casa dos vizinhos.

Sentia certa frustração em saber que não veria Susan, pois Louise lhe dissera que ela somente voltaria no dia seguinte.

Foi a médica quem lhe abriu a porta.

— Oi, Carlo. Ed o espera no escritório. Sabe o caminho, não é?

— *Ciao, cara*. Sei o caminho sim. Obrigado. Tudo bem com você?

— Tudo bem, obrigada, meu querido.

Vagarosamente, Carlo seguiu para o escritório do amigo. A virar para a ala direita, onde se situava o escritório, ouviu o barulho de uma porta abrindo-se e ao olhar, estacou ao ver Susan saindo dela. Ficou sem fôlego e prendeu a respiração ao vê-la tão bela e desejável, num jeans justo que lhe modelava as longas e torneadas pernas e com uma blusa de tricô branca, justa na cintura, sob o efeito de um elegante e largo cinto preto.

Ela também estacara, com a mão na maçaneta. Ambos ficaram se olhando, sem ação alguma. Carlo foi o primeiro a falar.

— *Ciao, bella*. — disse ele. — Sua mãe disse que só voltaria amanhã... — explicou como querendo se desculpar.

— Oi. — respondeu ela sussurrando. — Cheguei hoje às 6 horas da manhã.

Carlo mirou a figura graciosa dos pés à cabeça, com olhos gulosos. *Como a quero...* Pensou, tentando controlar sua libido.

— Pensei que ficaria por lá. Soube que recebeu uma proposta de casamento irrecusável do seu amigo grego. Como é o nome dele mesmo?

Ah, dona Louise, não consegue ficar de boca fechada... Pensou a jovem.

— Nicholas. E não, não aceitei a proposta de casamento. — respondeu um tanto irritada.

— Por quê? Sua mãe me disse que ele espera por isso há tempos.

Susan irritou-se mais ainda e deixou claro sua irritação em seu tom de voz.

— Que diferença faz isso para você? — perguntou, olhando-o nos olhos e também estudando atentamente a bela figura máscula, numa calça de lã cinza-clara e uma malha de lã preta. Era sensualidade pura, em seus 1,90 cm e músculos definidos. Seus lindos cabelos grisalhos ressaltavam o azul incrível de seus olhos, acentuando mais sua figura máscula e sexy.

O italiano ficou sem jeito e surpreso pela irritação dela e pensou antes de responder.

— Desculpe, eu não tenho o direito de fazer esse tipo de pergunta a você. Desculpe, sim? — repetiu encabulado.

— Acho que para aceitar um pedido de casamento tem que haver amor de ambas as partes, o que não é o caso entre eu e Nick. — disse ela controlando sua irritação, que era mais pelo efeito que sua presença causava nela do que pela pergunta que ele lhe fizera.

"Nick", observou ele enciumado pelo diminutivo do nome.

— Seu pai me chamou para ajudar-lhe na interpretação de um contrato... — titubeou ele, tentando explicar sua presença ali.

— Ele... Ele está no escritório ao final do corredor. — disse ela, cuja linguagem corporal denunciava sua tensão.

— Vou até lá. *Grazie.* — respondeu ele, mas sem sair do lugar e ela também.

Permaneceram parados no mesmo lugar, sem saber o que falar. Ela nervosamente brincando com a barra de sua blusa e ele devorando-a com os olhos. Carlo deu um passo na direção dela, fazendo-a arregalar os belos olhos assustados. Ela sentiu o olhar de Carlo percorrendo-lhe o corpo, incendiando cada centímetro por onde passava. Ela sentiu seus mamilos endurecerem sob o sutiã de renda. *Como ele era lindo*, pensou sobressaltada, por estarem os dois ali sozinhos naquele corredor.

Por mais que quisesse, sentiu que não era capaz de ignorar seus sentimentos. Ela o desejava com a mesma intensidade de meses atrás.

Ele deve ter percebido em seu olhar a natureza de seus pensamentos, pois viu o olhar dele escurecer-se, demonstrando o mesmo desejo.

— Susan... — murmurou, fitando-a ardentemente.

Os dois pareciam hipnotizados um pelo outro. Demonstrando cautela, ele deu mais um passo em sua direção. Estava ali, bem clara, em seus olhos azuis, a luta dele contra a mesma força que os aproximara desde aquela manhã em Houston. Por mais que tentassem, não conseguiam resistir um ao outro.

— Não. Não, por favor. — disse ela assustada, com o desejo que ambos transmitiam pelo olhar. — Papai o está esperando. — ela falou rapidamente, tomando conta da situação e entrando novamente em seu quarto e fechando a porta suavemente.

Ofegante, Susan ficou encostada nela por alguns instantes e, encostando a cabeça na porta, deu vazão às lágrimas de frustração. Chorava porque estava apaixonada. Loucamente apaixonada e sabia que nunca poderiam ficar juntos.

Carlo ainda ficou uns minutos parado no mesmo lugar, com os olhos fechados e inspirando o perfume inebriante dela. *Dio, me ajude! É torturante vê-la e não poder tocá-la.*

Com um longo suspiro, encaminhou-se para o escritório do amigo, que o aguardava.

Horas depois quando Ed o acompanhara até a porta, ele sutilmente a procurara com os olhos, porém desconfiou que ela estivesse se escondendo.

Melhor assim.

Em casa novamente, levou uma taça de vinho para o escritório e ligou o laptop, para continuar estudando sua acusação. Dois minutos depois, viu que não conseguia se concentrar em nada. Desligou tudo e foi dormir.

Da janela do seu quarto, com as luzes apagadas, Susan viu quando ele saiu de sua casa e foi para a dele, ao lado. Como doía vê-lo e não poder tocá-lo.

Minutos depois, recebeu uma mensagem de texto *"Perdão... C."*

Olhando por longos minutos a mensagem, resolveu não responder e deitou-se.

Já era madrugada quando o sono veio.

Na manhã seguinte, ficou feliz ao ser acordada com um telefonema de Sarah, que estava de volta. Susan não suportava mais guardar para si a descoberta de que o homem de Houston era o Carlo de sua infância.

Marcaram um almoço, para conversarem...

Susan chegou primeiro no restaurante escolhido pelas duas, e como sempre Sarah estava atrasada. O maitre veio ao seu encontro e muito solícito levou-a à mesa que havia reservado. Pediu uma água sem gás e ficou à espera de Sarah, que chegou minutos depois toda esbaforida e pedindo desculpas pelo atraso. *Essa era a Sarah*! Pensou rindo.

As duas não esconderam a alegria do reencontro. Susan levantou-se para abraçar a pequena amiga afetuosamente.

— Ah, querida amiga, que saudades! — exclamou Susan dando-lhe um beijo na bochecha. — E que falta você me fez no Natal...

Sarah retribuiu da mesma maneira a manifestação de carinho da amiga.

— Ih, pela sua voz e pela carinha triste, algo aconteceu, estou certa? — perguntou a amiga, afastando-se para olhar Susan nos olhos.

Esta somente olhou-a e sentou-se, seguida por Sarah que ficou aguardando a resposta da amiga. Ficaram em silêncio enquanto o garçom entregava-lhes o cardápio.

Fizeram os pedidos e, só então, Susan recostou-se na cadeira e fitou a amiga com um olhar triste.

— Sarah, você nem imagina o que me aconteceu...

A amiga fitou-a com um olhar de preocupação.

— Pois se você me contar, poderei saber... Vamos amiga, me conte o que aconteceu... — incentivou a ruivinha.

— Depois. Mas, antes, quero saber de você, do seu noivado, da sua viagem com Arthur. Está feliz, não é, minha querida?

Os olhos da amiga brilharam e seu sorriso era o sinônimo de felicidade, ao mostrar o anel de noivado.

— Oh, sim estou muito feliz! Susan, a família de Arthur aceitou-me sem restrições, sem condição alguma. Receberam-me de braços abertos e me trataram como se me conhecessem há anos. Trataram muito bem meus pais, deixando-os totalmente à vontade. Você sabe como meus pais são tímidos e reservados. Pois você não os reconheceria durante a viagem. — disse a jovem ruiva dando risada. — Eram a alegria personificada.

— Fico muito feliz que tudo tenha saído como você queria, minha querida.

— Ah, Susan... Arthur realmente é o homem da minha vida. Bendita viagem a Houston! Devo agradecer a Justin por ter-nos enviado para aquele seminário.

Susan sorriu tristemente e afastou o olhar. Sarah percebeu e tocou na mão da amiga que estava sobre a mesa.

— Bem, agora fale de você. O que houve? — perguntou Sarah, muito séria e preocupada.

— Lembra-se do italiano, amigo de Arthur em Houston, não?

Sarah se mexeu desconfortavelmente na cadeira e assentiu.

— Claro que sim. Por quê? — perguntou apertando-lhe a mão.

— Você recorda quando contei sobre o meu vizinho preferido quando criança? Aquele que me levava para passear, me ensinou a nadar, me trazia jujubas todos os dias, quando voltava da escola e que cantava para mim aquela canção italiana dos anos 60, *Ti voglio tanto bene?*

— O Carlo que lhe telefonou no aniversário? O promotor... Sim, claro que me lembro. — disse Sarah muito convicta e ainda um tanto desconfortável.

Susan olhou-a em silêncio, por alguns minutos.

— Sim. Pois, então, minha amiga, o italiano de Houston e o Carlo são a mesma pessoa. — declarou dramaticamente.

Sarah apertou mais a mão da amiga e sorriu timidamente.

— Estou sabendo, minha querida. — declarou ela meio encabulada, ao ver o olhar de surpresa de Susan. — Soube durante a viagem, quando eu e Arthur começamos a nos lembrar do dia em que nos conhecemos. Foi quando ele contou a história da amizade deles na universidade e disse o nome deles todos. A princípio não liguei uma coisa na outra, mas quando ele me falou sobre a esposa de Carlo e seus ciúmes, citou *mamma* Carmela e Luigi, filho dele, conectei as coisas. Eu até tentei falar com você a respeito, mas com a tempestade que tivemos naquele dia em alto mar ficamos sem comunicação. Quando chegamos em terra firme, o Natal já tinha passado e eu preferi falar com você pessoalmente. Sinto muito, Susan! Deve ter sido um choque e tanto.

— Realmente foi um grande choque. Ficamos os dois com os pés colados no chão, nos olhando incrédulos.

— E alguém notou?

— A esposa dele, Kate, só faltava me comer viva, quando ele veio colocar em mim o colar que me deu de presente.

Ao perceber o levantar interrogativo das sobrancelhas da amiga, Susan tirou de dentro da blusa a linda corrente de platina que tinha no pescoço, com uma esmeralda em forma de lágrima e levantou-a para que a amiga pudesse apreciá-la.

Sarah tocou-a suavemente com os dedos.

— Que linda, Susan. E isso ele comprou-lhe, sem saber quem você era, hein? — disse maliciosa. — Imagino que isso aguçou ainda mais os ciúmes dela. Arthur me disse que ela é realmente extremamente ciumenta. Segundo ele, nenhum dos amigos e suas esposas suportam a Katherine. Imagine se tivesse rolado algo mais do que aqueles olhares incendiários que vocês trocaram. — concluiu Sarah.

Susan desviou os olhos rapidamente, assustando Sarah, que pegou novamente na mão da amiga puxando-a.

— Ei... — chamou-lhe a atenção para si. — Porque foi só isso que aconteceu, certo, Susan? Só os olhares ardentes... Foi só isso? — repetiu Sarah com desconfiança ao ver a expressão envergonhada da amiga.

Lentamente Susan voltou o rosto para a amiga e a fitou constrangida.

Sarah leu nos olhos da amiga e arregalou os olhos.

— Não... Nós dormimos juntos na última noite que passamos em Houston. — confessou Susan, sem desviar os olhos da ruiva. — Você tinha ido embora e os rapazes também...

— Eu sabia! — exclamou Sarah triunfante soltando-lhe a mão.

— Encontramo-nos no elevador. Jantamos juntos, dançamos na boate do hotel e... Aconteceu a noite mais maravilhosa da minha vida! — acrescentou ela sem desviar os olhos da amiga.

— Eu sabia que havia rolado algo mais entre vocês, depois que vim embora! Você estava muito estranha. Por que não me contou? Por que não confiou em mim? — perguntou zangada.

Agora foi a vez de Susan pegar na mão da amiga carinhosamente.

— Porque fiquei envergonhada. — respondeu simplesmente. — Afinal, ele é casado e amigo do seu Arthur.

— Ah, Su, eu entenderia, minha amiga. — disse ela abraçando Susan. — Você é livre, não tem compromisso com ninguém, a não ser com você mesma e a sua felicidade. Mas entendo que viver algo assim com alguém que é comprometido deve ser muito confuso pra você, já que vai contra muito dos seus princípios. De qualquer forma, eu estou aqui para você, minha amiga.

— Mas e agora? Como vocês estão lidando com tudo isso? — perguntou Sarah.

— Fizemos um trato: cada um segue sua vida e esquece o que houve em abril passado. — respondeu pesarosamente.

— Vocês chegaram a conversar depois do Natal?

— Bem, só por celular. Ele queria que nos encontrássemos a sós, mas eu achei melhor não. Então, conversamos e combinamos tudo isso, mas...

— Maaaas... — Sarah, a incentivou a completar a frase.

— Mas ontem nos encontramos frente a frente lá em casa. Sarah, acho que não poderemos cumprir nosso trato. Eu vi nos olhos dele o mesmo desejo que eu senti ao vê-lo. Por pouco não nos beijamos.

Sarah revirou os olhos e sorriu com deboche.

— Óbvio. — disse.

— Como assim, óbvio?

— Ora, as faíscas que eu vi entre vocês em Houston só poderiam acabar em combustão. — respondeu rindo. — E por falar em faíscas como foi ficar com ele?

— Não vou te contar detalhes, sua curiosa! Mas foi uma noite maravilhosa para nós dois. Ele é tão terno, tão gentil, tão apaixonado ao fazer amor... Eu me senti a mulher mais importante do mundo! — disse Susan, com o olhar sonhador.

— Amiga, estou muito feliz de ouvir isso de você, dá para ver nos seus olhos que você está apaixonada. Mas e ele?

— Não sei dizer... Indiferente definitivamente ele não é. Além da tensão que fica entre nós toda vez que nos esbarramos, ele pareceu ficar enciumado quando soube pela minha mãe "bocuda" que Nicholas havia me pedido em casamento. De qualquer forma, amiga, o principal problema agora para mim é o fato dele não ser um homem livre. Ele é casado. E eu não sei o que fazer com tudo o que estou sentindo.

— Então, minha querida, que tal dar tempo ao tempo? Estar apaixonada é muito bom, a gente se sente feliz, mais disposta, mais viva! E isso faz um bem danado. Negar o que você está sentindo é negar a vida dentro de você. Por agora, eu sugiro que você sinta, só sinta. Não precisa fazer nada, nem decidir nada. Quem sabe como as coisas vão se desenrolar no futuro? Viva o presente.

Susan, olhando para a amiga, deu um longo suspiro.

— É verdade, amiga. Vou experimentar fazer isso. Permitir-me sentir. E só.

Ficaram conversando por mais algum tempo até terminarem o almoço.

Ao se despedirem, combinaram de encontrar-se no aeroporto dias depois para retornarem a São Francisco juntas.

Susan resolveu então caminhar até o Central Park para pensar em tudo o que ela e Sarah tinham conversado. Precisava disso. Um tempo para ela, sozinha. Após caminhar por meia hora, decidiu ir até uma livraria comprar um livro para ler à noite, pois terminara o *Orgulho e Preconceito*.

A livraria estava lotada e ela demorou para encontrar o livro que queria.

Quando saiu de lá, já passavam das 17 horas.

Pegou um Uber e foi para casa. Quando este entrou no condomínio, ela reparou que uma Mercedes entrava logo atrás. Seu coração queria sair pela boca ao reconhecer o carro de Carlo, dirigido por um homem robusto e loiro. E quando o táxi parou em frente à sua casa, o carro de Carlo embicou frente à garagem da casa dele. Rapidamente o homem loiro desceu e abriu a porta de trás para que Carlo pudesse sair.

Como se tivessem combinado, ambos saíram ao mesmo tempo dos veículos.

Susan despediu-se gentilmente do motorista do Uber e endireitou-se e Carlo se inclinava para alcançar sua pasta e laptop que estavam ao seu lado no banco de trás.

— *Grazie*, Klaus. — disse Carlo ao homem loiro, que ela desconfiou ser o guarda-costas e segurança de Carlo. Sua mãe comentara algo sobre isso, dias atrás.

— Senhor. — Disse o gigante loiro inclinando a cabeça.

Tão logo Carlo se afastou do carro, Klaus fez o retorno e foi encontrar sua equipe.

Ao dirigirem-se para a porta de entrada de suas casas, ambos se entreolharam cautelosos.

— *Ciao ,bella*. Passeando? — enquanto falava seus olhos a percorriam dos pés à cabeça.

Susan também apreciou o corpo másculo com interesse.

— Oi, Carlo. Sim, fui almoçar com Sarah, depois fui caminhar no Central Park, apesar desse vento gelado. E depois fui numa livraria, comprar um livro para ler à noite. — respondeu ela, levantando a sacola da livraria, sem deixar transparecer que estava nervosa. — Não vejo a hora de começar o verão. Odeio o inverno. — reclamou ela, tentando frear suas emoções.

— Eu também aguardo o verão ansiosamente, meu ombro não respondeu bem ao frio. — queixou-se ele.

— Ainda dói muito? — perguntou ela, preocupada.

— Só quando está mais frio do que hoje. Dá para suportar. — respondeu ele, com um sorriso que a deixou com as pernas bambas.

Como ele é lindo, pensou sem conseguir afastar os olhos daquela boca sensual. Ele também não tirava o olhar dela.

Ficaram se olhando intensamente. Os olhares demonstravam emoções tempestuosas, mas proibidas a ambos.

Ao chegarem em suas portas, eles pararam.

Ela parecia pregada no chão, sem saber o que fazer ou falar. Parecia que tinha perdido a noção de tempo e lugar.

— Você está linda. — observou ele num murmúrio.

Ela sentiu que corava.

— Obrigada. — respondeu, sorrindo tímida e lindamente.

Ele sentiu como se a luz do sol lhe aquecesse a alma. Ela tinha um sorriso maravilhoso e aquela boca... *Dio, que vontade de beijar aquela boca saborosa.*

Ele notara o modo como ela o olhava, a maneira como corava, o tremor que vislumbrava naquele corpo divino, quando ele estava próximo.

Sabia que ela sentia o mesmo que ele. Tinha certeza disso. E isso o deixava feliz e infeliz ao mesmo tempo.

Ele entrou e, antes de fechar a porta, olhou-a mais uma vez...

— *Buona notte, bambina.* — sussurrou ele antes de fechar a porta.

— *Buona notte.* — respondeu em italiano, no mesmo tom e entrando em casa...

Fechando a porta, Susan recostou-se nela e colocou a mão no coração que estava acelerado. *Loucura*, pensou ela fechando os olhos, *pura loucura.*

Carlo fechou a porta e recostou-se nela, com corpo trêmulo de desejo. *Loucura, pensou com os olhos fechados, pura loucura... Precisavam resistir. Nunca poderiam viver a plenitude de um romance, pensou* enquanto se dirigia para o quarto.

Que Dio me ajude, pensou enquanto tirava a roupa e entrava embaixo do chuveiro. *Seu corpo ardia por ela.*

Após uma ducha fria para esfriar os instintos primitivos despertados pelo curto encontro com Susan, deitou-se e pegou o processo em que estava trabalhando há horas. E por mais que tentasse ficar com a atenção voltada para o documento, não conseguia. Irritado consigo mesmo, jogou o trabalho no chão, com fúria, e esfregou o rosto com as mãos.

Não consigo me concentrar em nada, caspita!

Apagando a luz, esticou-se e sentiu-se desconfortável. Nem que tomasse mil banhos frios não seriam suficientes para aplacar seu fogo, pois, cada vez que a via, seu corpo reagia rapidamente.

Sentia uma vontade imensa de telefonar-lhe apenas para ouvir sua voz macia e sensual.

Rolou pela cama por horas tentando se conter. Enfim, a emoção venceu a razão. Pegou o celular e digitou rapidamente uma mensagem.

"A cada encontro, fica mais difícil cumprir nossa promessa. C"

Minutos depois recebeu a resposta. Ansioso como um adolescente, alcançou o celular com tanta rapidez que o derrubou no chão. Praguejando esticou-se para apanhá-lo e leu.

"Também sinto a mesma coisa. Mas não devemos tornar as coisas mais difíceis ainda, para nós. S"

Praguejando mais uma vez ele apagou a luz e tentou dormir. Mas até pegar no sono censurou-se por perturbar Susan. *Cadê a sua sensatez habitual?*

No dia seguinte ao sair para o trabalho, encontrou Louise que saia com Edward e como sempre pararam, cumprimentaram-se e conversaram uns minutos, enquanto Klaus aguardava, fazendo uma varredura pelos arredores.

— Carlo quero te agradecer pela ajuda que me deu com aquele contrato. Fechei o negócio hoje cedo, sobre aquela casa de Miami. — comentou Edward, não escondendo a alegria.

— Fico contente em ter colaborado com isso, *caro.*

— E é por isso que você e Kate estão convidados para vir jantar conosco hoje à noite, se não tiverem nenhum compromisso, é claro. — acrescentou Louise.

— Nada que não possa esperar. Obrigado pelo convite. Kate está viajando. Irei com Luigi. Tudo bem?

— Ótimo. Às 20 horas, está bom para vocês?

— Estaremos lá, *cara*.

Carlo ficou inquieto durante todo o dia, ao ponto de Dorothy notar.

— Carlo, está acontecendo alguma coisa?

Ele levantou a cabeça rapidamente e olhou para sua assistente com surpresa.

— Não, claro que não. Por quê?

— Porque eu nunca vi você tão distraído como hoje. Está tenso, ansioso, pensamento longe...

Carlo sentiu raiva de si mesmo, por estar perdendo o controle de sua mente, sempre tão focada em seu trabalho.

E não podia negar a louca expectativa para o jantar à noite na casa de seus vizinhos. Só em pensar que estaria perto dela, seu sangue entrava em ebulição.

E principalmente, sentia-se aliviado por Kate não estar presente. Suas emoções não estariam sendo policiadas.

Eram 19h40 quando apertou a campainha dos vizinhos, juntamente a Luigi.

Susan, muito inquieta com a presença de Carlo, ajudava a mãe com a salada, quando a campainha tocou. Levou um susto, seu coração parecia querer sair pela boca, pois sabia que era ele.

Deus, que eu consiga suportar isso, pensou desesperada com as emoções à flor da pele. Graças a Deus que Kate estava viajando.

— Vai atender para mim, minha filha? — disse-lhe a mãe, enquanto tirava um assado do forno. — Chegaram cedo. — comentou.

Ai, meu Deus, pensou olhando assustada para a mãe.

Resignada e com um longo suspiro, Susan lavou as mãos e após enxugá-las foi abrir a porta. Antes de abri-la, passou os dedos pelos cabelos, gesto que fazia quando estava nervosa.

Abriu a porta, tentando ser o mais natural possível.

De nada adiantou. Foi impactante vê-lo ali, maravilhoso em um jeans que lhe moldava as longas pernas musculosas e uma camisa azul-marinho e um suéter de um azul mais claro, ressaltando os cabelos grisalhos. Muito nervosa, porém aliviada por, ao menos, Kate não estar junto, sorriu para os dois homens à sua frente. Ambos, pai e filho vestidos casualmente ali na porta, lhe deram o sorriso mais charmoso do mundo. Eles eram muito parecidos e quase da mesma altura. Com um dos braços nos ombros do filho, Carlo percorreu-lhe o corpo com os olhos daquela maneira que sempre a deixava de pernas bambas. O escrutínio era da cabeça aos pés e intimamente Susan gostou do que escolhera para vestir. Aproveitando a calefação ambiente, colocara uma calça branca, que lhe acentuava as curvas generosas, e uma blusa de seda estampada em preto e amarelo. Pelo brilho dos olhos dele teve a certeza de que acertara na escolha.

Fitou-o nos olhos e arrependeu-se. Ficou alarmada com que viu em seus olhos azuis maravilhosos.

— Oi, trouxemos o vinho. É da adega da *nonna*. — ouviu a voz alegre de Luigi, quebrando o encanto.

Olhando para o garoto, Susan sorriu. *O mesmo charme do pai.*

De olhos idênticos, ele sorriu-lhe e lhe entregou a garrafa de vinho que trazia nas mãos.

Encantada com a simpatia peculiar do garoto, ela retribuiu o sorriso e pegou a *garrafa.*

— Obrigada. Não existe melhor vinho do que os da adega de *mamma* Carmela. — agradeceu, olhando para o rótulo da garrafa.

Olhando para Carlo, viu que ele olhava descaradamente para seus seios, onde brilhava a esmeralda que ele lhe dera. Sentiu o sangue subir ao rosto, quando percebeu o olhar bem-humorado dele.

Irritada pela ousadia dele, ela torceu a boca e lançou-lhe um olhar de censura.

Ele piscou-lhe e sorriu-lhe maliciosamente. *O que era aquilo?* Pensou irritada.

Apavorada, olhou para Luigi. *E se o garoto percebesse?*

— *Ciao, cara.* — disse Carlo com um sorriso que a deixou sem fôlego.

— Entrem, por favor. — disse ela, abrindo mais a porta, para que eles entrassem. Carlo passou primeiro e o aroma de sua loção inebriou-a. Fechou a porta e ia segui-los, quando Carlo parou e fez sinal com a mão, para que ela os procedesse, gentilmente com o sorriso malicioso.

— Kate está viajando, papai falou... — comentou, tomando a frente deles.

— Viajou com a *vovó* Nadine... — respondeu Luigi pelos dois.

Susan agradeceu a Deus, em silêncio, pelo fato.

Ainda bem que o pai foi encontrá-los. Susan agradeceu-lhe em pensamento, pois estava muito nervosa, com essa faceta maliciosa de Carlo. Enquanto Edward levava Carlo para a sala de estar onde a lareira estava acesa, Luigi encaminhou-se para o quarto de Mathew que lhe chamara.

Susan entrou na cozinha, sentindo suas faces quentes e incomodada com aquela atitude ousada e maliciosa de Carlo. Será que ele iria se comportar assim durante o jantar?

A mãe voltou-se quando ela entrou na cozinha e sorriu-lhe.

— Quer dar uma última olhada na mesa, para ver se não falta nada, querida? O jantar estará pronto em minutos... — disse a médica à filha, voltando a atenção para o assado que fatiava.

— Deixa-me apenas abrir essa garrafa de vinho que Carlo trouxe. — respondeu-lhe, tentando esconder seu nervosismo.

— Sempre gentil. — comentou a médica, continuando com seu trabalho. — O saca-rolha está na primeira gaveta ao lado da bancada, querida.

Abrindo a gaveta, pegou o saca-rolha e, ao tentar levá-lo à mesa, este lhe caiu das mãos, tamanho era o seu tremor.

A mãe assustou-se com o barulho. *Droga!* Susan praguejou.

— O que é isso, querida? — perguntou ao vê-la praguejar baixinho.

— Nada, mamãe. Apenas escapou-me das mãos. *Droga!*

Louise olhou-a com surpresa, pois a filha sempre fora tão calma...

— Calma, minha querida. Não há pressa, pois ainda falta colocar o molho sobre a carne. — disse-lhe a mãe, pensando que ela estava preocupada com a hora.

Susan deixou que a mãe acreditasse nisso. Mas,, ao tentar perfurar a rolha, deixou o objeto cair das mãos novamente. E novamente praguejou ainda mais alto.

347

A mãe olhou-a com mais atenção.

— Susan, o que há, minha filha? Está nervosa?

Agachando-se para pegar o saca-rolha, a jovem procurou esconder o olhar.

— Aham... Não... Não é nada, mamãe. Acho que passei creme demais nas mãos.

A mãe continuou fitando-a.

— Você está inquieta ou é impressão minha? — perguntou a mãe.

Maldita percepção dona Louise, pensou irritada.

— Impressão sua, mamãe, não se preocupe.

— Leve para seu pai abrir a garrafa de vinho. Vejo que está tendo dificuldades com isso. — aconselhou-a serenamente.

Hesitante a princípio, a jovem seguiu a sugestão da mãe e foi até sala, onde ele conversava com Carlo, enquanto tomavam uma dose de uísque.

Logo que entrou na sala, os dois pararam de conversar e se voltaram para ela.

Sentiu-se inibida com o olhar de Carlo, examinando-a dos pés à cabeça, mas tentou sorrir naturalmente.

— Sim, querida? — perguntou-lhe o pai carinhosamente.

— Desculpem, mas não sou muito boa com isto. — respondeu-lhe mostrando a garrafa e o saca-rolhas.

— Deixe que eu faça isso. — prontificou-se Carlo, erguendo-se e colocando o copo na mesa de centro. Fitando-a intensamente, ele estendeu a mão para pegar a garrafa. Ao pegá-la, ele deliberadamente tocou em sua mão. Ela surpreendeu-se e retirou a mão rapidamente. Olhou para o pai, que, felizmente, estava ocupado tomando mais um gole da sua bebida.

Sem deixar de fitá-la, ele tentou tomar-lhe o saca-rolha com a outra mão.

Deliberadamente a jovem deixou cair de novo o objeto. E tal como queria, ambos se abaixaram ao mesmo tempo para pegá-lo.

Estavam tão próximos que sentiam o calor de suas respirações.

— Por favor, pare com esses olhares maliciosos e de me encarar na frente dos meus pais. — sussurrou fuzilando-o com o olhar.

— E se eu não quiser parar? — sussurrou-lhe sorrindo, provocativamente.

— Pa... re! — disse ela apenas movendo os lábios deliciosos, que ele entendeu, ao acompanhar a pronúncia sem som.

— Você está linda... — ignorando a censura, ele sussurrou-lhe. — Daria tudo para te dar um beijo. — acrescentou, pegando o saca-rolhas de suas mãos levantando-se.

Arregalando os olhos assustada, ela olhou de novo para o pai às costas de Carlo e também se levantou, sentindo alívio, quando viu que ele estava distraído e aparentemente não ouvira nada.

— Por Deus, Carlo!— chamou-lhe a atenção baixinho.

— Não se preocupe, bella, só você ouviu.— falou ele, no mesmo tom de voz, sem deixar de olhá-la dentro dos olhos.

Em questão de segundos, ele abriu a garrafa e devolveu-lhe o saca-rolha.

— Pronto, *bambina, aqui está...* — disse-lhe, acentuando o *bambina*.

Ela sentiu o rosto esquentar de novo.

— Como sempre, fica encantadora com as bochechas rosadinhas... — falou abertamente para o pai ouvir, o que a deixou apavorada. — Está um *tomatinho...* — acrescentou ainda, chamando a atenção de Edward que riu gostosamente ao perceber o rubor na face da filha.

— Ela não mudou nada. — disse o médico rindo, alheio ao verdadeiro significado da observação de Carlo, pois Susan sabia que ele estava lembrando-a do momento em que estavam no elevador, após o jantar em Houston, antes deles...

— Carlo... — censurou-o em voz alta, uma vez que o pai estava olhando para eles com atenção.

— Ele só está brincando com você, querida. — interveio o pai.

Rindo, Carlo entregou-lhe a garrafa e o saca-rolha, voltando para a poltrona onde estivera sentado.

Minutos depois, estavam sentados à mesa, saboreando o delicioso jantar que sua mãe preparara.

Carlo sentou-se frente a ela, tornando a situação mais complicada para ambos, deixando Susan muito irritada.

A conversa girou em torno de vários assuntos, com todos participando.

Carlo continuava irritantemente bem-humorado, fazendo questão de provocá-la, deixando-a desconfortável.

— E então, Susan... — começou Carlo, dirigindo-se a ela.

Ela olhou-o interrogativamente.

— Quando retornará a São Francisco? — perguntou ele, fitando-a por cima da borda do copo, seus olhos azuis brilhando com um calor que lhe queimava a pele. Sutilmente olhou para os demais, para ver se alguém percebia o quanto ela estava desconfortável.

— Eu ia amanhã, mas Justin ligou avisando que a decoração do novo escritório não ficou pronta. Eu e Sarah temos mais duas semanas de férias.

— Ótimo! — exclamou ele, não escondendo a satisfação. Ela olhou-o sem entender, arqueando as sobrancelhas. *Ótimo, por quê?* Perguntou ela, com o olhar.

— Assim poderemos marcar um almoço, que tal? Gostaria de conversar com você. Relembrar os velhos tempos... Saber do seu trabalho...

Ela franziu o cenho e ele, percebendo sua hesitação, acrescentou.

— A não ser que já tenha algum compromisso marcado.

— Aham... Bem... Não...

— Não vai me negar isso, vai,"Cachinhos Dourados"? — interrompeu ele com a cara mais inocente do mundo, sob os olhares complacentes de Ed e Louise.

Qual era o jogo dele ,afinal? Como ele poderia ser tão inconveniente assim? Pensou ela, sem tirar os olhos daquele rosto másculo e lindo.

— Será um almoço de reencontro entre amigos. — respondeu ele, lendo seus pensamentos. — E poderá me dar algumas ideias sobre a casa da Toscana.

Susan se deu conta de que não escaparia disso.

— Ok, onde e quando? — perguntou, com um falso sorriso simpático, que o divertiu mais ainda.

— Posso ligar amanhã? Preciso ver minha agenda.

— Estarei esperando. — respondeu fulminando-o com os olhos.

— *Grazie.* — disse ele, com aquele sorriso arrasador.

Susan apreciou o brilho daqueles olhos azuis, que contrastava com a pele bronzeada, e os charmosos cabelos grisalhos. Por mais que ele estivesse irritante, ela sentia-se encantada com o carisma dele.

Mais tarde, em sua cama, com o livro que comprara na mão, Susan repassava todos os momentos de tortura que passara naquela noite, desde o momento em que Carlo chegou a sua casa, até a hora em que ele saiu. E ele não facilitara as coisas, pelo contrário... *O que tinha dado nele, por Deus?*

Droga, qual era sua intenção, afinal, com aquela malicia, aquela provocação? Ideias para a casa da Toscana? Pois sim.

Ele se comportou como se nada tivesse acontecido entre eles. Parecia estar se divertindo em provocá-la.

Susan se policiou o tempo todo, para não levantar suspeitas de sua mãe, sempre tão perspicaz. Ainda bem que ela e o pai não prestaram atenção no que se passava entre eles.

Com um longo suspiro, abriu o livro e começou a ler.

Capítulo 16

A descoberta do amor...

Carlo chegou em casa e foi diretamente para seu escritório, ansioso para consultar sua agenda.

Sabia o quão errado estava ao convidar Susan para almoçar, porém não resistiu.

As ideias sobre a casa da Toscana foram apenas um subterfúgio para passarem algum tempo juntos e degustarem a boa comida do restaurante Martinelli's e conversarem de tudo um pouco, sem ninguém por perto.

Carlo sabia que não agira bem, provocando-a desde que entrara em sua casa, horas atrás. A saída para desviar suas verdadeiras emoções fora adotar aquela atitude provocativa. Não podia arriscar-se, tendo os pais dela e Luigi por perto. Deixando-a irritada, achava que poderia desviar a tensão sexual entre eles, mas não deu certo. Ainda bem que Ed e Louise estavam tão empolgados com a aquisição da casa em Miami, que não perceberam o que rolava entre os dois. E os garotos preocupados com a comida e a discussão de esportes entre eles também não perceberam.

Ela estava deliciosa de calça branca e aquela blusa de seda, que lhe moldava a firmeza dos lindos seios, que ele beijara com paixão. Durante todo o tempo que esteve perto dela, sua vontade era puxá-la para os seus braços e beijá-la até que os dois ficassem sem fôlego e que se danassem as consequências.

Percebeu que, após o Natal, a cada dia que passava sentia mais vontade de ficar perto dela. E desconfiava que não era apenas desejo. Talvez, por causa dos laços de carinho e afeição que os unira no passado, ele sentisse algo mais que desejo pela jovem. Ainda estava confuso.

Com um longo suspiro, voltou sua atenção para sua agenda eletrônica.

Tinha somente um horário mais folgado no meio da semana. Pegando o celular, ligou para ela. Eram apenas 22 horas.

— Sim? — ouviu a voz suave do outro lado da linha.

— Estive olhando minha agenda... — começou ele. — Podemos almoçar na quinta-feira ao meio-dia? — perguntou, aguardando ansiosamente a resposta dela.

Ela demorou alguns segundos antes de responder e ele deduziu que, pela sua hesitação, ela iria argumentar.

— Carlo, o que deu em você, afinal? Olha, não acho uma boa ideia esse almoço. Nós dois sabemos que a sua vila na Toscana foi apenas um pretexto para...

— *Bambina*... — interrompeu com aquela voz máscula e sensual que lhe trazia lembranças eróticas. — Sei que abusei um pouco, mas foi a única saída que encontrei para esconder o meu desejo. Eu só quero estar com você, conversar com você, olhar para você da maneira que eu quero olhar, sem ninguém para nos policiar. — confessou por fim. — Por favor, não me negue isso, ou, melhor, não nos negue isso. — suplicou.

Ela deu um suspiro audível a ele.

— Eu acho que isso não vai nos fazer bem. Devemos nos ver e nos falar o menos possível, você não entende? E... Principalmente a sós. — finalizou com voz angustiada.

Ele ficou em silêncio silêncio por alguns minutos.

— Susan, você acha, sinceramente, que nos evitar fará diferença para o que sentimos um pelo outro? — replicou ele, impaciente e frustrado.

— E o que sentimos um pelo outro? — ela fez a pergunta mais para ele, pois ela já sabia que o que sentia por ele. Estava apaixonada, desde aquela manhã de abril no hotel. Desde sempre.

Mais uma vez, ele ficou em silêncio por minutos e ela sentiu o coração doer.

Para ele, era só atração física?

— Para ser sincero, eu ainda não consegui definir a natureza dos meus sentimentos. Só sei que, quando eu a vejo, quando estou perto de você, eu sinto uma emoção diferente, mais forte, que me tira do prumo. Não paro de pensar em você, nem quando estou trabalhando, tirando minha concentração no trabalho. Dothy vive dizendo que eu não presto atenção no que ela diz, ultimamente.

— Sinto muito por isso, mas você sabe que é errado e perigoso. Já cometemos o pior dos pecados, então não vamos complicar nossas vidas. — retrucou, ela

— Nós não vamos fazer nada demais, *bambina*. Apenas almoçar. *Sí?*

— Vamos ter que nos policiar de qualquer maneira, pois vamos estar em público.

— Ultimamente, por causa da aproximação do julgamento, não tenho saído para almoçar, por excesso de trabalho e por medida de segurança. Klaus acha melhor eu não me expor muito. Lorenzo então me manda o almoço do restaurante e tenho feito as refeições no meu gabinete. O que acha?

Ela demorou a responder.

— Mas... E seus funcionários... — perguntou hesitante. — Carlo, é arriscado alguém perceber alguma coisa e ainda mais no Tribunal, você já pensou? Vamos apenas almoçar, mas ficaremos a sós em seu gabinete. E se alguém interpretar errado o que estamos fazendo lá e usar isso contra você? Por Deus! É arriscado demais.

— Eles saem para almoçar às 11h55. E... Susan, não seja covarde. O pessoal sabe que tenho almoçado nos últimos dias em meu gabinete, pois é o segurança quem traz o almoço até lá. Não existe nada que nos comprometa.

Ela bufou.

— Não sou covarde. — retrucou-o irritada. — E se não existe nada para os de fora, porém nós dois sabemos que existe. E algo muito comprometedor por sinal. E isso já é o suficiente, não acha? — verbalizou ela com teimosia.

Lutando contra o certo e o errado, a razão e a emoção, Susan ficou alguns minutos em silêncio e então respondeu tão baixinho que ele quase não a escutou.

— Okay. Às 12 horas estarei lá.

Ela ouviu o suspiro de alívio dele.

— *Grazie, bambina!* — exclamou ele não escondendo a alegria. — Vai ser bom conversarmos...

Se só conversarmos... Pensou ela preocupada.

— Não tenho tanta certeza disso. — retrucou a jovem. — E... E se Kate aparecer por lá? — ela ainda argumentou, preocupada.

— Ela não vai aparecer. — respondeu pacientemente. — Está envolvida demais com as roupas de grife que vão chegar de Milão. Almoça todos os dias com a mãe. — explicou ele.

— Se você tem tanta certeza...

— Tenho. Durma bem, *bambina*, e sonhe comigo. *Buonanotte*. — despediu-se ele num tom de voz que a fez arrepiar-se...

Desligando o celular, Carlo aprontou-se para dormir, feliz, com o coração acelerado e uma excitação fora do comum. Parecia um garoto, marcando seu primeiro encontro com a garota de seus sonhos.

Dois dias depois, acordou mais cedo do que costume e quando chegou a cozinha para fazer o seu café na máquina italiana que ganhara de Aldo no Natal anterior, Kate já havia feito e estava quase terminando de tomar o seu. Carlo notou a bolsa e a mala de viagem, junto à porta.

— *Buongiorno, cara*. — cumprimentou gentilmente. — Vai viajar de novo? Mal chegou...

— Sim, vamos à Paris, eu e mamãe, para alguns desfiles. Já avisei Luigi.

Intimamente Carlo agradeceu o fato. Teria uma trégua nas discussões.

— Ficarei fora por uma semana. — explicou, tomando o café, fitando-o por cima da caneca, com um sorriso irônico nos lábios. — Aproveite. — disse ela depois de alguns minutos de silêncio, com voz mansa demais para o gosto dele. Previa discussão antes dela viajar.

Carlo parou com a caneca no caminho da máquina de café e olhou-a sem entender, franzindo a testa.

— Aproveitar? Trabalhando, você quer dizer? — perguntou secamente, sabendo que ia irritar-se...

— Ora, a dar atenção para sua menininha de cabelos dourados. — respondeu ela com sarcasmo. — Garanto que, durante o jantar do final de semana que eu não fui, ela derreteu-se toda em atenção e você babou todo com...

— Kate... — interrompeu, batendo a caneca na bancada, partindo-a em dois pedaços, fazendo-a pular de susto. Ele viu medo nos olhos dela. Ótimo! Você tem um dom extraordinário para acabar com o meu dia. — vociferou irritado. — De onde você tirou isso, *Dio* Santo? Você sabe que foi um jantar de agradecimento de Ed e Louise. Então, paramos por aqui! — retrucou ele.

— Ora, desde o Natal, tenho notado o quanto ela fica tímida quando vê você. É uma hipócrita, isso sim, e você também. Não engoli até hoje o presente que você deu a ela. Por que uma esmeralda? — perguntou olhando-o com raiva e indignação. — Aquele era o tipo de joia que você tinha que dar a mim, entendeu? A mim! — explodiu ela, levantando-se furiosamente.

— Então é isso? Não gostou do seu presente. Mas disse que adorou quando o recebeu. Agora é mentirosa? — perguntou, sarcasticamente.

— É irrelevante se gostei ou não. E não me chame de mentirosa! — gritou ela, descontrolada. — Mentiroso é você, seu estúpido! — continuou gritando,

— *Madonna*, Kate, vamos maneirar o seu tom de voz? E controle essa sua língua ferina, por favor! — pediu ele, furioso, além do limite.

— Não quero me controlar. Quero dizer tudo que está entalado na minha garganta, desde aquela maldita noite de Natal. — replicou ela brava.

— Já disse, abaixe seu tom de voz. *Mamma* pode ouvi-la. — lembrou ele

— Pois que ouça! — gritou ela. — Ela dá muita trela para sua "Cachinhos Dourados". — completou com sarcasmo tentando imitar sua voz, com uma careta...

— *Mamma*, sempre tratou Susan como uma filha. — retrucou-a, olhando-a friamente. — E para sua informação, foi ideia de Luigi o seu presente e o de Susan. Ele os escolheu.

— Hipócrita! Não tente me enganar. Você também não faz esforço para esconder a sua admiração por ela. Vi como você a fitava feito um bobo!

Virando de costas para ela, abaixou-se para pegar os cacos da caneca e jogar no lixo. Depois pegou outra do armário e encheu-a, contando até dez, para acalmar-se e encontrar as palavras certas. Então, ele virou-se de frente para ela e fitou-a com os olhos azuis soltando chispas, mal contendo a raiva.

— Não vou discutir com você! Nada do que eu disser vai contentá-la, portanto, boa viagem, Kate. Lembranças à sua mãe. — disse ele num tom de voz repleto de escárnio e dirigiu-se para a porta com o objetivo de ir para o seu escritório e tomar o café lá, antes de sair.

— E não me deixe falando sozinha, seu cretino! — gritou ela, perdendo a compostura.

Ele apenas deu de ombros e saiu da cozinha com a caneca, mas, antes, lançou um olhar fulminante para a esposa.

Estava entrando em seu escritório, quando ouviu-a porta bater e os xingamentos da esposa.

Pela janela viu a limusine dos Thompson esperando por ela, que entrou furiosa, sem nem mesmo cumprimentar o chofer que lhe abria a porta.

Sentando-se calmamente em sua poltrona, sorveu lentamente o seu café, procurando acalmar-se.

Que Dio me perdoe, mas estou começando a odiá-la, pensou irritado. *Até que ponto cheguei!*

Na quinta-feira, Carlo estava em reunião com toda a equipe da promotoria, nos preparativos para o grande julgamento de Mendonza. Estava atento ao trabalho, mas de olho no relógio, com a ansiedade de um garoto prestes a ver a garota desejada... Disse para si mesmo.

— Hora de almoço, pessoal. — disse ele olhando o relógio pela centésima vez e radiante por ter chegado a hora que tanto esperava.

Brian e Krista fecharam suas pastas e levantaram-se simultaneamente, enquanto Dorothy ainda tomava nota das últimas especificações.

— Não quer ir conosco, senhor? — perguntou Krista ao vestir o casaco, auxiliada pelo noivo.

— Não. Lorenzo vai mandar o meu almoço. Aliás, hoje tenho uma convidada. — disse casualmente, sem levantar os olhos do documento que lia. Porém sentiu que todos pararam o que estavam fazendo e olharam surpresos para ele.

— Katherine vem almoçar com você? — perguntou Dorothy incrédula pela ideia.

Carlo levantou a cabeça e riu da cara espantada de sua assistente e dos demais.

— Não, Dothy. Nesse momento Kate está a caminho de Paris com sua mãe, graças a Deus, onde ficará por uma semana. — respondeu sem esconder o quanto essa ausência o agradava.

Dothy e o jovem casal ficaram o olhando interrogativamente, muito curiosos.

— É uma linda garota que faz parte da minha vida, desde que nasceu. — respondeu casualmente, sorrindo para cada um.

357

Dorothy estreitou os olhos e sorriu lentamente.

— Ah... A *"Cachinhos Dourados"*? — perguntou sorrindo.

Dothy conhecia a história da garotinha que era a sua "sombra" no passado. Sabia que tinham se reencontrado no Natal na casa da sua mãe, mas não sabia sobre o envolvimento emocional que tinham no momento, é claro.

— Cachinhos Dourados? — perguntou Krista, sem esconder a curiosidade — Pelo apelido deve ser uma adorável garotinha.

Carlo riu e pensou no quanto Susan estava longe de ser uma garotinha. Aquela sua garotinha do passado não existia mais. Agora era uma linda mulher que o estava enlouquecendo, a cada dia.

— A garotinha cresceu e hoje é uma linda jovem de 27 anos. Mora em São Francisco e é arquiteta. Quero pedir-lhe algumas ideias sobre a reforma da vila que comprei na Toscana. — explicou, para que não houvesse nenhuma especulação.

Minutos depois, estava sozinho no gabinete, quando Steve ligou da portaria, dizendo que seu almoço havia chegado.

— Pode mandar subir, Steve. — respondeu enquanto tirava a gravata, desabotoava o primeiro botão e enrolava as mangas da camisa branca até os cotovelos. — Ah, Steve... Estou aguardando a senhorita Susan Hamilton. Quando ela chegar, por favor, indique-lhe o elevador privativo, por favor. Ela é da família.

— Perfeitamente, senhor. — respondeu educadamente o segurança e desligou.

Já tinha arrumado a mesa para dois, quando ouviu o telefone tocar.

— Sim? — perguntou numa calma que não sentia.

— A senhorita Hamilton acabou de chegar senhor. Já a coloquei no elevador.

— *Grazie*, Steve. — desligou o telefone com o coração aos saltos.

Esperava-a na porta, quando o elevador chegou ao andar.

Viu-a sair do elevador, linda como sempre. Vestia um casaco sete oitavos de lã verde-escuro e botas de saltos e cano alto, o que a tornava mais delgada e elegante. Os olhares de ambos se encontraram e permaneceram presos um no outro, à medida que ela se aproximava dele. Foi fácil perceber o quanto estava nervosa, pois ela era muito transparente. Ela parou a sua frente, e ele se deleitou com o seu perfume envolvente.

— Oi. — disse ela timidamente, encarando-o, com os olhos verdes brilhantes e apreensivos.

Ele fitou-a intensamente. *Está com medo*, ele percebeu.

— *Ciao, cara*. — respondeu ele afastando-se da porta, o suficiente para ela entrar.

Fechando a porta, Carlo se encostou nela e ficou a observá-la enquanto ela de costas, corria os olhos pelo ambiente cuidadosamente.

— Analisando a decoração? — perguntou ao perceber o interesse dela. — Aqui não se abusa na decoração.

— Sóbria, funcional e austera, como era de se esperar num gabinete de Tribunal. — respondeu ela virando-se e desabotoando o casaco que ele apressou-se em pegar e pendurar ao lado do seu, no cabide atrás da porta.

Olhou-a dos pés à cabeça. *Dio, como é encantadora.* Incrível o poder que ela tinha sobre seus sentidos.

— Está linda. — comentou num sussurro.

— Obrigada. — agradeceu ela timidamente.

A saia de lã era do tipo envelope na cor preta e a blusa branca de malha colante valorizava seus lindos seios.

Seu corpo gostou do que viu.

— Sente-se. O almoço já está servido. — disse ele, levando-a até a mesa que arrumara minutos antes, para os dois.

— Huum... O cheirinho está bom. O que Lorenzo mandou aqui? — perguntou ela, tentando quebrar a tensão que vibrava no recinto.

— *Fetuccine* com molho a quatro queijos. — disse ele, puxando a cadeira para que ela sentasse e depois se sentou frente a ela.

— É o meu favorito!

— Arrisquei que ainda seria o mesmo de quando você era criança, quando *a mamma* fazia o *fetuccine* para mim, no jantar. Você subia no meu colo e além de lambuzar-se toda, passava os dedos sujos na minha roupa. — respondeu ele, lançando-lhe um olhar carinhoso.

Ela riu e o som cristalino do riso dela o deixou fascinado.

— Eu era "pegajosa", não? — ela falou, envergonhada.

Seus olhos se encontraram e então ele negou com a cabeça.

— Não. — respondeu. — Você era uma criança adorável. — disse ele, sem esconder a emoção e tomando a mão dela que estava sobre a mesa. — Bastava você sorrir e eu fazia todas as suas vontades. Você nem imagina como senti falta de Cachinhos Dourados nos primeiros meses da universidade. — confessou apertando-lhe a mão carinhosamente.

Ficou olhando-a com uma intensidade perturbadora. Em seus olhos, ela viu desejo e paixão.

Susan suspirou e temeu se mover porque não queria quebrar o clima que havia se formado entre eles. O mundo parou ao redor deles.

Carlo foi o primeiro a reagir àquela magia.

— Bem que tal comermos antes que a comida esfrie? E temos apenas uma hora e meia, antes que o pessoal retorne. — disse ele soltando-lhe a mão, para abrir o vinho.

— Você veio dirigindo? — perguntou ele, enquanto rodava o saca-rolha.

Ela apenas fez que não com a cabeça.

— Então poderá tomar uma taça desta maravilha que Lourenço nos mandou. Eu posso tomar apenas meia taça, pois ainda tenho a tarde toda para trabalhar.

— Lourenço sabe que eu estou aqui? — perguntou assustada.

— Ele sabe apenas que tinha que mandar comida para duas pessoas. Não precisa preocupar-se, *cara*. Já lhe disse, não estamos cometendo nenhum crime. — respondeu ele, observando o turbilhão de emoções que passava naquele lindo rosto.

Em minutos saboreavam a massa deliciosa e sorvendo em pequenos goles o vinho, em meio a uma conversa descontraída, que serviu para relaxar a ambos.

Quando acabaram, juntaram os pratos descartáveis, jogando-os no lixo, e limparam os resíduos que denunciava o almoço que houvera ali.

Rindo, os dois terminaram a taça de vinho que tomaram em pequenos goles e Susan incumbiu-se de lavar as taças. Enxugando-as com papel toalha, deu-as a Carlo que guardou-as na bancada junto à parede.

— Pronto, não há nada que denuncie o grande almoço que tivemos. — disse ele esfregando as mãos e rindo num momento de diversão mútua. De repente, o riso morreu entre eles e seus olhares se encontraram. Susan piscou, desviando o olhar, sentindo-se temerosa do que podia acontecer ali.

Carlo fez sinal, indicando a poltrona frente à sua mesa, e, entendendo, ela sentou-se rapidamente, enquanto ele dava a volta em sua mesa e se sentava em sua cadeira giratória, ficando os dois frente a frente. *Quanto mais longe melhor...* pensou ele.

— Bem... Quanto às ideias... — começou ela.

Ele levantou a mão, impedindo-a de continuar.

— Nós dois sabemos que isso foi apenas um pretexto, para tê-la aqui, e poder desfrutar de sua presença encantadora, sem precisar dividi-la com ninguém. — disse ele quase num murmúrio, recostando-se na cadeira, fitando-a com mais intensidade.

— Carlo, nós... — disse ela remexendo-se desconfortavelmente na poltrona, com os olhos presos aos dele.

Mais uma vez ele interrompeu-a.

— Susan, não podemos ignorar o que sentimos, cada vez que ficamos perto um do outro. — disse ele colocando os braços sobre a mesa, com os dedos entrelaçados e inclinando-se para frente. — Quando você me olha assim eu tenho vontade de te beijar até ficarmos sem fôlego. — confessou ele, com voz rouca, sem desviar os olhos da boca sedutora.

Ela sentiu os lábios secos e passou a língua neles para umedecê-los.

Ele acompanhou o movimento erótico da língua rosada, gemendo intimamente, sentindo-se enrijecer.

Caspita, não faça isso..., pediu ele em silêncio, sem tirar os olhos daqueles lábios sedutores.

Ela percebeu o olhar dele em sua boca e sentiu-se corar.

— De novo, vermelha como um tomatinho... — observou ele rindo carinhosamente.

Calor e desejo transpareciam no olhar de ambos... Ele estava desesperado para abraçá-la e cobri-la de beijos. O desejo também estava lá, transparente, nos lindos olhos verdes dela.

Num ímpeto ela levantou-se para ir até o cabide pegar seu casaco.

— É melhor eu ir... — começou ela, mas parou quando ele levantou-se prontamente e dando a volta na mesa, puxando-a pela mão. Sentiu-a tensa a princípio e depois trêmula. Percebeu o seu medo.

Os dois se prenderam no olhar.

Tudo emudeceu ao redor deles. O coração da jovem estava quase explodindo, tomado pela excitante emoção do momento.

Ela sentiu a leve carícia dos dedos delgados e quentes em seu pulso e tentou puxar a mão, mas ele não deixou.

Foi quando Carlo percebeu uma lágrima escorrendo lentamente numa das faces.

— Susan... Que... Oh não... Você está chorando, *bambina*. Por quê? — perguntou ele preocupado, limpando a lágrima com o polegar.

Ela meneou a cabeça, virando o rosto, para fugir daquele contato.

— Isso está errado, Carlo. — disse ela num murmúrio, olhando-o nos olhos.

Delicadamente ele acariciou-lhe o rosto com as costas das mãos, sem tirar os olhos dela.

— Errado ou não, quando estou perto de você, me sinto queimar por dentro. — sussurrou-lhe, afastando uma mecha de cabelo da testa. — Onde quer que você esteja ou quer que esteja fazendo, nada, nada neste mundo pode me impedir de sentir você aqui... — disse ele, pegando-lhe a mão e colocando-a sobre seu coração. Sente como ele está agora?

Ela sentiu o bater descompassado do coração dele, tal como estava o dela.

— Susan, naquela noite em Houston...

— Não, não toque nesse assunto... — pediu ela, tentando puxar a mão, mas ele não deixou.

— Naquela noite... — continuou, como se ela não tivesse tentado interrompê-lo. — Aquela noite com você, eu me senti tão vivo, tão vibrante, como há muito tempo eu não me sentia.

Ele percebeu o rubor na linda face.

— Você, com seu calor, com sua doçura, com sua leveza, me deu vida — continuou ele. — me deu esperanças de felicidade, de compartilhar, de entrega emocional e sexual.

Ele agora a segurava pelos braços trazendo-a para si.

— Carlo, você não é um homem livre. Você tem a Katherine, sua esposa.

Ele soltou-lhe os braços para tomar seu rosto lindo nas mãos.

— Eu sei disso. Eu nunca pensei em trair a Kate, por isso tudo o que está acontecendo entre mim e você é também novo para mim. O que eu posso te dizer é que eu gosto do que eu estou sentindo com você.

Mas ela tinha razão. Ele deu um longo suspiro. Sabia que por enquanto, precisava resistir aos seus desejos. Em silêncio ele a deixou pegar o casaco, vesti-lo e abotoá-lo às pressas. Seguiu-a com os olhos, quando ela foi até a mesa de Brian e Krista, pegar a bolsa que ela colocara lá.

— Carlo, talvez nós dois precisemos de espaço e tempo para decantar tudo isso Acho que é melhor não nos vermos sozinhos, por um tempo.

Ele a fitava com um olhar frustrado.

— Não posso prometer algo que talvez não consiga cumprir. — respondeu ele sincero, querendo ir até ela, abraçá-la e tirar toda aquela tristeza de seus lindos olhos.

Já quando estava perto da porta, Susan olhou para ele.

— Você tem ideia de como seria, se por acaso alguém nos visse?

Ela estava corada e seus olhos brilhavam como estrelas, enquanto falava e ele a fitava deslumbrado. *Linda, pecadoramente linda...*

Percebendo que ele continuava a fitá-la sem ouvir o que dissera, ela repetiu.

— Você tem ideia, Carlo? — recuando ao vê-lo se aproximar lentamente.

Ele parou, colocou as mãos nos bolsos, meneando a cabeça de um lado para o outro.

— Não... tenho... a... menor... ideia... Ele falava pausadamente para enfatizar cada palavra enquanto se aproximava mais dela. — Só sei que estou louco de vontade de beijar você. — disse aproximando-se cada vez mais, sem deixar de fitá-la. *Só um beijo...*

Susan assustou-se quando sentiu a madeira da porta, em suas costas. Agora estavam tão próximos que podiam sentir o calor um do outro. Percebeu que ele tirou as mãos dos bolsos. *O que ele vai fazer meu Deus?* Pensou ela.

Incapaz de resistir por mais tempo, Carlo inclinou-se, enquadrou o rosto dela nas mãos olhando faminto para os lábios cheios e convidativos.

Susan sentiu seus lábios formigarem, ante a expectativa do beijo anunciado pelo olhar dele. O beijo, que a princípio foi lento e terno, tornou-se erótico, elétrico, fogoso e sensual.

Braços fortes a rodearam, enquanto ele explorava o interior de sua boca com uma paixão que a inundou de desejo, deixando seus seios rijos e pesados, e a familiar tensão em seu baixo-ventre. Ela o queria demais.

Ela não conseguia dizer nada, enquanto se beijavam. Ela já não lembrava mais, o que era certo ou errado. Inebriada pelo calor dos lábios dele, ela entreabriu mais os seus, numa explicita aceitação e então suas línguas se tocaram vorazmente, numa dança sensual e íntima. Ela enlaçou-o pelo pescoço e, inevitavelmente, ele puxou-a para mais perto do seu corpo másculo e rijo. E quando seus corpos se moldaram, ambos gemeram de prazer e ansiedade. Sôfregos, se abraçaram mais e, então, se entregaram ao desejo irrefreável, naquele beijo.

Fechou os olhos, inclinando a cabeça para trás, quando ele beijou seu pescoço.

Só o perfume da pele dela era suficiente para deixá-lo atordoado, doendo de desejo. Carlo perdia o controle rapidamente e, à medida que ela correspondia, ficava mais difícil para ele.

Susan sabia que precisava interromper aquele beijo, mas não tinha forças para lutar contra aquilo.

Segurando-a pela nuca com uma das mãos, ele puxou sua cabeça para trás e mordeu levemente o queixo e o lóbulo da orelha dela, fazendo-a retribuir da mesma maneira, com a mesma urgência. Descendo a outra mão até a cintura dela, puxou-a mais para si e Carlo nem se importou em revelar o tamanho de sua excitação.

Desesperados, deixaram que suas mãos acariciassem cada parte de seus corpos com frenesi. Ambos sabiam que estavam perdendo o restante do controle que ainda tinham.

— *Dio*, como eu te quero... — sussurrou ele, num gemido, esfregando-se sensualmente nela, mordendo-lhe o lábio inferior e sussurrando. — Eu te quero, tanto... tanto...

Sem se conter, foi levantando sua saia para acariciar-lhe a coxa macia e nessa hora ela ficou tensa e ele sentiu os braços dela o afastando.

— Não. Não, por favor, precisamos parar por aqui... — pediu ela baixinho, com o olhar transtornado de desejo e medo ao mesmo tempo.

Sabendo que ela tinha razão, ele suspirou soltando-a lentamente e afastou-se um pouco, colocando as mãos nos bolsos, para não correr o risco de puxá-la para seus braços, novamente.

Ela estava linda, com os cabelos em desalinho, o rosto afogueado pela paixão e os lábios inchados pelos beijos vorazes que trocaram.

— Tem razão. Desculpe-me, Susan, por favor. — disse ele sem esconder a frustração e passando as mãos no rosto.

— É por isso que não podemos ficar sozinhos.

Ele sacudiu a cabeça concordando, apertando os lábios, ainda sentindo o sabor dos lábios dela.

Ela passou os dedos pelos cachos do cabelo, tentando arrumá-los em vão e então pediu para usar o banheiro.

Minutos depois, recomposta, com os cabelos no lugar e maquiagem refeita, encaminhou-se à porta pegando na maçaneta. Ele continuava imóvel, no mesmo lugar, muito sério, olhando para os sapatos, com as mãos nos bolsos novamente.

— Acho que foi um erro vir até aqui. — disse ela, olhando-o com pesar. Rapidamente, ele ergueu o olhar.

— Não. — respondeu ele, chegando perto dela outra vez, sobrepondo uma das mãos na que ela mantinha na maçaneta. — Nós dois precisávamos disso. Agora eu tenho certeza de que eu tenho algumas decisões difíceis para tomar em relação ao meu casamento e a minha família.

Ela ficou em silêncio, olhando-o enquanto absorvia o que ele acabara de dizer.

Mordendo os lábios, sorriu suavemente com os olhos marejados.

— Então concordamos que é melhor nos mantermos afastados por algum tempo. Nós dois precisamos entender o que estamos sentindo. Pesar tudo que está envolvido para tomar nossas decisões. Agradeço pelo almoço e prometo que vou fazer a minha parte desse nosso acordo.

Ele assentiu com a cabeça.

— E eu farei o mesmo, já sabendo que terei bastante dificuldade.

Virando-se, Susan abriu a porta e saiu, fechando-a com cuidado.

Lentamente Carlo foi expulsando o ar de seus pulmões e retornou à sua mesa, aguardando seus assistentes, tentando se concentrar no trabalho.

Foi difícil conseguir chegar até o final do dia, escondendo suas emoções, pois sentia a todo o momento o olhar vigilante de Dothy sobre si. Depois de sua mãe, ela era a única pessoa que conseguia ver através dele. Ela fora a primeira a voltar do almoço e, ao entrar no gabinete, encontrou-o sentado com a cabeça apoiada nas mãos. Estava tão absorto que nem a ouviu chegar.

— Algo errado, Carlo? — perguntou, preocupada. Ele assustou-se ao som da sua voz. Ergueu a cabeça e olhou-a por um momento sem saber o que responder. — E o almoço com a senhorita Hamilton, foi tudo bem? — sondou ela sem deixar de fitá-lo.

— Aham... sim, foi sim. Foi ótmo!

— Essas correspondências estavam com Steve. Aproveitei para trazê-las. — disse ela mostrando várias correspondências e colocando-as em sua frente à mesa.

— Obrigado, Dothy. — respondeu ele pegando as correspondências, para ver seus remetentes.

A boa senhora sorriu e fez que sim com a cabeça, indo para a sua sala.

E assim o restante da tarde arrastou-se lentamente. Estava necessitando de um bom banho e ficar sozinho, para colocar seus pensamentos, e seu autocontrole nos eixos.

Os dois jovens assistentes já haviam saído, quando Dothy apareceu na porta.

— Steve avisou que seu amigo, o senhor Porter, gostaria de vê-lo.

Carlo deu um suspiro de alívio. Deus ouviu suas preces. Trouxera um amigo, com quem poderia conversar abertamente, sem esconder nada.

— Mande-o subir, por favor. — pediu, sorridente à assistente.

— Já está subindo. E eu estou indo. Tenha uma boa noite e até amanhã.

— Até amanhã, Dothy, e obrigado pela paciência, agora à tarde.

De repente, ela parou e voltou-se, aproximando-se da mesa e afagou-lhe a mão que descansava sobre a mesa.

— Ora, e eu não faço isso sempre? — disse ela, com aquela voz suave e materna e uma piscadela.

— Não sei o que seria de mim sem você.

— Bobagem. E não sei se reparou, mas sua camisa está sem dois botões... — observou ela com uma piscadela, apontando para o tecido amassado, e sem botões, onde Susan segurara enquanto ele a beijava. *Dio, nem se dera conta disso.*

Carlo sentiu o rosto esquentar ao perceber o amasso que as mãos de Susan fizeram, na hora do beijo, e que dois botões foram arrancados. Olhou para Dorothy muito envergonhado, sem saber o que dizer.

— Ã... eu... não per... cebi. — gaguejou, tentando arrumar a camisa com as mãos.

— Claro. — Dorothy respondeu, com um sorriso malicioso. — Ainda bem que você não recebeu visitas do Tribunal.

— É. Ainda bem. — respondeu-lhe, tentando fugir do olhar arguto dela.

— Bem, vou indo. Procure ir mais cedo para casa hoje. Sei que tem ficado até tarde aqui. — observou ela. Depois, delicadamente bateu no dorso da mão dele, que ainda estava sobre a mesa.

— Sabe, Carlo, às vezes, a gente tem que dar tempo ao tempo, meu querido.

Ele olhou-a em silêncio por uns minutos e depois vagarosamente anuiu.

Sem nada dizer, a gentil senhora foi se dirigindo à porta e, antes de abri-la, voltou-se lentamente e riu ao ver a expressão intrigada dele.

— Faça isso, *caro. Ciao, caro!* — despediu-se ela em italiano e piscando-lhe.

Sério, ele ficou olhando a porta fechada, por vários minutos e depois sorriu.

— Dar tempo ao tempo. Sim. É isso que eu tenho que fazer.

Fechando os olhos, rememorou o beijo entre ele e Susan, horas atrás. Apesar de tudo estar contra eles, ele sentia-se revigorado após aqueles momentos em que sentiu sua entrega apaixonada.

De olhos fechados, sorriu.

— Deve estar pensando em algo muito bom, para ter esse sorriso no rosto. — disse uma voz masculina, muito divertida.

Carlo abriu os olhos e, endireitando-se, levantou-se sorrindo para o amigo que tinha entrado sem que ele percebesse.

— Arthur, como está você *caro mio?* — disse ele, contornando a mesa para que pudesse abraçar o amigo.

— Muito bem e muito feliz com minha noivinha. — respondeu o publicitário, retribuindo o longo e afetuoso abraço.

Sentando-se um frente ao outro, se olharam com o afeto e a alegria presente pelo encontro.

— Estou sabendo por Kevin. Parabéns, *caro*. Sei que Sarah é uma jovem maravilhosa e que certamente o fará muito feliz.

Arthur fitou-o e piscou-lhe.

— Bendito encontro de Houston! Nunca imaginei que iria conhecer a mulher da minha vida lá. — disse com os olhos reluzentes de emoção.

Eu também amigo. E ao pensar nisso, Carlo se assustou. *A mulher da minha vida?*

— Se me dissessem há cinco meses atrás que eu estaria apaixonado e comprometido no final do ano, eu diria que estavam loucos. — concluiu rindo gostosamente o publicitário.

Carlo apenas ficou apreciando a alegria e a felicidade do amigo.

— E você, italiano? Desculpe, mas sei que o destino lhe pregou uma peça não? Você e Susan... Sarah me contou.

— Incrível, não? Após quase 20 anos sem nos vermos.

— E imagino o susto que levaram quando se reencontraram no Natal.

— *Caro*, você não tem ideia. O mundo pareceu desabar. Foi muito constrangedor para nós dois. Ela quase desmaiou. — disse Carlo, lembrando do rosto pálido de Susan.

— E agora, como se comportam, quando se encontram? — perguntou Arthur com curiosidade.

— Almoçamos juntos, aqui, horas atrás

Arthur olhou-o surpreso.

— Aqui? Só os dois? E... Ah... Agora entendo a causa daquele sorrisinho feliz que vi quando cheguei. — disse maliciosamente. — Sarah contou-me por cima que está rolando algo mais que uma amizade de infância entre vocês. É verdade?

— Meu amigo, se eu não fosse velho demais para essas coisas, eu diria que estou me apaixonando. — confessou, assustando-se com as próprias palavras.

— Carlo... diga-me, você e ela... Vocês... em Houston... — a pergunta de Arthur era cautelosa.

— Sim, dormimos juntos, na última noite de Houston. Se é isso que quer saber. — completou o promotor, decidindo ser sincero. Confiava em Arthur. — É por isso que o elo que nos une ficou mais forte. Cada vez que nos vemos, sentimos uma vontade louca de tocar-nos. — respondeu o italiano, colocando os braços para trás da cabeça e olhando o amigo com seriedade. — Nem com Kate, nos melhores momentos, senti uma coisa assim. Foi uma coisa mágica...

Arthur o fitava, sem acreditar no que ouvia.

— Caramba... Meu amigo sempre contido, sério... Carlo... Isso é inacreditável. E Kate?

— Acho que o tempo de Kate e eu está chegando ao fim Arthur. Tentei de tudo para ver se salvava o que restava do nosso casamento, mas não vejo mais caminho para isso. Hoje ainda, pela manhã, teve uma crise de ciúmes por causa de Susan. Ficou enciumada, porque eu e Luigi escolhemos um pingente com uma esmeralda para dar a Susan de presente, para festejar o reencontro com a minha garotinha de cachinhos dourados. — Comentou ele rindo.

— Garotinha que se transformou em uma linda mulher. — completou Arthur pelo amigo.

— E que transformou minha vida, virando-a de cabeça para baixo. — concluiu.

— O que pensa fazer? — perguntou o publicitário.

— Estou pensando seriamente em pedir o divórcio a Kate. Há tempos que já estamos dormindo em quartos separados.

— É uma decisão difícil. E quem sou eu para lhe dar conselhos, não? — disse rindo. — Porém, esteja bem seguro. — preveniu-o o publicitário. — E Luigi?

— Eu estou ciente disso, *caro*. Quanto a Luigi, já conversamos e ele diz que nós devemos ser felizes, juntos ou não. Deu-me total apoio, apesar de adorar a mãe.

Arthur riu.

— Você tem certeza de que Luigi só tem 14 anos? — perguntou Arthur, ironicamente.

— Sabe que às vezes até me espanto com a maturidade dele. — respondeu Carlo, com o coração transbordando de orgulho e amor pelo filho. — Talvez porque lhe faltou a companhia de irmãos.

Artur assentiu. Sabia o quanto Carlo queria ter mais filhos.

— Você comentou alguma coisa disso com Susan?

— Sobre o divórcio? Não, nem toquei no assunto. Eu não tenho o direito de envolvê-la nisso. Não quero que se sinta mais culpada do que se sente. Certamente iria pensar que o divórcio seria por causa dela. Arthur, eu não me iludo. Sou 15 anos mais velho que ela e sei que há um jovem grego interessado nela há tempos.

— Estou sabendo. Nicholas Antoniukis, herdeiro do maior estaleiro de Atenas.

— Esse mesmo. Então você acha que tenho alguma chance com ela? É só ele se empenhar mais e tenho a certeza de que ela o escolherá. — comentou com pesar.

— Mas, pelo que Sarah me disse, ela já o rejeitou duas vezes. — comentou o publicitário.

— Acho que é questão de tempo. Quando ela voltar para São Francisco, não me verá com frequência e o que os olhos não veem...

— O coração esquece? — terminou Arthur, com uma pergunta. — Não, quando há amor verdadeiro, companheiro, cúmplice. — completou o publicitário.

— Não quero iludir-me. Estou aproveitando esses momentos em que ela está próxima a mim. Ao menos, terei lindas lembranças de momentos intensos entre nós.

— Sinto muito, pelo momento complicado de agora.

— Não sinta. Ela fez com que eu me sentisse vivo. Ela me deu um dos momentos mais belos e intensos da minha vida, e isso já é o bastante. — respondeu Carlo, com um levantar de ombros. — Li tempos atrás alguma coisa de um autor, cujo nome não me recordo, mas que serve muito bem para mim: *"É duro ter que sufocar um sentimento e fingir que nada sentimos, quando, na verdade, não podemos gritar o tamanho desse amor, porque ele é proibido."*

Arthur assobiou baixinho.

— Amigo ou você está apaixonado ou eu sou um urso polar. — observou com divertimento. — Aproveite esses momentos ao máximo. E não esqueça de que Deus pode surpreendê-los, se for à vontade dele.

Carlo sentiu um arrepio pelo corpo, como se o amigo estivesse profetizando algo de bom.

— Que Deus te ouça, meu amigo. Mas fale-me de você e Sarah. Quando pensam em casar?

— Talvez no final de ano. A ruivinha também mudou minha vida para sempre. Ela é tudo o que sonhei como mulher, amiga, amante, companheira... Ah, um encanto...

— Te felicito, meu amigo. Tenho a certeza de que serão muito felizes.

— E seremos. — respondeu o loiro sem esconder a felicidade. — E o julgamento? — perguntou Arthur em seguida.

— Está quase tudo pronto para o grande dia! — exclamou Carlo, satisfeito com os preparativos finais do grande processo. — Só estamos aguardando mais algumas provas e então a qualificação do júri e depois o dia será marcado.

Ficaram mais uma hora conversando sobre diversos assuntos, quando saíram juntos do tribunal e resolveram jantar no Martinelli's.

— Eu vou com Klaus, como medida de segurança... — explicou o italiano, quando Klaus já o esperava.

— Por falar nisso, vejo que recuperou-se bem, não é?

— O ombro ainda incomoda. Mas, de resto, já estou cem por cento.

— Se cuide, amigo. Esses caras são violentos e perigosos.

— Não se preocupe. Estou bem protegido. — respondeu, indicando Klaus com um gesto.

Logo depois eram recebidos por Lorenzo no restaurante.

Disfarçadamente, Klaus também entrou e se acomodou numa das mesas próximas ao hall de entrada, onde podia visualizar quem entrava e saia.

Susan precisava abrir-se com Sarah, mais uma vez. Saíra do gabinete de Carlo, transtornada com o corpo trêmulo e frustrado.

Resolveu ir até casa dos pais de Sarah, onde a amiga se encontrava.

Seu corpo pedia mais do que aqueles beijos e amassos apesar de saber o quanto eram proibidos.

Quando chegou na casa de Sarah, a amiga fitou-a minuciosamente ao abrir-lhe a porta.

— Você esteve com ele. Acertei? — perguntou de supetão.

Susan arregalou os olhos surpresa com a percepção da amiga.

— Você por acaso é vidente? Como sabe? perguntou espantada.

— Ora, fácil, minha amiga... Pela sua cara já percebi... Você é muito transparente, querida.

Com calma, contou o que acontecera no gabinete de Carlo e o desfecho do encontro entre os dois.

— Amiga, talvez seja mesmo melhor vocês se darem este tempo. — comentou Sarah.

Susan concordou olhando firme para a amiga, sem falar nada.

Passaram a tarde toda conversando, parando apenas quando a mãe de Sarah as chamou para jantar.

— Ah, Arthur chegou hoje e disse que ia até o tribunal ver Carlo. — disse a ruiva, em determinado momento.

Susan olhou-a cautelosamente.

— Sarah você contou que eu e Carlo... que nós...

Sarah riu.

— Amiga, foi Arthur quem me perguntou sobre isso. Eu fiquei quieta e ele sorriu, com cara de desconfiado. E sabe o que ele me disse?

Susan olhou-a com as sobrancelhas arqueadas, com medo da resposta.

— Que era inevitável, pela maneira como se olharam, naquele hotel. Quando ele soube por mim que você ficara sozinha no hotel e Carlo também, ele tirou suas próprias conclusões. Desculpe, amiga.

Susan sentiu o rosto queimar.

— Meu Deus, ficou tão evidente assim? — perguntou preocupada.

Sarah riu gostosamente e anuiu.

— Para mim e os amigos dele, sim. Mas não fique preocupada. Só quem os conhece bem é que poderia notar algo diferente, quando vocês se olhavam ou estavam próximos.

Susan deu um longo suspiro de alívio.

— De qualquer forma,, agora vou fazer o que você já tinha me sugerido: um dia de cada vez, evitando ficar sozinha na presença dele.

— Vocês são adultos e sabem o que fazem. E Katherine?

Susan fez uma careta de desagrado.

— Às vezes nos encontramos por acaso, na frente de casa, em hora de saída ou chegada. Ela não faz esforço algum de ser simpática comigo e eu também não. Sei que morre de ciúmes de mim.

— Se ela soubesse a metade do que aconteceu entre vocês... — acrescentou Sarah.

— Com certeza mataria a nós dois, louca como ela é... — respondeu Susan, com expressão irônica. — Ainda bem que ficará em Paris, durante toda esta semana, com sua *simpática* mamãe. — acrescentou sem esconder o alívio.

— Caminho livre então! — exclamou Sarah batendo palmas, com um olhar maroto.

— Sarah, pelo amor de Deus, nem diga isso! É agora que devemos nos evitar ao máximo. — afirmou com ênfase. — E você mesma disse que estamos nos complicando demais.

A amiga riu e abraçou a amiga.

— Estou brincando, amiga. Desculpe.

Susan bateu de leve no braço da amiga.

Rindo as duas conversaram por mais algumas horas, antes de se despedirem.

Já passavam das 18 horas quando chegou em casa. Sentia-se congelar. Nevasca à vista.

Seus pais ainda não haviam chegado e Matt e Luigi escutavam música no quarto do irmão, pelo som alto que se ouvia da rua. Retirando o casaco, foi até a porta do irmão e abriu-a, após bater.

— Oi, meninos, sabia que dá para escutar o som na entrada do condomínio? — disse com um olhar bem-humorado.

Os dois olharam-na surpresos e constrangidos.

— Sério? — perguntou Luigi com os lindos olhos tão azuis quanto aos do pai.

— Oi, maninha. Foi bom seu passeio? — perguntou Matt, com um olhar constrangido.

Ao ver o irmão desligar a televisão rapidamente e pela cara assustada dos dois, desconfiou que eles estavam assistindo algo que não gostariam que ela visse.

— Já abaixei o som, Susan, está bom assim? — perguntou Luigi, vermelho feito um pimentão.

— Tudo bem, garotos, divirtam-se e juízo, hein? — despediu-se com uma piscadela marota aos dois.

Fechando a porta riu pra valer ao se lembrar da cara de *"ih, fomos descobertos"* deles. Os malandrinhos estavam vendo filmes eróticos. *Ah, os hormônios*, pensou num suspiro indo para seu quarto.

Já tinha tomado banho e estava preparando uns sanduíches e salada verde, quando os pais chegaram ao mesmo tempo.

Chamando os meninos, jantaram todos juntos.

Depois Susan ajudou a mãe a limpar a cozinha, enquanto conversavam sobre as atividades do dia. O pai foi para o seu escritório ler os novos livros de medicina infantil que comprara.

— E como foi o almoço com Carlo? — perguntou-lhe a mãe.

— Ah, foi ótimo. Conversamos sobre a Villa na Toscana, sobre nossos trabalhos, sobre o julgamento do tal Mendonza, sobre minha viagem a Athenas... E depois fui até a casa dos pais de Sarah. Ela e Arthur estão pensando em se casar no final do ano.

— Que maravilha! Ela deve estar muito feliz não?

— Mamãe, nunca vi duas pessoas se merecerem tanto, depois de vocês, como Sarah e Arthur.

— Que coincidência ele ser amigo de Carlo, não? Como se conheceram?

— Ã... ah... se não me engano foi no hotel em que ficamos em Houston, naquele seminário. — respondeu ela cautelosamente, não querendo dar muita importância ao assunto, para que a mãe não fizesse mais perguntas que não gostaria de responder.

— Em Houston? — disse a mãe virando-se para fitá-la. — Não me diga que vocês ficaram no mesmo hotel que eles, em Houston? Carlo também estava lá. Você não o viu?

Com o coração aos pulos, Susan pegou algumas louças para guardar, evitando assim olhar para a mãe.

— Mamãe, nem tivemos tempo para nada. E você esqueceu que eu e Carlo nunca nos reconheceríamos pelo tempo que não nos víamos? E depois como iria reconhecer Carlo, grisalho como está? Eu pouco encontrei com a turma de Carlo, que agora sei quem são e que Arthur era um deles. Sarah conheceu-o durante uma noite que fomos jantar fora e dançar num dos locais mais badalado de Houston à noite. Ele tirou-a para dançar e... Tudo começou. Romântico, não?

— É, ninguém sabe o que o destino nos reserva. — disse a mãe muito compenetrada no que fazia naquele momento.

Ninguém melhor do que eu para saber disso mamãe... Pensou.

— Simplesmente verdadeiro, minha mãe! — respondeu a jovem, aproximando-se da mãe e dando-lhe um beijo na bochecha. — Agora vou para o meu quaro ler um pouco.

— Ah, eu vou tomar um banho e dormir. Três partos e uma cesariana de risco me deixaram exaurida.

— Mas tudo correu bem, não?

— Oh, sim, tudo bem com as mamães e os bebês, graças a Deus.

— Então, boa noite, mamãe.

— Boa noite, querida. Bons sonhos... Com Nicholas. — disse brincando.

— Vou fazer força, ok? — respondeu no mesmo tom. *Nicholas? O homem que iria povoar seus pensamentos e sonhos, nada tinha a ver com o grego, a não ser a altura e a beleza máscula*, pensou. Enquanto Nicholas irradiava jovialidade, Carlo era a maturidade em pessoa, além de mais charmoso com aqueles cabelos grisalhos maravilhosos e com seus lindos olhos azuis naquela pele bronzeada naturalmente.

Deitada em sua cama, Susan sentiu arrepios, ao se lembrar dos tórridos beijos que ela e Carlo trocaram em seu gabinete.

Ela abraçou com mais força o travesseiro e fechou os olhos, sorrindo como uma garota apaixonada. *Oh, Carlo... você nasceu para ser o amor da minha vida! Não importa que você nunca possa ser meu, mas o que eu sinto por você estará sempre vivo em mim.*

Nos dois dias seguintes, não viu Carlo, mas recebeu um convite irrecusável de *mamma* Carmela para um café da tarde na mansão Martinelli, só elas duas. A princípio Susan ficou receosa porque não sabia como iria se comportar diante dela, uma vez que agora não seria apenas com *mamma*

Carmela que ela estaria tomando café, mas também a mãe do homem pelo qual se apaixonou. Por isso se preparou emocionalmente para a tarde que passaria com a querida vizinha de quem estava com muitas saudades.

    Ficaram horas relembrando e rindo do tempo em que Susan era criança e não saia da casa dela. Relembrou dos biscoitos que a *mamma* lhe dava tão logo os tirava do forno. Foi difícil aparentar naturalidade quando ela começou a falar de Carlo, contando que ele vinha trabalhando até tarde, preparando a acusação para o grande julgamento de janeiro. E a maior surpresa foi quando Carmela lhe contou os planos de aposentaria dele, que envolviam uma propriedade recentemente comprada na Toscana.

    Susan surpreendeu-se com a notícia, pois ele sempre demonstrara por ações e dedicação à sua carreira que não se aposentaria tão cedo. Mas de alguma forma a decisão dele fez sentido, afinal, depois de tudo que ele e a família vivenciaram nos últimos meses, escolher uma vida mais tranquila, em lugar cheio de história da sua própria ancestralidade e longe dos holofotes, era perfeito.

    — Imagino que tenha sido uma decisão difícil para ele encerrar a carreira de promotor tão cedo, mas, como sei que ele assim como eu valoriza acima de tudo a família e a segurança, faz todo o sentido ele ter escolhido assim. Imagino que ele esteja feliz com esta decisão.

    — Sim. Pelo que ele me contou a ideia é que a vila na Toscana seja o seu refúgio. Mas e você, *cara mia?* Já tem alguém ocupando seus sonhos e coração para construir uma família?

    Susan assustou-se com a pergunta e ruborizou-se, como se a idosa soubesse quem ocupava seus sonhos e coração.

    — Ainda não apareceu ninguém, *mamma* Carmela, mas quem sabe o que a vida nos reserva, não é?

    — *Vero, cara* (verdade, querida). Com certeza seu *amore* aparecerá na hora certa. — profetizou *mamma* Carmela.

    Sentiu alívio quando *mamma* Carmela lhe perguntou sobre seu trabalho e se estava bem-adaptada em São Francisco.

    — No começo estranhei, mas por pouco tempo. Logo me senti em casa. — respondeu a jovem.

— Fico feliz por isso. A pessoa tem que gostar do que faz, mas o local certo também ajuda. — complementou a senhora.

— Exatamente, *mamma* Carmela.

A conversa se estendeu levemente por mais algumas horas, até quando Susan viu as horas.

— Bem, infelizmente tenho que ir agora, mas adorei a nossa tarde.

— Também adorei revê-la agora tão crescida. Mande notícias, porque adoro saber de você.

As duas se abraçaram e prometeram repetir o encontro outras vezes no futuro.

Susan voltou para casa pensativa, realmente estava feliz pela tarde leve que teve com sua querida vizinha, mas o peso do segredo da sua relação com Carlo pairava sobre ela. Preparou uma salada e uma omelete de queijo para os pais que ligaram dizendo que estavam chegando.

Luigi apareceu para convidar Matt para dormir na casa dele, pois tinham um trabalho da escola para terminar.

— Huum... o que vocês dois vão aprontar, hein? — perguntou maliciosamente.

Ambos ficaram vermelhos como pimentões. Dando um beijinho em cada um, continuou com sua tarefa.

Os pais chegaram e os três se sentaram para o jantar, numa conversa

Já estava em seu quarto, procurando o livro para ler, quando o telefone fixo tocou, assustando-a.

— Alô. — disse suavemente.

— Susan, eu e Luigi estamos precisando de sua ajuda. Poderia vir até aqui? — disse Matt alegremente.

Seu coração queria sair pela boca. *Ir até lá? E Carlo?* Pensou aflita. *Sabia que Kate estava viajando com a mãe...*

— Que tipo de ajuda? — perguntou curiosa.

— Bem, eu e Luigi estamos como voluntários na comissão de jovens do condomínio. E ficamos responsáveis por oferecer sugestões para as obras das reformas da cancha de tênis e do vestiário aqui do condomínio.

Já fizemos alguns desenhos e pensamos em fazer uma maquete, para apresentar na reunião. Você nos ajuda?

— Carlo não pode ajudar? — perguntou cautelosamente usando o subterfúgio para saber se ele estava em casa.

— Ah, Luigi disse que, quando ele chegar do tribunal, nós já estaremos dormindo. Ontem ele chegou quase meia-noite.

Aliviada, pelas poucas chances de encontrá-lo, ela aceitou ir ajudá-los.

Por mais de duas horas, ficou com os dois garotos, no quarto de Luigi, ajudando e dando-lhes sugestões, começando a maquete para eles, enquanto ouviam música. Quando a música terminou, Luigi pegou um CD e olhou para Matt.

Susan riu.

— Você ainda tem um aparelho de CD? — perguntou a jovem, surpresa.

— Sim. Era do *papà*. E ainda funciona. Os CDs são do meu pai também. Adoro as bandas de rock dele. — explicou Luigi sorrindo feliz.

— Eu também tenho um que ganhei dos meus pais quando tinha 13 anos. — disse Susan. — E ainda ouço meus CDs daquele tempo.

— Bem, como você foi legal em nos ajudar... — começou Luigi. — Vou colocar uma música em sua homenagem. — concluiu ele, com uma piscadela marota. — Meu pai disse uma vez que cantava para você, quando ficava chatinha. — observou divertido.

Susan parou o que estava fazendo e sentiu uma emoção imensa, ao se lembrar do carinho de Carlo, quando ela era uma garotinha.

Tinha quatro anos, mas algumas coisas ficaram marcadas e a música foi uma delas.

— *Ti voglio tanto bene...* — disse emocionada. — ... Quanto tempo que não ouço essa música, Luigi. Obrigada, querido.

O garoto ligou o aparelho e a música inundou o quarto e o coração de Susan. Ela deixou-se levar pela linda canção. Lembranças dos momentos inesquecíveis de paixão e luxúria naquela suíte de hotel em Houston tomaram conta de seus pensamentos, enquanto terminava de colar a base da maquete para os meninos. De repente, assustou-se ao olhar o relógio.

— Meninos, faltam 15 minutos para meia-noite. Hora de dormir, não acham? Daqui a pouco Carlo chega e vai querer silêncio para dormir. Amanhã, se precisarem, voltarei a tarde para ajudá-los ok?

Guardando o material e arrumando a bagunça que fizeram, os dois garotos concordaram.

— Obrigado por hoje, Susan. — disse Luigi, dando-lhe um beijo na face.

Matt também se aproximou e beijou-a ruidosamente.

— Você é a melhor irmã do mundo! — exclamou ele feliz.

— Sei. Aduladores. Adoro vocês! Boa noite. E não façam barulho, certo?

Ao sair do quarto de Luigi, Susan fechou a porta vagarosamente e começou a encaminhar-se para a escada, quando estacou e seu coração descompassou terrivelmente.

Oh, não, por favor...

Carlo saia do quarto de hóspedes, somente de cueca boxer, a camisa totalmente desabotoada e descalço. Era o pecado em pessoa. Distraído, passava uma das mãos nos cabelos, demonstrando cansaço. Ao levantar a cabeça, a viu e estacou também. Não escondeu a surpresa no olhar.

— Susan... O que faz aqui a essa hora? — perguntou baixinho.

O corredor estava na penumbra, mas Susan percebeu o brilho intenso daqueles olhos azuis que a fitavam dos pés à cabeça.

Totalmente paralisada, ela não conseguia desviar o olhar daquele belo torso bronzeado e firme sob a camisa aberta.

Sentiu o seu desejo aflorar, quando seu olhar pousou nas pernas másculas firmes e na marca de sua virilidade evidente pela cueca boxe.

— Susan, está me ouvindo? Ei? — disse ele aproximando-se com um olhar travesso.

Foi quando percebeu que ele acompanhara todo seu escrutínio descarado.

Sentiu as faces pegarem fogo.

— Ã... Eu... Eu... vim ajudar os meninos... Eles me pediram para... — por mais que tentasse, não conseguia falar com firmeza, diante daquele olhar sedutor.

Vendo o olhar tímido dela, ele se olhou e se deu conta de que estava pouco vestido.

— Desculpe estar assim... — se desculpou, apontando seu corpo de cima a baixo. — Mas cheguei agora e estava indo dar boa noite a Luigi. Se soubesse que estava aqui eu... — falou, começando a abotoar o botão do meio da camisa.

— Não... não se preocupe, já estou de saída. — se apressou em dizer, tentando passar por ele, mas ele foi mais rápido, se posicionou como uma muralha, impedindo-a de passar.

— Calma, *bambina*. Não importa o que veio fazer. Estou feliz em vê-la. É um bálsamo para essa minha exaustão mental. — disse ele, ainda baixinho, pegando em suas mãos, apertando-as e vagarosamente puxando-a para mais perto.

Susan olhava-o com precaução e fascinação.

— Eu senti a sua falta... — ele comentou baixinho.

— Eu... Eu também... Senti sua falta. — respondeu quase num sussurro e olhando para trás, onde estava a porta do quarto de Luigi. Os... Os meninos... Matew vai dormir aqui... — tentou explicar.

— Venha comigo. — percebendo a preocupação dela, empurrou-a suavemente para dentro do quarto de onde ele saíra há poucos minutos.

Fechou a porta atrás de si com cuidado e pegou-a pelos antebraços, olhando-a intensamente.

O quarto estava na penumbra e ela só viu a grande cama de casal pronta para ser usada. *O quarto dele...*, pensou atordoada.

Voltou-se para a porta, com a intenção de sair.

Ele a impediu, segurando-a com intensidade.

— Este é o seu quarto. — afirmou ela, olhando-o fixamente.

— Deixe-me ir...

— É o quarto de hóspedes, mas por enquanto é o meu. — respondeu ele sorrindo-lhe calmamente, como se fosse a coisa mais normal do mundo ela estar ali com ele.

— Carlo, não, por favor, não podemos... Não em sua casa. Os meninos... — disse ela tentando se soltar inutilmente.

Ele riu baixinho, cujo som deixou-a arrepiada.

— Hei, calma, *bambina*, não vamos fazer nada pecaminoso... — provocou ele, com um brilho de divertimento nos belos olhos azuis. — Não tenha medo. Confie em mim, *sí?*

— Carlo... — ela tentou mais uma vez soltar-se, mas sentia-se vibrar com o toque dele. Não era mais capaz de resistir a ele. *Me perdoe, Senhor, mas não consigo...* — pensou completamente entregue às sensações que ele lhe despertava.

Ele puxou-a tão perto, que desta vez ela sentiu o calor do tórax desnudo e a rigidez das coxas musculosas, e sentiu que ele estava se excitando, o que a deixou em brasas... *Estou perdida*! Pensou, sentindo seu coração querendo sair pela boca.

Uma das mãos dele enlaçou sua cintura, prendendo-a fortemente, e com a outra, ele começou a acariciar-lhe os cabelos, o rosto, o pescoço numa jornada preguiçosamente erótica, despertando-lhe sensações maravilhosas.

Ele inclinou a cabeça e depositou um beijo suave na boca perfeita. Sem desviar o olhar dos lindos olhos verdes, ele lhe deu outro beijo suave. O roçar dos lábios dele, só fez atiçar ainda mais o desejo dela. O mesmo desejo e paixão que ela via nos olhos dele.

Então, tomaram consciência de que bastavam se encontrar uma única vez para se esquecerem do mundo e de tudo que nele havia. Exceto um do outro.

Ele acariciou seus lábios com a língua sem deixar de olhá-la para apreciar-lhe as emoções que ele despertava a cada toque, a cada beijo seu. Adorava ver aquele lindo rosto afogueado.

Apertando-a mais, vagarosamente foi invadindo sua boca com a língua e ela então se entregou ao beijo.

Como o beijo entre eles jamais poderia perdurar em lenta carícia, a paixão reprimida há tanto tempo explodiu. Era forte demais para ser contida. Vagarosamente ela colocou as palmas das mãos sob a camisa e lentamente foi subindo, numa sensual caricia, até alcançar-lhe os ombros e enlaçar-lhe o pescoço, terminando por acariciar os cabelos da nuca. Com isso, puxou-o mais para si, colando-se ao corpo másculo, para que o beijo entre eles pudesse se aprofundar ainda mais. Ao sentir o volume de sua excitação, Susan deu um gemido e deu-se conta de que ele estava apenas de cueca e a camisa aberta. Esquecendo-se de tudo, ela apertou-se ainda mais nele, iniciando uma dança sensual com seus quadris sobre a esplêndida masculinidade evidente sob o tecido da cueca.

Carlo gemeu e respondeu da mesma maneira.

— Susan... — sussurrava ele, intercalando gemidos, beijos e caricias, pelo seu esguio pescoço, pelos seus ombros, ao deixá-los livres quando lhe puxara a gola para o lado, entre uma mordidinha ou outra nos lóbulos das orelhas.

Apertavam-se desesperadamente um no outro, trêmulos, ofegantes, seus corações acelerados em uníssono. Susan sentia-se perdida em desejo, sentia o calor familiar no corpo, e seus seios ficarem cada vez mais intumescidos, enquanto seu baixo-ventre pegava fogo.

Com frenesi, ele puxou-lhe a blusa e tirou-a por cima da cabeça, jogando-a no chão e deixando-a apenas com o soutien de renda branca que o deixou em brasas. Ao sentir as mãos dele sobre seus seios, acariciando-os por cima da renda do soutien, ela achou que nada poderia ser mais sensual, mais erótico, mais prazeroso, do que aquilo.

— Como é bom senti-la e beijar esse corpo maravilhoso, sentir o perfume de sua pele... — sussurrava ele totalmente tomado pelo desejo desenfreado.

Susan sentiu o corpo estremecer de maneira incontrolável, enquanto a sensação torturante de prazer arrancava-lhe um grito abafado de excitação, ao senti-lo apertar e acariciar o bico dos seios com os polegares, fazendo-os enrijecerem ainda mais.

Tomada pelo mesmo desejo, ela tirou-lhe a camisa e começou a beijar-lhe o tórax com ardor, sentindo-se poderosa, ao ouvi-lo gemer baixinho, dando-lhe a certeza de que ela, também, podia deixá-lo louco de prazer.

E os beijos se sucediam com redobrada intensidade. Só se ouvia a respiração de ambos, ofegantes, loucos de paixão. Quase que ao mesmo tempo, tocaram-se intimamente, provocantemente.

Susan sentia as pernas moles e Carlo, por sua vez, sentia o suor escorrer-lhe pela testa. O controle de ambos estava chegando ao fim.

Ele deixou seus lábios por uns momentos e fitou-a com os olhos enevoados pelo desejo e arfando ruidosamente. Enquadrou seu rosto nas mãos e beijou-lhe as pálpebras, suavemente, esfregando-lhe o polegar nos lábios carnudos, inchados e vermelhos dos beijos trocados.

— Eu quero você... — murmurou ele sem deixar de olhá-la e cada vez mais arfante. — Adoro seu perfume, ele me inebria.

Ele a beijou entre o vale dos seios e quis retirar-lhe o soutien, mas ela o impediu com as mãos trêmulas.

— Não... por favor... não... — sussurrou ela, tentando retomar a sensatez, pelos dois.

Ele continuou e numa lenta tortura deu-lhe leves mordidinhas nos bicos de seus seios sobre a renda do soutien, alternadamente, fazendo-a arquear-se para facilitar-lhe o acesso. Então começou a empurrá-la com gentileza até a cama, caindo pesadamente sobre ela completamente descontrolado.

Ela quase desnuda da cintura para cima e ele somente de cueca, tornava o contato mais íntimo e mais prazeroso, mas também mais perigoso.

Ela sentiu sua masculinidade e a dor na parte mais baixa de seu ventre aumentou.

Fechando os olhos, agarrou os ombros largos e entregou-se as caricias no pescoço e nos lóbulos das orelhas, jogando a cabeça para trás, num total abandono.

Sob o corpo dele ela se contorcia na medida em que ele trilhava pequenos e suaves beijos no vale dos seios, na barriga, no umbigo até o início das coxas. E então, levou um susto, quando, furiosamente, ele tirou-lhe a calça comprida, deixando-a só de calcinha.

Ele começou então a provocar seu ponto mais secreto e sensível sobre a renda da calcinha. Ela ficou rígida mais uma vez.

— Confie em mim... Relaxe, *bambina*. — sussurrou-lhe ofegante.

Ela gemeu alto, quando lhe sentiu a boca em suas coxas.

Aaah... eu vou morrer.

Seus quadris moviam-se numa dança sinuosamente erótica em direção à boca masculina, arrancando dele gemidos e sussurros sem nexo, levando a tensão sexual deles ao limite. Apoiando-se pelos cotovelos, ele acariciou-lhe os longos cabelos, fitando-a de uma maneira que ela não sabia se o que lia neles era imaginação ou realidade.

— *Bambina*... Quantas noites neste quarto sonhei em tê-la assim em meus braços, totalmente entregue como em Houston.

Susan não conseguiu reter as lágrimas, pela emoção daquela declaração, e num impulso beijou-o apaixonadamente, e ele retribuiu com a mesma intensidade. Deixando seus lábios, ele começou a lhe enxugar as lágrimas com a língua e depois foi descendo, dando pequenos beijos, do pescoço ao ventre, apreciando com os lábios sua pele aveludada. Num movimento rápido, subiu-a mais para cima, de modo que seus sexos ficassem em contato direto. Somente a roupa íntima os impediam de consumar a invasão prazerosa. Beijando-a com paixão, Carlo começou a movimentar-se lentamente como se a estivesse penetrando, dando um prazer incrível aos dois. O som da fricção sobre o tecido de suas roupas de baixo era ouvido no silêncio do quarto, além de suas respirações ofegantes e a poderosa excitação de ambos.

Ela contorceu-se, entregando-se a sensação prazerosa que corria pelo seu corpo.

Com firmeza, ele segurou-a e continuou com sua doce tortura, naquela dança erótica dos corpos, com Susan acompanhando-lhe os movimentos.

Com a cabeça indo de um lado por outro, ela agarrou-se na coberta e então explodiu em um orgasmo incrível.

Carlo então a segurou pelos quadris e ergueu-se sensualmente sobre ela, enquanto ela ainda estava em êxtase. Vê-la no auge do clímax, com as faces rosadas e os olhos enevoados de paixão, era a coisa mais linda que já vira. Deu-lhe um suave beijo na ponta do nariz, e depois, na testa.

— Ah, cara, você... me deixa... louco. Se não fosse nossas roupas íntimas... — sussurrou ele ao seu ouvido, antes de beijá-la ardorosamente. Carlo aumentou o ritmo e a intensidade da dança erótica sobre ela. Aquilo era selvagem, devasso, urgente e frenético, e não havia espaço para a razão e só para o que ambos sentiam. E novamente aquela familiar pressão crescendo, cada nervo do corpo dela clamava por mais e mais a ponto de sentir uma vontade louca de tirar toda a roupa e consumar o ato de amor em sua plenitude.

Até que não suportando mais, não conseguiu controlar o grito de prazer, prontamente abafado pelo beijo de Carlo, que também se perdeu naquela espiral de sensações que só a plenitude do prazer sexual satisfeito fazia acontecer. O eco da sua respiração ofegante fazia-lhe cócegas nos ouvidos e os corações de ambos estavam totalmente descompassados. Susan retribuiu o abraço apaixonadamente, exausta e feliz pelo momento.

Ficaram abraçados, testa com testa, aos poucos a respiração de ambos voltando ao normal. Ele ergueu-se novamente pelos cotovelos e acariciou-lhe o rosto afogueado, com ternura.

— Senti muitas saudades, Susan...

Ela acariciou-lhe os cabelos grisalhos e beijou-lhe as pálpebras. Ele deu um longo suspiro.

— Mas e você? — perguntou ela preocupada com o prazer dele. — Não é justo que... — ela fitou-o constrangida.

Ele impediu-a de falar com um dedo em seus lábios e riu de uma maneira que a fascinava.

— Quem disse que eu não consegui sentir prazer? — perguntou maliciosamente. — Fui junto com você, *Bambina*. Conseguimos nos dar prazer e eu pude ver novamente o seu rosto lindo enquanto chegava ao clímax. Você se arrependeu?

Ela sorriu feliz.

— Claro que não. Foi uma experiência maravilhosa! — respondeu abraçando-o.

— Eu não sei quanto a você, mas a conexão que eu estou sentindo com você é muito mais do que "pele". — sussurrou-lhe, tornando a capturar-lhe a boca inchada, para um rápido beijo.

Ela o fitou com um olhar resignado.

— Eu já não sei mais o que fazer... Também sinto algo muito forte, além do que apenas uma atração sexual por você. Mas isso pode nos trazer muitos problemas.

De repente escutaram as vozes e as risadas dos meninos passando pelo quarto. Rapidamente, Carlo levantou-se num salto e foi trancar a porta, evitando que Luigi entrasse para ver se ele já havia chegado e olhando para ela, colocou o dedo nos lábios, em sinal de silêncio.

Aguardaram inquietos, mais alguns minutos e então escutaram os dois jovens voltarem e logo depois o som da porta do quarto de Luigi, quando a fecharam.

Com um suspiro de alívio, eles sorriram um para o outro em cumplicidade.

Mesmo assim, Susan sentiu-se desconfortável, pois estavam fazendo algo escondido e errado. Sentiu-se mal ao dar-se conta do que haviam feito mesmo não chegando às vias de fato.

Como que adivinhando seus pensamentos, ele meneou a cabeça.

— Não. — pediu ele. — Não pense em nada, por favor. Foi um momento só nosso. Logo você estará de volta a São Francisco e eu totalmente imerso no trabalho. Teremos tempo para pensar e tomar as decisões que precisamos. Eu já tomei algumas, mas preciso me organizar para executá-las, porque elas tocam muitas pessoas na minha vida.

Ela simplesmente o fitou em silêncio, pois não sabia o que dizer.

— Está bem. Talvez com a distância fique realmente mais fácil de lidarmos com tudo isso. Bem, agora tenho que ir, antes que deem por minha falta lá em casa.

Carlo vestiu sua camisa depois ajudou Susan a vestir o suéter de lã, não sem antes dar um beijo no vale dos seios generosos, depois ajudou-a com a calça jeans.

Ela passou os dedos pelos cachos desordenados e aproximaram-se da porta juntos. Ele abriu-a cuidadosamente e olhou para o corredor antes de deixá-la sair.

Mas antes que ela colocasse os pés para fora do quarto, ele puxou-a novamente e beijou-a apaixonadamente.

— *Buona notte, bella mia!* — sussurrou-lhe.

— *Boa noite.* — respondeu ela, tratando de sair o quanto antes daquele quarto e da casa.

Fechando a porta do quarto, Carlo recostou-se nela e fechou os olhos, feliz como não se sentia há tempos.

— *Dio*, como eu a quero! Tivemos aqui algo muito especial... — murmurou. Olhando para baixo, viu o resultado de seu orgasmo e franziu a testa. Precisava de um banho e logo.

Seguiu até o banheiro e entrou logo no chuveiro.

Estava se sentindo pleno. Saciado. E feliz!

Minutos depois, já vestido com seu roupão atoalhado, foi até o quarto de Luigi que estava com o amigo, assistindo a um jogo de basquete, para cumprimentá-los e dar-lhe boa noite. Quando disseram que Susan havia estado ali com eles, fingiu não saber de nada...

Retornando ao quarto, deitou-se e sorriu ao sentir o perfume de Susan em seu travesseiro. Sorriu ao se lembrar dos momentos apaixonados que tiveram naquela cama.

Fechou os olhos e dormiu tranquilamente como não fazia há dias. Levantou-se cedo no dia seguinte e foi nadar. Mudara os hábitos dos exercícios físicos noturnos para as manhãs, desde que começara a fazer fisioterapia após a agressão.

Às 8 horas já estava em seu gabinete, com Dothy ajudando-o na organização da pauta do dia. Quando Brian e Krista chegaram já haviam terminado e assim conseguiu trabalhar com os dois jovens assistentes que estavam muito animados e ansiosos com a aproximação do julgamento, pois seria o primeiro que eles participariam como assistentes direto do promotor.

Às 12h30 como nos últimos dias, Lorenzo mandou-lhe o almoço o qual comeu com muito gosto. Parecia mais faminto do que nos dias anteriores. Sentia-se mais relaxado e feliz pelos momentos que tivera com Susan em seu quarto, mas a culpa ainda o assombrava. *Como vou lidar com isso, Dio mio? Acho que estou me apaixonando por ela, mas não sei como encarar o fim do meu casamento com a Kate. Porque eu acho que é isso: o fim do meu casamento.*

Passou o resto do dia envolvido com o trabalho, mas com o pensamento tumultuado pelos seus conflitos internos. Já era madrugada quando chegou em casa. Havia um bilhete de Luigi em seu quarto dizendo que Kate telefonara avisando que estendera sua viagem para mais alguns dias.

Após tomar o seu banho, foi até a cozinha ver algo para comer.

Sentando-se na bancada com um cálice de vinho e um pedaço de pão e provolone, começou a organizar mentalmente o que faria no julgamento.

Já participara de centenas de julgamentos e já levara para a cadeia muitos criminosos e desmantelara algumas máfias, mas essa comandada por Rick Mendonza era a maior e mais perigosa, com tentáculos em todos os tipos de contravenções nos Estados Unidos e na América do Sul...

O facínora tinha respaldo de pessoas influentes no governo e Carlo sabia que ainda corria risco de vida. Klaus continuava protegendo-o com toda sua equipe de segurança.

Logo depois, deitado em sua cama, seus pensamentos mudaram radicalmente do trabalho para a doce Susan e de como sentia cada vez mais assolado pela culpa de trair Kate.

Susan passou as duas últimas noites sonhando, desejando algo que não podia ter. *Será que isso que sentimos um pelo outro é forte o suficiente para superar todos os desafios que virão ao assumirmos uma relação?*

E se ele não conseguir se separar? E se ele se separar, como isso tudo vai afetar nossas famílias?

Passaram mais alguns dias sem se ver ou se falar. O silêncio entre eles era cheio de conteúdo e a distância dolorida.

Algumas vezes Susan viu da janela do seu quarto Carlo e Luigi se encontrando na porta de casa. Ao ver pai e filho juntos, a ideia de um futuro relacionamento entre ela e Carlo parecia cada vez mais impossível.

Quando faltavam dois dias para voltar a São Francisco, Susan estava pensativa mais uma vez na janela de seu quarto, quando viu Katherine chegar na limusine da família dela, ao mesmo tempo que Carlo chegava em casa. Viu quando o motorista levou a bagagem para dentro da casa, enquanto ela ia ao encontro do marido languidamente, jogando-se em seus braços, dando-lhe um beijo, quase o derrubando.

Sentiu um aperto no coração, quando notou as mãos dele, nos antebraços dela para retribuir o beijo.

Susan sentia como se tivesse levado um soco no peito, com lágrimas nos olhos afastou-se da janela e jogou-se na cama.

Ele ainda a ama apesar de tudo, pensou desolada. *Ele ainda a quer!*

Dormiu mal, depois de chorar muito. Na manhã seguinte ao ligar o celular, viu o registro de 9 ligações não atendidas: uma de Sara e 8 de Carlo, mas preferiu não retornar nenhuma delas, pois precisava de tempo.

Acabara de se sentar para almoçar, quando Mathew chegou na sala de refeições trazendo o celular de Susan que tocava.

— Su, estava vindo quando ouvi seu celular tocando. Você não estava no quarto... — concluiu ele entregando-lhe o aparelho.

— Quem é? — perguntou com o coração aos pulos.

— Não sei, não diz o nome. — respondeu o irmão dando de ombros. — É de um número oculto.

Susan sentiu uma pontada de decepção ao não reconhecer o número.

— Alô... — atendeu curiosa.

— *Ciao, cara*, esqueceu o celular na bolsa? — ouviu a voz grave que torturava suas emoções.

Rapidamente Susan olhou para o irmão que a fitava, sem esconder a curiosidade. E em silêncio, agradeceu aos céus por sua mãe não estar ali, pois não conseguiria esconder nada da mãe.

— Oi... ãh... não... sim. — respondeu sentindo o rosto pegar fogo. — Na verdade, creio que estava sem bateria e só vi hoje pela manhã.

Mathew fazia-lhe sinais com as mãos, perguntando-lhe quem era.

Cobrindo o aparelho com a outra mão, Susan murmurou.

— É Justin! — mentiu para não aguçar mais a curiosidade do irmão e se levantou encaminhando-se ao quarto.

— Liguei várias vezes... Até pensei que não queria falar comigo. — queixou-se ele suavemente.

Ela ficou em silêncio.

Ela fechou os olhos e sorriu amargamente.

— Realmente, não. Vi que ontem sua esposa voltou de viagem. — respondeu ela, procurando demonstrar uma firmeza na voz, que não tinha.

O silêncio dele foi notório. Quando pensou que a ligação fora interrompida, ela ouviu a voz dele, cautelosamente preocupada.

— Sim, Kate voltou ontem. Mas... o que tem isso...

— Carlo, ela é sua esposa e fazia mais de uma semana que vocês não se viam... — interrompeu-o.

— Sim, é verdade, mas... Susan, por acaso você está pensando que nós festejamos a volta dela, na cama? É isso que está pensando? — perguntou ele, sem esconder a surpresa com uma pontada de decepção na voz.

— E não é? — respondeu ela com outra pergunta. — Afinal, vocês se beijaram e se abraçaram quando ela chegou e pareceram estar com muitas saudades, os dois.

Silêncio do outro lado.

— Susan, não...

— Carlo, eu acho que você talvez ainda a ame. Amanhã eu volto para São Francisco e será melhor para nós dois, por favor... — disse ela num murmúrio triste.

Ela ouviu um longo suspiro impaciente do outro lado da linha.

— Susan não existe mais casamento entre mim e Kate há muito tempo. Mesmo antes de nosso reencontro no Natal, eu e ela já dormíamos em quartos separados. — disse ele persuasivo.

— Quando vi vocês dois juntos, cheguei à conclusão de que o que nós estamos fazendo não é justo, não é correto para com nenhum de nós. Só vai haver mágoas, desenganos...

Susan sentiu lágrimas escorrendo em seu rosto.

— *Bella mia*, o que você viu foi *ela* me beijar e me abraçar. Eu logo a afastei e ainda fazendo um esforço enorme para ser gentil, pois havia alguns vizinhos nos olhando, além de Klaus que ainda se encontrava ali. Ela adora fazer essas demonstrações de intimidade frente aos outros. Mas eu não retribui os carinhos, você não percebeu?

— Não, não vi. — respondeu ela.

— É uma pena, pois foi o que realmente aconteceu.

— Fiquei tão confusa que saí logo da janela. — confessou ela.

— Eu também estou confuso, mas nós combinamos que íamos nos dar tempo e espaço para resolver este emaranhado em que estamos. Eu quis te ligar hoje, porque sei que você vai embora amanhã. — disse ele cauteloso. — Talvez possamos ao menos nos falar ao telefone durante este tempo em que estaremos distantes, o que você acha?

Ela ficou em silêncio por alguns minutos, pensando no que ele sugeriu.

— Acho que sim. Vou gostar disso.

— Que horas você vai amanhã?

— Meu voo sai às 22 horas do La Guardia.

— Desejo então que você faça uma boa viagem. Por favor, me avise quando já estiver em casa, mesmo que seja tarde.

— Okay. Obrigada por te me ligado.

— *Ciao, bella*, da próxima vez que nos falarmos estaremos cada um em um estado. Sonhe comigo, porque tenho certeza que eu vou sonhar com você.

— Tchau, Carlo. — respondeu ela, sorrindo.

Lentamente ela apertou o modo desligar.

— Como demorou... — queixou-se o irmão, enquanto ela sentava-se frente a ele. — O que Justin queria?

— Que eu comprasse algumas coisas para o escritório. — respondeu ela, sem levantar os olhos do prato, dando por encerrada a curiosidade do irmão.

Carlo desligou o celular e sentou-se em sua cadeira, após um longo suspiro. Com o olhar perdido, colocou o celular na mesa e recostou-se, descansando a cabeça no espaldar da cadeira giratória e fechou os olhos.

A imagem de Susan veio-lhe à mente aquecendo-lhe o coração. Que bom que ela concordara em manterem contato por ligações telefônicas, pois ele não conseguiria mais ficar tanto tempo sem saber dela.

Cada vez que se encontravam, ele sentia uma vontade louca de abraçá-la, de protegê-la do mundo inteiro. Quando ela o fitava, ele sentia um calor intenso tomando conta de seu corpo e seu coração acelerava descontroladamente. Ele tinha certeza de que nunca se sentira assim. Nem mesmo quando conhecera Kate.

Kate. Estou sendo desleal com ela. Precisava arrumar sua vida pessoal o quanto antes. Só existia espaço para uma mulher em sua vida. Dio, o que estou sentindo por Susan será amor de verdade? Ou é só carência?

Foi interrompido pelo som do interfone.

— Sim, Dothy?

— O senador Hayes está ao telefone. Eu disse que você tinha pouco tempo.

— Obrigado, Dothy. Pode passar a ligação. Falarei com ele.

E assim foi o decorrer do dia. Muitas ligações e reuniões com sua equipe.

No dia seguinte, o dia estava cinza em Nova Iorque, tal como ele se sentia por dentro. Carlo chegou no Tribunal, com o os olhos ardendo, pois não havia pregado o olho durante a noite toda. Se não era o julgamento que lhe tomava os pensamentos, era todo o cenário possível caso se separasse de Kate e iniciasse um relacionamento mais sério com Susan.

Dothy estava em sua sala deixando uma pasta sobre a sua mesa.

Ao vê-lo, sorriu e o cumprimentou. Estava saindo da sala quando parou de repente e voltou-se para ele.

— É impressão minha ou você não pregou o olho esta noite? — perguntou ela, preocupada.

Carlo deixou a pasta e a maleta do laptop sobre a mesa e retirou as luvas, colocando-as no bolso do casaco.

Ele sorriu-lhe tristemente.

— Nada lhe escapa, não? — perguntou, ao pendurar o casaco no cabide do outro lado da sala e dando um ajuste na gravata.

Dothy riu baixinho.

— Carlo, você é muito transparente, sabia? — disse ela divertida.

— Que alívio saber que sou transparente só nesses momentos. — retrucou dando-lhe uma piscadela. — Imagine se eu fosse assim, durante um julgamento... Não ganharia uma!

— Quando você veste a toga e sai por essa porta, você transforma-se em outra pessoa. Ninguém consegue saber o que está pensando. — disse ela seriamente. — E não precisa perder o sono, pois você se sairá com louvor, como sempre. Será mais uma vitória sua contra o crime, meu querido.

Carlo aproximou-se de sua assistente e abraçou-lhe carinhosamente.

— Você é uma pessoa maravilhosa, Dothy. Não sei o que seria de mim sem você nesses anos todos. Se eu fui vencedor, você me ajudou bastante, não se esqueça. — e deu-lhe um beijo na bochecha. — Vou sentir sua falta, minha querida, quando deixar isso aqui!

Ela afastou-se um pouco e assustada olhou-o dentro dos olhos.

— Você está mesmo decidido? — perguntou, estudando-lhe o rosto cansado. — Vai abandonar a promotoria?

— Sim, Dothy. Já tomei a minha decisão. Chega de colocar a vida dos meus em perigo, assim como a minha própria. Será meu último julgamento.

— Sentirei sua falta também e também vou aproveitar e pedir minha aposentadoria. Tenho adiado esse momento, porque não consegui deixá-lo sem o meu café forte de toda manhã. — disse ela divertida. — E vê se hoje dorme mais tranquilo, está bem? Está com umas olheiras horríveis.

— Ah, minha querida Dothy... — disse ele num longo suspiro. — Se fosse só isso...

— Katherine? Vocês brigaram novamente?

— Não, Dothy. Nós não temos mais com o que brigar. Não nos falamos e temos nos evitado. Creio que é uma questão de tempo para...

— O divórcio. — completou ela.

Ele olhou-a com um olhar determinado.

— Sim. O divórcio... — respondeu ele.

— Só posso torcer que você seja feliz *dessa vez*. — disse a boa senhora, dando ênfase às últimas palavras...

Ele olhou-a meio desconfiado.

— *Dessa vez?* — perguntou cautelosamente.

Dothy sorriu matreira.

— Eu já te disse que você é transparente. — falou ela rindo e tocando em seu braço.

Ele simplesmente ficou fitando-a sem saber o que dizer, mas com os olhos indagadores.

— Sim, você já disse isso, mas o que você quis dizer com *"dessa vez"*?

— Quis dizer que você merece uma segunda chance de ser feliz em uma nova relação amorosa.

Carlo balançou a cabeça de um lado para o outro.

— Tenho a impressão de que seus filhos quando pequenos não conseguiam te enganar de jeito nenhum. — comentou Carlo, com um sorriso divertido.

— Pode acreditar nisso, meu querido. — respondeu ela, dando-lhe um tapinha na face, demonstrando seu carinho.

— Quem sabe, Dothy? Quem sabe...?

Em poucos minutos, os jovens assistentes da promotoria chegaram e só se falou de Rick Mendonza e sua grande rede mafiosa.

Quando chegou em casa à noite, Luigi e Mathew estavam comendo sanduíches na bancada da cozinha.

— *Ciao, bambini!* Como passaram o dia? — perguntou tirando a gravata depois de deixar as pastas e a maleta numa das banquetas.

— *Ciao, papà*. Chegou cedo hoje. — mais afirmou do que perguntou Luigi.

— Sim. — respondeu tirando o paletó e jogando-o sobre a maleta. — Hoje estávamos todos cansados e resolvemos levar para casa uma ou duas pastas para rever. — explicou indicando com um gesto as pastas ao lado da maleta do laptop.

Enquanto falava ia tomando goles do suco no copo do filho.

— Essa você vai tirar de letra, Carlo. — disse Mathew entre uma mordida e outra.

Carlo riu da expressão do garoto.

— Obrigado pela confiança, Matt. E como estão todos em sua casa? — perguntou num tom casual. Sabia que teria a resposta que esperava.

— Todos bem, obrigado. Papai e mamãe foram levar Susan no aeroporto. Acabou a moleza dela. — falou o garoto sem se dar conta da expectativa com que Carlo aguardava a resposta. — Acho que ela não queria ir, pois estava muito triste desde ontem, ouvi mamãe conversando com papai.

Carlo virou-se rapidamente, abriu a geladeira para retirar a jarra de suco, para disfarçar a tristeza que certamente estaria evidente em sua expressão.

Era isso o que viveriam nos próximos meses.

Depois de seis horas de voo, Susan chegou em São Francisco. Já no táxi a caminho de casa, ela recostou-se no banco com os olhos fechados. Tivera uma noite insone na qual só chorou.

À medida que foi entrando em seu apartamento, Susan ia acendendo as luzes. Pela vitalidade das plantinhas que estavam na cozinha, sabia que Alina, a síndica e sua vizinha de porta, havia tratado delas como prometera.

Deixando para desfazer as malas no dia seguinte, ela tomou um banho demorado e foi para a cozinha comer alguma coisa antes de tentar dormir. Deitada, Susan tinha o olhar fixo no teto. De vez em quando, ouvia ruídos dos carros na rua frente ao prédio.

Apesar de cansada não conseguia dormir. Mesmo sabendo que deveria se levantar em poucas horas, a mente permanecia desperta. Pensando.

Lembrando. E pior, ainda imaginando um único rosto. Um único homem.

Porque não conseguia pensar em outra coisa que não fossem todos os momentos passados com Carlo desde o reencontro no Natal. Sentiu-se corar, tomada novamente pela culpa, companheira das últimas semanas.

Que loucura, meu Deus, o que fizemos naquela noite em seu quarto.

No dia seguinte, conseguiu desviar um pouco a atenção de seus pensamentos em Carlo, com o alvoroço da chegada de todos no novo escritório, após as férias estendidas. Susan deu abraço carinhoso em Sarah e Justin estava feliz pela abertura do novo escritório, muito bem localizado num dos lugares mais caros de São Francisco. Ficou feliz pelo novo escritório e pela nova sala que Justin designou para ela e Sarah. Sentiu-se motivada e valorizada para se dedicar ao trabalho, que agora parecia ser a única coisa efetivamente estável em sua vida.

Sarah estava igualmente feliz e motivada, assim como a maioria da equipe. O ambiente leve do escritório era tudo que Susan precisava agora.

As horas passaram rapidamente, todos tiveram muitas coisas para organizar e estruturar. Susan estava tão imersa no trabalho que se esquecera de parar para o intervalo da tarde, o que a deixou esgotada no fim do dia.

Quando chegou em sua casa, mal conseguiu comer, tomou seu banho e adormeceu logo após se deitar.

No dia seguinte, acordou mais disposta, porém com os pensamentos ainda em sua conversa com Carlo. Realmente seria difícil ficar sem vê-lo. *Talvez hoje eu possa ligar para ele... Ou será que preciso de mais um tempo "sozinha"?*

No caminho para o trabalho, viu um casal de namorados abraçados num ponto do Cabe Car. *Será que eu algum dia poderia viver isso com Carlo, essa cumplicidade, esse companheirismo em momentos triviais do dia a dia? Nem na mesma cidade nós moramos.*

Chegou no trabalho pensativa e melancólica e Sarah percebeu de imediato. Ao abraçá-la combinaram de almoçar juntas.

A manhã transcorreu relativamente tranquila, mas Susan seguiu um pouco dispersa até a hora do almoço, quando Sarah veio até sua mesa para irem juntas até o restaurante predileto delas.

Sarah então perguntou à Susan o que se passava com ela, uma vez que tinha percebido sua melancolia desde que ela chegara no escritório. Susan abriu seu coração com a amiga sobre Carlo. Contou-lhe como haviam se despedido e a ruiva tomou-lhe a mão com pesar.

— Oh, amiga, queria tanto que você fosse feliz. Que fosse possível esse romance com Carlo, porém... — a ruivinha calou-se ao ver a dor expressa nos olhos da amiga.

— Desculpe. Desculpe. Seria tão bom se você tivesse se apaixonado por um homem bonito, carinhoso, apaixonado por você e... livre.

Susan sorriu tristemente

— O amor não avisa quando chega, Sarah. Ele acontece e ou somos felizes ou não... — disse ela baixinho. — Sei que amo Carlo e que o amarei para sempre. — confessou. Susan olhando para a amiga com resignação. — Mas tudo está tão incerto, tão... confuso.

Sarah ficou olhando-a com olhar de pena e isso incomodou um pouco Susan, pois detestava que tivessem pena dela, mas sabia que Sarah só queria o seu bem.

— Então... como estão vocês? — perguntou a ruivinha com preocupação

Susan apenas meneou a cabeça, com um sorriso muito triste.

— Da maneira mais correta, ou seja, nos mantermos longe um do outro, enquanto as coisas ainda estão indefinidas entre nós. Combinamos de mantermos contato ocasionalmente por telefone.

Sarah ouviu a amiga silenciosamente, suspirou e abraçou-a com carinho.

— Estarei sempre aqui, minha amiga. Para o que der e vier, okay? — ratificou Sarah com carinho.

— Sei que poderei contar sempre com você, minha querida amiga.

— Mas agora chega de falar sobre mim. — disse Susan pegando a mão da jovem ruiva. — Vamos falar de você. O que você e Arthur tem aprontado?

Sarah riu. Estava noiva do homem de sua vida e isso a mantinha plena de felicidade.

— Pensam em casar logo? — perguntou Susan, feliz pela amiga.

— Tínhamos pensado em casar na primavera, porém ia ficar muito em cima da hora, por isso resolvemos marcar o casamento para o final do ano. Teremos mais tempo para organizar e Arthur terá férias.

— Que ótimo.

— E você se prepare, para ser minha madrinha. Lembra-se que prometemos que seríamos madrinhas uma da outra?

Susan riu deliciada.

— Lembro sim. Ficarei muito feliz em aceitar esse convite. — respondeu abraçando Sarah.

Dispensando a sobremesa, as duas saíram do restaurante, ainda conversando sobre o casamento. Susan sentia-se mais leve e animada e entregou-se ao trabalho de cabeça, até a exaustão, para que pudesse dormir tão logo descansasse a cabeça no travesseiro.

Os dias foram passando e pelos noticiários noturnos, Susan acompanhava o grande julgamento de Rick Mendonza.

Sempre ao final de cada dia de julgamento entrevistavam a equipe de Carlo que evitava aparecer. Geralmente eram Brian e Krista, seus assistentes da promotoria, que falavam. Carlo comunicara a imprensa que só daria entrevistas no final do julgamento...

Numa das entrevistas, seu sangue gelou e levantou-se do sofá, arrepiada de medo, quando viu um homem encorpado de bigode sair de dentro da multidão de repórteres, gritando feito um louco e partir para cima de Brian e Krista, gritando:

— *Maldito Martinelli! Digam a ele que deveria ter ficado quieto no seu canto. Esse desgraçado! Rick dará o que merece a esse miserável.*

Susan, assustada, colocou uma mão em seu coração acelerado e outra segurou a base do pescoço. Sentia as pernas moles como se não tivesse ossos.

Meu Deus, com quem Carlo foi mexer!? Ele tem que tomar muito cuidado com essa gente!

Com o coração acelerado, Susan desligou a televisão e foi deitar-se.

Inquieta demais para dormir, Susan sentiu que precisa ouvir-lhe a voz. Levantando-se rapidamente e com as mãos trêmulas, alcançou o celular sobre a cômoda e digitou o número do celular particular dele.

Não demorou nem cinco segundos e ela ouviu o som da voz amada.

— *Ciao, bella...* — disse ele, com a voz cansada, mas não escondendo a alegria de ouvir sua voz também.

— Te acordei? — perguntou ela preocupada.

Ela ouviu-o dar um longo suspiro.

— Não, minha cara. Estava dando uma estudada no que preciso fazer amanhã. Mas não tem ideia de como é bom ouvir sua voz. É como um bálsamo, depois de um dia tumultuado. E você como está?

— Assustada! — exclamou ela com a voz embargada. — Vi o noticiário da noite quando aquele homem ameaçou você publicamente, indo para cima de sua equipe. — ela falou com a voz trêmula de pavor.

— Carlo você tem que tomar muito cuidado. Eles não estão para brincadeira!

— Não se preocupe, *Bambina*, está tudo sob controle, meus guarda-costas estão atentos. Não se preocupe, *si?* — afirmou ele com carinho na voz. — Fico feliz em saber que você se preocupa com a minha segurança, *bambina mia*.

— Quem era aquele louco? E se estivesse armado?

— Um dos comparsas de Mendonza, naturalmente, ele queria tumultuar e me intimidar. Mesmo dentro do presídio, ele gosta de intimidar seus opositores, através desses indivíduos contratados. Aos poucos estamos abortando e acabando com as células da máfia desse facínora...

— Mas então ele pode tentar algo mais drástico. Tome cuidado, por favor! — pediu temerosa.

— Fique tranquila. Nada vai me acontecer! E você como está? — tornou a perguntar.

— Um pouco preocupada com você e esse julgamento. — respondeu rindo. — Mas, fora isso, trabalhando muito. Temos três projetos para serem entregues em princípio de março. O novo escritório é mais central e muito maior. Espaço é que não falta agora.

Ficaram em silêncio por uns segundos e então ela ouviu a voz cálida e sensual que lhe arrepiava toda.

— Sinto sua falta, *Bambina*. Mesmo no meio de toda essa loucura e pressão do julgamento, eu tenho pensado em você...

— Eu também, Carlo, tenho pensado em você. Para mim está muito difícil de superar o fato de você não ser um homem livre. Mas confesso que muitas vezes me deixo levar pelos sonhos... Imaginando nós dois juntos passando férias na sua villa da Toscana...

— Eu já imaginei nós dois na villa da Toscana, sabia? — interrompeu ele. — Sabe, eu também tenho sonhos e um deles é quando estarei livre para pôr em prática alguns deles. Um dia até pensei em ir embora e morar lá na Toscana, mas um dos meus sonhos a realizar também é abrir um escritório jurídico com meus amigos. Aliás, esse era o sonho de nós cinco quando nos formamos.

— Você realmente não se encaixa em alguém que decide encerrar cedo sua profissão. Uma das coisas que sempre ouvi de meus pais e de sua mãe é que você ama o que faz e que sempre se preocupou em defender a justiça. Sua mãe inclusive tem muito orgulho do trabalho que você faz na Promotoria.

— É verdade. Minha mãe sempre incentivou esse meu lado *justiceiro*... — acrescentou rindo.

— Por isso você precisa tomar muito cuidado. Pessoas com o seu cargo fatalmente fazem muitos inimigos e esse de agora é extremamente perigoso. Todo cuidado é pouco.

— Fique tranquila. Não pense mais nisso, okay?

— Agora vou deixá-lo descansar. E cuide-se está bem? — disse ela num sussurro carinhoso.

— Obrigado por ligar. Não sabe o quanto isso me fez bem.

— Foi bom ouvir sua voz também. Boa noite, Carlo.

— *Buona notte, bella.* — respondeu ele desligando, se sentindo feliz.

Envolta num turbilhão de emoções depois de ter ouvido a voz dele e a maneira como se despediu, ela deu um suspiro de alívio. Mas seu coração continuava a martelar furiosamente inquieto. Não sossegaria enquanto esse julgamento não terminasse.

Afofando o travesseiro sorriu, sussurrando, *Buona notte, amore mio.*

Os dias no escritório foram ficando mais longos para Susan, pois os três projetos estavam tomando muito tempo. Mesmo com as equipes divididas, cada uma atendendo um cliente, não tinha tempo nem para tomar um café. Para facilitar, Bill mandava o almoço para eles, a fim de poupar tempo.

Voltava cada vez mais cansada para casa, mas nunca deixava de ver os noticiários para acompanhar as entrevistas sobre o julgamento, que já durava pouco mais de um mês. Agora, uma vez ou outra, Carlo dava entrevistas dentro do próprio gabinete, por medida de segurança. Em algumas entrevistas que ela acompanhou pela TV, ela percebeu pela sua fisionomia que ele estava bem cansado. Seu aspecto era de quem não estava dormindo muito. Mesmo ele parecendo cansado seu charme ainda atravessava a tela da TV, deixando-a ansiosa para estar ao seu lado e poder abraçá-lo. Suspirando desligou a TV e se deitou abraçando seu travesseiro, se lembrando de seus beijos, suas carícias, seus abraços... E então adormeceu.

No final da semana seguinte, estava tomando seu desjejum quando ouviu seu celular tocar.

Seu coração disparou quando leu o nome de Carlo no visor.

— Oi. — disse ela timidamente.

— *Ciao, bella.* Como está? — disse ele, com aquela voz que lhe incendiava o corpo.

— Cansada. A semana foi desgastante.

— Para mim também. Mas está no fim.

— Fico feliz. Espero que esse bandido seja condenado e preso logo para que você possa descansar e todos nós dormirmos mais tranquilos à noite.

— É verdade, cara mia. E depois disso finalmente poderei seguir com meus planos de "aposentadoria".

— E aí curtir sua casa na Toscana, não é mesmo?

— Que bom seria se você estivesse comigo... — disse ele.

— Seria maravilhoso, pois sinto saudades de você. — retrucou ela.

— Eu também sinto muitas saudades, *Bambina*. Estou trancado em meu escritório, preparando a preleção para a finalização do julgamento, mas meus pensamentos escapam e muitas vezes me pego pensando em você.

— Como tem sido para você a situação com a Kate?

— Kate foi para o rancho do pai, com Luigi e Mathew. Ontem à noite tentei conversar com ela, mas ela nem quis saber qual era o assunto. Parece que adivinha que quero lhe falar sobre o divórcio. — respondeu ele.

— Eu até a entendo, pois são muitos anos de casamento... — comentou Susan, surpreendendo Carlo.

— Susan, há muito tempo não existe mais sintonia no nosso casamento. Foi se extinguindo pouco a pouco.

— Carlo, eu também entendo o seu ponto, mas... Mas é difícil...

— Sim. É difícil. Eu sei. Mas tenho que resolver essa situação o quanto antes. Isso evitará mais discussões, mais brigas, mais palavras ásperas, enfim, mais mágoas de ambos os lados.

— Tenha um pouco mais de paciência. — pediu ela com carinho.

Ele deu uma risadinha.

— Você é incrível, *Bambina*! Grazie. — disse ele maravilhado pela postura dela.

Ela riu satisfeita.

— Estava pensando nesse momento o quanto seria maravilhoso, se você estivesse aqui... comigo. — murmurou ele, com voz rouca.

— Carlo...

— *Bambina*, perdoe-me, mas não consigo parar de pensar em você...

Susan fechou os olhos e sentiu como se ele estivesse ali, ao seu lado. Estremeceu com o desejo que tomou o seu corpo.

— Sei como se sente, pois acontece o mesmo comigo. — murmurou ela.

— Eu estou vivendo um impasse muito grande na minha situação com Kate. Queria resolver o quanto antes, para, enfim, ter o divórcio e ser livre para termos um futuro juntos.

— Não se torture. Tudo acontecerá no momento certo. Verá!

— É tão bom conversar com você, *cara*. Você me acalma e faz tudo parecer tão fácil...

— Carlo, de que adianta nos apressar? São tantas coisas a resolver antes da assinatura do seu divórcio. Você já pensou nisso? Kate não abrirá mão do casamento de vocês de uma hora para outra. Ela irá reagir à maneira dela. Esteja preparado para isso. Não vai ser fácil.

Ele ficou em silêncio por uns minutos e ela então ouviu o seu longo suspiro.

— Sim, eu sei que ela não aceitará tão fácil. Irei me incomodar com certeza, mas não abrirei mão disso.

— Talvez seja melhor, após o julgamento, que tal? Você estará mais leve e poderá colocar toda sua energia nisso.

— Sim, acho que você tem razão. Uma coisa de cada vez.

— Isso, tudo na hora certa.

— Você tem ideia de quando virá para Nova Iorque? — ele perguntou, sem esconder a ansiedade na voz.

— No momento, não tenho ideia. Estamos sobrecarregados com os projetos e o tempo é curto.

— Você não está exagerando nos horários de trabalho? Tem tido um tempinho para você? Tem se divertido ao menos?

Susan não conseguiu segurar o riso, diante da preocupação paternal dele.

— Carlo, por favor... Parece até meu pai. — disse entre risos.

— Desculpe. Mas sei, pela sua mãe, que você gosta de exagerar nos seus horários de trabalho.

— Olha só quem fala... — disse mordaz.

— Mas eu estava com esse julgamento agendado... — ele retrucou.

Ela riu.

— Não se preocupe. — ela pediu numa voz suave. — Estou procurando não exagerar mais, depois daquela horrível enxaqueca que tive ano passado.

Tenho saído com o pessoal do escritório para jantar. Fomos ao teatro ontem e fui ao cinema com Sarah, no sábado passado. — explicou Susan.

— Ótimo. Fico feliz por isso. — respondeu Carlo.

— Está vendo? Meu pai disse a mesma coisa... — comentou rindo.

Depois de uma risada divertida, ele disse, com voz rouca.

— *Bambina*, eu... Vou ter que desligar, tem alguém tentando me ligar. Tenha um bom dia e uma ótima semana, cara mia.

— Você também tenha uma boa semana e sucesso no julgamento.

— *Grazie*. Eu queria você aqui ao meu lado. — acrescentou ele, com aquele tom de voz que a arrepiava toda.

Susan sentiu o rosto e o resto do seu corpo pegar fogo.

— Se cuide. — respondeu apenas.

Susan estirou-se no sofá de olhos fechados e sorrindo como uma adolescente apaixonada.

Capítulo 17

O Pecado de Kate...

Em sua sala, cansado pelas horas intermináveis do julgamento que chegava ao fim, Carlo pensou na vida criminosa de Rick Mendonza. A lista de suas vítimas era imensa. O crápula matou-as simplesmente por se recusarem a ajudá-lo na distribuição de drogas.

Foram famílias inteiras exterminadas pelo traficante e sua máfia.

Lembrou-se do dia em que Luigi quase foi sequestrado, do incêndio provocado pelas tochas jogadas na entrada sofisticada do Martinelli's, na sua própria agressão que quase o deixou aleijado e na morte dos dois seguranças da equipe de Klaus que o protegiam.

Deu um longo suspiro ao se lembrar dos dois rapazes assassinados.

Pensou na dura missão que tivera junto com sua equipe de detetives do Capitão Carmone e seu pessoal da divisão de narcóticos do FBI e do seu gabinete, conseguindo provas, para acabar com a rede de distribuição de drogas da máfia de Mendonza com base em Miami e sua conexão com as demais e ainda a prisão do senador Bayard, político corrupto e cúmplice de Mendonza nas operações em Nova Iorque. Seu cargo de senador era somente fachada, para dar suporte ao traficante e esconder sua participação na lavagem de dinheiro oriundo do narcotráfico.

— *Enfim, chegou a hora do acerto de contas Mendonza. Seu tempo acabou, maldito!* — murmurou com raiva. — *Amanhã será seu dia!*

Fechando os olhos, se lembrou da expressão de ódio letal com que o traficante o fitava, durante o debate daquele dia, com a acusação.

Sentou-se em sua cadeira giratória, afrouxou a gravata e lentamente soltou os primeiros botões da camisa.

Seu olhar caiu sobre o celular ao lado do laptop e deu um longo suspiro.

Desde a última vez que falara com Susan, os dias foram passando tão tumultuados, tão cansativos que mal tivera tempo de pensar em outra coisa, que não fosse o julgamento.

Ele sabia que ela entenderia. Mas sentia falta do tom mavioso de sua voz.

Estava se aproximando do final da sua carreira de promotor e precisava pensar com calma, sobre o que faria depois.

Dio tenho tanta coisa para decidir. Pensou. Sentia-se exausto de corpo e mente.

Apoiando a cabeça no encosto da cadeira tornou a fechar os olhos e então deixou a imagem de Susan tomar conta de seus pensamentos. Principalmente, os belos olhos verdes tão expressivos, o nariz arrebitado, as lindas covinhas e a boca... hum... Aquela boca tão voluptuosa, tão deliciosa...

Por que as coisas aconteceram tão conturbadamente? Perguntou-se melancolicamente.

Lembrou-se da noite anterior, quando chegou ao seu quarto e encontrou Kate em sua cama com uma garrafa de champanhe na mesa de cabeceira e duas taças. Estava linda e sensual em uma camisola de seda e renda vermelha, que, em outros tempos, o levaria à loucura. Foi então que teve a absoluta certeza de que Kate não representava mais nada em sua vida, além do fato de ser a mãe seu filho. Sentiu compaixão pelo empenho dela em querer reconquistá-lo, porém nada mais restara dos sentimentos que um dia sentira por ela, a não ser uma grande indiferença.

Sorrindo sedutoramente, ela indicou com um gesto, as duas taças de cristal e o balde de prata, onde uma Don Perignon repousava no gelo.

— O que faz aqui, Kate? — falou sem esconder sua contrariedade, tirando a gravata, na soleira da porta.

— Amore, faz tanto tempo que estamos brigados... Acho que já é hora de fazermos as pazes e voltarmos a nossa vida normal. Vim brindar nossa reconciliação e o seu sucesso amanhã no tribunal. — respondeu ela, com voz rouca.

Em silêncio, ele entrou no quarto, deixando a porta aberta e jogou a gravata sobre a poltrona próxima da cama.

— Então... — continuou ela, ignorando sua indiferença. — ... como sei que a maioria dos homens são orgulhosos para tomarem a iniciativa, numa reconciliação, eu resolvi deixar o meu orgulho de lado e aqui estou.

Ignorando sua expressão sombria, levantou-se da cama numa lentidão sensual, se aproximou dele, na tentativa de abraçá-lo. Sua tentativa de esquivar-se foi inútil, pois ela foi mais rápida. Ela, porém, sentiu sua tensão.

— Por favor, Carlo, sinto falta de fazer amor com você... Vamos conversar, tentar nos entender... Va...

Carlo segurou-lhe os braços, que tentavam agarrar seu pescoço e a empurrou lenta e gentilmente, fazendo um esforço para manter o controle. Não queria ser bruto.

— Não existe mais nenhum clima entre nós para fazer amor, Kate... E não temos muito mais o que conversar. — falou, fitando-a com frieza.

Surpresa, ela encarou os frios olhos azuis e hesitou por alguns segundos em responder ao marido.

— Carlo, não consigo acreditar que você não me deseja mais... Nós sempre nos demos bem na cama, mesmo quando estávamos brigados. Lembra-se de como gostávamos de fazer as pazes na cama? — argumentou ela, com a voz sexy, que sempre usara para seduzi-lo.

— Lembro sim, foi um tempo feliz, quando você era mais cordata, mais compreensiva, mais companheira. Esse tempo já não existe mais, há anos... E vamos admitir que nosso tempo também passou, Katherine. Você se encarregou disso. — concluiu ele impassível.

— Mas, Carlo, nós... Nós...

— Kate... *Cara*... — interrompeu-a, com paciência forçada. — Eu já lhe disse uma vez e desta vez ouça-me, por favor. Não existe mais "*nós*"! Acabou, Kate! *A-ca-bou. Fi-ni-to!* — falou cada silaba enfaticamente. — Nada mais nos resta a não ser o divórcio. — sentenciou ele.

Não teve como não sentir compaixão ao observar-lhe o rosto pálido e os olhos marejados de lágrimas. Ela começou a tremer como vara verde e abriu a boca, por três vezes, tentando dizer algo.

— Carlo... — disse enfim, com a voz embargada. — Você não sabe o que está dizendo. Procure entender... Procure entender que meu ciúme é por te amar demais.

Afastando-se dela, foi até a porta, segurou a maçaneta e olhou-a com a expressão impassível.

— Kate, quantas vezes eu tentei fazer você enxergar o quanto estava me sufocando com esse seu ciúme obsessivo e doentio demais. Quantas vezes eu tentei levar em conta esse tal amor que você diz sentir por mim e que agora eu entendo que o que você sente é amor apenas por si mesma. Você está tão focada em atazanar minha vida que ultimamente está negligenciando até seu próprio filho. Percebeu isso, Kate? — pela expressão de seus olhos, ele viu a hora em que ela se deu conta disso. Você por acaso sabe que ele vai passar com méritos? — continuou ele, imperturbável.

Ela ficou muda, sem saber o que dizer e foi o bastante para Carlo.

Com um desprezo notório em seus olhos azuis, Carlo balançou a cabeça diante daquele silencio revelador.

— Bem... Ele sempre foi estudioso... — gaguejou ela, tentando justificar-se, o que o deixou mais furioso.

— Não é resposta. Você deu-lhe chance de lhe contar? Você só tem olhos e tempo para aquela sua loja de grifes ou então para sua mãe e seus jantares de gala. Tudo tem seu limite, Kate. E o meu extrapolou faz tempo. E minha paciência chegou ao fim.

— *Amore*, não faça assim. Você está cansado, não sabe o que está dizendo. Por favor, eu te amo... — tentou se defender novamente. — Vamos conversar amanhã, tudo bem? — perguntou esperançosa. — Eu... E... e vamos esquecer o divórcio... Divórcio não!

— Não, não, não, Kate — interrompeu-a impaciente, sacudindo a cabeça. — Por favor, não dificulte as coisas. Não insista, por favor. Estou cansado, preciso dormir, porque amanhã preciso estar cedo no tribunal. — disse ele, passando a mão no rosto revelando o cansaço que sentia.

Ele acompanhou a mudança radical na expressão da esposa. De pálida e decepcionada, ela ficou rubra de raiva, com seus olhos faiscantes. A Kate suplicante dera vez a Kate de sempre. A agressiva, a arrogante, a possessiva...

— Você pensa que pode me dispensar assim? Acha-se o dono da verdade, não é mesmo? O certinho. O irrepreensível. O filho perfeito. Mas eu sei o porquê de tudo isso. Você tem outra mulher. É isso? — a voz dela estava trêmula de raiva e seus punhos fechados.

Ele olhou-a em silêncio, por longos momentos enquanto o suave rosto de Susan surgiu em sua mente.

— Isso não faz diferença alguma, Kate. É irrelevante nesse caso. Nos últimos três anos, nosso casamento foi se deteriorando dia após dia e eu cansei de tentar, sozinho, salvar o que restava dele.

— Ah, sou a única culpada então? — gritou ela perdendo o controle. — Como sempre, não? Você é um hipócrita. Sempre dando uma de gentil cavalheiro com as mulheres, dando-lhes asas para se aproximarem de você, se oferecendo e eu deveria ficar quieta, aceitando o descaramento das vadias, de boca fechada? E vendo você querer retribuir o charme?

— Não vou mais discutir isso com você. — replicou Carlo, deixando transparecer seu cansaço. — Você só fala a *sua* verdade. Mas, se quer saber, suas acusações absurdas de traição, suas vexatórias cenas em público só serviram para me afastar cada vez mais de você. Você matou toda e qualquer esperança que eu tinha de salvar esses 15 anos de matrimonio.

— Mas eu te amo... — queixou-se ela, tentando se aproximar novamente para abraçá-lo. *A Kate suplicante estava de volta*. Pensou ele, com sarcasmo.

— Se me amasse de verdade, me respeitaria e todos com quem convivo. Você sempre soube que eu detesto cenas em público. E mesmo assim, você as fez. Foram muitas e muitas vezes em lugares inapropriados, sem se importar com a privacidade que tanto prezo.

— Você é meu, Carlo. Meu! E nunca iria deixar uma outra qualquer tomá-lo de mim. — gritou ela exaltada.

— Esse foi seu maior erro, Kate. Achar-se dona de mim. Você fala como se eu fosse um objeto que se toma posse. O casamento é uma instituição onde duas pessoas se complementam. É uma troca constante de amor, aprendizados e principalmente de respeito mútuo. Casamento não é *possessão*, como você acha que é. Casamento é *doação, cumplicidade, confiança, amizade, tolerância, paciência*... Você me sufoca, Katherine.

Mesmo furioso, percebeu a mescla de emoções na expressão da esposa.

— Deus sabe... — continuou Carlo, sem se alterar. — Deus sabe o quanto desejei que você mudasse, mas os anos foram passando e você foi ficando cada vez pior. Seus ciúmes a cegaram completamente e fizeram das nossas vidas um inferno. — concluiu ele demonstrando cansaço.

— Mas eu cansei de ver... — começou ela.

Ele levantou a mão impedindo-a de falar.

— Você só via o que queria enxergar, Kate!

— Ah, por favor, Carlo — retrucou ela, com ironia. — Eu enxergava o que todo mundo via. Você se desmanchando em gentilezas e elas se derretendo e fazendo de tudo para chamar sua atenção. Isso é o que eu enxergava e os outros também.

— *Madonna mia*, Kate! Esse seu prazer em menosprezar e humilhar as pessoas em público, incluindo a mim, como se fosse dona do mundo, foi o que mais me desgostou, Kate. Pouco a pouco, dia a dia, eu fui me dando conta de que você nunca mudaria. E com isso, todo o amor que eu tinha por você foi se extinguindo, até que... Acabou.

Ela ficou pálida e sua respiração alterou-se de um modo que ele pensou que ela fosse desmaiar.

— Não acredito nisso, Carlo. — disse ela meneando a cabeça, com surpresa e medo nos olhos.

— Então acredite, pois é a verdade. — sentenciou ele. — Agora, se me der licença, preciso dormir. Amanhã será um longo dia. — e indicou a saída da porta com o movimento da cabeça.

Ela fechou os punhos e ficou olhando-o em silêncio com uma expressão tão derrotada que chegou até a assustá-lo.

Mas só foi por uns segundos, pois logo ela empinou o queixo arrogantemente e seus olhos passaram a faiscar de raiva. *Dio, como ela é instável emocionalmente...*, *pensou* tristemente.

— *Ogro!* — esbravejava ela, se preparando para sair do quarto... — Vá para o inferno! — gritou ela saindo bufando do quarto.

Dando de ombros, ele fechou a porta, trancou-a e começou a despir-se para ir ao banho.

Reconciliação? Nunca mais!

Entrou no box, abriu a torneira e deixou a água escorrer por seu corpo, a fim de aliviar a tensão do dia todo. Discutir com Kate sempre lhe sugava as forças. Fora um dia muito difícil.

Mas logo poderia se deitar e deixar Susan tomar conta de seus pensamentos.

Ah, bambina... Pensou ele fechando os olhos, cruzando os braços e levantando o rosto para receber o jato de água.

Sentiu seu corpo reagir à lembrança do calor do corpo da jovem junto ao seu. Ela era suave, meiga, carinhosa...

Voltando ao quarto, pegou a bandeja com as taças e o champanhe esquecidos por Kate e levou-os até a cozinha.

Depois se trancou novamente e a exaustão o derrubou, fazendo-o cair no sono, rapidamente.

Enfim, Rick Mendonza fora condenado à prisão perpétua pelos seus crimes. Houve um murmúrio de aprovação entre as pessoas que assistiam ao julgamento. Ali estavam muitos parentes das vítimas do facínora que procuraram cumprimentar Carlo e algumas mães e viúvas fizeram questão de abraçá-lo efusivamente, deixando-o realizado e feliz com o dever cumprido.

Conseguira! Fora sua mais importante vitória. Fechara com chave de ouro seu último trabalho na promotoria.

Deu tudo de si, ao fazer as considerações finais, mostrando ao júri por que Mendonza deveria ser condenado, ratificando seus crimes hediondos, com imagens chocantes de suas vítimas, que deixaram todos perplexos de tanta maldade.

Era o fim da grande máfia de Mendonza. Os outros envolvidos seriam julgados posteriormente, uma vez que existiam políticos influentes envolvidos com o mafioso. Mas esse era trabalho para o próximo promotor.

Ao sair do tribunal naquele dia, foi cercado pela multidão de repórteres que o crivaram de perguntas. Klaus e seu parceiro tentaram protegê-lo, mas foi impossível conter o assédio da mídia.

Com um gesto, Carlo permitiu que uma jovem jornalista se aproximasse com o microfone em punho. Ela parecia nervosa e percebia-se ser uma principiante. Ela nem acreditou que ele fazia sinal para que ela se aproximasse. Depois dela dizer seu nome e o nome da emissora, ela fez a pergunta encarando-o.

— Promotor Martinelli, é verdade que esse foi seu último trabalho como promotor público?

— É verdade. — respondeu Carlo, pacientemente.

— Por que, agora? — perguntou ela mais segura de si.

— Essa decisão já estava tomada, antes do julgamento. Vou me aposentar, curtir minha família e depois decidirei o que fazer da minha vida pública. Só posso acrescentar que ainda ficarei na área de Direito. — respondeu com um sorriso amável.

— Há rumores de que o senhor vai se candidatar ao Senado. O que há de verdade nesses rumores? — perguntou outro jornalista mais afastado.

— Apenas rumores. Nada de verdade nisso. — respondeu pacientemente.

— O que representa para o senhor a condenação de Mendonza? — perguntou a jovem repórter.

— Um dever cumprido com a justiça do meu país! — exclamou, com uma expressão dura. E olhando para os demais repórteres levantou a mão, impedindo mais uma pergunta de um dos jornalistas. — Agora, se os senhores permitirem, gostaria de festejar a vitória com minha incansável e extraordinária equipe que foi fundamental para essa vitória e depois ir para casa comemorar com meus familiares.

Com um pouco de dificuldade, Klaus conseguiu colocá-lo dentro do carro.

— Madonna, eles são irritantes. — bufou ao falar com seu segurança. — Obrigado, *caro*.

— Nada a agradecer, senhor. Parabéns pela vitória. — falou Klaus fechando a porta e assumindo seu lugar na direção.

— Cansado, senhor? — perguntou o alemão gentilmente, olhando-o através do retrovisor. E ligando o carro, entrou no fluxo de trânsito.

Carlo fechou os olhos por uns segundos e sorriu deixando visível seu cansaço no rosto.

— Demais, *caro*. Estou exaurido. Preciso de muitas horas de sono para recuperar minhas energias.

— É o que tem que fazer agora. — concordou o guarda-costas.

Ao chegarem frente à casa de Carlo no condomínio, Klaus saiu para abrir-lhe a porta e ajudou-o a pegar o laptop.

— *Grazie, Klaus*. Ainda tenho que receber meus amigos e familiares que estarão aqui, para comemorarmos essa vitória importante contra o crime. Gostaria que você e sua equipe também estivessem presentes.

— Obrigado, senhor, mas prefiro ficar na sua retaguarda, para qualquer imprevisto, então boa festa e tenha uma boa noite, senhor. E parabéns pela brilhante atuação.

— Era uma questão de honra, Klaus.

— Com certeza. Eu sei que o senhor faria de tudo para colocar esse crápula atrás das grades. Ficarei nas redondezas.

— *Grazie, caro*.

Mais tarde, juntamente com sua equipe, familiares e alguns vizinhos do condomínio, Carlo brindava ao sucesso.

Recebera vários telefonemas parabenizando-o. Dos irmãos, dos amigos e dos sogros que não puderam comparecer.

Estava feliz e em paz consigo mesmo. *Uma etapa da minha vida acaba aqui,* pensou, enquanto via Kate, chegando e cumprimentando a todos com polidez. *Agora falta dar fim a outra etapa.* Deu um longo suspiro. *A mais difícil...* Pensou, se preocupando com o que estava por vir, em se tratando de Kate.

Lorenzo chegou perto e colocou a mão nos ombros dele, apertando-o carinhosamente.

— Estou muito orgulhoso de você, irmãozinho. — disse ele demonstrando o que sentia, pelo olhar. — Você foi brilhante!

— *Grazie*. Mas foi muito difícil. O advogado de defesa dele era muito bom e experiente. — retrucou Carlo, tomando um gole do seu champanhe. — O desgraçado deve ter dado o mundo para que seu advogado o libertasse ou amenizasse a pena. Desta vez não conseguiu.

— Mas sua acusação foi incontestável. As imagens que você conseguiu foram fundamentais.

Carlo ficou tenso quando sentiu Kate enlaçando-lhe o braço livre e percebeu que Lorenzo havia captado sua expressão corporal.

— Muitas clientes foram me parabenizar, pela grande vitória, *amore*! — disse ela beijando-lhe o rosto.

Carlo sorriu e agradeceu polidamente a esposa.

— Precisamos fazer um grande jantar para comemorar. — disse ela, ignorando a tensão do marido com a sua proximidade. — Já combinei com mamãe e...

Num rompante, Carlo soltou-se de seu braço e olhou-a furioso, interrompendo o que ela iria dizer, não se importando com a presença de Lorenzo, que o olhou surpreso.

— Nem sonhe com isso. — contestou. — Já estamos comemorando aqui, com os *meus amigos*. — ressaltou ele, lembrando que os amigos do jantar seriam dos pais dela, como sempre. — Não quero saber de jantar algum. Entendeu? — continuou tentando soltar seu braço que ela havia segurado. — Não quero que você faça nada. Entendeu, Kate? Eu quero sossego! Descansar!

— Mas, Carlo... foi um grande êxito seu. Devemos...

— Não, Kate! E não quero ouvir mais nada sobre isso. *E basta!*

Constrangido por estar presenciando a discussão do casal, Lorenzo pediu licença e foi juntar-se à sua mãe e esposa que conversavam do outro lado da sala.

— Você está cada vez mais grosseiro, Carlo. Você deixou seu irmão constrangido. — queixou-se ela, dando um sorrisinho para despistar a sogra e os cunhados que estavam com os olhos neles há vários minutos.

— Não mais que você. — retrucou. A campainha tocou e ele aproveitou para afastar-se dela, pois não queria de todo constrangê-la.

Ao abrir a porta, Louise e Ed deram-lhe um longo abraço.

— Parabéns, meu amigo. — disse a médica e o marido.

— Obrigado pelo carinho e por estarem aqui. — respondeu Carlo

O casal foi até a mãe dele que conversava com sua cunhada Helen, para cumprimentá-las.

Carlo conversou um pouco com eles e foi até onde estavam Dorothy, Brian e Krista, o senador Hayes e sua esposa.

— Está decidido mesmo a abandonar a Promotoria Martinelli? — perguntou-lhe o senador.

— Sim, meu *caro* senador. Vou dar meu apoio ao meu jovem assistente aqui. — disse, com as mãos nos ombros de Brian. — Ele está mais do que apto para ocupar o meu lugar. E, apesar de jovem, tem muita experiência, pois trabalhou com o pai que foi juiz em San Antônio e com o avô, também juiz. Gostaria que o senhor o apoiasse.

O senador fitou o jovem advogado e depois para a jovem que estava de mãos dadas com ele.

— Você está preparada para ser esposa de um promotor, minha jovem? — perguntou à Krista, piscando.

— Com certeza, senador. — respondeu Krista com um grande sorriso.

— E você? Está preparado para substituir esse nosso grande promotor? — perguntou, colocando uma mão sobre o ombro de Carlo e dirigindo-se a Brian.

O rapaz olhou para Carlo e depois para o senador.

— Senador, eu fui preparado para isso, pelo meu pai e meu avô, ambos juízes, e tive a honra de trabalhar com o promotor Martinelli, que me deu essa grande chance. Tudo farei para estar a sua altura, isso eu prometo. —

respondeu o jovem advogado, demonstrando segurança ao falar e demonstrando afeição pelo seu mentor.

O senador deu uma risadinha e assentiu, olhando para Carlo.

— Então vou apoiá-lo. — disse com resolução, estendendo a mão para Brian.

O jovem casal trocou um olhar e emocionados agradeceram ao senador e abraçaram Carlo.

Horas depois, todos já haviam ido embora, ficando apenas Lorenzo e Helen, sua mãe e Kate na grande sala.

— Então, quando vamos fazer a grande despedida? — perguntou Lorenzo.

Carlo sorriu e pegou na mão de sua mãe.

— Quando estiver com minha aposentadoria em mãos. — respondeu Carlo, acarinhando os cabelos brancos de sua mãe, que o olhava carinhosamente.

— Então vamos fechar o restaurante e preparar uma festa para toda a família e amigos. Que tal?

Kate olhou para o marido torcendo a boca, contrariada.

— Carlo, você disse que não queria jantar nenhum. — reclamou ela se levantando do sofá, com as mãos na cintura. — Não quis aceitar o jantar que eu e mamãe queríamos fazer.

— Esse será um jantar de despedida. E quero eu mesmo convidar "meus amigos" e minha família. *Certo*, Kate?

— Mamãe ficará ofendida... — retrucou a esposa.

— Seus pais serão meus convidados. — acrescentou ele. — E sua mãe tem a escolha de não vir.

— Você realmente está ficando cada vez mais intratável. — reclamou irritada.

— Caterina, não se irrite, por favor. Não vamos estragar um momento tão alegre... — pediu a sogra gentilmente.

A nora olhou-a, como se não tivesse entendido o que ela tinha falado.

— Bem, não poderia ser diferente, não? A senhora defendendo seu filho e, por favor, meu nome é Katherine. — concluiu sem esconder o desagrado.

Sem se deixar ofender, Carmela riu e meneou a cabeça, divertindo-se com a irritação da nora.

— Está bem... Katherine. — falou com seu sotaque carregado.

— Kate, não há motivos para você ser agressiva com minha mãe. Ela apenas fez uma observação. — reclamou Carlo.

— Desculpe, *mamma*. — desculpou-se ela sem muita convicção.

Carmela apenas sorriu e assentiu.

Irritada foi servir-se de uma taça de champanhe, que ainda estava no balde de gelo.

Com um dar de ombros, Carlo continuou a conversa, como se Kate não estivesse ali.

Sentindo a indiferença do marido, Kate pediu licença para subir e deitar-se, pois estava com uma grande dor de cabeça, o que não era mentira. Silenciosamente retirou-se sob o olhar dos quatro.

Os de Lorenzo e Helen curiosos. Os de Carmela tristes e os de Carlo totalmente indiferentes.

De repente Carlo sentiu os olhares voltados para ele, com a mesma expressão.

— Carlo, *figlio mio*... — começou a idosa, mas o filho rapidamente impediu-a de falar colocando o dedo indicador sobre os lábios ainda molhados do café que ela tomara, depois que todos foram embora.

— *Mamma, per favore*... — pediu baixinho. — Ela contribuiu muito para eu chegar a esse ponto. Eu prefiro ficar quieto e indiferente do que dizer algo de que possa me arrepender depois. Não é melhor assim? — perguntou pondo uma mecha dos cabelos brancos, carinhosamente para trás da pequena orelha.

— *Pero... poveretta* (pobrezinha). — lamentou a idosa.

— *Mamma*... — interveio Lorenzo. — Nós todos sabemos que o casamento de Carlo está em crise, há tempos. Mesmo que ninguém tenha comentado nada, toda a família vem acompanhando a deterioração desse casamento e o quanto Katherine contribuiu para isso.

Carlo agradeceu a intervenção do irmão com o olhar.

— Infelizmente é verdade, *mamma*. — acrescentou Helen entrando na conversa.

— *Sì. Sì.* Eu sei. Mas eu sinto um aperto no coração... — disse a idosa com os olhos marejados de lágrimas. — Eu fico muito triste em saber que *mio* Carlo é o único que não é *feliz* em seu matrimonio. Triste por Caterina ser tão... tão...

— Esnobe, egoísta, arrogante, obsessiva. — respondeu Carlo apertando-lhe a mão.

— Você tem certeza de que não vai se arrepender do divórcio? Pensou bem, *figlio mio*? — perguntou a mãe com preocupação genuína.

— *Mamma, nunca* estive mais convicto de algo na minha vida. Infelizmente acabou.

Lorenzo se sentou do outro lado da mãe e colocou o braço sobre os ombros dela com carinho.

— Temos que apoiar Carlo nesse momento, *mamma*. — disse ele. — Vai ser difícil, mas ele não tem outra saída. Ele tentou até o último. — enfatizou.

— *Grazie,* Lorenzo. — agradeceu Carlo, desta vez com palavras.

— E Luigi? — lembrou a senhora muito preocupada.

Carlo meneou a cabeça.

— Não se preocupe. Há tempos, nós já conversamos sobre isso. Ele quer a nossa felicidade e acha que tanto eu como Kate teremos chances de encontrar outra pessoa que se afine com nossas personalidades. — tranquilizou-a.

— Luigi me surpreende às vezes... — comentou Helen que não escondia o afeto pelo sobrinho.

— É *vero.* — ratificou a idosa sorrindo. — Ele se parece muito com Carlo quando tinha a mesma idade.

— É verdade, *mamma*. Carlo sempre nos surpreendia com seus argumentos e decisões. — confirmou Lorenzo olhando para o irmão caçula, sorrindo.

— Bem, agora quero ir descansar. Foi um dia muito agitado para todos nós. — disse a senhora se levantando com a ajuda dos dois filhos e pegando a bengala das mãos de Helen, agradecendo com um sorriso cativante.

— *Buona notte, caro.* — disse a mãe beijando-lhe as faces. — E faça o que seu coração mandar, *certo*?

— *Buona notte, mamma. Grazie.* Vou acompanhá-la até a...

— Não precisa. Lorenzo vai comigo. Vá descansar, *figlio mio*.

Depois de fechar a porta, Carlo passou as mãos sobre o rosto e se rendeu ao bocejo.

— *Dio*, como estou cansado. — disse baixinho, se dirigindo ao seu quarto.

Mais tarde, já sozinho em seu quarto, Carlo desabotoava os punhos da camisa, olhando para a cama e imaginando Susan, esperando-o deitada, com aquele sorriso maravilhoso e seus belos cabelos dourados esparramados pelo travesseiro. Sentiu-se teso só em pensar nisso.

A cada dia que passava, mais se convencia de que ela era a mulher da sua vida e que ele tinha que resolver as coisas com Kate o quanto antes.

Sentou-se na cama para tirar os sapatos e as meias, quando seu celular tocou. Ao olhar o visor, sorriu, sentindo-se feliz como um garoto ao receber o telefonema da namoradinha.

— *Ciao*. — disse ao atender.

— *Ciao*, Carlo... — respondeu ela com seu timbre de voz suave e sexy, que o deixava louco de tesão.

— Que bom ouvir sua voz... — disse ele, emocionado pelas sensações que ela lhe inspirava.

— Estou ligando para parabenizá-lo pela condenação de Mendonza. Você foi extraordinário e fez justiça pelas pessoas que esse bandido matou inclusive seus dois guarda-costas. — disse ela emocionada. — Acho que assisti todos os noticiários dessa noite. — concluiu ela rindo.

— *Grazie, bella*. Fiz o que toda a sociedade esperava. Mendonza não fará mais nenhum mal a ninguém. Logo será a vez de Joseph Bayard.

— Ah, o senador corrupto?

— Sim. Ele e Bert Curtis, seu capanga do tribunal.

— Esse trabalhava para um juiz, não?

— O juiz Chapman. Quase que acabam com a reputação dele, um homem integro e justo. Ele ficou arrasado, quando soube do envolvimento do seu funcionário com a máfia de Mendonza e Bayard.

— Você deve estar cansado, depois desse período de julgamento...

— Sim, estou exaurido, *bambina*. Vou tirar uns dias de folga, para descansar. Pena você não estar aqui. — queixou-se num murmúrio.

— Estarei em pensamento. — respondeu ela no mesmo tom de voz.

— Humm... *certo*. Mas infelizmente eu não posso beijar e abraçar pensamentos. — respondeu ele, provocando-a com malícia.

Ela riu e ele adorou o som da sua risada.

— Terá que se contentar com isso. — ela retrucou.

Agora foi ele que riu.

— Obrigado por ter ligado. — disse ele mudando de assunto.

— Não poderia deixar de fazê-lo, já que não posso estar aí, para dar-lhe o abraço pessoalmente.

— Fico feliz com isso.

— Bem, agora vou deixá-lo descansar. Falei com mamãe agora pouco e ela disse que houve uma pequena reunião aí, para comemorar. Você mereceu todo o reconhecimento juntamente com sua equipe. Um beijo para você. — disse ela num sussurro que o fez arrepiar-se.

— Outro para você. *Buonanotte, bambina. Grazie.*

Deitado, minutos depois, se pôs a pensar no fim do julgamento e lembrou-se do prazer que sentiu ao ver a expressão frustrada de Mendonza, quando ouviu a sentença. E nem mesmo o olhar assassino que ele lhe dirigiu ao sair da sala, direto para a prisão perpétua, lhe tirou esse prazer.

E antes de dormir, os lindos olhos verdes de Susan em seus pensamentos foram um sonífero eficaz.

O inverno perdia sua força e aos poucos ia cedendo lugar à primavera que se anunciava no cantar de alguns pássaros nas árvores dos jardins e dos parques.

A promessa de lindas flores e brisas amenas já estava no ar.

Carlo espreguiçou-se, tirou os óculos e esfregou as mãos nos olhos cansados. Tinha trabalhado incansavelmente por duas semanas, para deixar tudo em ordem, antes de sair do cargo.

Agora era questão de tempo para sua *aposentadoria*. Desligou seu laptop e recostou-se na cadeira. *Falta pouco para mudar minha vida*, pensou com grande ansiedade.

Sentia-se inquieto e não deixava de pensar em Susan um só momento sequer.

Falava com ela, ao menos uma ou duas noites por semana, por isso sua inquietude. Sua expectativa sobre o momento da decisão final com Kate era muito grande.

Com um suspiro apertou a tecla do interfone.

— Sim, Carlo? — ouviu a voz serena de sua assistente e secretária.

— Dothy, não passe mais nenhuma ligação, okay? Estou até zonzo de cansaço. Quero esse finalzinho do dia para relaxar um pouco, antes de ir para casa.

— Está bem. Vou adiar para amanhã possíveis reuniões e encontros. Precisa de alguma coisa, Carlo? Um café fresco?

— *Grazie, Dothy*, mas vou tomar uma dose de uísque, uma vez que logo irei para casa... E aproveitando que Klaus ainda não me deixa dirigir, preciso de algo mais forte nesse momento. — explicou rindo.

Num segundo, Dothy entrava no gabinete e fechava a porta. Carlo a olhou e sorriu enquanto se levantava indo até a bancada onde ficavam as bebidas e preparou uma dose de uísque com gelo e água, tal como gostava.

— Você está muito tenso, Carlo. Tenho observado você, há uns dois dias. O julgamento já terminou e Mendonza está na cadeia. Você está prestes a se aposentar... Isso não é normal. Há algo errado? Arrependeu-se da aposentadoria? — perguntou Dothy, em tom de divertimento, mas sem esconder a preocupação.

— Não. Estou feliz por sair do cargo. São outros problemas que eu vou ter que enfrentar e não sei como fazer, entende?

Dorothy ficou fitando-o em silencio por uns momentos, como que absorvendo o que ele acabara de dizer.

— Sim, eu entendo, meu querido. Não vai ser fácil enfrentar Katherine. — respondeu a assistente, compreendendo o que ele estava dizendo.

— Estou tão cansado, Dothy. Tão decepcionado. Quando se é jovem, cometemos alguns impulsos dos quais nos arrependemos terrivelmente. Sabe... chego a me questionar às vezes se eu deveria ter me casado com Kate tão jovem... — confidenciou-lhe, tomando um gole da bebida.

— Não se torture. Agora não vale a pena. Lembre-se que com isso você ganhou um filho maravilhoso.

Ele sorriu tristemente.

— Tem razão. Luigi é meu maior tesouro e foi por ele que eu suportei muita coisa. — concordou.

Ficou pensativo por uns momentos, olhando para o fundo do copo e levantou os olhos para o rosto bondoso de Dorothy.

— Sabe, Dothy... Eu nunca fui feliz com Kate. Além de não me aceitar como sou, ela também não foi muito presente na vida de Luigi. Ela não curtiu muito Luigi quando bebê. Eu, ao contrário, adorava passar horas, brincando com ele. Cansei de pedir para a babá me deixar dar banho e trocar suas fraldas. Era um momento muito especial entre nós. Kate nunca lhe trocou uma fralda, nunca lhe deu banho, nunca o pegou no colo para dar um passeio ao ar livre. — desabafou ele com pesar. — Só começou a sair com ele, quando o garoto tinha cinco anos.

Dorothy aproximou-se mais e apertou-lhe o braço carinhosamente.

— Se para isso for preciso um divórcio, pois que seja. Ambos são jovens ainda e podem refazer suas vidas com pessoas que mais se afinem com suas personalidades.

— Não vai ser fácil a nossa conversa, Dothy. Kate não vai querer me dar o divórcio. — disse, tomando mais um gole da bebida. — Ela vai fazer um escândalo, com certeza. Mais um *inferno* previsto. — desabafou.

— E se acontecer, como você lidará com isso? — perguntou-lhe Dorothy, curiosa.

Carlo fitou-a, com um olhar desolado.

— Ainda não sei, Dothy.

Ela ficou em silêncio e meneou a cabeça. Depois, saiu da sala.

Carlo tomou o restante do seu uísque e depositou o copo sobre a mesa. Recostou-se no espaldar de sua cadeira, colocando seus cotovelos nos braços dela e, com os dedos entrelaçados, repousou as mãos sobre o abdome.

Sentia-se inquieto, irritado, desanimado. *Cazzo*. Com um longo suspiro, fechou os olhos e repassou em sua mente todos os momentos que teve com Kate, desde que a conheceu. Reconheceu que tiveram bons momentos, mas, pelos anos de casamento, foram muito poucos.

Olhando as horas, deu-se conta de que já passara mais de meia hora que Dothy se despedira. Levantou-se e começou a se preparar para ir embora. Chamou Klaus que continuava como seu chofer, pois ele achava que o perigo ainda estava presente.

Horas depois já estava em casa, fazendo seus exercícios musculares na água da piscina aquecida. Desde a covarde agressão, fazia os exercícios prescritos pelo fisioterapeuta, regularmente. Ou pela manhã ou à noite.

Luigi veio juntar-se a ele, para umas braçadas.

Por mais de meia hora passaram, desafiando um ao outro e depois a brincar, como faziam quando Luigi era pequeno.

Enquanto se enxugavam, falaram sobre o término do julgamento.

— Então, a aposentadoria está cada vez mais perto. Como se sente, *papà*? — perguntou Luigi, batendo no braço do pai

— Muito bem, meu filho. Estou contando os dias. — respondeu Carlo, passando o braço pelo ombro do filho enquanto iam para o interior da casa.

— E a casa na Toscana? Alguma notícia?

— Segundo as últimas informações do seu tio, já estão na fase da pintura. Logo poderemos ir conhecê-la. — respondeu, com o habitual passar de mão nos cabelos do filho, alvoroçando-os.

— Estou ansioso para estrear a quadra de tênis. — comentou o garoto.

— Tem até um campo de futebol. — acrescentou e riu pela surpresa que isso causou ao filho.

— Sério? Mas o senhor não tinha falado nisso.

Carlo riu.

— Ah, isso foi ideia do seu tio Aldo. Ele acabou com o velho barracão de tonéis que o antigo dono tinha e transformou-o num campo de futebol. Nem eu sabia.

— Grande ideia do tio Aldo. Imagine como eu, meus primos e Mathew vamos usá-lo. — comentou. — Não vejo a hora de ir para lá.

— Vamos mais cedo do que você imagina, meu filho. — disse Carlo, animando o filho.

Cheio de carinho, Luigi abraçou efusivamente o pai.

Totalmente absorta no trabalho que estava fazendo, Susan se assustou com o jornal que foi jogado sobre sua mesa. Levantando a cabeça, viu Sarah, toda sorridente, apontando-lhe o jornal.

— Leia. Está em todos os jornais. — disse a ruiva, enfaticamente.

Pegando o jornal, Susan desdobrou-o e viu a foto do senador Hayes e de Carlo, ambos muito sorridentes.

Sorriu ao ver o belo rosto radiante.

Abaixo da foto, o repórter falava sobre a grande vitória de Carlo, ao condenar à prisão perpétua Rick Mendonza, e citando alguns dos crimes hediondos do facínora.

Nas linhas finais, escreveu que o senador Hayes não conseguira convencer o promotor a candidatar-se para uma vaga no senado. E finalizou com a declaração de Carlo de que esse julgamento encerrava sua carreira de promotor Público e que pretendia retira-se do cargo, se aposentando.

Susan sorria ao terminar de ler.

— Mais feliz é impossível! — observou Susan, fitando o rosto de Carlo no jornal.

Sarah apenas riu, concordando.

— Ah, Arthur me contou... — continuou Sarah entusiasmada —... que esse senador vai oferecer um jantar para homenageá-lo. Será no Gio's. E estou ansiosa para enfim conhecer o famoso Gio's por dentro. — comentou a jovem ruiva.

— Mas nós também seremos convidados? — perguntou Susan na expectativa.

Sarah meneou a cabeça ruiva, com graça.

— Segundo Arthur, *toda a família e os amigos* de Carlo vão ser convidados, além de grandes políticos e juristas da cidade. Amigos que sempre apoiaram Carlo. Claro que nós iremos. Você também irá. Certo?

— Sendo assim, claro que irei. Meus pais com certeza serão convidados. — respondeu Susan. — Vai ser uma noite muito especial para Carlo. E ele merece, não é mesmo?

— E com méritos. Ah e mais, ele confidenciou a Arthur que a família dele também irá oferecer um jantar no Martinelli"s, porém só para os familiares e os amigos mais próximos. E nós estaremos lá também. — confidenciou a ruivinha. — E como está seu coração, amiga? — perguntou, pegando na mão de Susan.

Susan olhou-a em silêncio, por alguns segundos e sorriu.

— Inundado de amor e orgulho. — respondeu ela num murmúrio. — Às vezes fico pensando no quanto o destino foi tão cruel conosco e sinto meu coração apertar.

Sarah abraçou-a com carinho.

— Ah, minha querida... Não sei o que dizer-lhe. — disse a ruiva, compadecida.

— Não há o que dizer, minha querida. — respondeu Susan retribuindo o abraço que sua amiga lhe dava. — Mas sabe do que não podemos esquecer?

A amiga olhou-a interrogativamente.

— Katherine vai estar lá.

— E...

— E mesmo que estejam a ponto de se divorciarem, ela ainda é sua esposa.

— Se você não for, Carlo ficará chateado. — observou Sarah, ao perceber a intenção da amiga, em não comparecer ao segundo evento.

— Sim, eu sei. Por isso, terei que enfrentar toda essa situação com um falso sorriso nos lábios. Não vai ser fácil.

— Lembre-se que não estará sozinha. Eu e Arthur estaremos com você.

— Obrigada, Sarah. Sei que poderei contar com vocês, minha amiga. — respondeu, retribuindo o abraço de Sarah.

— Que tanto vocês conversam? — se queixou Justin, se aproximando das duas.

As amigas se olharam e riram.

— Nada que lhe interesse, seu enxerido! — despejou Sarah beliscando a bochecha do primo e piscando para Susan.

Ainda rindo, as duas amigas voltaram seu interesse para o projeto em que trabalhavam.

Os dias passaram rapidamente, e o jantar em homenagem a Carlo se aproximava.

De repente, Susan se percebeu contando as horas. surpreendendo-se com a própria ansiedade. Ela não conseguia discernir o que fazia seu coração disparar loucamente, se era excitação ou medo. Mas, fosse o que fosse, não conseguia alimentar-se direito, a insônia era constante nos últimos dias, a ponto de desconcentrá-la no trabalho e isso estava deixando-a irritada consigo mesma.

Deus, estou enlouquecendo!, pensava ao se deitar à noite.

Era início de março e o inverno ia se despedindo. O frio já não estava tão intenso, apesar das noites ainda serem frias. Naquela noite, o Gio's Hotel estava com todo seu esplendor e seu saguão da Avenida Park estava lotado de homens e mulheres elegantemente vestidos, num desfile de grifes dos mais famosos estilistas. Todos se agrupavam, aguardando a chegada de Carlo.

Um dos grupos era formado pelo anfitrião da recepção, o senador Hayes, e mais alguns políticos que se tornaram amigos de Carlo ao longo dos anos como promotor.

Em outro grupo, estavam Arthur e Sarah, mais Kevin, Arold, Percy e suas respectivas esposas. Susan muito inquieta estava com os pais e Mathew aguardando a chegada do convidado de honra. Estava belíssima num Versace vermelho, tomara que caia, cujo corpete valorizava os seios perfeitos, e a saia justa com uma fenda sensual na altura da coxa e os pés elegantemente calçados num lindo Manolo Blahnik vermelho.

Como acessórios, usava apenas um par de brincos de brilhantes, que ganhara dos pais no último aniversario, e no colo exibia a esmeralda em forma de gota que Carlo lhe dera no último Natal. Os cabelos presos na altura da nuca, evidenciando-lhe a suave beleza do rosto, e os lindos olhos verdes muito bem maquiados.

Um burburinho vindo da entrada chamou a atenção de todos. Susan olhou para trás, bem a tempo de ver a entrada de Carlo e sua família. Estava com Katherine de um lado, agarrada a ele, e Luigi do outro lado. Mais atrás estava *mamma* Carmela de braços dados com Lorenzo, acompanhados de Helen e seus filhos, seguidos de Cristiano e sua linda esposa brasileira, Julia, também com seus filhos, Antonio, Luciano, Maria e os gêmeos, Enrico e Sofia. E mais atrás Giorgia e Robert com suas gêmeas, Antonella e Bianca.

Piero e Aldo não puderam comparecer.

Por último entraram os sogros de Carlo, o simpático Walter e sua pedante Nadine. Katherine era muito parecida com a mãe fisicamente. O senador Hayes adiantou-se para receber seu convidado de honra. Deu-lhe um grande abraço e cumprimentou gentilmente toda a família. Alguns convidados próximos aproveitaram para cumprimentá-lo também. Carlo agradecia enquanto corria os olhos pelo local, até que seus olhos encontraram os de Susan e, por alguns segundos, pareciam existir apenas os dois.

Susan sentiu-se perdida naqueles intensos olhos azuis que assombrava suas noites de insônia.

Ela sentiu o ardor do olhar quente e penetrante dele, em sua pele, como se ele a estivesse tocando.

Ele estava lindo em seu smoking, um autêntico Armani.

Num esforço descomunal, como se combinados, desviaram o olhar, antes que a tensão entre ambos fosse notada por alguém, principalmente Katherine que tentava chamar-lhe a atenção para algo que a esposa do senador Hayes falava.

Susan voltou-se para os amigos e sentiu-se desconfortável, pois sentiu que os amigos perceberam aquela troca de olhares.

Sarah deu-lhe um leve cutucão e piscou-lhe maliciosamente. Sarah estava linda e elegante, num vestido Vera Wang, verde-claro, de um ombro só.

— Não se preocupe, amiga. Só quem sabe da história percebeu essa troca de olhares. — murmurou Sarah. Susan arregalou os olhos assustados para a amiga. — E que olhar hein? — ainda brincou a amiga, deixando Susan mais desconfortável ainda.

Minutos depois, já estavam todos se dirigindo ao Salão Vip, onde seria servido o jantar.

O lugar era mesmo lindo. As mesas redondas de oito lugares cada exibiam detalhes luxuosos, desde as toalhas branquíssimas, as louças personalizadas, os talheres de prata e lindos cristais até os lindos arranjos florais no centro de cada mesa, com rosas amarelas e lírios brancos, numa perfeita harmonia com as quatro velas longas que já estavam acesas, deixando o local maravilhosamente sofisticado.

— Os lugares estão marcados. — ouviu a mãe dizer, atrás de si. — Vamos aguardar que nos indiquem.

Susan pediu licença a Sarah e Arthur e aos amigos e seguiu os pais.

— Olhe, Luigi está fazendo um sinal para nós irmos até ele. — disse Mathew, apressando o passo para chegar até o amigo. Após trocarem algumas palavras, os dois garotos se sentaram e Mathew fez sinal, indicando que ali era a mesa deles.

Susan sentiu o coração bater descontroladamente ao perceber que a mesa onde ficariam seria frente a de Carlo, que naquele momento puxava a cadeira para sua mãe se sentar. Ao levantar a cabeça, seus olhares se encontraram novamente e seu coração quase pulou da boca ao ver que ele se sentava bem de frente, na sua direção. Foi como um fogo se alastrando no ambiente, tamanho o calor que a percorreu. *Por Deus... Mas na minha frente?*, pensou ela aflita.

Agradeceu aos céus por seu pai estar puxando a cadeira para ela se sentar e, assim, desviar os olhos dele. O coração parecia querer pular por sua boca.

Aquela noite não seria fácil.

Além de seus pais, Luigi e Mathew, Dorothy, a assistente particular de Carlo que viera sem o marido, que estava acamado, Brian e Krista, seus jovens assistentes, compunham os oito lugares da mesa. Na mesa ao lado direito, estavam Sarah, Arthur e os outros três amigos de Carlo com suas esposas.

Na mesa à esquerda, estavam Lorenzo Helen, Giorgia, Robert e os filhos de Lorenzo, Marco e sua noiva e Lucy, cujo noivo não pudera comparecer.

Mais adiante, era a mesa de Cristiano, Julia e os cinco filhos.

Na mesa de Carlo, além de Katherine e seus pais, estavam *mamma* Carmela, mais o senador Hayes e sua esposa, o deputado Elliot, um forte aliado do senador, e o juiz Chapman, grande amigo de Carlo no tribunal.

As entradas já estavam sendo servidas, quando Dorothy, que estava sentada ao lado de Susan, perguntou-lhe como estava seu trabalho em São Francisco.

Susan simpatizava muito com Dorothy e respondeu a todos as perguntas da boa mulher com sua alegria natural.

Logo, todos estavam interagindo, enquanto aguardavam os garçons para retirarem o prato das entradas.

— Meu pai está se sentindo sufocado ali na mesa. — comentou Luigi, com aquele sorriso tão encantador quanto o do pai.

— Imagino, Luigi, pois todos sabem que ele odeia smoking. — brincou Dothy.

— Eu também odeio, mas minha mãe sempre nos obrigou a usá-lo nos jantares lá de casa. — reclamou o garoto retorcendo a boca. — Ainda bem que ela parou de me atazanar com isso. Hoje, vesti em homenagem ao meu pai. — concluiu orgulhoso.

Todos riram da careta que garoto fez.

Ainda rindo, Susan cometeu o erro de olhar para a mesa de Carlo.

Ao encontrar a intensidade do olhar dele em sua direção, o sorriso morreu em seus lábios e sentiu o rosto queimar. Afastando seu olhar para pegar seu copo de água, assustou-se quando viu que Dorothy presenciara aquela troca de olhares com um meio sorriso.

Susan ficou sem ação, sorriu timidamente e baixou o olhar. *Será que ela sabe?*, pensou tomando a sua água para disfarçar.

Ficou apavorada, caso mais alguém tivesse presenciado aquele momento.

Logo depois, o prato principal foi servido, juntamente com as bebidas.

Por mais que Susan evitasse, muitas vezes, seus olhos procuravam a figura de Carlo na mesa à frente. Como uma força magnética regendo-os, ele também levantava o olhar, para fitá-la daquela maneira intensa.

Durante todo o jantar, isso aconteceu e o que mais a preocupou foi que em certo momento sentiu o olhar de desdém de Katherine.

Estavam na sobremesa, quando olhando para a mesa de Sarah, ela estava fitando-a com um sinal de alerta nos olhos azuis. Com certeza, a amiga presenciara os olhares nada amigáveis de Kate. Susan então lhe fez um convite sutil para irem ao toalete.

Sarah falou algo no ouvido do noivo e pedindo licença aos demais, levantou-se ao mesmo tempo de Susan, que também pedia licença.

E, assim, encaminhou-se com a amiga para o toalete. Sabia, sem conferir, que o olhar de Carlo a seguia.

Chegando no toalete, Sarah primeiro "varreu" o local, para ver se estavam sozinhas, e pondo as mãos nos quadris, fitou a amiga entre zangada e divertida.

— Susan, se vocês não pararem de se olhar daquela maneira, logo todos perceberão que existe algo entre vocês. — disse ela seriamente. — Caramba, vocês estão se devorando com os olhos. — completou a amiga, baixinho e maliciosamente.

Com o rosto vermelho, Susan não soube o que dizer. Apenas deu de ombros.

— Vocês estão brincando com fogo, amiga! E se a "megera" perceber?

Susan sentiu os olhos se encherem de lágrimas e olhou para a amiga, tristemente.

— Sarah, não sei mais como reagir quando estou perto dele... Eu o amo tanto...

Sarah puxou a amiga e abraçou-a fortemente.

— Ah, Susan, se eu pudesse ajudar... — murmurou Sarah. — Mas...

De repente a porta do toalete abriu e Katherine entrou majestosamente em seu vestido preto Dior, interrompendo o que Sarah ia dizer. Seu perfume tomou conta do ambiente.

Ela olhou para as duas amigas abraçadas. Rapidamente Susan se soltou.

Kate chegou perto do espelho, a fim de retocar a maquiagem, mas não sem antes olhar para Susan com um olhar debochado.

— O que é isso que vi aqui? Choro? — perguntou num tom de voz depreciativo. — Será que está triste por causa de algum homem que não pode ter Susan? — perguntou ferinamente, retirando o excesso de batom dos lábios, fitando as duas jovens amigas através do espelho, com um sorriso que não lhe chegava aos olhos.

Susan e Sarah trocaram olhares, surpresas pela ironia de Kate.

Susan não gostou da maneira como Kate a estava fitando, mas resolveu ficar quieta, pois sabia da prepotência da socialite. Numa pose estudada, a esposa de Carlo virou-se e olhou-a dos pés à cabeça.

— Ah, queridinha... Eu não sou cega e nem burra, sabe? Pense nisso e fique o mais longe que puder do "meu marido". — advertiu enfatizando o "meu marido" e se dirigiu para a porta do toalete, com seu nariz empinado. Antes de abrir a porta, voltou-se para as duas. Tenha muito cuidado, com os seus sonhos... *"Cachinhos dourados"*... — disse com deboche e saiu fechando a porta com certa rispidez.

As duas amigas ficaram se olhando. Sarah estava com seus olhos arregalados de espanto.

— Será? — perguntou ela à Susan, que estava trêmula e pálida.

— Ela percebeu, Sarah. O que eu mais temia... E ela sabe o que eu sinto por Carlo... — reconheceu a jovem, consternada. — Só espero que *mamma* Carmela não tenha percebido nada. — concluiu.

— Calma, muita calma, minha amiga. Não se precipite em tirar conclusões. Você sabe como ela é. E se estiver *"jogando o verde para colher o maduro"*?

— Sarah, você ouviu. Você viu a maneira como me olhou e como falou comigo. — retrucou Susan. — Eu não deveria ter vindo. — resmungou desolada.

— Ok, querida, eu creio que mamma Carmela não percebeu nada, pois conversou o tempo todo com a esposa do senador e a esnobe mãe de Kate. Fique calma, por favor...

Sarah sentiu compaixão pela amiga e viu consternada os olhos dela transbordando de lágrimas.

— Sarah, e agora? O que eu faço?

Susan perguntou aflita.

— O que você faz? — indagou a amiga tirando um lenço da bolsa e limpando os borrões dos olhos da amiga. — Nada. — apaziguou-a. — Nada, além de recompor-se... Vamos lá. Refaça essa maquiagem e vamos voltar à mesa, como se nada tivesse acontecido.

— Eu... eu... Ah, meu Deus... — choramingou a jovem.

Sarah percebeu que Susan não queria voltar à mesa. Então, suavemente, empurrou-a para o espelho, a fim de retocar a maquiagem.

— Susan, não há como evitar. Temos que ir. Se eu demorar mais um pouco, Arthur virá à minha procura. Evite apenas olhar para a mesa de Carlo. — incentivou Sarah, com firmeza. — Aquela mulher é capaz de fazer um escândalo. — lembrou-a preocupada.

Minutos depois, num esforço sobre-humano para parecer completamente refeita e calma, Susan voltou para a mesa, seguida de Sarah.

Pelo canto dos olhos, viu que Carlo a acompanhava com o olhar e Kate também.

Por favor, por favor, Carlo... Pedia silenciosamente. *Tire os olhos de mim.*

Os pratos da sobremesa já haviam sido retirados, quando se sentou.

O senador Hayes levantou e pediu a atenção de todos para falar, tão logo alguém colocou um microfone sem fio em suas mãos.

Agradeceu a presença de todos e disse que se sentia feliz em poder estar reunido com amigos e familiares de Carlo, o grande homenageado da noite. Ressaltou toda a trajetória profissional do italiano, desde que foi nomeado juiz promotor, até ao recente julgamento de Rick Mendonza, onde ele tinha sido brilhante na condução da pena aplicada ao marginal. E assim fez um grande relato de sua coragem e competência.

Agradeceu pelos serviços prestados à comunidade e à nação e principalmente pela grande generosidade que dispensava às pessoas que trabalhavam com ele.

Todos se levantaram e o aplaudiram.

Susan sentiu o coração transbordar de amor, por aquele homem alto, elegante, másculo, sexy e maravilhoso que se levantava, um tanto tímido para agradecer a todos. À medida que agradecia, percorrendo com o olhar as mesas ao seu redor, *mamma* Carmela, muito emocionada, pegou na mão do filho e apertou-a carinhosamente. Amorosamente, ele entrelaçou os dedos nos da mãe e beijou-a na fronte.

Foi então que o olhar dele mudou ao fitar Susan. Ela viu o brilho familiar e íntimo naquele olhar azul, que fez com que ela perdesse o fôlego por um momento e sentisse o sangue em ebulição.

Mas, ao dar-se conta do olhar letal de Katherine, ficou sem ação e sentiu que seu coração parecia que ia sair pela boca. O rosto parecia estar em fogo.

Nem percebeu, quando entregaram o microfone a Carlo, que começou a falar com aquela voz maravilhosa, cujo timbre sempre lhe encantara.

Com voz profunda e pausada, ele agradeceu as palavras do senador agradeceu sua equipe e começou a falar sobre a vinda da família para a América e a acolhida que tiveram da nova pátria. Falou sobre sua vocação na área do direito, quando todos seus irmãos eram administradores de empresas. Sempre pôde contar com o apoio dos irmãos e dos pais, principalmente da mãe, que sempre tinha uma palavra de incentivo, quando ele quase abandonou os estudos, logo depois que o pai falecera. Dissertou sobre as dificuldades que enfrentou nos primeiros anos de promotoria e também as grandes vitórias.

Enquanto Carlo falava, seus olhos às vezes prendiam os de Susan que logo procurava desviar o seu, sabendo que Kate estava atenta aos dois.

Ressaltou mais uma vez o trabalho de Brian e Krista como seus assistentes na Promotoria e sentia muito orgulho de ter sido o mentor deles.

Ressaltando que Brian estava pronto para ser promotor público, pediu o apoio do senador Hayes para que Brian pudesse candidatar-se para a sua vaga.

Carlo fez uma pausa, tomou um gole de água e continuou...

— Espero que ninguém esqueça que a justiça só é justiça quando dá oportunidades iguais para todo cidadão, independentemente de raça, credo ou classe social. É por isso que sempre trabalhei e vou continuar trabalhando. Deixo a Promotoria, mas não o exercício do Direito, continuarei lutando em favor da justiça, disso podem ter certeza. Eu.. . — nesse momento, foi interrompido por aplausos.

Carlo riu e agradeceu.

— Recebi muitos pedidos para reconsiderar minha aposentadoria, os quais agradeço e de verdade fiquei muito lisonjeado com as súplicas, mas, depois dos incidentes que eu e minha família sofremos, decidi que estava na hora de parar e dar oportunidade à outra pessoa. — disse olhando para o jovem Brian que o ouvia atentamente.

Calou-se um instante, tomou um longo gole de água, antes de continuar a falar.

— Nem preciso dizer que não foi uma decisão fácil de ser tomada. Todos sabem que eu amo o meu trabalho. Apreciei cada minuto que passei em meu gabinete, com uma brilhante equipe como meus jovens assistentes e com minha querida e leal amiga Dorothy. — falou indicando Dorothy que não escondia a emoção. — Dothy, obrigada, minha querida, por todos esses anos de lealdade. — agradeceu fitando carinhosamente a senhora elegante que enxugava discretamente uma lágrima teimosa. — Não posso deixar de agradecer também ao incrível pessoal de apoio fora do tribunal. Mas... — nesse momento ele olhou sério para seu filho — ... minha família é minha prioridade atual. Não há coisa mais nobre que a família e eu amo e respeito muito a minha. E abaixando-se deu um beijo carinhoso na testa de sua mãe, muito emocionada.

Nesse momento, Susan viu o olhar desdenhoso que Kate lhe lançou, num claro aviso de que a família que Carlo se referia era Luigi e ela. Sem demonstrar seus sentimentos e, corajosamente, a jovem encarou o olhar da socialite e retornou a Carlo que continuava a falar.

— Sendo assim, quero tornar oficial o apoio ao meu jovem e talentoso assistente Brian Stevens, que vem de uma família de advogados e juízes, o qual, tenho a certeza, tem todos os predicados para ser um excelente e íntegro promotor, que está sentado ao lado de sua competente e linda noiva, Krista Palmer, uma excelente profissional.

Mais aplausos e ele, então, agradeceu a todos que confiaram nele e deu por encerrado seu discurso, com um breve aceno de cabeça. Sentando-se, recebeu um beijo carinhoso da mãe e um possessivo de Kate.

Lorenzo se levantou e falou em nome da família, dizendo o quanto eles se orgulhavam de Carlo e de sua conduta como promotor e então houve os aplausos finais.

Susan percebeu que Katherine não tirava os olhos dela e de Carlo.

Susan sentiu-se pressionada por aquele olhar de ódio, causando-lhe uma dor de cabeça horrível.

Chegando perto da mãe, sussurrou-lhe:

— Estou tão cansada... Vocês se importariam se eu fosse embora agora?

Vendo a palidez no rosto da filha, Louise assustou-se.

— O que aconteceu, filha? Está passando mal?

Incapaz de falar, Susan sorriu levemente e assentiu.

— Acho que minha pressão abaixou um pouco... Mas não precisam ir comigo. Pegarei um táxi ou Uber.

— Nem pensar. Vamos com você. Quero medir-lhe a pressão quando chegar em casa. — resolveu a médica, determinada.

Inclinou-se para o marido, a fim de lhe falar. Ele assentiu, olhando para a filha com preocupação.

Prontamente Edward levantou-se e fez sinal a Mathew. Se despediram de Carlo e sua família e horas depois já estavam em casa, tomando um chá antes de irem deitar-se.

Louise olhou preocupada para a filha.

— Sente-se melhor, minha querida? Realmente sua pressão abaixou muito. Estava muito quente lá.

Com as faces já coradas a jovem terminou de tomar seu chá.

— Sim, obrigada, mamãe. Esse chá foi muito bom. Agora, se me derem licença, vou deitar. — disse levantando-se e lavando sua caneca.

Dirigindo-se ao seu quarto, Susan não conseguia tirar da cabeça a expressão de ódio de Kate, quando a fitava. *Meu Deus, essa mulher é capaz de tudo,* pensou ela com o coração acelerado. *O melhor a fazer é voltar o quanto antes para São Francisco,* decidiu.

E foi o que fez na manhã seguinte, surpreendendo os pais e Sarah, que havia combinado um almoço para aquele dia.

Carlo, Luigi, Lorenzo e Helen almoçavam com Carmela naquele domingo. Logo que se mudaram para Nova Iorque, naquele condomínio nos arredores de Manhattan, para a casa ao lado da mãe, Kate sempre os acompanhavam, mas já há algum tempo ela não fazia questão de ir.

No início, ele ficava constrangido perante a mãe e o irmão pela ausência dela, mas depois ele acostumara-se e até apreciava a situação.

Como era de se esperar, o assunto na reunião familiar foi o jantar no Gio's Hotel na noite anterior.

A mãe ainda estava muito emocionada. E Lorenzo já estava organizando o jantar íntimo para a família e amigos próximos no Martinelli's.

— Foi uma noite memorável. — disse-lhe a mãe, apertando-lhe a mão.

— *Sí*. Foi bom saber que tenho amigos de verdade e ter todos lá neste momento especial. — respondeu ele, com carinho.

— Mas o que aconteceu com sua mulher? Estava tão amuada...

Carlo fez uma careta e trocou um olhar de cumplicidade com o filho.

— Ah, *nonna*, o que poderia ser? Ciúmes! Agora tem ciúmes de Susan. — respondeu Luigi pelo pai. — Acho que *mamma* está louca... — Carlo sentiu uma ponta de remorso, ao ouvir o filho.

Carmela riu e sacudiu a cabeça.

— Kate... Kate... — disse rindo bastante.

Carlo sentiu-se mal e com muita culpa... Katherine tinha razões de sobra para ter ciúmes de Susan. Ele fora muito imprudente na noite anterior. Mas ela estava irresistivelmente adorável naquele vestido vermelho. Percebera em alguns momentos que Kate fitava Susan, com olhares raivosos. Quando Susan e os pais se despediram deles, a esposa estava transfigurada de ódio, deixando-o constrangido e preocupado.

Carlo temia que Kate fizesse um escândalo e humilhasse Susan. Se isso acontecesse, ele nunca se perdoaria.

Helen também riu, acompanhando a sogra e Luigi, mas Carlo percebeu que Lorenzo tomava seu vinho lentamente, sem achar graça. Carlo gelou só em pensar que o irmão poderia ter descoberto seu segredo.

— *Dio*, você carregou essa *bambina* no colo... — comentou Carmela, *como se aquilo fosse um grande obstáculo*, pensou Carlo.

— Mas que agora é uma linda mulher, minha sogra. — observou Helen. — Não é mesmo, Carlo? — indagou, sorrindo. — Você que deve ter sentido mais a transformação dela, pois quando você foi para a universidade ela era apenas uma garotinha.

— *Sí*, muito linda. — respondeu simplesmente, evitando olhar para o irmão. Com o canto dos olhos, percebeu que ele estava observando-o.

— *Madonna*, ela é muito mais jovem que Carlo. — observou Carmela.

Carlo sentiu um aperto no coração ao ouvir a mãe.

Mas é a mulher que eu quero, quase gritou.

E lembrou-se da cena que Kate fez quando chegaram em casa, após o jantar, na noite anterior. Gritava feito uma louca, ofendendo Susan e ele, os chamando de descarados, infames e adúlteros.

Luigi correu depressa para o seu quarto e Carlo limitou-se apenas a fitá-la com indiferença, enquanto lentamente tirava a gravata, o que a deixou mais furiosa.

Mio Signore... Eu não suporto mais... Eu quero paz. Paz, Dio Santo!

Passando as duas mãos no rosto, deu um longo suspiro de frustração.

Ainda bem que ela havia saído bem cedo para almoçar com amigas, conforme dissera para Luigi.

Estavam todos juntos após o almoço, quando ouviu o som do carro de Kate entrando na garagem e logo depois ouviu-se o som cadenciado dos saltos agulha de seus sapatos, na calçada.

Indiferente ao fato de a esposa estar em casa, Carlo continuou gozando da tranquilidade da casa de sua mãe.

Já passava das dezessete horas quando ele resolveu ir para casa. Enquanto Luigi falava com os primos, Carlo despediu-se da mãe, do irmão e da cunhada. Fez sinal para Luigi, avisando que estava indo embora. O garoto despediu-se rapidamente do amigo e correu para abraçar a avó e a tia. Levantando a palma da mão, a encostou na do tio, sorrindo.

— *Ciao, caro.* — disse Lorenzo carinhosamente.

Abraçando o filho pelos ombros, Carlo jogou um beijo para a mãe e foram para a porta de saída.

— Adoro ver a relação de Carlo com Luigi. — comentou Helen acompanhando com os olhos pai e filho que saiam.

— Luigi se parece muito com o pai. Tem o mesmo coração generoso do *mio* Carlo. — disse Carmela não escondendo o orgulho que sentia do neto.

— Ele é igual ao seu *bambino*, não é, *mamma*? — disse Lorenzo em tom divertido, pois sabia que, para a mãe, Carlo continuava a ser o seu menino caçula, mesmo sendo um homem de 42 anos de idade.

Helen deu uma tapinha no braço do marido, mas não pode evitar a risada.

Carmela sorriu e balançou a mão no ar, como que dizendo "*não faça caso*".

— *No* precisa ter ciúmes. Eu amo e me orgulho de todos vocês. — se defendeu a velha senhora.

Lorenzo soltou uma gargalhada e levantou-se para dar um beijo na testa da mãe.

— Ah, *mamma... Io ti amo*! Nós todos sabemos que nos ama, mas também sabemos que Carlo e Giorgia são seus *bambini*. — retrucou ele piscando-lhe.

Carmela riu e entrou na brincadeira.

Pai e filho entraram pela porta dos fundos, como sempre faziam quando vinham da casa de Carmela. Era o acesso para a cozinha.

Luigi comentava alegremente sobre o filme que tinha assistido dias atrás, enquanto Carlo abria a geladeira para tirar duas latas de refrigerante para os dois.

Entre risos e comentários divertidos, pai e filho terminaram o refrigerante e resolveram ir para seus quartos.

— *Mamma* já deve ter ido para o quarto. — comentou o garoto baixinho.

— Quem sabe, ela está mais calma. — retrucou Carlo num sussurro.

O garoto riu baixinho.

— Lembra que eu te prometi a minha caneta Montblanc, quando me aposentasse? — perguntou Carlo ao filho.

— Aquela que *a nonna* te deu, quando você se formou em Direito? — lembrou Luigi.

— *Sí*. Aquela mesma. Antes de subirmos, vamos até o escritório que eu vou cumprir minha promessa e lhe dar agora.

Luigi abraçou o pai pela cintura sorrindo feliz. Estavam quase da mesma altura.

— *Grazie, papà*. — disse emocionado. — Vou cuidar muito bem dela. — prometeu ele solenemente.

Ao virarem para a ala onde ficava o escritório, Carlo notou que a luz estava acesa e a porta entreaberta. Ficou intrigado, pois ele sempre fechava a porta ao sair.

Ao se aproximarem, ouviram a voz zangada de Kate.

Luigi olhou para o pai e sacudiu os ombros.

— Deve estar falando com a vovó Nadine. — sussurrou o menino.

A um passo da porta, eles estacaram quando ouviram um barulho de vidro quebrando e sua voz descontroladamente alta.

— Malditos! Os dois, mamãe. — gritou ela para a mãe, jogando com ódio o porta-retrato com a foto de Carlo e Susan criança que ficava em cima da mesa. — O italiano maldito nem se preocupou em disfarçar. Se antes não tive remorsos pelos abortos que eu fiz, agora tenho mais certeza de que fiz o certo. Imagine se levasse adiante aquela gravidez depois de Luigi e depois aquela dos gêmeos, quatro anos depois. Eu ficaria em casa, cuidando dos filhos dele, gorda, deformada enquanto ele belo e formoso seria assediado por aquelas vadias do tribunal e por essa sonsa da Susan. Ai que ódio, mamãe!

Carlo sentiu o sangue gelar nas veias e o ar ficou preso em seus pulmões.

Abortos? Kate falava que fizera abortos de três filhos seus?? Não conseguia acreditar no que acabara de ouvir.

Absorveu bem o que ouvira e, então, sentiu o sangue esquentar e uma fúria imensa tomou conta de si. Seu coração se encheu de ódio, frustração, decepção e revolta.

Luigi percebeu o quanto seu pai estava transtornado e rapidamente puxou o pai pela manga da camisa tentando afastá-lo da porta, mas estava muito assustado também.

Luigi tentou impedi-lo novamente, mas não teve tempo. O pai parecia uma fera enjaulada.

Escancarando a porta com uma força descomunal, ele viu o pai lançar-se sobre a mãe e, surpreso, sentiu-se gelar, pensando que ele ia bater nela.

Porém, ele apenas pegou o telefone das mãos da mãe, segurando-lhe um dos braços com força, enquanto falava com Nadine, que estava apavorada do outro lado da linha.

— Que... Que... é isso? Carlo!? — gritou a esposa, em pânico, ao ver o ódio nos olhos do marido e ficou lívida quando percebeu Luigi parado na porta, com uma expressão assustada, surpresa e decepcionada.

— Vou desligar ,Nadine. Essa conversa agora é entre mim e Kate. — gritava Carlo possesso. Depois jogou o aparelho no chão olhando para a esposa, com o rosto vermelho de raiva. Kate estava apavorada com a raiva de Carlo. Nunca o vira alterado desse jeito.

— Maldita! Não posso crer no que ouvi! Maldita, mil vezes maldita! — vociferou ele furiosamente. — Como pode? Diga que não é verdade o que ouvi, *Dio mio*... Você...

— *papà*... Acalme-se... — pediu Luigi com os olhos marejados, sem coragem de entrar. Carlo então passou as mãos nos cabelos, tentando se acalmar. Viu que estava assustando o filho.

Kate olhou para o filho e pediu-lhe apoio com os olhos, mas ele desviou o olhar e abaixou a cabeça, deixando-a desesperada.

Enlouquecido, Carlo não conseguia ver e nem ouvir nada, tão concentrado estava nas feições da esposa, pálida, desconcertada e apavorada, olhando-o com os olhos arregalados.

Sem acreditar no que ouvira, balançava a cabeça de um lado para o outro, fitando-a com ódio mortal.

— Carlo... Por favor, deixe-me explicar... — pedia ela, desesperada, esfregando o braço onde ele a segurara com força.

— Explicar? Explicar o quê? Eu ouvi, Kate. E nosso filho também ouviu. Você foi muito clara. Ouvi tudo, sua louca! Oh, *Dio*, que tolo eu fui de confiar em você! — falou ele, olhando-a nos olhos, totalmente transtornado pela dor. — Três crianças, Kate! Nossos filhos! Quando nos casamos nós combinamos que teríamos uma família grande. Você nunca... Você nunca disse que não queria, Kate! Por que mentiu pra mim, e por que fez essa atrocidade? — Carlo estava arrasado. — Diga que você não fez isso, por favor... — pedia ele com lágrimas nos olhos. Ela titubeou e, repente, tomada pelo rancor, pelo ressentimento, olhou firme para o marido e gritou, esquecendo a presença do filho que tudo assistia com lágrimas escorrendo pelo rosto juvenil.

— Fiz sim! Fiz e faria de novo! — gritou com os olhos brilhando de raiva. — Eu não sou sua mãe, sua irmã e suas cunhadas que preferiram engravidar e ter suas orgulhosas proles italianas, tomando conta da casa, tornando-as relaxadas consigo mesmas.

— Relaxadas? Elas nunca foram relaxadas! Não ouse falar da minha família. — retrucou ele.

— Falo o quanto quiser. Elas são verdadeiros cordeirinhos mansos... Fazem tudo que os maridos querem.

Carlo fitou-a transfigurado pelo ódio.

— Cale a boca! Deixe as mulheres da minha família fora disso. Elas são verdadeiras mães para seus filhos. Mãe, Kate! Você sabe o que é isso?

— Ah, sim. Mães e esposas submissas que...

— Basta! Basta ou eu...

Luigi aproximou-se e tentou puxar-lhe o braço, pensando que desta vez o pai agrediria a mãe.

— Eu o quê? Vai me bater? — perguntou com arrogância. — Não adianta vir com toda essa raiva, porque eu não me arrependo do que fiz!

Entendeu, italiano estúpido? Não me arrependo! — gritou ela, chegando mais perto do marido, numa atitude provocativa.

Luigi, então, criou coragem para intervir tentando amenizar a discussão.

— Chega, *mamma*! — gritou Luigi, com raiva das palavras da mãe e tentando afastá-la do pai. — Você está sendo maldosa demais, *mamma*.

Irado, Carlo, por fim, se afastou e foi até a janela, olhando para fora, sem nada ver, pois as lágrimas lhe toldavam a visão. Se não se afastasse dela, sabia que perderia o controle e partiria para agressão, e ele não queria chegar a esse ponto! Mais controlado, suspirou longamente virando-se para onde ela estava.

— *Dio*, você é um *monstro*, Kate. Você... — começou ele, com a voz embargada pela emoção. Lágrimas de dor, de perda, de decepção continuavam a lhe correr pela face transtornada.

Luigi também chorava, condoído pela dor do pai e dele próprio.

Ao ver o pranto do marido, Kate ficou sem ação. Nunca pensou em vê-lo daquela maneira.

— Por que, Kate? Por que mentiu para mim? Eram crianças que eu ia amar com o mesmo amor que dedico a Luigi. — murmurava Carlo virando de costas para ela de novo e passando as mãos nervosamente pelos cabelos grisalhos. — Que Deus te perdoe, Katherine, porque eu nunca a perdoarei! — sentenciou ele voltando-se para ela novamente.

A arrogância da socialite falou mais alto ao retrucar o marido.

— Não estou pedindo o seu perdão! — gritou ela irritada.

Nesse momento, assustado Luigi, saiu do escritório e foi correndo para seu quarto, batendo a porta.

Só então Kate se deu conta do que falara na frente do filho. Carlo percebeu o desconforto da esposa quanto a isso.

— Você nem mesmo respeitou a presença do nosso filho. Você é uma cretina, egoísta da pior espécie, Kate. Eu tenho nojo de você. — proferiu com desprezo na voz e no olhar.

Ela o fitava com raiva e medo ao mesmo tempo.

Carlo ficou andando de um lado para outro como um louco.

— Não posso acreditar que você mentiu para mim todos esses anos. — Carlo falava olhando-a com decepção e amargura, sem se dar conta das lágrimas que rolavam pelo seu rosto viril.

Olhando-o ressentida, ela resolveu não responder, pois mais uma vez ficou assustada ao ver Carlo chorando copiosamente.

— O que mais me espanta, Kate... — recomeçou ele, passando as mãos pelos olhos, tentando deter as lágrimas — É saber que sua mãe concordou com essa maldade, ajudando-a a mentir. E não posso acreditar que Walker também tenha participado...

— Não! Meu pai não sabe de nada. — gritou ela, apavorada. — Ele nunca me perdoaria.

— Você realmente não merece perdão.

Foi então que ele viu o porta-retratos com a sua foto e de Susan estilhaçado junto a grande janela.

Agachando-se ele tirou a foto um pouco danificada do que restou do porta-retratos e colocou-a sobre a mesa, olhando a esposa com mais raiva.

— Tínhamos tudo para ser felizes, Kate, e você estragou tudo. — disse ele, abanando a cabeça.

— Eu? Você é que nunca se importou com o que eu queria. — retrucou ela, irritada.

— Eu não acredito que você está dizendo isso depois de tudo que eu fiz para você ficar feliz. Abandonei meus planos de início de carreira para ir morar perto de seus pais, aceitei as imposições de sua mãe, fiz todas as suas vontades! Você só pode estar louca, mas agora também não me importa mais. Essa foi a gota d'água! Amanhã, entrarei com os papéis do divórcio — gritou ele, apontando a porta. Saia, por favor... Eu não consigo olhar mais para a sua cara.

— Se você pensa que vai ser fácil se livrar de mim, você está muito enganado. — E olhando-o com desprezo ela saiu e bateu a porta.

Carlo jogou-se no sofá, com as mãos no rosto, não conseguindo segurar o pranto, ao pensar nos filhos perdidos, por egoísmo da esposa.

— *Dio Santo,* por quê? Quanta insensibilidade... Quanta mentira... Oh, Kate, Kate, como pôde?

Inconformado, Carlo soluçava feito uma criança. Levantou-se e batendo na parede urrando como uma fera ferida. Sem se dar conta do que fazia pegou uma estatueta de cristal que estava sobre sua mesa, jogou-a contra a parede, extravasando toda sua dor e raiva.

Sentindo uma mão no braço, voltou-se para ver o filho, que voltara sem ele perceber e o olhava assustado e compadecido. Também estava chorando.

— Acalme-se, *papà*... Não gosto de vê-lo assim. — disse o garoto tentando acalmá-lo.

Num gesto de desespero, ele puxou o filho para si e, então, deram-se um longo e solidário abraço, chorando os dois.

— *Scusa*, meu filho, sinto muito que você tenha assistido a tudo isso. — murmurou ele com os lábios contra os ombros do filho que já estava quase com sua altura.

Carlo afastou-se e fitando o filho, enxugou as lágrimas com as mãos...

— Vá deitar, meu filho. Vou juntar esses cacos e tentar dormir. — disse ele, passando a mão nos cabelos do filho.

— O senhor promete que irá se deitar? — perguntou o jovem, preocupado.

Carlo sorriu tristemente.

— Prometo, meu filho. Quero que você me prometa também que vai deixar eu e sua mãe resolvermos isso tudo entre nós, okay? Vamos ficar bem, todos nós. Agora vá deitar.

— Boa noite, *papà*.

— *Buona notte, Luigi. Ti amo, figlio mio.*

— Também *ti amo, papà*. — respondeu Luigi indo para a porta.

De ombros caídos, entorpecidos pela tensão e dor, Carlo buscou uma vassoura na dispensa, recolheu os cacos e jogou-os no lixo.

É assim que está meu coração. Em cacos, pensou ele, ao apagar a luz do escritório e se dirigir ao seu quarto.

Chegando lá, tirou a roupa e dirigiu-se ao banheiro. Entrando no box, ligou o chuveiro e deixou que a água caísse em sua nuca tesa. Sentiu as lágrimas se misturando à água que caia sobre si.

Não consigo acreditar... Madonna mia! Murmurava inconsolável. *E eu, pensando que ela não poderia engravidar mais por que seria perigoso para sua saúde...*

— Estúpido! — gritou batendo na parede de ladrilhos dentro do box.

Tomou uma ducha rápida, enxugou-se, colocou um roupão e precisando de uma bebida forte, voltou ao seu escritório, para preparar uma dose de uísque.

Sentou-se na poltrona ao lado da janela e deixou-se levar pela tristeza e decepção. Deitou a cabeça no encosto e fechou os olhos, tentando imaginar como seriam os filhos perdidos. *Gêmeos... Signore, os gêmeos... Que alegria que seria ouvir aquela gritaria gostosa de crianças alegres e felizes, como Luigi fora.*

Esfregando os olhos com raiva e meneando a cabeça, sabia que não poderia perdoar Katherine!

Terminou seu uísque, voltou para o quarto, escovou os dentes e deitou-se, logo pegando no sono, tamanho seu cansaço mental.

Ressabiada e com o rosto lavado em lágrimas, Kate abriu vagarosamente a porta do quarto do filho.

Luigi estava deitado com o travesseiro cobrindo o rosto.

— Luigi... Meu filho... — começou ela, aproximando-se da cama.

O garoto tirou o travesseiro do rosto e olhou-a também com o rosto coberto de lágrimas.

— Luigi, perdoe-me, meu filho. Eu só quero que saiba que eu quis você, desde o momento que soube que estava grávida. — murmurou sentando na cama e sentindo o coração doer quando o filho afastou-se, para que ela não o tocasse. Ele levantou-se e ficou de frente para ela.

— Acredito, *mamma*, mas por que mentiu sobre isso tudo?

— Ah, meu filho, você não entenderia... Nós mulheres às vezes...

— *Mamma...* — a voz falhou e o garoto recomeçou a chorar. — Agora acho que é melhor eu ficar fora disso.

— Perdoe-me, meu filho. Por favor, perdoe-me... — pediu Kate desesperada.

— *Mamma*, nesse momento eu só quero ficar sozinho, por favor?

Aos prantos e sentindo remorsos, a mãe levantou-se e saiu do quarto sob o olhar triste e magoado do filho.

Foi para seu quarto onde se trancou e também se deixou levar pelas lágrimas de arrependimento.

Meu Deus, o que eu fiz? O que eu fiz? Perdão ,Senhor. Não queria ver meu filho tão magoado comigo! Não quero perder meu marido!, murmurava entre soluços.

Depois de chorar muito e lamentar, ela resolveu ligar para a mãe e contar que Carlo e Luigi ouviram sobre a conversa que tiveram ao telefone e que ela se sentia péssima, pois poderia ter perdido ambos para sempre.

Do outro lado da linha, Nadine ouvia em silêncio, se sentindo culpada.

— Quer que eu vá até aí? — perguntou à filha.

— Não, mamãe. É melhor, não. — respondeu desolada. — Amanhã, a gente conversa, ok?

— Como queira, minha filha. Tome um banho quente, um calmante e tente dormir, sim?

Lentamente, Katherine desligou e colocou o celular sobre a mesa de cabeceira.

Jogou-se na cama e deixou o desespero tomar conta.

— Oh, Deus... Perdoe-me. Não quero perdê-los. — falava entre soluços, se referindo ao filho e ao marido.

Muito tempo depois, o cansaço venceu-a e ela adormeceu.

Capítulo 18

Repensando a vida...

Atônitos, Lorenzo e Helen olhavam para Carlo.

— *Madonna*... Carlo, nem sei o que dizer... eu... — começou Lorenzo engasgando-se com o café e balançando a cabeça, incrédulo. — Oh, meu irmão, é inacreditável o que está nos contando.

— Sabia que Kate era vaidosa com seu corpo, mas... Mas a ponto de abortar, para não ficar "deformada"? — falou Helen estupefata estendendo uma xícara de café ao cunhado, com um olhar compadecido.

— Sabe como me sinto? — começou Carlo, olhando para o irmão. — Sinto-me traído. Eu investi tanto nesse casamento, acreditei nos votos que fizemos quando nós decidimos nos casar e agora chego à conclusão de que só eu fui leal e que os votos valiam apenas para mim. — concluiu ele, depois de tomar um gole de café e ficar pensativo.

— Não se martirize, meu cunhado. Você fez a sua parte. É um ótimo marido, um pai maravilhoso e, naquela época, você era mais jovem e estava apaixonado. — acrescentou Helen, tentando consolá-lo.

— Esse é o meu consolo, cunhada. A chegada de Luigi foi a melhor coisa que aconteceu disso tudo.

— *Mamma* já sabe? — perguntou Lorenzo em dado momento.

— Não e não sei se seria bom ela saber disso. Ao menos por enquanto.

— É verdade. Creio que não seria um bom momento. — concordou Helen.

— E Luigi, como reagiu? — perguntou Lorenzo demonstrando preocupação com a reação do sobrinho.

— Está tão desolado quanto eu e muito decepcionado com a mãe. Edward e Louise embarcarão hoje para um final de semana em Miami e o convidaram para acompanhá-los. Achei uma ótima oportunidade para ele ficar longe da tensão que está lá em casa.

— Ótimo. Pobre garoto. Ele vivia dizendo que queria ter vários irmãos. — acrescentou Lorenzo com um meio sorriso.

— Não dá nem para imaginar Kate cuidando de cinco filhos como Julia. — retrucou Helen rindo.

Carlo assentiu.

— Não mesmo. Com certeza teríamos que contratar uma babá para cada criança. — disse.

— E agora o que pensa fazer? — indagou Lorenzo, olhando para o irmão.

Carlo olhou dentro dos olhos do irmão, e deu um longo suspiro.

— Estou decidido a entrar com os papéis do divórcio. Já conversei com Luigi hoje pela manhã. Ele já está sabendo.

Lorenzo ficou olhando firme para o irmão mais novo, assentindo, e ia dizer alguma coisa, mas decidiu ficar quieto e tomar o restante do seu café.

— Sei que *nostra mamma* ficará um pouco decepcionada com o divórcio, mas creia, Enzo, eu não suporto mais! — declarou Carlo, com os olhos marejados, o que causou grande impacto em seu irmão e cunhada.

Lorenzo se levantou e apertou os ombros do irmão caçula numa maneira de se dizer solidário com sua dor.

— Faça o que for melhor para você, meu irmão. Siga seu coração. — disse ele preocupado pela desolação do irmão.

Carlo sentiu as lágrimas retesadas até agora lhe escorrendo pela face viril.

— *Grazie,* Enzo. *Grazie* pela compreensão de vocês. — agradeceu com a voz embargada.

— *Prego.* Conte conosco, *certo?*

Helen chorava silenciosamente, emocionada, observando o carinho e apoio que o marido dava ao angustiado irmão caçula.

— Eu vou sair da cidade logo mais. Já liguei para o tribunal e conversei com Dorothy e Brian. Klaus também já foi avisado. Preciso ficar só, para colocar em ordem minhas ideias.

— Para onde irá? — perguntou Lorenzo sem esconder a preocupação.

— Vou para Palm Beach, passar uns três dias por lá, longe de tudo e de todos, para colocar minhas ideias em ordem.

— Me parece bom. Mas leve Klaus com você. — lembrou o irmão, com nova preocupação no rosto.

— Já pensei nisso e já o avisei que ele irá comigo.

— *Bene*, fico mais tranquilo, pois esse tal de Mendonza é um bandido perigoso, mesmo preso.

— Fique tranquilo, pois estarei com Klaus. E quando voltar, contarei para *mamma*, okay?

— E se ela perguntar de você?

— Diga que fui para Palm Beach dar uma descansada.

— *Certo,* meu irmão...

Abraçados na porta de saída, Helen e Lorenzo acompanharam o caminhar lento e sem ânimo de Carlo.

Ao vê-lo de cabeça baixa, Helen não suportou.

— Levante a cabeça, homem! Reaja! — ouviu a voz da cunhada, incentivando-o.

Sem voltar-se, ele ergueu a mão, num gesto de resignação.

Lorenzo e Helen se entreolharam, penalizados.

— Você acha que ele vai procurar...

Lorenzo sorriu entendendo Helen.

— Creio que não. — cortou Lorenzo, convicto. — Acredito que nesse momento ele vai querer estar *solo*.

No dia seguinte, num voo matinal, Carlo e Klaus embarcaram para Miami, para depois alugarem um carro e irem até Palm Beach.

Um dia depois, sentado no deque, Carlo tomava uma cerveja enquanto observava a dança das gaivotas sobre o mar e se deixava levar pelo som das ondas quebrando na praia.

As palavras de Kate ainda martelavam em sua cabeça, o deixando revoltado.

À noite, avisou Klaus que estava muito cansado e por isso ia dormir mais cedo. O guarda-costas assentiu com a cabeça e começou a vistoria na casa, para poderem dormir.

Após ele verificar portas e janelas, Carlo resolveu questioná-lo com certo divertimento.

— Você acha que Mendonza se aventuraria mandar alguém por aqui? — perguntou.

— Não dá para se descuidar, senhor. Ele tem olhos em toda parte. Com ele preso ou não, tudo é possível. Seus tentáculos são inúmeros.

— Certo, alemão. Faça seu trabalho então.

— É para isso que o senhor me paga.

Klaus ficava atento a qualquer movimento na praia que ele achasse suspeito. Estava sempre alerta e observando tudo.

Não deixava de examinar todas as portas e janelas, antes de dormir, e, antes de saírem para caminhar, ele sempre fazia uma vistoria com os binóculos ou simplesmente esquadrinhava a área com sua sagacidade. Não deixou Carlo caminhar nem uma vez sozinho. Seguia atrás de Carlo, como qualquer frequentador da praia.

À noite, Carlo ficava na varanda do quarto na parte de cima da casa e o guarda-costas ficava sentado numa das cadeiras do deque, tomando um café e prestando atenção em tudo que se passava na areia. Mesmo sendo fora de temporada, havia muitas pessoas nas casas de veraneio.

Na manhã que antecedeu a volta do dois para Nova Iorque, Klaus sentou-se para tomar o café com o patrão. O examinou, com preocupação.

— Deu para descansar, senhor? — perguntou Klaus tomando seu café.

— Deu sim, Klaus. Tomei algumas decisões importantes. *Grazie, caro*.

— Que bom, senhor. Amanhã então retornaremos a Nova Iorque. Certo?

— *Certo,* alemão.

O dia passou tranquilamente, com Carlo dando uma boa caminhada aproveitando o sol que aparecera entre nuvens, apesar do dia frio.

Ao cair da noite, Lorenzo lhe telefonou dizendo que a mãe estava muito preocupada querendo saber o que tinha acontecido para ele viajar sem se despedir dela.

— Se você não voltar logo e contar para ela, com certeza ela vai aparecer por aí. — dissera-lhe o irmão divertido.

— Está bem. Diga a ela que voltarei amanhã e vou contar o que aconteceu. *Ah, dona Carmela!*

— E daí, meu irmão, deu para relaxar? — perguntou Lorenzo ainda pouco preocupado.

— Sim, Enzo. Cheguei à conclusão de que agora não adianta chorar pelo leite derramado, não é? Resolvi me apegar apenas no presente e futuro. Mereço ser feliz! Estou mais certo do que nunca que o divórcio é a solução mais certa da minha vida, nessas alturas.

Carlo ouviu um longo suspiro do irmão, do outro lado.

— Está certo, meu irmão. E é claro que merece ser feliz. Nunca é tarde para isso. — Concluiu Lorenzo.

— Obrigado, Enzo. Sabia que podia contar com você. E amanhã, depois da minha chegada, irei jantar com *mamma* e a colocarei a par da minha decisão e do porquê dela.

— Okay. Então boa viagem e se cuide! Quer que eu vá buscá-lo no aeroporto?

— Obrigado, meu irmão, mas não será necessário. Um funcionário da equipe de segurança irá nos buscar.

— *Perfetto*. Boa viagem.

— *Grazie*.

Na manhã seguinte, por fim, Carlo e Klaus voltaram para Miami e de lá pegaram um voo antes do almoço para Nova Iorque,

Duas horas e quarenta e um minuto depois, já estavam pousando no La Guardia.

Um dos homens de Klaus já estava esperando-os, para deixarem Carlo em casa e voltarem para o trabalho.

Ao chegar em casa, Carlo percebeu com certo alívio que a esposa não estava.

Foi no quarto do filho e notou que ele também não estava em casa. Após colocar as roupas para lavar, foi para o seu escritório. Nesse momento, o celular tocou dentro do bolso do jeans. Sorriu ao ver o nome de Susan no visor.

— Carlo? — o som mavioso daquela voz, era um acalanto para ele.

— Como é bom ouvir sua voz... — disse ele, com um suspiro de alívio.

— Fico feliz em saber disso. — murmurou ela. — Como você está? Não tive mais notícias. Estava preocupada. O que aconteceu? Está tudo bem?

— *Sí*, agora está tudo bem. Acabei de chegar. — explicou. — *Mamma* já estava preocupada, pois não falei com ela desde que embarquei. Lorenzo me ligou dizendo para vir logo para casa, senão ela iria atrás de mim. — concluiu rindo.

— Acredito. Conheço bem *mamma* Carmela. — a jovem disse rindo. Mas logo se recompôs e com voz firme, perguntou. — O que aconteceu Carlo? O que Kate fez dessa vez? E não negue, pois Luigi contou para Mathew que foi algo muito sério que a mãe fez.

Carlo deu um longo suspiro.

— É algo que prefiro contar pessoalmente. Por telefone não dá.

— Está bem. Aguardarei. Mas está tudo bem mesmo?

— Sim. Estou bem agora, tirei esses dias para ordenar as ideias e agora já vejo tudo com mais clareza. E ouvir sua voz acalentadora me fez ter ainda mais certeza das decisões que tomei.

— Mas por quê? Essas decisões que você tomou tem a ver comigo? Conosco? — perguntou ela curiosa.

— Sim. Algumas são diretamente ligadas a nós dois. Eu tenho pensado muito sobre a nossa relação e o que eu quero para a minha vida, daqui para frente. Tenho cumprido com o nosso combinado, Susan.

Levemente surpresa, a jovem riu.

— Que bom ouvir isso de você. Porque tem sido bastante difícil lidar com toda essa nossa situação. Agora fiquei ainda mais curiosa para saber o que você tem para me contar.

— Fique tranquila, primeiro vou contar para *mamma* e depois contarei a você. *Certo, bambina?*

— Está bem. Se cuide! — murmurou com a aquela suavidade natural de sua voz.

E desligou o celular.

Carlo jogou o celular sobre a mesa e suspirou pensando no quanto seria reconfortante ter Susan ali, naquele momento, sentir seu perfume inebriante e deixar-se envolver pela doçura do seu olhar, pelo calor de seu corpo...

Carlo queria ter Susan em sua vida, sem dúvida alguma. O que sentia pela jovem era mais forte e mais profundo. Mas às vezes se sentia muito inseguro pela grande diferença de idade. Sabia que a jovem correspondia a seus sentimentos, pois ela era muito transparente, mas temia que, com o passar do tempo, ela se apaixonasse por um homem mais jovem, da sua idade.

Deixe as coisas acontecerem naturalmente, Martinelli, repreendeu-se ele.

Olhando no relógio, viu que eram quase 17 horas.

Precisava tomar um banho e depois iria para a casa da mãe.

Horas depois, Carlo aparecia à casa de sua mãe, que o recebeu não escondendo o alívio que sentia por sua volta ao convívio familiar.

— O que aconteceu, *figlio mio*, que viajou sem se despedir de mim? — perguntou Carmela, enquanto Carlo a abraçava.

— *Mamma*, Palm Beach não é bem uma viagem, não é? — tentou brincar, mas a mãe realmente estava zangada e a preocupação estava em seus olhos. — Na verdade, eu precisava ficar sozinho para pensar um pouco. Mas nada que precise se preocupar, *certo, mamma?* — respondeu Carlo, não querendo ainda contar o real motivo.

— *Per che* não me conta tudo? Alguma coisa me diz que... que... Caterina tem a ver com tudo isso, *certo*? — perguntou ela, não escondendo sua grande preocupação. — O que foi desta vez?

— Depois eu lhe conto, *mamma*. — respondeu ele, sorrindo e afagando-lhe o rosto. — O importante é que estou de volta, com sérias decisões tomadas. Agora, me dê um pedaço daquele bolo de chocolate que eu sei que sempre tem por aí. — pediu ele, tentando desviar o assunto.

— Está bem, mas não pense que me engana, *bambino*. — ralhou ela — Você ainda vai me contar tudo e ainda hoje. — retrucou determinada.

— Está certo, dona Carmela. Recebeu notícias de Aldo?

— *Si*. Sua Villa ficou pronta e trará a sua chave quando ele e Loretta vierem para o seu jantar de despedida.

— *Maravilha!* Estou feliz com isso.

— *Io* também. Ele disse que a Villa ficou linda, tal como você a idealizou. Ele e Loretta seguiram todas as suas sugestões.

Carlo ficou feliz em saber que logo teria o seu refúgio na Itália. Se já estivesse pronta, seria lá que iria se esconder.

— Vi Kate, esses dias. — comentou a idosa. — Achei-a muito estranha...

Carmela prestou atenção na reação do filho ao seu comentário. O levantar das sobrancelhas, a leve torcida dos lábios, como se não estivesse acreditando.

— Estranha? Como assim, *mamma*?

— Ah, como te dizer... Um pouco triste talvez, preocupada...

Carlo ficou pensativo por uns instantes, dando um tempo, para não falar mais do que devia.

— Bem, talvez ela esteja... — comentou ele cuidadosamente.

— Quer um café, juntamente com o bolo?

— *Si, mamma. Per favore.*

Enquanto esperava a mãe lhe servir o café e o bolo, seu celular tocou. Ao ver o nome no visor, ele franziu o cenho e atendeu.

— *Sì?*

— Carlo, você voltou, *amore*. Vi sua mala desfeita na lavanderia. Precisamos conversar. — ele percebeu a voz preocupada da mulher. — Carlo? — chamou Kate, quando ele não respondeu.

— Que precisamos conversar é obvio, não? — retrucou. — Estou na casa da minha mãe e vou demorar um pouco. — completou secamente.

— Por favor, *amore*... — implorou ela

— Eu ainda vou demorar um pouco mais. — repetiu, sem se importar com a frieza em sua voz. E desligou.

— Quem era? — perguntou-lhe a mãe, entregando-lhe a caneca com o café e o prato com o bolo de chocolate.

— Kate. Diz que já está em casa.

— *Figlio*, o que está acontecendo agora? — perguntou-lhe a mãe, fitando-o nos olhos.

Carlo sorveu vagarosamente seu café, enquanto organizava as palavras que diria à mãe.

Pousando a xícara no pires com muita calma, Carlo pegou a mão da mãe e afagou-a, olhando com carinho para seu rosto querido.

— Mamma... eu... Olha, que tal eu deixar para contar isso em outra oportunidade? — perguntou, tentando adiar o inevitável.

— *Perché?* Agora ou depois, que diferença faz? Eu vou saber de qualquer maneira, *sì?* — respondeu a idosa, olhando-o nos olhos, muito determinada.

Carlo suspirou, ainda tentando protelar a decepção que a mãe teria, quando soubesse.

— *Sì, Carlo?* — incentivou a mãe a começar contar.

— Está bem. Vou contar, mas me prometa que não vai falar com Katherine, okay? — disse Carlo, apertando a mão da mãe. — Isso é entre mim e ela.

A idosa concordou e então Carlo contou-lhe toda história em seus mínimos detalhes. Carmela ia arregalando os olhos idênticos aos do filho, à medida que ia ouvindo o relato e colocando as mãos no rosto.

Estupefata ela balançava a cabeça, sem acreditar no que ouvia.

— *Dio Santo!* Mas isso é... é... monstruoso! — falou a idosa, com uma expressão de horror e a mão apertando o coração.

Carlo preocupou-se com a palidez da mãe que fechava os olhos e oscilava um pouco na poltrona.

— *Mamma*, sente-se bem? *Mamma!* — Carlo ajoelhou-se em frente à mãe e pegou-lhe uma das mãos enquanto com a outra lhe afagava os cabelos.

— Carlo, Katherine fez isso mesmo? — perguntou ela, incrédula, com lágrimas nos olhos.

Carlo curvou-se e abraçou-a, com os olhos embaçados. Estava assustado com a reação emocionada da mãe. Sabia que quando ela se estressava, muitas vezes, sua pressão arterial subia.

— Ah, *mamma,* por isso é que não queria lhe contar. Vou buscar um copo de água. — disse encaminhando-se apressadamente para a cozinha.

Quando voltou, Carmela estava com a cabeça apoiada no encosto da poltrona, com os olhos fechados e a mão ainda no coração. Carlo ficou apavorado.

— *Mamma*, por favor... Você está me deixando preocupado. Que *pazzo, io!* recriminou-se.

Ela abriu os olhos e ele viu a tristeza estampada neles.

— Tome esta água... — disse ele dando-lhe o copo. — ... E acalme-se, *sì?* Foi horrível saber disso, mas eu tive bastante tempo para refletir e absorver o choque, *mamma*. E tomei a decisão que deveria tomar, frente a isso.

— Ma... e Luigi?

— Está muito triste e decepcionado.

— *Poveretto.* — lamentou Carmela pelo neto. — Seus irmãos...

451

falarei com os demais, pessoalmente, na hora certa.

— *Certo*. E agora, *figlio mio*?

Carlo aguardou-a tomar a água, pegou o copo vazio que ela lhe estendia e o colocou na mesa de centro. Depois tornou a ficar de joelhos, segurando-lhe as duas mãos nas suas, olhando-a firmemente.

— Vou pedir o divórcio, *mamma*. *Scusame*, mas não dá mais. Isso foi o fim do meu casamento com Kate.

— Te apoiarei na sua decisão, seja ela qual for.

Emocionado, Carlo beijou as bochechas da mãe.

— *Grazie, mamma.* — agradeceu ele.

Ela apenas lhe acariciou os cabelos e beijou-lhe a cabeça.

Quando Carlo chegou em casa, Kate estava esperando-o no quarto de hóspedes.

Sentada na cama, segurando a cabeça nas mãos, ela levantou-se tão logo ele adentrou.

Carlo percebeu que ela estivera chorando.

Sentiu-se mal por não sentir compaixão alguma. Ainda estava muito ferido.

— Carlo, *amore*, perdoa-me, por favor. — implorou ela com as mãos juntas.

Ela tentou aproximar-se dele, mas ele levantou as mãos, impedindo-a. Ficou a observá-la impassivelmente parado, com a porta entreaberta.

— Katherine, por favor... — disse ainda parado no umbral da porta, agora totalmente aberta. — Não vamos nos ferir mais, por favor. Já nos magoamos o suficiente.

— Carlo, eu te amo e não suportarei ficar sem você. Por favor, me perdoe.

— Não, Kate. Você não me ama. Você só ama a si própria.

— Não é verdade. Você é o amor da minha vida. — lamuriou-se ela.

Ele olhou-a muito sério.

— Se assim fosse, você não teria me negado a paternidade de três crianças e mentido para mim. — Então, isso é me amar? — perguntou ele, com a mão, no próprio peito. — *Dime*, que amor você tem no coração, se não titubeou em privar três crianças de vir ao mundo? — o tom de voz verberou cruelmente. — Seus filhos, Kate! Nossos filhos! Irmãos de Luigi! E agora, você vem me falar de amor?

— Por favor, não me atormente mais com isso. Eu não me perdoarei nunca e não aguento mais ouvir sua impiedosa acusação e os olhares magoados do nosso Luigi. Tente entender que eu era muito jovem e...

— Pare, pare! — exclamou ele, aproximando-se dela com o olhar impiedoso. — *Cara mia*, você sabia muito bem o que estava fazendo.

— Carlo, eu preciso do seu perdão... — disse Kate com as mãos juntas e os olhos marejados — Por favor, por favor, perdoe-me. Vamos fazer as pazes. Nós vivíamos tão bem. — pediu ela entre soluços.

— Kate! Por favor! — pediu ele com uma calma inesperada. — Vivíamos tão bem? Como vivíamos tão bem? Sua noção de "tão bem" é muito diferente da minha.

Kate olhava-o como se não estivesse entendendo o que ele falava.

— Não, eu penso como...

— Kate... — interrompeu ele, oferecendo-lhe a caixa de lenço de papel que ele possuía na bancada ao lado da cama — ... Nós não somos felizes... — fez uma pausa, para que ela pudesse absorver o que ia dizer a seguir. — Não somos felizes, desde quando Luigi tinha três ou quatro anos.

— Mas eu nunca deixei de te amar. Sempre fui fiel a você.

— Isso não tem nada a ver com a situação. Isso que estamos vivendo não é amor. Não há respeito!

Ela fitou-o, desconsolada e enxugou os olhos.

— Não! Não diga isso. Você não pode estar falando sério. E meus ciúmes sempre foram a prova do meu amor por você. Eu fico louca quando vejo as mulheres chegando perto de você... — defendeu-se ela — ... Seu jeito gentil e cavalheiresco de ser sempre as E você permitia... — acusou, com as mãos no rosto molhado.

— Tudo fruto da sua mente obsessiva Kate. Ciúme não é prova de amor! Eu sempre procurava ser gentil e educado, como você sabe que é minha maneira de ser. Minha intenção nunca foi de encorajar nenhuma mulher. Na verdade Kate, você sempre soube como eu era, como eu pensava, nunca escondi isso de você, mas eu nunca soube como você era de verdade. — acusou-a, com uma voz bem tranquila.

— Vamos recomeçar? Eu prometo me policiar e nunca mais...

— Já tivemos essa conversa antes. — cortou ele conciso, balançando a cabeça — Muitas e muitas vezes. Não, Kate. Não confio mais em você. *È finito!*

— Vamos tentar mais uma vez, sim? Por Luigi, por sua mãe, por nós mesmos. — tentou persuadi-lo colocando as palmas das mãos trêmulas no peito dele.

Com uma gentileza que não sabia de onde havia tirado Carlo lhe segurou os braços e afastou-a de si.

— Por ninguém mais, Kate. Chega! E para que saiba, Luigi já está ciente da minha decisão, assim como minha mãe.

Ela olhou-o, franzindo a testa e estreitando os olhos.

— Você está mesmo decidido a se divorciar de mim? — perguntou ela pálida e arregalando os olhos. Quando me pediu em casamento, disse que era para sempre — defendeu-se, ela.

Com as mãos nos bolsos, Carlo a fitou em silêncio por uns momentos e deu um longo e lento suspiro antes de falar calmamente.

— Porque nunca imaginei que chegaríamos a isso! Que você se transformaria nessa pessoa obsessiva e ciumenta, que nós quebraríamos tantos votos que fizemos diante da Igreja.

Ela olhou-o atônita e caiu sentada na poltrona próxima da cama.

— Carlo, precisamos mesmo passar por isso? Um divórcio? — tentou persuadi-lo mais uma vez.

— Sim. É o melhor que temos a fazer. Chega de acusações, escândalos em restaurantes, agressões infundadas... Já nos magoamos demais, você não acha? E um casamento de conveniência está fora de questão. Já faz tempo que vivemos uma mentira e não é satisfatório para nenhum de nós, *certo?* E nem para o nosso filho.

— Não, eu não quero o divórcio. — teimou ela, levantando-se e enxugando os olhos com as mãos, novamente. — Não, Carlo. Eu te amo. Não vou entregá-lo de bandeja para outra mulher. Nunca! — gritou ela, totalmente fora de controle.

— Não complique, Kate. E estamos num estágio em que não tem mais volta.

Carlo ficou observando as emoções que transfiguravam o semblante da esposa. Por uns instantes sentiu compaixão pela incredulidade espelhada em seus olhos.

Sem nenhuma cor no belo rosto, ficou olhando para ele, balançando a cabeça.

— Eu não saberei viver sem você... — murmurou ela.

— Bobagem, Kate. Você é uma mulher linda e inteligente. Logo encontrará outra pessoa que lhe trará felicidade. Levando em conta os encontros sociais que sua mãe promove, será apenas uma questão de tempo, você vai ver.

Carlo viu incrédulo a mudança na expressão da esposa. De repente, de chorosa, ela passou a fitá-lo com raiva.

Era incrível a sua transformação. Ela precisava mesmo de ajuda profissional. Iria alertar Walker.

— Lá vem você de novo criticar a vida social da minha mãe. — observou Katherine exaltada. Depois o fitou por mais alguns instantes em silencio, antes de concluir, — Creio que já entendi tudo. — a voz dela havia ganho um tom de desafio e ironia.

— Entendeu o que, Kate? — perguntou ele pausando as palavras, fitando-a com um olhar tão frio quanto um iceberg.

— Você quer o divórcio para ficar com ela. — acusou-o mordaz.

Ele franziu o cenho.

— Ela? Ela quem, Kate? — indagou no mesmo tom.

Sabia de quem ela falava, mas não seria prudente admitir. Afinal de contas, ele e Susan não estavam juntos, por mais que ansiasse por isso.

— Como você é cínico, Carlo! — criticou a esposa, colocando as mãos na cintura. — A mulher dos *"cachinhos dourados",* quem mais poderia ser? — disse, fuzilando-o com o olhar.

— Kate, ninguém tem nada a ver com o meu pedido de divórcio, além de nós dois. Faz tempo que penso nisso. O caso dos abortos só foi o golpe final.

— Mentiroso! Cínico!

Carlo ficou fitando-a em silêncio por uns instantes e teve vontade de confessar o que sentia por Susan. Ficaria mais aliviado. Porém, ao perceber o descontrole da mulher, recuou. Não era a hora. Ela faria um escândalo e iria infernizar a vida de todos.

— Kate... Chega! — demonstrando impaciência, Carlo interrompeu-a, quando percebeu que ela iria dizer mais alguma coisa.

Ela ficou em silêncio, mesmo fitando com raiva o rosto viril e impassível do marido.

— Está decidido e não voltarei atrás. Após o jantar no sábado próximo, eu irei para um flat...

— Não! Eu não lhe darei o divórcio! — esbravejou com os olhos lampejando de ódio. — Não vou facilitar para nenhuma outra mulher. Você é meu!

Carlo sacudia lentamente a cabeça em negação, observando a habitual reação possessiva dela. Ela nunca mudaria.

— Então, nosso divórcio será à revelia! E não vou discutir mais com você. Eu sairei de casa, enquanto rolam os papéis do divórcio. Agora, poderia dar-me licença? Estou cansado. *Buonanotte*! — disse, indicando-lhe a porta aberta.

Nova transformação ocorreu nas feições da mulher. Chegou até sentir pena, quando percebeu que ela enfim aceitou o inevitável, pelo olhar de derrota. Ela esfregou as mãos bem cuidadas no rosto e tentou ser o mais digna possível.

— Ok. Será como você quer. — concordou por fim.

Lentamente de ombros erguidos, ela dirigiu-se a porta.

Repentinamente, sem que ele esperasse, ela voltou e deu-lhe um violento tapa no rosto.

Sem deixar de fitá-la, ele passou a mão lentamente no rosto agredido.

— *Certo*. Eu mereço! — disse Carlo de maneira sarcástica, olhando-a nos olhos. — Está satisfeita?

— Não. Eu quero que você morra, Carlo Martinelli! — gritou ela, saindo furiosa do quarto deixando o rastro de seu perfume.

Resolveu não falar nada e fechou a porta suavemente, tão logo ela saiu.

Quem sabe eu morra mesmo..., pensou, afagando a face ardente pelo tapa recebido. Deu um longo suspiro. Seria um hipócrita se não admitisse que mereceu a agressão da esposa. Afinal, ele a traiu, mesmo que ela não soubesse.

Minutos depois, jogou-se na cama e apagou a lâmpada da cabeceira.

A face ainda estava ardendo pela força do tapa da esposa, mas sentia-se um pouco mais leve, depois de ter dito a ela que queria o divórcio. Só sentia não poder contar-lhe tudo o que queria.

Nem sempre dá para fazer o que se quer, era o que sua mãe sempre dizia a eles, quando crianças.

Certo, culpava-se por não ter admitido sua ligação com Susan, mas a verdade é que ele não estava pronto para lidar com todos os desdobramentos que esta revelação traria.

Descontrolada como ela estava, ele só iria piorar as coisas, se resolvesse contar sobre a traição.

E *além disso, o futuro de sua relação com Susan ainda era incerto.*

Mas uma coisa era certa, preferia ficar sozinho a continuar num casamento infeliz. *E eu quero ser feliz! Ah, Dio, que situação,* pensou antes de adormecer.

A noite de sábado estava tipicamente primaveril. Elegantemente vestido com seu smoking Armani, Carlo chegou ao Martinelli's, acompanhado da mãe, do filho e de Kate, magnífica num vestido prata. Desde a conversa que tiveram no dia em que ele voltou de Palm Beach, ela não lhe dirigia a palavra e vice-versa. Carlo dava graças a Deus por isso. A maneira calma e pensativa dela, durante toda a semana, era perceptível a todos os familiares. E era tão intrigante a ponto de ele começar a ficar preocupado. *Ela estaria aprontando alguma?*

O ambiente estava lindamente decorado, à luz de candelabros tipicamente italianos e arranjos de flores enfeitando as mesas com toalhas de linho branco, sobressaindo o requinte dos talheres de prata e cristais... Lorenzo e sua equipe de eventos arrasaram na decoração.

Todos os convidados já estavam presentes, acomodados em suas mesas e interagindo entre si.

Ao adentrar, aplaudiram-no, deixando-o emocionado. Ali, sim, estavam as pessoas verdadeiramente especiais para ele. Era a homenagem que mais significava para ele.

Todos se aproximaram para abraçá-lo. Seus irmãos, seus cunhados, seus sobrinhos e seus melhores amigos, Kevin, Arold, Percy, com suas respectivas esposas, e Arthur com Sarah, sua noiva e amiga de Susan...

Aldo aproximou-se do irmão.

— A Villa na Toscana já está à sua disposição. Trouxe suas chaves, *caro*. Deixei para entregá-la hoje já que é uma data significativa para você. — disse Aldo entregando-lhe as chaves, depois de beijá-lo no rosto, como era hábito entre os irmãos Martinelli.

— *Grazie, Aldo.* Não sei como agradecer seu empenho. — respondeu Carlo, retribuindo-lhe o abraço.

— *Prego.* Mas foi Loretta quem cuidou da decoração. — retrucou o irmão mais velho, sorrindo carinhosamente para a esposa que se aproximava para abraçar o cunhado caçula.

— Ficou *belíssima,* Carlo. Você vai gostar. Segui todas as suas sugestões. — disse ela, tentando limpar a mancha de batom que deixara na face do cunhado.

— *Grazie, grazie,* Loretta. Você foi maravilhosa, *cara mia.* — agradeceu Carlo, dando-lhe um carinhoso beijo na testa.

Um por um, seus irmãos, cunhados e sobrinhos o abraçaram e o beijaram carinhosamente.

Carlo estava felicíssimo, pois estavam todos ali. Walker, seu sogro, deu-lhe um forte abraço. O respeito e o carinho entre os dois eram irrefutáveis. Nadine também o abraçou, mesmo que fosse um abraço frio como sua postura.

Edward e Louise, seus vizinhos, se aproximaram após os sogros, para abraçá-lo.

Luigi já havia levado Mathew para junto dos primos.

— Carlo, é um prazer estar novamente compartilhando com você essa alegria, meu amigo. — disse-lhe Edward, batendo-lhe nos ombros.

— Obrigado, Ed. Estou muito feliz com a presença de vocês. — retribuiu o homenageado. — Afinal, hoje é quando eu me sinto verdadeiramente homenageado. Pelos meus verdadeiros amigos e minha família. — concluiu, sorrindo carinhosamente para os vizinhos.

— Susan enviou-lhe um grande abraço, mas não foi possível ela estar presente, pois está muito resfriada. — disse Louise, beijando-o no rosto.

— Eu entendo, Louise. — respondeu Carlo evitando olhar para Katherine. Ficou aguardando algum comentário mordaz. Porém ela nada falou e apenas respondeu ao cumprimento da médica.

O que ninguém sabia era que Susan havia ligado para ele, dizendo-lhe que achava melhor ela não comparecer desta vez. Na hora, ele achou que ela deveria vir, mas, depois, lembrando-se do que Kate poderia fazer, achou prudente da parte dela...

Quando ia desligar, resolveu contar a ela por telefone mesmo o que havia acontecido, uma vez que não teriam tempo de se encontrar pessoalmente a curto prazo.

A jovem ficou surpresa com a atitude da socialite quanto aos abortos e penalizada pelo sofrimento dele e do filho.

Como era esperado, houve várias homenagens da família e dos amigos íntimos a Carlo, após o jantar.

Aldo foi o primeiro a falar, como o irmão mais velho, em nome de todos os irmãos. Antonio, filho de Cristiano, quis falar, em nome dos sobrinhos, e Kevin, em nome dos amigos. Walker, seu sogro, fez questão também de dizer-lhe algumas palavras. Mas a grande surpresa foi quando Luigi foi até ao microfone da banda do restaurante e fez uma linda homenagem ao pai, que o levou às lágrimas e emocionou a todos que ali estavam.

Carlo agradeceu a todos e convidou-os a se divertirem, dançando ao som de músicas italianas e pop para os jovens.

Ele tirou a mãe para dançar por primeiro e depois a irmã e cunhadas consecutivamente.

Não querendo constranger a esposa, também dançou com ela, antes de dançar com as sobrinhas, Louise, e as esposas de seus amigos.

Quando dançou com Sarah, esta lhe falou sobre Susan.

— Ela queria muito estar aqui, mas ficou muito resfriada. — comentou a jovem ruiva, com sinceridade.

Carlo afastou-se para olhá-la diretamente.

— Louise me contou. — respondeu Carlo. — Uma pena mesmo ela não ter vindo.

Se ele soubesse a cena que Kate fez no toalete do Gio's... pensou a jovem olhando para a mesa onde seu noivo a fitava com olhos apaixonados. Carlo deu uma risadinha quando percebeu e deu uma piscadela humorada.

— Creio que Arthur já achou que dançamos demais. — disse dando risada e levando-a para a mesa onde estava o amigo, fingindo uma cara de bravo.

— Ei, *caro*, aqui está sua garota. Inteirinha! — falou Carlo brincando. — Pode melhorar essa sua cara feia. — concluiu, com um sorriso malicioso.

— Ah, pensei que ia dar-me o cano a noite inteira, ruivinha. — disse o publicitário carinhosamente para a noiva, piscando para Carlo e puxando a jovem pela mão, para fazê-la sentar-se ao seu lado.

Carlo bateu suavemente no ombro de Arthur e juntou-se aos amigos à mesa.

— Quer dizer que teremos uma Villa para nos hospedar na Toscana? — disse Kevin a Carlo, quando ele se sentou junto a eles.

— Com certeza, meus amigos. A casa estará sempre à disposição de vocês e suas famílias, quando estiverem em férias. Seus filhos vão adorar. — respondeu ele, aceitando a taça de vinho que Arold lhe ofereceu. — Tem uma piscina olímpica, uma quadra de tênis, um campo de futebol e uma quadra de vôlei.

— Ah, é tudo o que esses jovens querem. — comentou Maureen, esposa de Kevin.

— Aldo estava nos contando que ela já está pronta. — comentou Percy completando a taça de vinho da esposa.

— Sim. Pretendo ir tomar posse, antes do final do mês. — informou Carlo, demonstrando o quanto estava satisfeito com a novidade.

— Katherine já está indo embora, Carlo? — perguntou Sibelle esposa de Arold olhando firme por sobre os ombros de Carlo.

Ele voltou-se surpreso, a tempo de ver Katherine falando com Carmela e Aldo. Walker e Nadine logo se juntaram a ela.

Estavam afastando-se da mesa de Carmela, quando Walker fez mulher e filha esperarem, enquanto ele se dirigia ao genro para despedir-se. Levantando-se, Carlo aceitou e retribuiu o abraço sincero do sogro, que mais uma vez o felicitava pela aposentadoria.

— Agora, você poderá ir ao haras para cavalgarmos durante um final de semana. — convidou o banqueiro.

— Obrigado, Walker. Irei sim. Luigi tem me cobrado muito isso.

— Por falar nisso, já estou com o puro-sangue árabe que comprei para ele. Chegou ontem. Quero fazer uma surpresa a ele, em sua próxima visita. — confidenciou o banqueiro, olhando para o neto que ria com os primos e Mathew.

— Tenho a certeza de que ele vai ficar feliz com o presente. Ele já havia me contado da sua promessa em dar a ele um puro-sangue.

— Ele pensa que é um dos meus do haras. — explicou o sogro. — Mas eu comprei um puro-sangue de um famoso criador saudita, de Montana.

— Obrigado, Walker. Agradeço pelo Luigi.

— Ora, ele é o meu único neto e adoro presenteá-lo. — respondeu o sogro dando-lhe o abraço de despedida. — Nadine está com dor de cabeça e Kate aproveitou a carona. — avisou, apontando a filha e a esposa, que o aguardavam junto à mesa da mãe de Carlo.

Sentindo-se observadas e constrangidas, pois todos ali estavam olhando para elas, mãe e filha resolveram se aproximar para se despedirem de Carlo e do seu grupo de amigos.

— Rapazes... — o banqueiro dirigiu-se a todos da mesa, com um gesto educado. — Senhoras, com licença. Boa noite a todos.

Kate e Nadine se aproximaram da mesa, também se despediram e acompanharam o banqueiro. Todos ali estranharam Kate não falar nada a Carlo.

— Muito simpático seu sogro, Carlo. — comentou Percy seguindo o elegante senhor de cabelos brancos, com os olhos.

— É uma boa pessoa. Nos respeitamos muito. — respondeu Carlo, tornando a sentar-se.

— Mas sua sogra é um tanto reservada, não? — observou Michelle, esposa de Percy.

— Você está querendo dizer esnobe, não é mesmo? — acrescentou perversamente. — E Kate saiu igualzinha à mãe. — comentou com um sorriso.

Eles riram e ficou evidente que todos ali concordavam com Carlo.

— E vocês, como estão? — perguntou Kevin, saboreando um gole de vinho.

Irônico, Carlo arqueou as sobrancelhas também tomando um gole do seu vinho.

— Não estamos, *caro*. Não dá mais. — respondeu, olhando fixo, para o fundo da taça. — Nada mais nos resta, a não ser assinarmos o divórcio. — falou, levantando os olhos para os amigos que não esconderam a surpresa, com exceção de Kevin que já sabia.

— Oh, Carlo, que triste. — lamentaram Michelle e Sibelle, ao mesmo tempo.

— Eu sempre achei que... Vocês fazem um casal tão bonito... — acrescentou Michelle.

— Mas um casal infeliz, Michelle. — observou o italiano.

— Não existe nenhuma possibilidade de reconciliação? — indagou Arold pesaroso pela possível separação do amigo.

— Arold, eu tentei durante anos salvar esse casamento, mas agora não existe mais chance alguma. — respondeu, disposto a não revelar mais do que o necessário. No futuro eles iriam saber, porém não agora.

— E Luigi? — quis saber o amigo.

— Está bem dentro do possível.

— E *mamma* Carmela, como reagiu? Sei que ela é muito católica... — perguntou Maureen.

— Tive uma conversa com ela dias atrás, e ela me entendeu. — respondeu Carlo, pousando sua taça vazia na mesa. — Evidentemente que ela ficou muito decepcionada, pois vocês sabem o quanto minha família é devotada ao casamento... — explicou ele. — Mas ela também quer me ver feliz. — concluiu.

— E tem planos para o futuro? — perguntou Kevin, fitando-o de um modo que Carlo entendeu que ele estava referindo-se à Susan.

Carlo rodou a taça vazia, examinando-a muito atentamente, como se estivesse procurando por algum defeito.

Ergueu o olhar e deparou com todos os olhares sobre ele, curiosos.

— Por enquanto só estou pensando em como aproveitar minha aposentadoria com meu filho e conhecer minha vila na Toscana, que conheço só por fotos que Aldo me enviava por e-mail. — respondeu fitando cada um dos amigos. — Preciso pensar com mais carinho nos outros projetos. — concluiu, olhando significativamente para Kevin e Sarah, que o olhavam com um cúmplice sorriso.

Kevin piscou, indicando que entendera o recado e levantou sua taça de vinho e propôs um brinde ao amigo que se aposentava.

— Ao nosso amigo italiano, felicidades à nova vida! — brindou alegremente.

Todos levantaram as taças e acompanharam o brinde, com risos e piadas comuns entre eles.

Horas depois, só restava a família Martinelli no restaurante.

Sentados juntos numa das grandes mesas redondas, os irmãos e mais o cunhado Robert marido de Giorgia riam e conversavam cada um com uma taça de vinho na mão. Na mesa ao lado, a matriarca conversava com a filha e noras, enquanto mais distante um pouco, os jovens Martinelli brincavam de karaokê.

Em determinado momento, Aldo dirigiu-se a Carlo, com expressão de preocupação.

— Lorenzo disse que você queria nos contar algo. — lembrou-o.

Carlo olhou para Lorenzo que se desculpou com um dar de ombros.

— Creio que é a melhor hora de contar ao demais, mano. — murmurou Lorenzo, dando um rápido olhar para onde estavam as mulheres. — Até agora, somente Helen está sabendo...

Todos olhavam de Carlo para Lorenzo com curiosidade.

— E *mamma*. — adiantou Carlo dando uma olhada para a mãe, que ria gostosamente de algo que uma das noras lhe dizia.

Lorenzo olhou-o estupefato.

— Você contou a ela? — indagou ele sem esconder a preocupação.

— *Sì*. Ela quase que me obrigou a isso. Sabe como ela é esperta. — explicou o caçula como se desculpando.

— E... — quis saber Lorenzo na expectativa.

— E... Sua reação deixou-me assustado. Acho que até a sua pressão arterial subiu naquele instante.

— Isso sempre acontece quando ela se estressa. — lembrou Lorenzo. — E depois?

— Chorou comigo, ficou arrasada como eu, mas deu-me apoio, independentemente da decisão que eu tomasse.

— Vocês vão nos ignorar por quanto tempo? — ouviu-se a voz irritada de Aldo. O que está acontecendo?

— Sim, o que está acontecendo, afinal? — vociferou Piero zangado. Cristiano assentiu, concordando com a queixa de Piero e Aldo.

— O que Katherine aprontou desta vez? — interrompeu Aldo com desconfiança.

E então, Carlo contou aos irmãos e cunhado tudo que contara à mãe.

Enquanto ia relatando, os irmãos olhavam para ele com incredulidade e compaixão.

— *Madonna mia*... — murmurou Aldo, o mais atônito de todos, meneando a cabeça. — Nunca pensei que Kate fosse capaz de tamanho desatino.

— Ora, mano... Kate nunca escondeu a sua personalidade egoísta e esnobe desde que casou com nosso irmão. — comentou Lorenzo, olhando com ironia para o irmão mais velho.

— É verdade. — concordou Cristiano, tomando um gole de vinho. — Júlia sempre me chamou a atenção para esses detalhes. — explicou ele olhando para o irmão caçula.

— Giorgia também me contou algumas cenas desastrosas de Katherine em público. — revelou Robert. — Inclusive o último deles.

— E agora? O que você vai fazer? — perguntou o irmão mais velho, com o olhar firme no caçula.

Carlo suspirou e olhou diretamente para Aldo.

— O que já deveria ter feito há muito tempo, Aldo. Por mim já estaria divorciado dela há muito tempo. Vocês não imaginam o inferno que foi minha vida, nos últimos anos. — respondeu sem pestanejar. — E já avisei que amanhã sairei de casa, enquanto rola os papéis do divórcio.

Aldo apertou os lábios.

— Quer dizer que não existe mesmo uma possível reconciliação? — perguntou muito sério.

— *Madonna mia*, Aldo! — interrompeu Lorenzo zangado. — Depois de tudo que ele contou? Estamos no século XXI, meu irmão. Acorde! A vida é dele! — protestou em defesa do irmão caçula. — Ele merece ser feliz. Ou não?

Aldo apenas olhou o irmão caçula, com pesar. Mas assentiu.

— Claro que quero vê-lo feliz! — retrucou solene.

— E ela? — perguntou Piero, curioso.

— O que você acha? — respondeu Carlo, com outra pergunta.

— Negou, com certeza. Não foi? — foi a vez de Cristiano perguntar.

Carlo assentiu.

— Fez a cena costumeira de ciúmes e disse que não assinaria os papéis. Diz... Disse que *sou dela*. — comentou cáustico.

Aldo meneava a cabeça, chateado.

— Lamento muito. *Scusa*. — disse com seu vozeirão, dando-lhe um leve tapa no ombro.

— Tem todo nosso apoio, Carlo — falou Piero, pelos irmãos.

— Bem que eu a achei muito estranha hoje. — comentou Cristiano.

— Para ser sincero, ela anda estranha assim a semana inteira. — admitiu Carlo. — Anda quieta, pensativa e, pasmem, muito calma.

— Espero que tudo dê certo. — desejou Lorenzo.

— *Sì.* — afirmou Aldo.

— Carlo! — chamou Giórgia da mesa ao lado.

— *Sì, bella?* — voltou-se ele, sorrindo para sua irmã gêmea.

— Vamos dançar. Lembra-se dessa música? — perguntou a irmã se aproximando dele e colocando as mãos em seus ombros.

— *Cos'è* (o que é)? — só então Carlo prestou atenção na canção que os sobrinhos e o filho cantavam, junto com o vocalista da banda do restaurante. Formavam um coral eclético e divertido.

— *Ti voglio tanto bene...* — disse Giórgia em seus ouvidos. — A música que Susan gostava que você cantasse para ela. Lembra?

Carlo sentiu os olhares escrutinadores de Lorenzo e Aldo em si. Giorgia aproximou-se e puxou o irmão para a pista de dança.

— Como lembro, *bella mia*. Época de sonhos, de planos...

— Susan parecia um cachorrinho atrás de você. — lembrou a gêmea rindo e deixando-se levar pelo irmão, no ritmo da música.

—*È vero*. Era encantadora. — respondeu.

E agora, encantadora e sensual.

— Eu não a vejo desde o Natal. Louise contou-me o quanto ela está indo bem, trabalhando com o primo de Sarah em São Francisco. Estão tendo grandes projetos corporativos.

— Pois é. Está se saindo muito bem na carreira que escolheu. — completou ele, tendo na mente agora a linda jovem de olhos verdes.

— Ela está muito linda, não é? Tal como a gente esperava, pois já era quando garotinha. — comentou a gêmea.

— *Bellíssima.* — completou ele, fingindo uma casualidade que não sentia.

— E que coincidência seu amigo Arthur estar noivo da amiga dela não? — Carlo agradeceu em silêncio a mudança de assunto.

— Eles se conheceram quando nos hospedamos juntos naquele hotel em Houston. Nós estávamos para o nosso encontro anual e elas estavam participando de um seminário de arquitetura.

— Viu como é o destino? E vocês, *mamma* me contou, nem se reconheceram...

— Eu não a via há uns 20 anos mais ou menos. E nunca nos vimos nem por fotos. Nem eu nem ela participamos de redes sociais.

— E então, mano, como vão as coisas entre você e Kate? — perguntou Giorgia mudando de assunto, enquanto continuavam a dançar e a olharem divertidos para o grupo de jovens Martinelli que ajudavam o vocalista a cantar. — Achei-a um pouco abatida hoje.

Carlo ergueu os ombros.

— É. Devia estar mesmo. — confirmou. — Eu pedi o divórcio. — anunciou calmamente.

A irmã afastou-se para olhá-lo nos olhos.

— Quê? Eu ouvi direito? — perguntou pasma. — Aconteceu alguma coisa para você ter tomado essa decisão? — concluiu a gêmea.

— *Mamma* e Helen não comentaram nada?

— Bem, *mamma* disse que iria nos contar algo sobre você, quando chegássemos em casa.

— Eu acabei de contar para os rapazes. — informou-a.

Carlo, então, contou por cima o que acontecera entre ele e a esposa.

Horrorizada, a gêmea deu-lhe um beijo.

— Inacreditável. Até que ponto ela chegou, meu Deus. Então é isso... Eu senti que ela está um pouco estranha.

— Contei à *mamma*, logo depois que cheguei de *Palm Beach*. — Tentei protelar, mas ela não deu chance.

Ambos riram, pois sabiam que a mãe era muito perspicaz e nada deixava passar.

— Bem que eu achei estranho quando Luigi contou-me que você ficou sozinho na casa de veraneio.

— Klaus estava comigo. — esclareceu.

Giórgia o olhou firmemente e apertou-lhe a mão, como uma forma de conforto.

— Oh, meu querido. Lamento por você. — sussurrou a gêmea. — Sei o quanto você sonhava em ter uma família grande.

— Não se preocupe, *bella*. Já estou me recuperando do golpe. — tranquilizou-a.

— Vai dar tudo certo. — disse Giorgia, beijando-lhe as bochechas.

— *Sì*. Estou acreditando nisso, *cara*. — respondeu o irmão gêmeo.

— E... Luigi? — perguntou ela, lembrando do sobrinho.

— Luigi... É inteligente e muito companheiro. Disse que nos ama e quer nos ver felizes. Naturalmente está um pouco abalado.

— Ele é um *tesoro*. Lembra muito você, quando tínhamos essa idade. — comentou a irmã emocionada.

— *Gioia?* — disse ele, afastando-se para olhá-la diretamente. Ele a chamava assim desde que eram adolescentes.

Ela olhou-o sorrindo.

— Sì?

— *Ricorda?* Como nós deixávamos nossos pais malucos, com nossas peraltices. — falou beijando-lhe a face carinhosamente.

— Hum, quando queria alguma coisa de mim, você começava a me bajular. — disse ela rindo. — Me pedia para ir na cozinha da *mamma* e roubar bolinhos ou dar cobertura para você, enquanto tomava o vinho do *papà* ou mesmo quando tentávamos roubar *aquelas* revistas de Cristiano?

Carlo começou a rir ao lembrar-se das traquinagens dos dois. Eles sempre encobriam as travessuras um do outro, para desespero da mãe.

Lembraram de mais algumas coisas que faziam e então se puseram a rir gostosamente das boas e alegres lembranças.

Ela deu-lhe um carinhoso puxão de orelhas e gargalharam com tanta vontade que chamou a atenção de todos das mesas próximas.

Ao perceberem os olhares indagadores sobre eles, a vontade de rir ficou maior ainda, causando uma grande curiosidade de todos ao redor.

— Olha os meus dois travessos... — disse Carmela, meneando a cabeça alva e rindo para os dois. As cunhadas também riam divertidas pela explosão de gargalhadas dos gêmeos caçulas. Sabiam o quanto eram unidos.

— Pela cara marota da minha Giorgia... — observou Robert, sorrindo amorosamente para a esposa. — Deve ser algo muito engraçado e antigo deles.

Os dois irmãos pararam de dançar e se abraçaram carinhosamente, com Carlo erguendo a pequena irmã do chão.

— Ah... *cara mia... ti amo!* — gritava Carlo enquanto rodopiava com a irmã gêmea.

— Ah... *caro mio,* eu também *ti amo!* — respondeu a gêmea emocionada, deixando-se levar pela alegria do irmão. Era tão bom vê-lo assim. Ele ficara tão introspectivo depois de adulto.

Colocando a irmã no chão Carlo dirigiu-se a mesa e puxou Loretta para a pista de dança.

— Dani... — disse olhando para o vocalista da banda. — cante *"O sole mio"* que eu, agora, vou dançar com minha cunhada Loretta.

— Carlo, eu vou pisar nos seus pés. Faz tempo que eu não danço. — disse a cunhada, ajeitando o vestido.

Carlo olhou para Aldo com cara feia.

— Não acredito que não sobra um tempinho para dançar com sua esposa. — questionou ao irmão mais velho, que ria divertido.

E assim, passaram-se as horas, com Carlo dançando com todas as cunhadas e sobrinhas para diversão delas.

Já era madrugada, quando saíram do restaurante. Todos os irmãos estavam um tanto "altos" pelo excesso de vinho e alegria. Abraçados, entoavam o *"sole mio"*, como verdadeiros tenores, para desespero de Carmela que fazia sinal para que eles parassem de cantar.

— *Ooo soleeee miooo...* — entoava Aldo com seu vozeirão, seguido pelos irmãos.

— *Per favore bambini*. Quietos. Logo aparece um carro da polícia — pedia ela, pegando Aldo pelo braço. — Aldo, você é o mais velho, *caro*.

— *Mamma*, ninguém vai nos prender por excesso de alegria. — defendeu o primogênito, abraçando-a.

— Nós somos os Martinelli, lembra, *mamma?* — disse Piero, puxando-a dos braços de Aldo e querendo fazê-la dançar.

— Piero, *no... no... Ma... che...* largue-me! *Pazzo!* Parem todos! — repreendeu a matriarca, muito zangada.

Os jovens netos divertiam-se com o "pileque" dos pais e tios, assim como a bronca que a avó dava aos filhos, enquanto entravam nas duas primeiras limusines que haviam contratado para levá-los. Logo deram partida, deixando Carmela às voltas com seus filhos "alegres" demais.

— *Mamma... io te amo!* — dizia Cristiano, rindo feito uma criança.

Vendo a sogra incomodada com as vozes altas dos filhos, as noras resolveram interferir e pegar cada marido pelo braço para levá-lo às outras limusines estacionadas frente ao restaurante, a fim de acomodá-los.

Com todos acomodados, os carros partiram em direção ao condomínio onde residiam Carmela, Carlo e Lorenzo.

Depois de dar uma aspirina para os filhos, Carmela mandou-os dormir, como se fossem crianças.

Giórgia e sua família ficariam na casa de Carlo, enquanto a família de Piero ficaria com Lorenzo. Aldo, Loretta e a família de Cristiano ficariam na casa da matriarca.

Katherine já havia se recolhido em seus aposentos, quando Carlo entrou com a irmã, o cunhado e as sobrinhas.

Luigi estava saindo da cozinha, quando ouviu a entrada deles.

— Estava me esperando, *figlio?* — perguntou Carlo com voz arrastada.

— Ah, eu não perderia por nada ver você assim. — respondeu o garoto piscando para os tios.

— Estou feliz, meu filho. — confessou Carlo. — Hoje tive toda a grande família Martinelli reunida.

— Foi muito legal ver todos os irmãos Martinelli de "pileque". — prosseguiu o garoto, ainda rindo.

— Êpa! — retrucou Giórgia levantando o dedo em riste para o sobrinho, com cara de indignada. — Todos, não. Eu estou bem sóbria. — concluiu dando um leve tapinha nos ombros do sobrinho.

— Ah, não sei não... — começou Robert passando a mão pelos cabelos da esposa. — Eu vi você tomar mais de três taças de vinho...

— Mas eu comi e tomei bastante água. — replicou Giórgia mostrando a língua para o marido.

— Bem, bem não vamos brigar. — disse Carlo interpondo-se entre os dois, fingindo apartar a briga.

Depois olhou para o filho.

— Sua mãe? — perguntou.

— Quando cheguei, já estava dormindo, mas deixou um bilhete para mim, dizendo que os quartos de hóspedes no lado oeste estavam prontos para os tios. Antonella e Bianca ficarão no quarto ao lado do meu.

— Ótimo. Então, minha irmã, fique à vontade, que eu vou dormir. — avisou Carlo, dando um beijo na irmã.

— Ah... *papà, a mamma* também escreveu que vai amanhã para o haras com a vovó. Disse que vai ficar uns dois dias por lá.

— Certo. *Grazie, figlio. Buonanotte* para vocês. — despediu-se de Giórgia e o marido e subiu a escada, rumo ao quarto que ocupava há tempos.

— Precisa de ajuda, *papà?* — perguntou o garoto com uma expressão marota no olhar.

— *No*. Vou tomar uma ducha fria e se deitar. Vá se deitar também, *bambino*. — disse empurrando-o para seguir para o seu quarto.

— *Certo*. Boa noite, *papà*.

— *Buona notte, caro*.

Enquanto se deitava mais tarde, após uma ducha gelada, Carlo ainda sorria, ao lembrar-se da zanga da mãe com ele e os irmãos. Era como se tivessem voltado ao tempo de adolescentes, quando aprontavam mil travessuras, deixando a mãe louca.

Meneando a cabeça, apagou a luz e adormeceu, sabendo que estaria com uma bela ressaca, no dia seguinte. Mas estava feliz, por rever todos seus irmãos e suas famílias, assim como os amigos. Essa era a verdadeira festa que queria.

Lastimou a ausência de Susan. Sentira sua falta, assim como do seu lindo sorriso. Por mais que tentasse, não conseguia deixar de pensar na jovem e nas emoções que ela lhe despertava.

Mas talvez fosse melhor assim. Kate poderia ter feito uma das suas cenas de ciúmes, pensou resignado. E também não saberia como Susan reagiria, num confronto entre elas, uma vez que a jovem estava ciente da façanha maldosa de Kate.

E simplesmente apagou num sono profundo, até a manhã seguinte.

Surpresa do destino...

Na manhã seguinte, Carlo acordou mais cedo, para tomar água. Ainda meio cambaleante e de ressaca chegou na cozinha se encontrando com Kate que acabava de tomar seu café.

— Bom dia. — disse ela friamente. — Você parece feliz mesmo com essa cara de ressaca.

— Sim, estou muito feliz, porque ontem foi uma noite muito especial para mim.

— Ah, sim... Pensei que era porque hoje você vai sair de casa, abandonar sua família e ir correndo para os braços da Susan.

Carlo voltou-se para a esposa sem acreditar no que ouvira.

— Kate, não acredito que você continua com isso. Eu já lhe disse que a minha decisão já vinha sendo tomada há muito tempo. Não estávamos felizes há anos. Pare de complicar algo que já é difícil para todos nós. Eu não aguento mais essa sua loucura. E, por favor, não envolva mais ninguém nisso.

— Não, não se preocupe. Eu já disse que você é meu e, se eu não posso ter você, ninguém mais o terá. — disse ela bastante alterada, saindo da cozinha com a chave do carro na mão, resmungando e batendo a porta ao sair para a garagem.

— O que quer dizer com isso, Kate? — gritou ele, indo atrás dela, mas nessas alturas ela já dera partida no carro e se afastava do condomínio.

Carlo ainda alterado com as palavras de Kate reverberando em sua cabeça, virou-se e retornou para dentro de casa. Ao entrar novamente na cozinha, deparou-se com Giorgia olhando assustada para ele.

— Carlo, o que foi isso? Ouvi tudo.

— Não sei, minha irmã. Cada vez mais me convenço de que Kate está fora de si, falando coisas sem sentido e fazendo ameaças...

— Tem algo que eu possa fazer para te ajudar? — perguntou solícita.

— Não, minha cara. Vocês estarem aqui já é o suficiente.

— Então vá se trocar e vamos tomar o café com *mamma*, que nos espera.

Horas depois, estavam todos reunidos na grande mesa de café de *mamma* Carmela, que estava muito feliz por vê-los todos reunidos ali com ela.

Era como se estivesse voltado no tempo, quando todos ainda moravam com ela.

A alegria dos netos era contagiante. Nesse momento, eles faziam uma algazarra, para ver quem pegava o último brioche.

— *Nonna*, tem mais brioche? — perguntou uma das netas.

— *Sì, cara*. Giorgia, vá buscá-los para nós, *per favore, bambina mia*?

— Num minuto, *mamma*. — disse Giórgia levantando-se para ir à cozinha.

— *Grazie, bella*. — agradeceu a matriarca.

— Giorgia, aproveite e traga mais um pouco de *leite frio, per favore*... — pediu Aldo à irmã caçula.

— Okay, mano. — respondeu ela, sumindo pela porta da cozinha.

— E mais *café*. — gritou Piero.

— Ei, tenho apenas uma mão. — gritou ela da cozinha, fazendo-os rir.

— Deixe que eu vou buscar. — disse a esposa de Piero, levantando-se e tirando o grande bule, das mãos do marido.

— *Grazie! Ti amo.* — falou Piero, piscando para a esposa.

— A que horas sai o seu voo, Aldo? — perguntou Carlo ao irmão.

— Às 19 horas. — respondeu o irmão mais velho. — *Certo,* Loretta? — perguntou, fitando a esposa.

— *Certo, amore.* — respondeu a esposa, pegando mais uma torrada do prato.

— Bem, nós já estaremos de saída, daqui há pouco. — disse Cristiano. — Não demorem muito, meninos. — pediu olhando para os filhos. — Nosso embarque está previsto para às 12 horas.

— *Ok, papà.* — respondeu Luciano, pelos irmãos.

— E nós vamos às 15 horas. — comentou Piero.

— Bem, eu vou só com as meninas, mais tarde. Giorgia quer ficar uns dias aqui com *mamma.* — avisou Robert, olhando carinhosamente para a esposa, que voltava com a cesta com mais brioches e o leite.

Os olhos azuis de Carmela brilharam ao ouvir a notícia.

— É *vero?* — perguntou olhando para sua caçula.

— *Sì, mamma.* Está feliz com a notícia?

— *Molto.* Faz tempo que você não passa uns dias comigo. — queixou-se a matriarca.

— Que boa notícia, mana... — falou Carlo, pegando na mão da irmã. — Assim poderemos conversar mais.

— E fazer muitas compras... — acrescentou Julia piscando para a cunhada, provocando o cunhado.

— Ops, me lembrem de tomar os cartões de crédito de sua mãe, meninas. — brincou Robert, olhando para as filhas.

— Ora, ora... — começou Giorgia, fingindo zanga — Quem é que sempre me incentiva a vir para Nova York fazer compras??

— É verdade, papai. — disse Antonella, em defesa da mãe.

— Podemos ir dar uma olhada nas novidades que Kate trouxe de Paris. — sugeriu Helen, esposa de Lorenzo. — Quando ela volta, Carlo? — perguntou para o cunhado.

— Segundo Luigi, ela vai ficar dois dias no haras com a mãe. — respondeu Carlo. — Será até bom para nós dois. Assim evito algumas cenas, quando sair para ir a um flat.

— Flat? Por que, se *mamma* tem quartos de sobra mano? — surpreendeu-se Giorgia.

— Será melhor evitarmos possíveis encontros, nessa fase.

— Seu irmão tem razão, meu amor. — Robert defendeu a decisão do cunhado.

— Certo. Faça o que for melhor.

Os adultos saíram da mesa e foram para a sala de estar. Cristiano e a família foram para o quarto terminar de arrumar a bagagem.

Estavam todos acomodados e conversavam animadamente, quando se assustaram com o som de um celular.

Quase que ao mesmo tempo, todos olharam para os seus próprios celulares.

— É o meu. — disse Carlo, ao verificar o seu. — É Walker. — conferiu um tanto surpreso por seu sogro lhe telefonar a essa hora.

Todos retomaram as conversas em tom mais baixo enquanto ele atendia ao sogro.

— Sim, Walker? — perguntou educadamente, enquanto ouvia o que o sogro tinha a lhe falar.

À medida que ouvia, a família ia acompanhando as transformações em sua expressão, sempre tão serena. Uma palidez assustadora tomou conta de seu rosto, os olhos se arregalaram, tal como quando se leva um grande susto. Enfim, diferentes emoções tomando conta do semblante dele.

Preocupada, a família toda ficou em silêncio, olhando para ele, atentos a suas respostas.

— *Mamma mia, Walker! Dio... Dio mio, não!* — exclamou, enquanto se levantava, bastante pálido, com os olhos arregalados, e depois olhando sério para o filho, que entrava na sala de estar.

O silêncio era total e Luigi assustou-se com a expressão sombria do pai.

Todos olhavam curiosos para Carlo.

— Que *succede, figlio mio?* — perguntou a matriarca, preocupada pela reação do filho.

473

— A que horas foi isso? — Carlo perguntou ao sogro, sem prestar atenção aos demais.

Ele passava a mão livre nos cabelos, com desespero e andando de um lado para outro. Luigi chegou até ele, também preocupado.

— Onde você está agora? — continuou ele, aflito. — E... Kate como está? Estou indo para aí. Aguente firme, meu amigo. — disse desligando o celular, guardando-o no bolso e pondo as duas mãos no rosto. — *Dio! Dio mio!* — balbuciava ele, esfregando as mãos no rosto freneticamente...

Todos se levantaram e o rodearam ansiosos, sem saber o que fazer.

— Carlo, pelo amor de *Dio*, o que aconteceu? — perguntou Aldo, pegando-o pelos braços para fazê-lo parar de andar e olhar para ele. Carlo o olhava sem ver.

Luigi, pálido e assustado, olhava para o pai sem entender.

Carlo olhou para o filho e, então, deixou as lágrimas correrem livremente, enquanto o abraçava com força.

— Oh, *caro*... Ela... sua mãe e sua avó se acidentaram a caminho do haras. Elas estão no hospital Sinai. Estou indo para lá agora, para saber mais detalhes.

— Eu vou com você. — disse o garoto resoluto.

Carlo beijou a cabeça do filho carinhosamente e assentiu.

— Eu também vou com você ao hospital. — anunciou Aldo com a mão em seu ombro.

— Nós todos vamos com vocês. — retrucou Lorenzo, com as mãos nos ombros do sobrinho.

Nesse instante, Cristiano e a família desceram as escadas e se assustaram com a cena.

— O que aconteceu? — perguntou a Robert.

— Kate e a mãe sofreram um grave acidente a caminho do Haras...

— *Dio Santo*, que tragédia! — exclamou Cristiano, observando o desespero do irmão e do sobrinho.

— Eu também quero ir. — disse Carmela não conseguindo segurar o pranto.

— *Mamma*, não creio que será muito... — começou Aldo tentando fazê-la desistir da ideia.

474

— Aldo... — a matriarca, o interrompeu determinada. — Eu disse que vou junto. Carlo e Luigi precisam de mim. E Walker também precisa de apoio. Eles precisam de todos nós. E Giorgia... — disse, dirigindo-se à filha caçula. — Telefone para Ed e Louise, porque eles têm contatos no Sinai. Quem sabe possam ajudar. — *Andiamo* (vamos).

— Klaus já está chegando. Ele levará Carlo, Luigi e *mamma*. — disse Lorenzo, tomando a iniciativa. — Aldo, Loretta e Giorgia virão comigo.

— *Papà*, eu levarei tio Cristiano, tia Julia, Antonio e Luciano. —anunciou Marco.

— Piero, use o utilitário de Helen para levar os demais, *certo*? — determinou Lorenzo.

— Certo, Enzo. — respondeu Piero. — Vamos lá, pessoal.

Em questão de minutos, estavam todos a caminho do hospital.

Carlo abraçava o filho que sofria em silêncio.

Os dois estavam lado a lado de Carmela que colocara a mão na perna do filho em um silencioso apoio.

Klaus olhava de tempo em tempo pelo retrovisor para seu patrão, também num silencioso apoio.

— Eu nunca deveria deixá-la dirigir nervosa como estava. — culpou-se Carlo olhando para o filho com pesar.

— Carlo, você não tem culpa de nada, por favor, *bambino*. — retrucou Carmela.

A idosa enxugava os olhos enquanto olhava o movimento nas ruas, o sol iluminando as avenidas de Nova Iorque, prenunciando a primavera, que começaria em poucas semanas.

— Pobre Walker! — lamentou a matriarca, em dado momento, balançando a cabeça alva.

— Ela devia estar desatenta, por causa da nossa conversa mais cedo, antes dela sair. — continuou Carlo, se penitenciando. — Kate sempre ficava desatenta quando estava com algum problema na cabeça. — lembrou ele não aceitando os argumentos da mãe.

— Procure não pensar nisso, *figlio mio*. Vamos ver como ela está agora, no hospital. — sugeriu a matriarca, com carinho.

Ao chegarem ao hospital, já estavam sendo esperados pelo pessoal da recepção que logo lhe deram os crachás de visitantes.

Klaus avisou que esperaria por eles na recepção. Carlo o agradeceu gentilmente e ficou emocionado com o aperto que o alemão lhe deu no ombro, em sinal de conforto. Apesar da postura sombria e da profissão de Klaus, ele era um homem sensível.

Logo a seguir, uma das enfermeiras os levou ao encontro de Walker que os esperava numa sala especial, enquanto aguardava o resultado da cirurgia da filha.

Ao vê-los, o banqueiro levantou-se e Carlo se assustou com o semblante do sogro, jamais o vira chorar e tão entregue como estava.

A dor tomava conta dos olhos vermelhos e inchados de chorar, os cabelos brancos, em desalinho, com certeza, pelos dedos nervosos. Ele, sempre tão elegante, estava com um de seus costumeiros ternos, mas todo amarrotado e uma das pontas da camisa azul para fora da calça. A gravata estava num dos bolsos do paletó.

— Walker... — disse Carlo abraçando o sogro que retribuiu o abraço, com desespero. — A culpa foi minha, meu sogro! A culpa foi minha! Perdoe-me, por favor. — pedia o italiano sentindo a culpa tomando conta do seu coração. — Ela estava nervosa. Não devia tê-la deixado dirigir...

— Ela é muito teimosa, Carlo. — disse o banqueiro com a voz abafada pelo choro. — Eu sempre lhe dizia que aquela curva era perigosa. Ela sempre brincou com a velocidade. Segundo os patrulheiros, o carro derrapou na curva e saiu da estrada capotando, diversas vezes. Disseram que foi um milagre não ter explodido. Quando as resgataram, ainda estavam conscientes e preocupadas uma com a outra, mas, ao chegarem ao hospital, já estavam inconscientes

— Ela não devia estar bem. Tenho certeza. Foi minha culpa, sim...

— Não se culpe. Foi um acidente. — retrucou Walker, enxugando as lágrimas com um lenço e puxando o neto para seus braços.

— Como está a *mamma*? — perguntou o garoto, querendo se fazer de forte.

— Está em cirurgia. Seu estado é grave, temos que rezar por ela.

Carmela se aproximou dos dois e perguntou:

— E Nadine?

Nesse momento, Walker olhou para Carlo que balançou a cabeça sutilmente, dando a entender que ainda não havia contado o que acontecera com Nadine.

— Infelizmente ela não resistiu, Carmela. — respondeu o banqueiro com os olhos cheios de lágrimas.

— Oh, Walker... — Giorgia aproximou-se do homem enlutado e deu-lhe um abraço carinhoso de pesar. — Estamos todos chocados e tristes por você. — lamentou ela. — Pobre Nadine.

— Desde que elas chegaram ao hospital. — respondeu Walker. — Nadine... Ela faleceu antes de ser anestesiada. — contou o banqueiro, com as mãos nos cabelos.

Carlo não sabia o que dizer ao sogro, nessa hora.

— Minha Nadine se foi, Carlo! — murmurava inconsolável.

Condoído, Carlo se sentou ao lado do sogro e abraçou-o pelos ombros.

— Sinto muito, meu *caro*. Muito mesmo.

— O que farei sem ela? — perguntou o sogro entre lágrimas.

— *Dio*, lhe dará forças, meu amigo. — respondeu.

Walker olhava para o genro com uma expressão de extrema desolação.

— *Dio, que tragédia para nossas famílias...* — sussurrava Carmela. — *Agora é esperar notícias de Kate.*

Finalmente, o cirurgião veio encontrá-los para dar-lhe o prognóstico.

— Sr. Martinelli... — dirigiu-se a Carlo diretamente, mas antes olhou pesarosamente para Walker. Ao analisar o rosto sério e cansado do médico, Carlo já sabia o que ele diria. Kate tinha poucas chances de sobreviver aos ferimentos. Sentiu seu coração gelar.

— O estado de sua esposa é gravíssimo, senhor. A cirurgia terminou há alguns minutos. Ela teve várias lesões no pulmão, fígado, baço e nos rins. Teve também fraturas nas pernas e nas costelas. Ela está sedada e as próximas horas serão críticas... As chances dela são pequenas. Se vocês têm alguma fé, sugiro que se apoiem nela agora. Nosso corpo médico fez tudo o que estava ao nosso alcance.

— Posso ver minha filha, doutor? — perguntou Walker ansioso.

— Ela está na UTI e vai poder receber visitas daqui a algumas horas. Uma pessoa por vez.

O banqueiro abraçou o genro e chorou.

— Pobre, filha... — dizia entre soluços. — Por favor, meu Deus. As duas não!

Carlo sentiu como se uma faca perfurasse seu coração ante a dupla dor do sogro.

Dio nos dê a coragem necessária, para enfrentarmos o que está por vir, pediu em silêncio.

Algo lhe dizia que ficariam sem as duas, sim. A culpa o assolou novamente. Olhou tristemente para o filho que estava abraçado com sua *nonna*, que lhe acariciava os cabelos naquele momento. Seus irmãos o olhavam com pesar e preocupação.

— O senhor tem ideia de quando será isso, doutor? — perguntou Carlo.

— Provavelmente do meio da tarde em diante. Acredito que seja melhor vocês irem para casa descansar. Nós ligaremos quando ela puder receber visitas.

— Agradeço, mas eu prefiro ficar e aguardar aqui.

— Eu agradeço, Carlo, pois preciso tomar as providências... — disse Walker embargando a voz. — Preciso fazer o reconhecimento do corpo de Nadine.

Luigi se aproximou do avô e o abraçou.

Aldo, então olhando pesarosamente para Carlo, abraçou-o.

— Se precisar de algo, é só me ligar. Levarei Luigi comigo. Fique tranquilo.

— Obrigado, Aldo. Fico mais tranquilo sabendo que Luigi estará com vocês, enquanto eu estiver aqui.

— Família é para isso. É ajudar e cuidar uns dos outros. — respondeu Aldo.

Em solidariedade todos os irmãos Martinelli cancelaram seus voos e almoçaram todos juntos na casa de *mamma* Carmela. Pouco após o almoço, a campainha tocou. Mimi, a governanta, foi abrir e chegou com Edward onde estavam todos reunidos.

Edward cumprimentou a todos prestando seu apoio. Sentou-se ao lado de Lorenzo e, quando Luigi saiu da sala, ele aproveitou para dar as notícias que recebera dos colegas médicos.

— Não tenho boas notícias sobre a Kate, Enzo. Falei com o cirurgião que é meu amigo e ele me disse que o prognóstico de Kate não é bom. Talvez ela não chegue ao amanhecer. — comunicou Ed com pesar.

— *Madonna mia!* — lamentou Piero que, junto com Aldo, se aproximaram e ouviram a conversa do irmão com Edward.

Os irmãos se entreolharam preocupados.

— Por Luigi espero que ela resista. — declarou Aldo.

Carlo estava imerso em seus pensamentos, sentindo-se culpado por ter explodido tantas vezes com a esposa nos últimos meses. *Por que não fui mais tolerante hoje mais cedo...*

Eram 15 horas quando a enfermeira de plantão veio avisá-lo que ele poderia entrar na UTI para ver Kate por alguns minutos.

Quando entrou na UTI, ficou chocado ao vê-la ligada às máquinas, mesmo que já soubesse que a encontraria assim.

Grandes e pequenos curativos lhe cobriam a fronte, o supercílio, o nariz e além de leves escoriações nas faces.

Ali deitada, Kate em nada lembrava a mulher vaidosa que sempre fora. Ali estava ela, frágil e vulnerável, como ele nunca a vira. Pálida, os lindos cabelos, sempre bem penteados elegantemente, estavam presos por uma faixa branca, a fim de proteger os ferimentos. Uma grande compaixão tomou conta de seus sentimentos.

Foi se aproximando lentamente da cama até alcançar a mão dela.

Ao primeiro toque, Kate abriu os olhos e ainda um pouco confusa perguntou pela mãe.

Carlo apertou-lhe a mão suavemente.

— Shiii... Depois... Agora você precisa descansar para se recuperar.

Ela tentou dizer algo, mas as palavras não saíram.

Ele, então, sorriu-lhe ternamente e beijou-lhe a testa.

— Guarde suas forças, *cara*. Fique quietinha, *sí?* — Carlo falou, apertando-lhe a mão fria. Ela apenas lhe respondeu com um suave aperto na mão.

Foram interrompidos momentaneamente pelas duas enfermeiras que entraram para verificar as condições vitais da paciente e colocar mais um frasco de soro, trocando pelo vazio.

Quando enfim saíram, deixando-os a sós, Kate conseguiu soltar a voz com um pouco de dificuldade e baixinho pediu para que Carlo chegasse bem perto dela. Ele percebeu que, mesmo recebendo o oxigênio, ela estava com dificuldade de respirar e falar. A enfermeira já o prevenira quanto a isso.

— A... mo... re... — sussurrou ela.

— *Sì, cara?* — indagou gentilmente. — Não é para você se esforçar muito, *certo?* — pediu no mesmo tom.

Ela deu um fraco e triste sorriso.

Ela fechou os olhos por uns instantes.

Carlo sentiu seu coração apertado, ao vê-la tão frágil, tão sem brilho.

Ela então abriu os olhos fitando-o diretamente...

— Per... dão. — disse ela com a voz fraca e num tom pesaroso.

Carlo segurou a respiração por um momento e chegou bem mais perto para conseguir ouvi-la.

— Kate... procure não falar.

— Preciso... — insistiu ela com esforço. — Os bebês... perdão... — balbuciou ela, com a voz embargada pela emoção e o esforço.

— Kate, isso está no passado. Agora é importante você poupar suas forças.

Ela puxou a respiração com lentidão e tornou a fitar-lhe os olhos.

Ela fixou o olhar nele e permaneceu em silêncio por vários minutos, apenas lhe apertando levemente a mão, vez ou outra.

— Oh, Kate... — sussurrou ele, meneando a cabeça com pesar.

Nesse instante, a enfermeira veio lhe avisar que o tempo havia esgotado. Ele precisaria sair.

Ao cruzar a porta dos quartos individuais da UTI, o médico cirurgião o aguardava com o boletim médico atualizado.

— Senhor, Martinelli...

— Sim. — respondeu Carlo.

— Gostaria de atualizá-lo com relação ao quadro de sua esposa.

Carlo percebeu o tom preocupado do médico e simplesmente assentiu em silêncio.

— Bem, o prognóstico não é muito bom, sinto muito. Ela parece não estar reagindo como necessário. Aconselho que o senhor vá para casa, tome um banho e retorne para o hospital com seu filho e seu sogro e as pessoas mais importantes para ela, porque vamos abrir uma exceção e permitir que vocês fiquem com ela nas próximas horas. Pode ser que ela não resista até amanhã. Eu realmente sinto muito por ser portador de tão más notícias.

Carlo sentiu um aperto no coração. Não acreditava no que estava ouvindo. Apenas algumas horas atrás estavam com ela na cozinha de casa tomando o café da manhã... Novamente a culpa o assolou.

Carlo foi para casa com o coração apertado. Sabia que Luigi sofreria muito, assim como Walker.

Chegando em casa, foi direto tomar um banho e depois foi até a casa da mãe, onde Luigi estava desde que voltara do hospital.

Antes de falar com Luigi, relatou para a mãe e os irmãos a conversa que o médico tivera com ele sobre o estado de Kate.

Carmela ficou muito emocionada ao se dar conta de que a nora estava morrendo. Os irmãos foram solidários com Carlo, abraçando-o com palavras de conforto. Walker já havia ido embora com seu irmão.

Após falar com os irmãos e sua mãe, Carlo foi a procura de Luigi que estava no quarto conversando com Giorgia, que, ao ver a cara preocupada do irmão, pediu licença e saiu do quarto, deixando pai e filho sozinhos.

Luigi ficou surpreso ao ver o pai.

— *Papà*, o que o senhor faz aqui? E *mamma*? Ela... ela...

Carlo abraçou o filho.

— Não, não *caro*. Ela estava dormindo quando sai. Mas precisamos voltar ao hospital para ficar um pouco com ela. Eu, você e seu avô. Ela precisa de nós.

Um pouco mais tranquilo, o garoto assentiu.

— Eu vou agora, e logo mais seu tio Lorenzo o levará até lá, okay?

O garoto assentiu.

Meia hora depois, Klaus dava a partida, seguindo para o hospital.

Durante o trajeto, Carlo avisara o sogro usando as mesmas palavras que dissera ao filho. Por enquanto, achava que essas palavras seriam suficientes.

Entrando novamente na UTI, encontrou Kate de olhos fechados. Mas, quando se aproximou da cama, ela sorriu e fez sinal para que ele pegasse em sua mão.

Em silêncio, ela fechou os olhos por alguns segundos. Sua respiração precária a impedia de falar. E ela se esforçava para isso, mas não conseguia. Cada vez mais, seu coração ficava mais apertado ao ver a vida da esposa esvair-se, pouco a pouco. Nunca pensou que estaria presenciando isso, nem na mais remota das hipóteses. Ele estava arrasado. E pensou no quanto Luigi e Walker sofreriam com isso. Ele percebia o quanto lhe custava falar, mas, quando lhe dizia para ficar quieta, ela apertava-lhe a mão, deixando-lhe claro que queria falar por mais difícil que fosse.

Ele teve que curvar-se mais sobre ela, para lhe ouvir.

— Eu... sempre... o a... a... mei. — disse ela num tom mais baixo em pronúncias entrecortadas.

Carlo simplesmente anuiu, continuando a fitá-la de perto, enquanto a ouvia, muito emocionado.

— Nunca duvidei do seu amor, *cara*. — retrucou ele suavemente.

Ela anuiu e fez uma careta ao puxar a respiração.

Parecia que o oxigênio que recebia já não era suficiente. Ele fez menção de chamar uma enfermeira, mas ela deu um leve puxão em seus dedos e fez que não lentamente com a cabeça

Carlo acarinhou-a na face.

— Descanse mais um pouco.

Ela sorriu fracamente.

Depois de mais alguns instantes de silêncio, sempre com seu olhar fixo no dele, ela deu um meio sorriso.

Com a culpa voltando a tomar conta de si, Carlo pediu-lhe perdão, por ter sido tão drástico com as palavras, quando pediu o divórcio.

— Não deveria tê-la deixado dirigir naquela manhã, com a cabeça atordoada pela nossa última discussão. — disse ele.

Ela apenas sorriu fracamente.

— Sinto-me culpado, *cara*. Nunca me perdoarei por isso. — retrucou ele.

Ela olhou-o intensamente em silêncio e meneou a cabeça num lento esforço. Deu-lhe um suave aperto na mão que segurava.

— Não. Não... se... culpe. — pediu ela.

Carlo percebeu que a esposa já estava ficando sem forças para falar. O fim se aproximava e, ao se conscientizar disso, sentiu-se impotente.

— Não acha melhor descansar um pouco? Depois você continua... — sugeriu penalizado.

— Não. — respondeu determinada apesar da fraqueza. — Meu tempo está acabando... — disse ela com os olhos cheios de lágrimas olhando para ele.

Carlo sentiu os olhos úmidos. Ao entrar naquela UTI, ele sabia que ela tinha poucas chances de sobreviver aos ferimentos, mas mesmo assim era chocante se deparar com a realidade de que Kate estava partindo.

Pegando o celular mandou uma mensagem de texto para Lorenzo trazer Luigi. E avisou o sogro.

Katherine deu um longo suspiro e fechou os olhos. As forças já a estavam abandonando. Mas ela queria continuar falando.

Apertando a mão de Carlo com urgência, ele gentilmente respondeu, apertando a dela. Lágrimas escorriam pelo lindo rosto.

Ele limpou com o dedo aquelas lágrimas.

Carlo passou a mão pela face da esposa, num gesto de carinho e aproximando os lábios de sua fronte, beijou-a.

Ela suspirou e fechou os olhos. Mais uma vez, a culpa o assolou e ia lhe dizer isso, quando ela deu novo aperto na mão dele, para chamar-lhe a atenção. Ela queria lhe dizer algo.

— Fale, *cara*. — respondeu. Ele sentiu um nó na garganta, ao ver o olhar amoroso dela e se surpreendeu ao sentir seu próprio rosto úmido.

— E... e... eu... eu... preciso... lhe... confessar... uma... coisa... que... eu... fiz. Um... se... gredo... meu.

Carlo fez sinal para que ela ficasse quieta, mas, determinada, ela meneou a cabeça e apertou-lhe a mão.

— Um... erro.

Carlo sentiu o peito queimar e o coração dar um pulo, diante desse seu "segredo".

— E o que seria isso, *cara mia*? — perguntou ele, inclinando-se para ouvir a confissão.

— Carlo... eu... te... eu... te... Oh... Deus... me... perdoe... eu...

Nesse instante, Luigi e o avô adentraram na UTI, muito emocionados e o olhar dela se dirigiu aos dois.

Carlo condoeu-se ao ver o quanto seu filho estava sofrendo...

Ela soltou a mão de Carlo e ergueu-a suficiente para pedir a mão do filho.

Lágrimas silenciosas escorriam pelo belo rosto ao fitar o filho com um olhar que só as mães dão aos filhos.

Luigi, então, deitou a cabeça em seu peito, e ela amorosamente se pôs a lhe acariciar os cabelos com a mão.

— Oh, *mamma*, aguente firme. Preciso de você. — falou o garoto com voz embargada.

— Ahm meu... fi... lho... acho que eu não... tenho... mui... muito tempo. Eu... que... queria ter... sido u... uma mãe... me... me... lhor... para vo... cê. — concluiu ela puxando a respiração.

Arrasado o garoto a abraçou chorando.

Nesse momento, ela puxou o fôlego e as lágrimas continuavam a correr pelo rosto...

Luigi pegou a mão da mãe e levou-a até os lábios num carinho tão grande que Carlo sentiu seu coração apertar-se, mais uma vez. Colocou a mão sobre o ombro do filho e apertou-o, num gesto de apoio e conforto.

Walker atrás do neto também não segurou a emoção e enxugava as lágrimas silenciosas, num lenço tão amassado quanto sua roupa. O homem simplesmente desmoronara.

— Oh, minha filha... — murmurou Walker acariciando o rosto pálido da filha, com o dorso de sua mão enorme, com a expressão desolada.

O homem passou a mão nos cabelos da filha.

A voz ia sumindo gradativamente no sopro de vida que lhe restava.

Seus olhos, cujo brilho ia se extinguindo, procuraram por Carlo que se aproximou mais e apertou-lhe a mão.

Com o olhar prendendo o dele, buscando forças, ela abriu a boca e tentou falar, mas a voz não saia e ela meneou a cabeça. Carlo viu que ela estava nervosa por não conseguir falar e a máquina que monitorava sua pulsação deu uma pequena disparada.

Novamente ela tentou falar, mas não conseguiu e então ficou com os olhos presos nos dele, como se estivesse pedindo desculpas por não conseguir falar o que queria. Carlo sabia que ela queria lhe confessar o tal "segredo", assim como também sabia que ela levaria esse segredo para o túmulo, uma vez que a hora final estava chegando.

Carlo segurou-lhe a mão entre as suas e beijou-a.

— Está tudo bem. Estamos aqui com você, *cara mia*. — pediu ele suavemente.

Ela fechou os olhos e permaneceu em silêncio por algum tempo, sendo assistida pelo pai, pelo filho e pelo marido. De repente, ela abriu os olhos e olhou para Carlo firmemente e outra lágrima silenciosa escorreu pelo canto de um olho. Olhando para o monitor dos batimentos cardíacos, ele entendeu que a hora chegara.

Com a mão livre lhe acariciou a face ferida.

— Vá em paz, *cara mia*. — disse-lhe suavemente.

Carlo pensou ter ouvido um "me perdoe", mas ela já fechava lentamente os olhos.

— Nós a amamos muito. — murmurou-lhe o pai, que se inclinando lhe deu um beijo na fronte, seguido por Carlo e Luigi que lhe beijou a face demoradamente.

De olhos fechados, ela sorriu serenamente e balbuciou suas últimas palavras.

— Ma... mamãe...

E assim Kate se foi.

Lágrimas lhe encheram os olhos, enquanto observava o corpo inerte, sem vida, da mulher com quem compartilhara sua vida por muitos anos. Carinhosamente lhe afagou o lindo rosto, que nunca mais seria iluminado por um sorriso. Estava desolado, por vê-la morrer tão cedo e tão bruscamente. Ao ver a expressão dilacerada de dor do sogro, Carlo não conteve as lágrimas quando o viu acariciar a cabeça da filha.

O pobre homem se pôs a chorar copiosamente. Luigi limpou as lágrimas com as mãos e abraçou o pai, que o confortou apertando-o nos braços.

— Perdi as duas, Carlo. Os dois amores da minha vida, num dia só. — murmurou o sogro desolado.

Carlo e Luigi, então, o abraçaram e juntos choraram a perda das duas mulheres.

Abraçados os três saíram daquele triste lugar, enquanto os enfermeiros desligavam as máquinas.

Carmela ofereceu a Walker o quarto de hóspede para que ele ficasse com Carlo e Luigi naquela noite e ele prontamente aceitou, pois ele estava muito abalado e voltar para aquela cobertura enorme e solitária não seria nada bom. Walker ficou conversando com Carmela por um longo tempo e pouco a pouco foi se recompondo, ouvindo as palavras generosas da velha senhora.

Antes de se recolher ao aposento que lhe fora destinado, Walker agradeceu o carinho de todos e beijou respeitosamente a fronte de Carmela, que ficou emocionada.

No dia seguinte, seu irmão iria buscá-lo para ficar com ele e a família, enquanto aguardavam o dia do funeral.

Na manhã seguinte, Carlo se assustou com o toque do seu celular. Olhando no visor, viu que era Susan. Inesperadamente sentiu-se hesitante em atendê-la.

Não estava pronto... Confuso, escolheu deixar o telefone tocar.

Após o café, ao passar na frente da porta do quarto de Kate, as recordações das últimas discussões com ela vieram à mente.

Seguindo para o seu escritório, ficou horas sentado em sua cadeira, olhando pela janela, sem nada ver.

Assustou-se com o toque do seu celular. Era Susan.

Desta vez, era melhor atender.

— *Sì*?

— Oi. Fiquei sabendo ontem à noite... Ainda estou em choque, imagino vocês. Como você está?

A voz dela era suave e meiga.

— Está muito difícil de aceitar. Foi tudo tão rápido, tão inesperado... Não consegui registrar a informação ainda.

— Eu sinto muito. E Luigi?

— Luigi está inconsolável. Toda a família está atônita.

— Imagino. Não sei nem o que dizer. Gostaria de estar aí, para dar o meu abraço.

Ele se sentiu estranho ao imaginá-la ali com ele.

— Eu só consigo pensar em nossa última discussão, antes dela sair atordoada com o carro. Eu deveria tê-la impedido.

— Você não tinha como saber, Carlo. Ninguém tinha. Eu realmente sinto muito.

Depois de um longo silêncio, Carlo respondeu.

— É... é... Pode ser. Ainda assim... É inacreditável.

— Bem, eu senti vontade de ligar para oferecer meu apoio e dizer que estou aqui para o que você precisar. Estarei presente no funeral para prestar minhas homenagens. Nós não éramos muito próximas, mas ela foi sua esposa durante todos esses anos e é a mãe de Luigi, de quem eu gosto tanto.

— *Grazie* pelas palavras. É bom ouvir isso. Desculpe-me por não estar tão falante hoje. Está tudo ainda muito à flor da pele.

— Imagino. Vou desligar para não tomar mais o seu tempo.

Quando ela desligou, Carlo ficou com o celular na mão, pensativo.

Os dias que antecederam ao funeral foram concorridos na casa de Carlo, com amigos, vizinhos e familiares que telefonavam ou iam visitá-lo.

Dorothy, sua querida e eficiente assistente pessoal, se ofereceu para ajudar a mãe, Giorgia e as cunhadas, na recepção após o funeral. Em comum acordo, Walker e a família de Nadine resolveram se juntar a família de Carlo para uma única recepção de amigos e familiares, já que mãe e filha eram inseparáveis.

Kevin, Arthur e os demais amigos ligavam algumas vezes.

E assim, o dia do funeral finalmente chegou.

A despedida de Kate...

Uma pálida luz do sol se infiltrava e brincava nos galhos das árvores, que estavam já cobertos de verde, numa indicação de que a primavera chegara ratificada pelo canto dos pássaros numa alegre revoada, quebrando o silêncio do local.

A cor preta e o choro de alguns indicavam que apesar do anúncio de recomeço da vida imposta pela primavera, ali entre aquelas pessoas reunidas próximas de dois esquifes, existia apenas a dor da perda. Duas vidas ceifadas pela tragédia.

Susan, ao lado dos pais de Sarah e Arthur, mantinha a cabeça baixa, ciente da figura alta e elegante de Carlo, que abraçado ao filho e ao sogro, mantinha uma atitude de derrota e dor.

Ela se condoía pelo sofrimento dele. Sua mãe lhe contara o quanto ele se culpava pela morte da esposa. E de certa maneira ela também se sentia culpada, pois também traíra Kate ao envolver-se com Carlo. Ele não era livre, e ela sabia disso, os dois sabiam disso. Sentia uma enorme vontade de abraçá-lo e confortá-lo com todo o amor que sentia por ele, mas manteve-se distante. Era melhor assim.

Com o coração apertado, sentia que seu futuro com Carlo morrera junto a Kate e isso lhe provocou lágrimas e não conseguiu esconder um frágil soluço. Sarah olhou-a preocupada e apertou-lhe a mão, com um olhar confortador.

— Não se culpe! — sussurrou-lhe a ruivinha, reconhecendo o sentimento da culpa no olhar pesaroso da amiga.

Mais cedo, Susan confessara à amiga que se sentia tão culpada quanto Carlo.

Limpando as lágrimas com o lenço que seu pai lhe dera minutos atrás, seus olhos se voltaram para onde Kate e a mãe eram sepultadas.

Reparou com compaixão as lágrimas que escorriam pelo rosto de Luigi e do avô. Carlo imóvel acompanhava com os olhos escondidos pelos óculos escuros o baixar do caixão de Kate e da sogra.

"Terra a terra, cinzas"... de repente a voz grave do sacerdote fez Susan voltar à realidade.

De um lado de Carlo, a figura alta de Walker Thompson, que de quando em quando levantava os óculos escuros para enxugar os olhos com seu lenço. Próximo a ele, estavam os familiares dele e de Nadine.

Susan estava arrasada ao ver a devastação emocional daquele pai e esposo, diante das duas perdas. Não tinha ninguém ali que não se emocionasse com a cena comovente.

Do outro lado de Carlo, Luigi, mantendo o rosto abaixado, também chorava abraçado ao pai. Luigi já estava com a altura do pai e a semelhança física entre eles era gritante.

E ao lado do neto, segurando-lhe uma das mãos, estava a figura baixa e elegante de Carmela, também muito comovida. Os amigos, os irmãos e sobrinhos de Carlo lhe rodeavam como um muro de conforto e carinho. Susan percebeu que mais afastada um pouco estava toda a equipe de segurança de Carlo, liderada pelo gigante Klaus. Todos de preto, sérios e sombrios. Susan percebeu que eles varriam o local com seus olhares treinados.

Carlo, o filho, Carmela e o sogro aproximaram-se da sepultura e jogaram rosas vermelhas sobre os esquifes. Giorgia e as cunhadas jogaram pétalas de rosas da cor preferida da cunhada morta.

Chorando, Luigi abraçou a avó e Carlo também abraçou o sogro que estava inconsolável.

Quando a cerimônia enfim terminou, o padre tomou as mãos de Luigi, Carlo e Walker, murmurando palavras de conforto e apreço e depois afastou-se deixando que os amigos e parentes fizessem o mesmo.

Um a um, as pessoas foram confortando com palavras e abraços os enlutados.

Carmela beijou o neto e o filho.

— Carlo... *figlio*... — a voz com sotaque italiano se fez ouvir, cheia de dor.

Carlo ergueu a cabeça, tirou os óculos escuros e virou-se para a mãe, as lágrimas reluzindo nos lindos olhos azuis.

Susan estava um pouco atrás aguardando a vez para cumprimentar os três e sentiu seu coração se dilacerar ao ver a dor do amado.

Quando Carlo abraçou a mãe, seus olhos se encontraram com os de Susan e, por segundo, se perderam um no outro, cheios de emoções conflitantes de ambas as partes. Ele sorriu fracamente num mudo agradecimento, que ela entendeu e então, ambos desviaram o olhar ao mesmo tempo.

Carmela beijou a face do filho e do neto, emocionada. E abraçou Walker, dizendo-lhe palavras de conforto, diante das lágrimas dolorosas que banhavam o rosto do pobre homem.

Quando chegou a vez de Susan, ela sentiu-se desconfortável e apreensiva. Parecia que todos ali sabiam do que acontecera entre eles.

Fingindo uma serenidade que não sentia, deu-lhe um abraço silencioso, o qual ele retribuiu da mesma maneira silenciosa.

— *Grazie, bambina*. — ele agradeceu emocionado num sussurro e afastou-se o mais que pode, dando a vez para Sarah e Arthur.

De cabeça baixa, muito triste, Susan encaminhou-se para o mais longe do aglomerado de pessoas que rodeavam a família enlutada.

Dirigiu-se para onde estava o carro da família e entrou nele rapidamente e ficou observando de longe a movimentação das pessoas. Viu quando Kevin abraçou o amigo e disse-lhe algo que o fez balançar a cabeça afirmativamente. E notou que Sarah a procurava com os olhos, até encontrá-la. Dizendo algo para o noivo, ela veio ao seu encontro...

A jovem ruiva aproximou-se, abrindo a porta do carro e sentando-se ao lado da amiga, fitando-a com pesar e censura.

— Ah, não, Susan! Culpa de novo, não, por favor, amiga! — murmurou a ruivinha.

— Mas é como me sinto. É como se eu o tivesse levado a trair Katherine. — respondeu a jovem, olhando para a amiga com as lágrimas a escorrer pelo rosto pálido. — E ele pensa o mesmo... — concluiu olhando para o homem acabrunhado, que recebia o abraço de Brian e da noiva Krista.

Viu também quando o senador Hayes e a esposa o abraçaram com afeto.

— Ele te disse isso? — perguntou Sarah, sem esconder a surpresa. — Quando?

— Nem foi preciso dizer com palavras, pois senti isso quando o abracei. Estava tenso e distante, mesmo estando tão perto de mim. Ele está com raiva de mim, Sarah! — desabafou, limpando as lágrimas com os dedos.

— Pelo amor de Deus Susan, é claro que ele está tenso. Ele está sofrendo, minha amiga... Você está *supondo*, certo? Mesmo que não estivessem bem no casamento, afinal ela era a mãe de seu filho. E ele é que se acha culpado. Ele disse isso a Arthur e Kevin. Agora, quanto a culpá-la... Culpá-la do quê?

— Não sei... Sinto um abismo se abrindo entre nós... E me sinto culpada, por ter me apaixonado por alguém comprometido.

— Não se cobre muito, amiga. Isso acontece independentemete da nossa vontade. Seus pais já estão vindo. — observou Sarah. — Eu vou voltar para junto de Arthur e os rapazes. Você também vai na casa de Carlo, não é?

— Sim, tenho que ir. Parecerá estranho se não for. E... Obrigada Sarah. Você é uma grande amiga!

A ruivinha olhou-a com carinho.

— Eu por você e você por mim, amiga. — respondeu ela sorrindo com carinho. — Assim somos nós. Sempre presentes quando uma precisa da outra, okay? Até já, amiga.

Ficou à espera dos pais e do irmão, tentando tirar qualquer vestígio de lágrimas, colocando os óculos de sol para evitar perguntas da família.

Meia hora depois, estavam todos na casa de Carlo. Um farto lanche estava sendo servido, sob o comando de Carmela, auxiliada pela filha, as noras e Dorothy, que era como da família. As cunhadas de Walker também se prontificaram a auxiliar também.

Walker e Luigi estavam sentados no grande sofá da sala de estar. Ambos estavam abraçados e cabisbaixos, conversando baixinho. Minutos depois, Mathew reuniu-se ao amigo, sentando-se ao seu lado.

Carlo estava em pé, encostado no batente da porta da sala de estar, muito triste, sério, com as mãos nos bolsos do terno preto, impecável em seu corpo atlético, ouvindo atentamente Lorenzo que lhe falava baixinho...

Pediu perdão a Deus mais uma vez por desejá-lo tanto.

Em nenhum momento, ele lhe dirigira o olhar e Susan sentia seu coração tão angustiado tão apertado, que o ar começava a lhe faltar, tanto que pensou que ia desmaiar. Havia muita gente na sala e o ambiente estava ficando quente demais.

Aceitou uma xícara de café e um brioche que a mãe lhe trouxera.

— Está se sentindo bem, minha filha? Está tão pálida... — ouviu a voz da mãe, em seu ouvido.

Assustando-se com a percepção da mãe, conseguiu dar um arremedo de sorriso.

— Acho que é o cansaço da viagem e a emoção do dia todo, mamãe. Não deu para descansar como deveria, você sabe. — respondeu e ficou aliviada, quando a mãe foi atender o pai que lhe fazia sinal, para ir até ele. Nesse momento, Sarah e Arthur se aproximaram, aliviando a tensão de Susan.

— Você está bem? — perguntou-lhe a amiga, preocupada.

Susan sorriu.

— Devo estar com uma cara horrível, pois minha mãe acabou de fazer a mesma pergunta. — respondeu levando na brincadeira.

— Está tão pálida...

— Ainda o cansaço da viagem. — explicou Arthur, por ela.

— É verdade, Arthur. Estou morta de cansaço, juntando-se à emoção do momento... — concordou Susan.

— Tem razão. Esqueci. Desculpe-me. — respondeu Sarah penalizada pelo aspecto cansado da amiga.

— Ora, não se preocupe. Agradeço sua preocupação.

— Quando volta para São Francisco? — perguntou Arthur pegando um copo de refrigerante que uma das cunhadas de Carlo lhe oferecera.

— Marquei o voo para amanhã às 10 horas. — respondeu e perguntou à amiga. — E você, Sarah?

— Ela irá só depois de amanhã. Ficarei até amanhã à noite em Nova Iorque e queria que ela ficasse comigo. Já avisamos Justin. — respondeu o publicitário, pela noiva, que o olhava ternamente.

— Dá dó de ver a tristeza de Luigi. — observou Sarah, olhando para o garoto que conversava baixinho com Matt e os primos.

— Sim... Ele é muito especial. E meu irmão é igual. Tenho muito orgulho deles. Por isso, os dois se dão tão bem. — respondeu Susan, olhando carinhosamente para o irmão.

Reparou que Carlo agora estava sentado, ao lado da mãe de mãos dadas com ela.

Ele ainda não lhe dirigira um único olhar. Parecia não suportar a presença dela. Atordoada, ela pediu licença aos amigos e, virando-se de costas, depositou a xícara vazia numa mesa próxima e aproximou-se da mãe que conversava com Giorgia.

— Mãe, acho que vou para casa. Estou muito cansada e com muita dor de cabeça. — comunicou à mãe, que a olhou preocupada.

— Está bem, minha filha. Está muito pálida mesmo. — disse-lhe a mãe, lhe acariciando o rosto.

— Foi um dia desgastante. Acho que um bom sono trará cor a esse rostinho lindo. — observou Giorgia. — Percebi que você não está muito bem, desde que chegou aqui. — concluiu a gêmea de Carlo.

— Já se despediu de Carlo e... — começou Louisie.

— Vou despedir-me deles, agora. — interrompeu ela virando-se e procurando com os olhos o pai de Katherine.

Ao avistar a cabeça branca do sogro de Carlo, dirigiu-se para ele.

Muito comovido, ele agradeceu sua presença e deu-lhe um abraço, ao invés de dar-lhe apenas a mão, o que até certo ponto surpreendeu Susan, mesmo sabendo que Walker era uma pessoa afável e carinhosa.

Depois foi até onde estavam Luigi e seu irmão.

Abraçou o garoto carinhosamente e beijou-lhe as faces. E então se encaminhou para onde estava Carlo e sua mãe. Ao vê-la aproximar-se, ele levantou-se cavalheirescamente.

Tensa, Susan evitou-lhe o olhar e abaixou-se para beijar Carmela.

— Já vai para casa, *cara?* — perguntou a idosa carinhosamente.

— Peço desculpas, mas estou cansada e com dor de cabeça. Cheguei muito tarde ontem e não consegui dormir muito bem. — desculpou-se a jovem. Erguendo-se, olhou então para Carlo e ficou tensa. Ela não sabia se lhe estendia a mão ou dava-lhe um abraço. Seu olhar inexpressivo a detinha, para qualquer atitude que tomasse. Se soubesse o que ele estava pensando... Sentia-se tão constrangida... Finalmente decidiu-se pelo que faria numa ocasião normal, como velhos amigos. Aproximou-se mais e pegou-lhe as mãos.

— Sinto muito por Katherine. De verdade, Carlo. — murmurou.

— Eu sei, *bambina. Grazie* por sua presença. Foi muito importante ter o conforto de nossos amigos.

Ela anuiu lentamente, sentindo seu coração se encher de dor.

— Se cuide, viu? — num lampejo de coragem, olhou Carlo dentro dos olhos ao fazer esse simples pedido.

Ele então a abraçou com muito cuidado para não se aproximar tanto.

— *Scusame*. — sussurrou-lhe ao ouvido. — Estou um pouco fora de mim.

Ela fez menção de afastar-se para perguntar-lhe por que ele pedia desculpas, mas ele pareceu ler seu pensamento e a manteve entre seus braços com firmeza, despercebido para quem os olhasse naquele momento.

Quando ele a soltou, ela reparou que seu olhar a prevenia para não dizer mais nada.

— Eu me cuidarei. *Grazie, bella*. — disse ele baixinho.

Com o coração sangrando e entendendo aquele sutil pedido de perdão, Susan pegou seu casaco e foi para casa. Ele se desculpava por dar fim a qualquer esperança que ela tivesse de um futuro deles juntos. *Era isso! Só poderia ser...*

Em casa, deitando-se em sua cama, deixou-se levar pelas lágrimas de desencanto, aproveitando que estava sozinha em casa. Seu coração estava tão angustiado e cheio de amor por aquele homem que nunca seria seu, parecia ser o fim de tudo em sua vida.

Lembrou-se do que Kate havia dito a ela, naquela noite no Gio's. *Morreu sabendo que existia algo entre nós ou, pelo menos, desconfiava. Oh, Deus ela sabia... Ela sabia! Que vergonha!*

Quanto mais longe e mais cedo se afastar, melhor seria para todos.

Não iria impor sua presença de maneira alguma.

Com a firme decisão de se afastar dele, apagou a luz e procurou se acomodar. *Não suportarei a indiferença de Carlo.*

Chorou até o cansaço e o sono vencê-la.

Já era noite, quando só ficaram as duas famílias, conversando.

Em determinado momento, o irmão de Walker se despediu, levando o irmão e demais familiares para a sua casa.

— Walker precisa descansar. — desculpou-se ele a Carlo, quando se despedira dele.

— Sem dúvida. Ele está muito abalado e seria bom não o deixar sozinho. Ao menos por uns tempos. — sugeriu Carlo.

— Já pensei nisso, não se preocupe. Vamos cuidar bem dele. E obrigado pelo apoio que sua família nos deu. Foi muito importante para meu irmão compartilhar esse momento com todos vocês. Obrigado.

— Não há de quê. Somos uma família. Se precisarem, sabe que estaremos aqui.

— Certo, Carlo. E você e Luigi também se cuidem. É bom descansarem bastante.

Tempo depois, sentado entre Aldo e Lorenzo, Carlo ouvia o que os irmãos diziam com a testa enrugada. Seu cansaço e tristeza eram evidentes.

De longe, sua mãe o observava com atenção.

Notando o estresse do filho, Carmela fez sinal a ele que viesse até ela e mandou-o descansar, com o que todos concordaram.

— Fique aqui e deite-se num dos quartos lá em cima. — disse a matriarca, ao ver que ele ia para sua casa.

— Luigi já foi deitar. Acabei de acomodá-lo junto com os primos. — explicou Giorgia, ao vê-lo procurar pelo filho com os olhos.

Ele simplesmente anuiu e passou as mãos no rosto cansado.

Em silêncio, como um "bom menino" ele deu meia-volta e subiu as escadas lentamente, sob os olhares condoídos, de todos.

Desolado, escolheu um dos quartos e entrou, fechando a porta. Tirou o paletó e jogou-se na poltrona junto a janela, com a mãos no rosto e deixou-se levar pelo pranto, a ponto de soluçar.

— Ah, Kate, Kate... — lamentava aos prantos. — Eu nunca desejei isso para você.

Sentia-se mesquinho, insensível, ao se lembrar das palavras duras que dissera a esposa, quando falara sobre o divórcio. A culpa o corroía. Fora tão impiedoso.

A porta abriu-se vagarosamente e Giorgia entrou, fechando a porta suavemente. Condoeu-se pelo irmão, ao vê-lo naquele estado, totalmente rendido pela dor.

Aproximando-se, ajoelhou-se à sua frente e tirou-lhe as mãos do rosto banhado em lágrimas.

— Ei, ei... Oh, meu irmão, me corta o coração vê-lo assim meu querido. — disse ela com sua voz suave.

— Me sinto tão culpado, por mais que todos me digam que não sou, Gioia. — disse ele, meneando a cabeça descontroladamente. — Fui tão egoísta, pensando apenas em mim...

— Carlo, pare! Olhe para mim! — exigiu a irmã com dureza. — Olhe para mim!

Ele então a fitou com desespero. Nos olhos, a convicção do que dizia.

— Carlo, foi uma fatalidade que coincidiu com a discussão de vocês. Mas podia ter acontecido antes ou daqui há um mês ou há um ano, entende? Andei muitas vezes de carro com Kate no volante. Eu ficava apavorada. Quando lhe pedia para diminuir a velocidade, ela ria e dizia que adorava correr e que, ao sentir a adrenalina, ela nem lembrava dos problemas.

— Eu a traí, Gioia. — confessou ele abruptamente, surpreendendo-a. — Mesmo que o nosso casamento estivesse em crise, eu não tinha o direito de fazer isso. Eu tinha que respeitá-la. E eu... Eu... Eu a traí. Não fui honesto com ela.

Giorgia afastou-se um pouco, para poder lhe fitar nos olhos.

— Espera, espera um momento. — pediu ela, fazendo-o pausar. — Não estou entendendo. Como assim traiu? Traiu como?

— Gioia, eu dormi com outra mulher em Houston. Envolvi-me de um jeito que...

A irmã fitava-o sem acreditar no que ouvira.

— Você... Você tem uma amante... Carlo? — perguntou entre perplexa e desconfiada. — Você conti...?

— Não! — a interrompeu com horror. — Foi uma única noite. E as vezes que nos encontramos depois daquela noite estávamos sempre rodeados de gente. — acrescentou. As imagens dele com Susan no arroubo de paixão que tiveram no quarto dele o fizeram se sentir um hipócrita.

— Depois de Houston eu fui para Miami, lembra?

— Lembro sim. Eu comentei até que você estava diferente... — ela lembrou mordendo os lábios. — Ah... Agora dá para entender aquela tua cara... Você estava com uma cara diferente. Seu semblante estava radiante. Seus olhos brilhavam... Foi... Foi especial para você, não foi, meu irmão?

Carlo fitou a irmã em silêncio, decidindo se deveria revelar seus sentimentos e tentou policiar-se para não deixar escapar algum detalhe que a levasse a desconfiar de Susan. Ainda não deveria lhe contar. Não nesse momento.

— Carlo?

— *Sì. Sì.* Foi muito especial. Eu estava carente de tudo, decepcionado com as cenas constrangedoras de Kate, sempre me acusando de infidelidade, quando eu nunca a tinha traído. Até então. Desde Houston, eu não consigo tirar essa mulher da minha cabeça. Acho que... Acho que... eu... Eu me apaixonei, Gioia. — confessou desolado.

— *Carlo!*

— Giorgia estava pasma, colocando uma das mãos na boca.

— Vê? Eu fui um canalha. Enquanto culpava Kate pelos seus ciúmes jogando-lhe na cara que ela via o que não existia, eu realmente a traia, ainda que só em pensamentos com outra mulher.

— Meu irmão, os ciúmes de Kate são de longa data. E você não tem uma amante, *certo?* — a irmã tentou fazê-lo pensar mais claramente. — E pelo que *mamma* me contou de Kate, que Deus a tenha, ela aprontou-lhe muitas recentemente, causando o seu afastamento. Concorda comigo?

— Mas eu devia ao menos ter tentado um pouco mais... — retrucou o irmão, não aceitando ser absolvido. — Sabe, quando eu lhe pedi o divórcio, e ela jogou-me na cara que sabia que era para eu ficar com a jovem... — Carlo parou subitamente.

— Jovem? — perguntou Giorgia interrompendo-o. — Que jovem meu irmão?

Carlo engoliu em seco e sentiu o rosto esquentar. Tinha que conter mais a língua. Quase dissera o nome de Susan.

— Jovem. Mais nova que eu, uma diferença considerável. — esclareceu, constrangido.

— Considerável, quanto? — perguntou curiosa.

— Bastante jovem e vamos deixar esse assunto para outra ocasião, *sì*? De nada vai adiantar, pois não posso nem pensar mais em ter futuro com ela. Não seria leal com Kate, entende? Ela estava certa em desconfiar de mim...

— Bem, deixar para falar sobre essa jovem em outra ocasião tudo bem, mas quanto a trancar-se para a vida, por causa de um *"mea culpa"*, não concordo. Você não tem que culpar-se de nada, já lhe disse. A dor passará e o tempo lhe dirá que foi uma tragédia. Você ainda tem direito de ser feliz, meu irmão. Carlo, não seja *pazzo*, em pensar o contrário, por favor! — disse-lhe a irmã, dando um leve soco, com os punhos fechados em sua cabeça grisalha.

— Giorgia, eu não sei se serei capaz. Devo respeitar a memória dela...

— Carlo, para com isso, já! — cortou zangada. — Todos sabemos que não existia mais nada em seu casamento, principalmente por parte de Kate, que o constrangia perante seus amigos e funcionários. Para você, tão arraigado aos princípios da nossa família, chegar a trair sua esposa é porque não considerava mais esse casamento. O divórcio era questão de tempo. Não tinha mais nada a perder, mesmo que ela pensasse o contrário.

Ela ficou olhando para o irmão, aguardando a resposta dele, mas ele continuou quieto, olhando para os sapatos.

— Não tinham mais nada a salvar... — continuou a gêmea. — Concordo que você deva respeitar a memória da sua esposa por uns tempos, relembrando as qualidades dela, os momentos felizes que tiveram. Mas, passando o luto, vá à vida, meu querido. Você só tem 42 anos, é bonitão, charmoso e um homem maravilhoso.

Ele ficou olhando-a em silêncio, absorvendo as palavras da gêmea, com a culpa estampada nos olhos tão azuis quanto aos dela.

— É *vero*, mas...

— *Dio*, você lembra o *papà*, quando tinha alguma coisa na cabeça, ninguém o fazia mudar de ideia. — queixou-se ela. — Teimoso feito uma mula!

— Não sei mais o que pensar, o que fazer... Estou perdido, Giorgia! — o desespero na voz era evidente e Giorgia compadeceu-se pelo irmão. Carlo sempre fora o mais carinhoso, o mais alegre e o mais calmo de todos os seus irmãos. Era o que mais sabia ouvir. Vê-lo naquele estado cortava-lhe o coração.

— Não fale mais nada. Daqui mais uns meses, nós voltaremos a conversar sobre isso, ok? E você me contará sobre essa jovem que te deixou feliz. Agora, tente dormir um pouco. Vou preparar um chá para *mamma* e as meninas. Você quer um? — perguntou suavemente.

Ele negou com a cabeça.

— Me arranje uma aspirina, *si*? Minha cabeça está explodindo.

— Já lhe trago. E chega de chorar, ok? — disse a gêmea, acarinhando seus cabelos.

— Eu devia estar confortando meu filho. Esqueci-me de meu filho, pensando só em mim. Vê? — disse ele, teimando em se sentir culpado.

Giorgia apoiou-se nos joelhos dele e levantou-se.

— Eu tomarei conta dele. Ele está se distraindo com os primos. Já lhe disse. Fique sossegado, *sì*?

— *Grazie, cara. Ti amo.* — disse Carlo levantando-se também e abraçando a irmã.

— Também *ti amo*. — respondeu ela, retribuindo seu abraço.

Quinze minutos depois, quando Giorgia entrou no quarto com um copo com água e o vidro de aspirinas, ele já estava dormindo. Procurando fazer o menor ruído possível, ela depositou a bandeja ao lado da mesa de cabeceira, cobriu-o com uma manta e lhe acariciou ternamente os cabelos.

Dio, é de cortar o coração. Durma, meu querido. Descanse, murmurou, antes de sair silenciosamente, fechando a porta.

Dias depois...

Jogado na cama com roupa e tudo, com o braço cobrindo-lhe o rosto, Carlo ainda não sabia que rumo tomar em sua vida.

Já fazia quatro dias do funeral e ele sentia-se ainda um tanto desnorteado pela morte de Kate e da sogra, trancando-se em casa, depois que os irmãos se foram.

Agora eram somente ele e o filho. A mãe e a irmã, que ficara em Nova Iorque, iam vê-los todos os dias. Era um bálsamo para eles.

Custava pegar no sono, pois o rosto sem vida da esposa ainda lhe perturbava. E pensava muito sobre o tal segredo dela, o qual não teve tempo de contar.

Carlo ficava horas em seu escritório lembrando-se da esposa e da última discussão que tiveram. Isso não lhe saía da cabeça. Às vezes, Luigi se juntava a ele e ficavam juntos a recordar os bons momentos que tiveram com Kate.

Apesar de não estarem se dando bem, nos últimos tempos, ele sentia falta da esposa em casa.

Ou era o barulho do carro entrando na garagem, ou o bater dos saltos pelos cômodos da casa, ou o seu perfume marcante que tomava conta do ambiente todo. Era impossível não sentir a sua falta.

Sabia que não a amava mais, mas gostava dela, e nunca lhe passou pela cabeça que ela morreria tão cedo e daquela maneira tão trágica junto com a mãe...

Estava pensando em sumir por uns tempos, desta vez por mais tempo, para poder pensar com calma e reorganizar sua vida. Precisava sair dali, pois tudo lembrava Kate e isso o impedia de pensar com mais clareza.

Precisaria ficar longe dali e só. Mas onde?

Ficar longe de quaisquer notícias sobre Susan também seria muito bom. Precisava esquecê-la. Não seria justo com ela, pois cada vez que a via lembrava da traição que cometera.

Afinal, ele como o comprometido, fora o maior culpado do que acontecera em Houston.

Lembrou-se do olhar triste e magoado dela, quando se despediu dele na manhã após o funeral. Controlara-se ao máximo para demonstrar uma frieza que não sentia e não a abraçar e beijá-la como gostaria. Sabia que a magoara, mantendo aquela postura fria, indiferente, mas também sabia que estava agindo certo pelos dois, mesmo que, no momento, ela não percebesse isso.

Aos poucos ela o esqueceria e poderia então, quem sabe, se acertar com alguém melhor para ela.

Fez uma careta e sentiu o coração comprimir-se, ao pensar em Susan com outro homem. *Cazzo, não deveria pensar nisso*, censurou-se.

Ela era jovem e linda e tinha que deixá-la livre para seguir sua vida com alguém que não fosse tão complicado como ele.

Fechando os olhos, a imagem da jovem tomou conta de sua mente, mais uma vez. Mas interrompeu o devaneio.

Agora, era dedicar-se apenas ao filho, apoiá-lo nos estudos, em sua vida futura. Sabia que nunca mais se envolveria com mulher alguma, pois a única mulher que ele queria não poderia ter e tinha que respeitar a memória de Katherine. Ele lhe devia isso.

Esfregando as mãos no rosto, levantou-se para ir tomar um banho, a fim de relaxar.

Não conseguia concatenar as ideias nesse momento e precisava da ajuda de um amigo. De todos os amigos, Kevin era com o qual tinha maior afinidade e o que mais sabia da sua vida pessoal, além de sua irmã Giorgia.

Mas no momento ele precisava do irlandês.

Luigi acabava de entregar o bilhete para a avó ler e se sentou ao seu lado, sendo seguido de Giorgia.

— *Nonna*, ele foi até o meu quarto, me deu um abraço e mandou entregar-lhe este bilhete. — disse calmamente o neto.

Mamma
Preciso repensar minha vida.
Espero que entenda.
Voltarei logo.
Não se preocupe, certo?
Ti amo!
C

— Agora, deu para sumir assim... — queixou-se a matriarca, olhando para o neto e a filha, meneando a cabeça.

— Esse *bambino*...

— Deixe-o, *mamma*. Talvez seja melhor assim. Reparei que ele estava um tanto depressivo... — retrucou a filha, complacente.

— Por isso mesmo. Não é bom ele ficar *só*, depressivo assim. — retrucou a idosa com preocupação.

— Relaxa, dona Carmela. — repreendeu a filha, com um terno olhar.

— É verdade, *nonna*. — interferiu Luigi. — Ele ficou trancado no escritório ou então no quarto esses dias todos... No início, eu ia até o escritório dele e ficávamos conversando até tarde. Mas depois percebi que só eu falava e ele ficava me olhando em silêncio, como se não estivesse me vendo. Estava com o pensamento longe dali.

Nos últimos dias, só conversávamos durante as refeições. Respeitei o silêncio dele e não interferi. A tia Giorgia tem razão. Vamos deixá-lo quieto. Será bom para ele ficar sozinho por uns tempos.

— Carlo é um homem forte, *mamma*. Até parece que não conhece o seu *bambino*.

— Será que ele foi para Palm Beach? — arriscou ela, de repente.

— Não, *mamma*. Se ele quer se esconder, ele irá para outro lugar. — respondeu Giorgia.

— Então ligue para Aldo. Ele deve ter ido para a sua Villa na Toscana. Peça para ele ir até lá e...

Giorgia meneou a cabeça e riu, interrompendo a mãe...

— *Mamma*, não se preocupe com seu *bambino*. E acho melhor respeitarmos a decisão dele e não comentarmos com ninguém, *certo*? — ela disse, achando graça da mãe, tentando adivinhar onde estaria seu irmão gêmeo.

— *Và bene*. — concordou a idosa por fim.

— Falei com *papà* e com vovô sobre as coisas da mamma. Gostaria que me ajudasse tia Giorgia a começar a empacotar algumas coisas dela. Quero escolher algumas lembranças para eu guardar. O testamento só vai ser aberto depois do 30.º dia, assim decidiu vovô.

— Estou sabendo. Walker me disse isso, no dia do funeral. — disse Giorgia, para o sobrinho. — E eu te ajudo sim, *caro*. Quando?

— Quando tiver tempo. — disse o garoto. — Vou separar algumas coisas que talvez o *papà* queira ficar, depois que voltar do seu *esconderijo*.

— Conte comigo, meu querido. Ainda ficarei por aqui mais um tempo.

— *Certo. Grazie*, tia Giorgia.

— *Prego*. E agora vamos almoçar.

A quilômetros dali, o sol se punha sobre as águas calmas do oceano Atlântico. Carlo em silêncio contemplava os raios dourados cobrindo tudo que os olhos podiam tocar.

— É... *Agora é hora de eu fazer o que eu deveria ter feito desde o início e não consegui.*